U0513857

唐代中土

密宗高僧谱传

刘慧姝　吴晓蔓　撰

上海古籍出版社

图书在版编目（CIP）数据

唐代中土密宗高僧谱传 / 刘慧姝，吴晓蔓撰.
上海 ：上海古籍出版社，2024. 11. -- ISBN 978-7
-5732-1359-4

Ⅰ．B949.92

中国国家版本馆CIP数据核字第2024TB1025号

唐代中土密宗高僧谱传

刘慧姝　吴晓蔓　撰

上海古籍出版社出版发行

（上海市闵行区号景路 159 弄 1-5 号 A 座 5F　邮政编码 201101）

（1）网址：www.guji.com.cn

（2）E-mail：guji1@guji.com.cn

（3）易文网网址：www.ewen.co

浙江临安曙光印务有限公司印刷

开本 890×1240　1/32　印张 15.75　插页 2　字数 314,000

2024 年 11 月第 1 版　2024 年 11 月第 1 次印刷

印数：1—1,500

ISBN 978 - 7 - 5732 - 1359 - 4

B.1427　定价：78.00 元

如有质量问题，请与承印公司联系

开元三大士行程路线图[1]

① 参考《唐时期全图（二）》开元二十九年（741），谭其骧主编：《中国历史地图集》，第五册，北京：中国地图出版社，1996年，第34-35页。

② 善无畏越大雪山(兴都库什山)，东北经吐蕃控制的大勃律、小勃律，渐达西州。自大、小勃律至西州一段因史料缺记，而唐时中西交通路线唯有丝绸之路可行，故图中此段路线比照玄奘西行求法路线（丝绸之路北路）而画。

编撰说明

　　密教，即佛教密乘教法。根据佛教经典和相关文献记载，佛教密乘教法由毗卢遮那如来宣说，教理深密，故称"密教"。其后，金刚萨埵传与龙猛（即龙树），并传《大日经》《金刚顶经》两部根本经典，于公元 2 世纪左右现于印度。龙猛传与龙智，龙智再传善无畏、金刚智，金刚智、善无畏又传不空。密教传入中国，则远在六朝之时。自东吴支谦以来，真言密咒屡有传译，但大都为显教辅助兼习的内容。至唐开元年间，三大高僧（善无畏、金刚智、不空）接踵东来，两部大经（《大日经》《金刚顶经》）先后传译，于是规模大备，成立专宗。或相对于显教称"密宗"，或依照经文称"真言宗"。因成立于唐土，为区别于稍晚由寂护、莲花生等传入藏地的藏密，则特称"唐密"。

　　在唐代密宗形成发展的历史上，善无畏、金刚智、一行、不空与惠果是其中的核心人物。善无畏由陆路、金刚智由海路分别携来"胎藏部"及"金刚部"密法，一行和不空皆得到两部密法的传承。天宝初年不空又至印度，得龙智补传两部密法，并广参印度杂密诸师，密宗仪轨至此齐备。不空返唐后传与惠果，惠果再传日本国僧空海，遂开启日本东密法脉。上述五位高僧或奉诏翻译密宗经典，或为国家祈福禳灾，随驾扈从、参赞顾问，得到了朝廷的优待和礼遇，被尊为帝师。善无畏逝世后获赠鸿胪卿，金刚智逝世后追赠开府仪同三司。尤其是不空，因宣扬"佛法护国""正法理国"的政教思想，深得玄宗、肃宗、代宗的信任。受其灌顶者，上至天子宰相，下至士民庶人，往往数千人众。生前加开府仪同三司，封肃国公，逝世后赠司空，实为密宗发展的极盛时代。上述五位高僧的生平事迹，与唐代宗教、政治、社会、文化的历史紧密关联，因此编撰其年谱并校注传记，是一项很有学术意义的工作。

本书中的《善无畏年谱》《金刚智年谱》《惠果年谱》在学界尚属首例。古籍中关于善无畏的记载极其有限，且事迹的时间跨度数十年不等，难以确考，故年谱只做大略叙述。惠果是由唐密向东密传承的关键人物，然史料甚少，国内学界的相关研究亦很少，笔者尽力搜罗文献，编撰成谱。一行不仅是密教高僧，且于天文学、数学等领域贡献瞩目，前人编撰的年谱已有两例：（1）严敦杰《一行禅师年谱——纪念唐代天文学家张遂诞生一千三百周年》（《自然科学史研究》1984 年第 1 期），偏重于展现一行在天文学和历法方面的成就；（2）上海交通大学吴慧的博士学位论文《僧一行研究——盛唐的天文、佛教与政治》（2009 年）对一行的某些生平细节进行了精当考证，附录一《僧一行年谱》，将其生平整理为表格式简谱。吕建福编《不空全集》（中华书局，2021 年）书末附有简要的《不空年谱》，然亦有若干错误。总之，本书在上述成果的基础上，尽可能全面搜集佛教史籍、正史、笔记小说、方志、类书、金石目录、唐人别集等中日文献资料，详细考订五位高僧的生平及相关事件，以期更为详细、准确地呈现谱主的生平行事。

年谱体例如下：

1. 各年之下系以谱主生平事迹（黑体），并附史料原文（宋体）。

2. 考证部分以按语形式标出（楷体）。

3. 各年之后附以是年大事，辑自《旧唐书》《新唐书》《资治通鉴》等，方便读者了解历史背景。

关于五位高僧的传记，吕建福《中国密教史》（中国社会科学出版社，1995 年）附录二《唐代密宗重要散见传记史料 19 种》搜集较为齐全，并作了初步校勘。这些传记的体例多为行状、碑铭、影赞等，作者大都为五位高僧门下出家或在家的弟子，因此它们是今人了解高僧生平最详实可靠的第一手资料。本书的工作是，在吕著的基础上进一步校勘，纠正了少量错讹，同时对传记史料中的人名、地名、大量使用的佛教掌故及密宗术语进行注释、考证。此外，宋代赞宁的《宋高僧传》系在整合上述唐人传记史料的基础上编写而成，又补充了一些笔记小说中的野史逸闻。为免读者检阅文献之劳，本书将《宋高僧传》中的相关传记也一并收入并加以注释。

《秘密曼荼罗教付法传》，是空海于日本东密立教开宗时所作，阐明密宗法流相承的历史。《两部大法相承师资付法记》，则是不空再传弟子海云所作，记录了密宗金、胎两界大法从印度至中国的传承及其主要内容。它们都是研究唐代密宗的重要史料，故将其附录于本书之末并加以注释。

本书所引古籍文献，如已经整理出版者，其校勘已作取舍，可参见原文；《大正藏》等明显误字，则径改。若底本与校本出入甚大，影响对文意理解者，则在年谱按语及传记注释中加以说明。

本书谱传合编，将编年与纪传经纬交织，以期多维度地展现五位高僧的生平事迹，以及唐代中土密宗形成发展的详细历史，可为佛教史研究及唐代密宗研究提供详尽可靠的资料。然唐人文献经历久远，佛教事理精奥高深，疏漏当亦有之，敬请方家指正。

目　录

唐代中土密宗高僧谱传

善无畏谱传

年　谱

唐太宗贞观十一年（637），一岁

　　大师梵名戍婆誐罗僧贺，正翻为净师子，义译名善无畏，中印度摩揭陀国人。释迦如来季父甘露饭王之后，先祖因国难自中天竺分王乌荼，父曰佛手王。生有圣姿，早兼德艺。

　　《玄宗朝翻经三藏善无畏赠鸿胪卿行状》：三藏沙门输婆迦罗者，具足梵音，应云戍婆誐罗僧贺，唐音正翻云净师子，以义译之，名善无畏。中印度摩伽陀国人。[①]

　　《大唐东都大圣善寺故中天竺国善无畏三藏和尚碑铭并序》：惟和尚轮王梵嫡，号善无畏，盖释迦如来季父甘露饭王之后，其先自中天竺分王乌荼。父曰佛手王，以和上生

---

① （唐）李华：《玄宗朝翻经三藏善无畏赠鸿胪卿行状》，《大正藏》50 册，第 290 页上。

有圣姿，早兼德艺，故历试焉。①

《开元释教录》：沙门输波迦罗，唐言善无畏，中印度人，释迦之苗裔。②

《宋高僧传》：释善无畏，本中印度人也，释迦如来季父甘露饭王之后。梵名戍婆揭罗僧诃，华言净师子，义翻为善无畏；一云输波迦罗，此名无畏，亦义翻也。其先自中天竺，因国难分王乌荼。父曰佛手王，以畏生有神姿，宿赍德艺，故历试焉。③

　　谨按：大师于唐玄宗开元二十三年（735）圆寂，世寿九十九，反推可知，出生于唐太宗贞观十一年（637）。

是年大事④：

中书令房玄龄等受诏定律令，确定律条五百，定立刑名二十等，削繁为简、变重为轻，定令一千五百九十余条。正月实行。

太宗又令房玄龄、秘书监魏徵等礼官学士修改旧礼，制订《新礼》一百三十八篇，于三月颁行天下。

八月，侍御史马周上疏，建议政府应重视州县地方官吏的选任。太宗闻奏，深以为是，决定以后刺史由己亲选，

① （唐）李华：《大唐东都大圣善寺故中天竺国善无畏三藏和尚碑铭并序》，《大正藏》50册，第290页中。
② （唐）智昇：《开元释教录》卷9，《大正藏》55册，第572页上。
③ （宋）赞宁：《宋高僧传》卷2，中华书局，1987年，第17页。
④ 每年历史大事辑自《旧唐书》《新唐书》《资治通鉴》，下同。

县令则由京官五品以上各举一人。

太宗闻故荆州都督武士彟女貌美，于十一月，召入后宫，立为才人。武氏时年十四，即来日之武则天。

唐太宗贞观二十年（646），十岁

统帅军队。

《大唐东都大圣善寺故中天竺国善无畏三藏和尚碑铭并序》：十岁统戎。[①]

是年大事：

三月，常德玄揭发刑部尚书张亮私养假子五百人，与术士公孙常、程公颖等谋反。太宗命马周审问，斩张亮等，籍没其家。

六月，西突厥乙毗射匮可汗遣使向唐进贡，且请婚，太宗许之。但命西突厥割龟兹、于阗、疏勒、朱俱波、葱岭五国为聘礼。

薛延陀多弥可汗暴虐无道，诛杀大臣，人不自安。回纥酋长吐迷度与仆骨、同罗进攻薛延陀，大败多弥。六月，唐朝趁机派执失思力、契苾何力、张俭等人分头并进，攻打薛延陀。诸部落混乱，多弥可汗逃奔阿史德时健部落，后被回纥军队攻杀。薛延陀余部共推举咄摩支为伊特勿失

---

① （唐）李华：《大唐东都大圣善寺故中天竺国善无畏三藏和尚碑铭并序》，《大正藏》50 册，第 290 页中。

可汗，后咄摩支自去可汗之号，遣使来降。

八月，李道宗与薛万彻招谕敕勒诸部，诸部酋长如回纥、拔野古、同罗、仆骨等十一姓各遣使入贡。九月，唐太宗到达灵州，敕勒诸部首领或酋长数千人到灵州拜谒，奉太宗为天可汗。

唐太宗自高句丽退兵后，高句丽权臣渊盖苏文傲慢，不礼待唐使，常窥探边境，侵扰新罗。九月，太宗下令停止接受高句丽的朝贡，更议征讨高句丽。

房玄龄等撰成《晋书》一百三十卷，为纪传体晋代史。本书词藻绮丽，多记异闻，虽对史料的鉴别取舍不甚注意，但诸家晋书已不存，仍有一定参考价值。

日本孝德天皇颁布《改新之诏》，其中"公地公有制"规定全国土地归国家所有。日本大化改新开始。

唐太宗贞观二十三年（649），十三岁

嗣王位，得军民之情。诸兄嫉能，举兵叛乱，不得已而征之。因让位于兄，固求出家。太后哀许，赐以传国宝珠。

《玄宗朝翻经三藏善无畏赠鸿胪卿行状》：本刹利种姓。刹帝利舍俗荣贵，依佛出家。[1]

---

[1] （唐）李华：《玄宗朝翻经三藏善无畏赠鸿胪卿行状》，《大正藏》50 册，第 290 页上。

《大唐东都大圣善寺故中天竺国善无畏三藏和尚碑铭并序》：十三嗣位，诸兄举兵构乱，不得已而征之，接刃中体，捍轮伤顶，军以顺胜，兄以爱全。乃白母后，告群臣曰："向者新征，义断恩也。今已国让，行其志也。"因置位于兄，固求入道。太后哀许，赐以传国宝珠。①

《宋高僧传》：十三嗣位，得军民之情。昆弟嫉能，称兵构乱，阋墙斯甚。薄伐临戎，流矢及身，掉轮伤顶。天伦既败，军法宜诛，大义灭亲，忍而曲赦。乃抆泪白母，及告群臣曰："向者亲征，恩已断矣。今欲让国，全其义焉。"因致位于兄，固求入道。母哀许之，密与传国宝珠，犹诸侯之分器也。②

是年大事：

正月，西南徒莫祇等蛮族归附唐朝。唐以其地置傍（今云南楚雄州禄丰市）、望（今云南楚雄州武定县）、览（今云南楚雄州禄丰市）、丘（今云南楚雄州楚雄市）等四州。

二月，唐设置瑶池都督府，以阿史那贺鲁为都督，归隶安西都护。

五月，唐太宗病危。临终前，召见长孙无忌及褚遂良，辅佐太子李治听政。是月，太宗病逝于翠微宫含风殿。太子即位，是为高宗。八月，葬太宗于昭陵，谥文皇帝。

---

① （唐）李华：《大唐东都大圣善寺故中天竺国善无畏三藏和尚碑铭并序》，《大正藏》50 册，第 290 页中。

② （宋）赞宁：《宋高僧传》卷 2，中华书局，1987 年，第 17 页。

六月，阿史那社尔采纳行军长史薛万备的意见，劝说于阗国王伏阇信入朝。七月，伏阇信随薛万备到长安，高宗诏入谒梓宫。

十月，唐高宗任命吐蕃赞普弃宗弄赞为驸马都尉，进封西海郡王。赞普致信长孙无忌，表示新皇帝刚继位，臣下如有不忠于新君者，吐蕃愿意派兵赴国讨除之。

僧玄应撰成《众经音义》二十五卷，该书解释佛经中的音义，加注字音反切。它所引用的一些书，今已亡佚。

此后约七年间，大师于南方海滨殊胜寺院中入法华三昧，发誓聚沙建塔一万区，黑蛇伤指而不退息。又乘商舶，越穷荒，逾毒水，至中印度。发三乘之藏，究诸部之宗，品偈章句，记诵无遗，名震五天诸国，尊为称首。

《玄宗朝翻经三藏善无畏赠鸿胪卿行状》：神气清虚，道业恢著，精通禅惠，妙达总持三藏门，一心游入五天诸国，久播芳名。[①]

《大唐东都大圣善寺故中天竺国善无畏三藏和尚碑铭并序》：南至海滨，得殊胜招提，入法华三昧。聚沙建塔，誓一万区，黑蛇伤指而不退息。身寄商舶，往中印度，密修禅诵，口放白光，无风三日，而舟行万里。与商人同遇群贼，阽于弃命，乃慰怗徒侣，默诵真言，七俱胝尊全现身

---

① （唐）李华：《玄宗朝翻经三藏善无畏赠鸿胪卿行状》，《大正藏》50 册，第 290 页上。

相，贼果为他寇所歼。寇乃露罪归诚，指踪夷险。越穷荒，逾毒水，至中天境上，乃遇其王。王之夫人，和上姊也。和上服同凡品，而徒侣以君礼奉之，王问获其由，嗟称不足。菩提眷属，是日同归，慈云布阴，一境诚变。于是发三乘之藏，究诸部之宗，品偈章句，诵无遗者。说龙宫之义理，得师子之频申，名震五天，尊为称首。①

《开元释教录》：风仪爽俊，聪睿超群。解究五乘，行该三学。总持禅观，妙达其源。艺术异能，无不谙晓。②

《宋高僧传》：南至海滨，遇殊胜招提，得法华三昧。聚沙为塔，仅一万所。黑蛇伤指而无退息。复寄身商船，往游诸国，密修禅诵，口放白光。无风三日，舟行万里。属商人遇盗，危于并命。畏恤其徒侣，默讽真言，七俱胝尊全现身相，群盗果为他寇所歼。寇乃露罪归依，指踪夷险。寻越穷荒，又逾毒水，才至中天竺境，即遇其王。王之夫人，乃畏之女兄也，因问舍位之由，称叹不足。是日携手同归，慈云布阴，一境丕变。畏风仪爽俊，聪睿超群，解究五乘，道该三学，总持禅观，妙达其源。艺术伎能，悉闻精练。③

① （唐）李华：《大唐东都大圣善寺故中天竺国善无畏三藏和尚碑铭并序》，《大正藏》50 册，第 290 页中一下。
② （唐）智昇：《开元释教录》卷9，《大正藏》55 册，第 572 页上。
③ （宋）赞宁：《宋高僧传》卷2，中华书局，1987 年，第 17—18 页。

唐高宗显庆元年（656），二十岁

受具足戒。

谨按：大师于唐玄宗开元二十三年（735）圆寂，僧夏八十，反推可知，于唐高宗显庆元年（656）受具足戒。受戒之地点不详，若以金刚智三藏为参考，则很可能亦于中印度那烂陀寺。故将那烂陀寺之经历附于本年之下。

舍传国宝珠饰那烂陀寺大像之额。奉达磨鞠多（龙智阿阇黎）为本师，乃授以总持瑜伽密教，无量印契，一时顿受。即日灌顶，为天人师，称曰三藏。

《大唐东都大圣善寺故中天竺国善无畏三藏和尚碑铭并序》：乃拾宝珠，莹大像额端，昼如月魄，夜则光耀。僧宝有达磨鞠多，唐云法护，掌定门之秘钥，佩如来之密印，颜如四十，已八百年也。乃头礼两足，奉为本师。和上见本师钵中，非其国食，示一禅僧。禅僧华人也，见油饵尚温，粟饭余暖，愕而叹曰："中国去此十万八千里，是彼朝熟而午时至，此何神速也！"会中尽骇，唯和上默然。本师密谓和上曰："中国白马寺，重阁新成，吾适受供而返。汝能不言，真可学也。"乃授以总持尊教，龙神围绕，森在目前。无量印契，一时顿受。即日灌顶，为天人师，称曰三藏。①

《宋高僧传》：初诣那烂陀寺，此云施无厌也，像法之泉源，众圣之会府。畏乃舍传国宝珠莹于大像之额，昼如月魄，夜若曦轮焉。寺有达摩掬多者，掌定门之秘钥，佩如来之密印，颜如四十许，其实八百岁也，玄奘三藏昔曾见之。畏投身接足，奉为本师。一日侍食之次，旁有一僧，震旦人也，畏视其钵中见油饵尚温，粟饭犹暖，愕而叹曰："东国去此十万余里，是彼朝熟而返也？"掬多曰："汝能不言，真可学焉。"后乃授畏总持瑜伽三密教也，龙神围绕，森在目前，其诸印契，一时顿受。即日灌顶，为人天师，称曰三藏。②

是年大事：

正月，高宗废太子忠为梁王，改立武后之子代王弘为太子。

八月，程知节大破西突厥葛逻禄、处月、突骑施、处木昆等部，杀敌三万多人。十二月，前军总管苏定方又大败鼠尼施部，获马匹及武器不可胜数。副大总管王文度嫉功，矫诏收兵，未乘胜追击。王文度被除名，程知节减死免官。

中书侍郎李义府以本官参知政事，恃宠用事。李义府外貌温恭，而狡险忌刻，故时谓"笑中有刀"。又以其柔而

---

① （唐）李华：《大唐东都大圣善寺故中天竺国善无畏三藏和尚碑铭并序》，《大正藏》50 册，第 290 页下。
② （宋）赞宁：《宋高僧传》卷 2，中华书局，1987 年，第 18 页。

害物，谓之"李猫"。

褚遂良因反对废王皇后而被贬外州，侍中韩瑗上疏高宗，力陈褚遂良无罪，劝皇帝屏弃谗言，为褚遂良伸冤。高宗不听，韩瑗自请辞职，高宗亦不许。

唐高宗显庆二年（657）至唐玄宗开元三年（715），二十一岁至七十九岁

此六十年中事迹，具体时间难以确考，姑略述如下：

不畏艰险，周行大荒，遍礼圣迹，三至三返。曾入鸡足山，为迦叶剃发，受观音摩顶。又尝结夏于灵鹫山，猛兽引入深穴，见牟尼立像，左右侍者，色相如生。

《大唐东都大圣善寺故中天竺国善无畏三藏和尚碑铭并序》：和上遍礼圣迹，修环大荒。不悔艰难，每所三至。为迦叶剃发，受观音摩顶。尝结夏于灵鹫山，有猛兽前路，深入穴，穴明如昼，见牟尼立像，左右侍者，色相如生。①

《宋高僧传》：于时畏周行大荒，遍礼圣迹，不惮艰险。凡所履处，皆三返焉。又入鸡足山，为迦叶剃头，受观音摩顶。尝结夏于灵鹫，有猛兽前导，深入山穴。穴明如昼，

---

① （唐）李华：《大唐东都大圣善寺故中天竺国善无畏三藏和尚碑铭并序》，《大正藏》50 册，第 290 页下—291 页上。

见牟尼像，左右侍者如生焉。①

中印度大旱，请大师求雨。感见观音大圣在月轮中，手执净瓶注水于地。锻金如贝叶，写《大般若经》；熔银起佛塔，等佛身相。

《大唐东都大圣善寺故中天竺国善无畏三藏和尚碑铭并序》：中印土大旱，求和上请雨。观音大圣在月轮中，手执军持，注水于地中。……锻金如贝叶，写《大般若》。镕银起窣堵波，等佛身相。②

《宋高僧传》：时中印度大旱，请畏求雨。俄见观音在日轮中，手执军持注水于地。时众欣感，得未曾有。复锻金如贝叶，写《大般若经》。镕中金为窣睹波，等佛身量焉。③

破外道邪说，立佛学正见。受本师付嘱往中国传法。

《大唐东都大圣善寺故中天竺国善无畏三藏和尚碑铭并序》：大雄灭后，外道如林，九十六宗，各专其见。和上随其所执，垂谕破疑。解邪缚于空门，返迷津于觉路。法云大小而均泽，定水方圆而满器，仆异学之旗鼓，建心王之胜幢。使其以念制狂，即身观佛。本师喜曰："善男子，中

① （宋）赞宁：《宋高僧传》卷2，中华书局，1987年，第18页。
② （唐）李华：《大唐东都大圣善寺故中天竺国善无畏三藏和尚碑铭并序》，《大正藏》50册，第291页上。
③ （宋）赞宁：《宋高僧传》卷2，中华书局，1987年，第18页。

国有缘，可以行矣。"遂顶辞东下。①

《开元释教录》：加以弘法为务，岂惮艰危。遂发迹中天，来游东夏。②

《宋高僧传》：五天之境，自佛灭后，外道峥嵘九十六宗，各专其见。畏皆随所执破滞析疑，解邪缚于心门，舍迷津于觉路。法云大小而均泽，定水方圆而任器，仆异学之旗鼓，建心王之胜幢，使彼以念制狂，即身观佛。掬多曰："善男子，汝与震旦有缘，今可行矣。"畏乃顶辞而去。③

历迦湿弥罗国，浮空以渡河。受罗汉让席推尊，誉为登地菩萨。至乌场国，有白鼠旋绕，日献金钱。讲毗尼于突厥之庭，安禅定于可敦之树，法为金字，列在空中。误遭刃斫，肢体无伤。至雪山下大池，病重不起。感得本师自空而至，开示以菩萨不舍生死，久离诸相，则安适而愈。路出吐蕃，与商旅同行，密为心印，使贪财劫掠之蕃豪请罪。至西州渡河，以驼负经，龙陷驼足，没于泉下。乃入泉三日，止龙宫而化之，牵驼出岸，经无沾湿。

《大唐东都大圣善寺故中天竺国善无畏三藏和尚碑铭

---

① （唐）李华：《大唐东都大圣善寺故中天竺国善无畏三藏和尚碑铭并序》，《大正藏》50 册，第 291 页上。
② （唐）智昇：《开元释教录》卷 9，《大正藏》55 册，第 572 页上。
③ （宋）赞宁：《宋高僧传》卷 2，中华书局，1987 年，第 19 页。

并序》：历迦湿弥罗国，中夜次过河，河无舟梁，浮空以济。受谓于长者，有罗汉降曰："我小乘之圣，大德是登地菩萨。"乃让席推尊，和上赠以名衣，遂升空而去。至乌场国，有白鼠旋绕，日献金钱。讲毗尼于突厥之庭，而可敦请法，乃安禅树下，法为金字，列在空中。突厥宫人，有以手按其乳，乳为三道，飞注和上口中。乃合掌端容曰："此我前生母也。"或误举刃三斫，支体无伤，斫者唯闻铜声而已。至雪山下大池，而和上不愈。本师自空而至曰："菩萨身同世间，不舍生死。汝久离诸相，宁有病耶！"言毕冲天，则洗然而愈矣。路出吐蕃，与商旅同次，夷人贪货，率众合围。乃密为心印，而蕃豪请罪。到中国西境，夜有神见曰："此东非弟子界也，文殊师利，保护中州。"礼足而灭。以驼负经，至西州渡河，龙陷驼足，没于泉下。乃和上入泉三日，止龙宫而化之，牵驼出岸，经无露湿。①

《宋高僧传》：至迦湿弥罗国。薄暮次河，而无桥梁，畏浮空以济。一日，受请于长者家，俄有罗汉降曰："我小乘之人，大德是登地菩萨。"乃让席推尊，畏施之以名衣，升空而去。畏复至乌苌国，有白鼠驯绕，日献金钱。讲《毗卢》于突厥之庭，安禅定于可敦之树，法为金字，列在空中。时突厥宫人以手按乳，乳为三道飞注畏口。畏乃合掌端容曰："我前生之母也。"又途中遭寇，举刃三斫而肢

① （唐）李华：《大唐东都大圣善寺故中天竺国善无畏三藏和尚碑铭并序》，《大正藏》50册，第291页上一中。

体无伤，挥剑者唯闻铜声而已。前登雪山大池，畏不愈，掬多自空而至曰："菩萨身同世间，不舍生死。汝久离相，宁有病耶？"言讫冲天，畏洒然而愈。路出吐蕃，与商旅同次，胡人贪货，率众合围，畏密运心印，而蕃豪请罪。至大唐西境，夜有神人曰："此东非弟子界也，文殊师利实护神州。"礼足而灭，此亦犹迦毗罗神送连眉也。畏以驼负经，至西州，涉于河，龙陷驼足，没于泉下，畏亦入泉。三日止住龙宫，宣扬法化，开悟甚众。及牵驼出岸，经无沾湿焉。①

唐睿宗诏僧若那及将军史宪，出玉门关迎接。

《玄宗朝翻经三藏善无畏赠鸿胪卿行状》：我皇搜集贤良，发使迎接。②

《大唐东都大圣善寺故中天竺国善无畏三藏和尚碑铭并序》：睿宗道尊德盛，玄契无方，诏僧若那及将军史宪，出玉门塞表，以候来仪。③

《开元释教录》：涂至北印度境，声誉已达帝京。今上搜集贤良，发使迎接。④

《宋高僧传》：初畏途过北印度境，而声誉已达中国，

① （宋）赞宁：《宋高僧传》卷2，中华书局，1987年，第19页。
② （唐）李华：《玄宗朝翻经三藏善无畏赠鸿胪卿行状》，《大正藏》50册，第290页上。
③ （唐）李华：《大唐东都大圣善寺故中天竺国善无畏三藏和尚碑铭并序》，《大正藏》50册，第291页中。
④ （唐）智昇：《开元释教录》卷9，《大正藏》55册，第572页上。

睿宗乃诏若那及将军史献出玉门塞表以候来仪。①

唐玄宗开元四年（716），八十岁

抵达长安，初于兴福寺南塔院安置，后有敕令住西明寺。因与开元初年唐玄宗梦中高僧之状貌合符，得天子敬悦，饰内道场，尊为教主国师，自宁王、薛王以降，皆跪席捧器焉。与术士于御前角其神异，大师恬然不动，而术士手足无措。

《玄宗朝翻经三藏善无畏赠鸿胪卿行状》：以开元四年丙辰，大赍梵夹，来达长安，初于兴福寺南塔院安置。②

《大唐东都大圣善寺故中天竺国善无畏三藏和尚碑铭并序》：开元继兴，重光大化。圣皇梦与高僧相见，姿状非常，躬御丹青，图之殿壁。洎和尚至止，与梦合符。天子光灵，而敬悦之，饰内道场，尊为教主。自宁、薛以降，皆跪席捧器焉。宾大士于天宫，接梵筵于帝座。礼国师以广成之道，致人主于如来之乘。巍巍法门，于此为盛！有术者握鬼神之契，参变化之功，承诏御前，效其神异。和上恬然不动，而术者手足无施矣。③

---

① （宋）赞宁：《宋高僧传》卷2，中华书局，1987年，第19—20页。
② （唐）李华：《玄宗朝翻经三藏善无畏赠鸿胪卿行状》，《大正藏》50册，第290页上。
③ （唐）李华：《大唐东都大圣善寺故中天竺国善无畏三藏和尚碑铭并序》，《大正藏》50册，第291页中。

《开元释教录》：以开元四年丙辰，大赍梵本，来达长安。初于兴福寺南院安置，次后有敕令住西明。[1]

《宋高僧传》：开元初，玄宗梦与真僧相见，姿状非常，躬御丹青，写之殿壁。及畏至此，与梦合符，帝悦有缘，饰内道场，尊为教主，自宁、薛王已降皆跪席捧器焉。宾大士于天宫，接梵筵于帝座，礼国师以广成之道，致人主于如来之乘，巍巍法门，于斯为盛。时有术士握鬼神之契，参变化之功，承诏御前，角其神异。畏恬然不动，而术者手足无所施矣。开元四年丙辰，赍梵夹始届长安，敕于兴福寺南院安置。续宣住西明寺，问劳重叠，锡贶异常。[2]

是年大事：

正月，以郯王嗣直为安北大都护，安抚河东、关内、陇右诸蕃大使；以安北都护张知运为之副。以陕王嗣升为安西大都护，安抚河西、四镇诸蕃大使，以安西都护郭虔瓘为之副。二王皆不出阁，诸王遥领节度自此始。

二月，吐蕃围松州（今四川松潘县）。二十六日，松州都督孙仁献袭击吐蕃于城下，大破之。

六月十九日，太上皇崩于百福殿，年五十五。十月葬桥陵，庙号睿宗。

突厥默啜击铁勒九姓拔曳固，大破之于独乐水（蒙古

---

① （唐）智昇：《开元释教录》卷9，《大正藏》55册，第572页上。
② （宋）赞宁：《宋高僧传》卷2，中华书局，1987年，第20页。

国乌兰巴托南土拉河）。恃胜轻归，不复设备，遇拔曳固散卒颉质略，自柳林突出，斩之。时大武军子将郝灵荃奉使在突厥，颉质略以默啜首归之。灵荃携其首回长安，朝命悬其首于广街。六月，突厥内乱，原附突厥之铁勒九姓诸部纷纷降唐，唐皆安置大武军（即大同军，今山西朔县东）之北。

八月，契丹酋李失活、奚酋李大酺亦帅所部来降。玄宗诏以失活为松漠郡王，行左金吾大将军兼松漠都督。以大酺为饶乐郡王，行右金吾大将军兼饶乐都督。

八月，日本遣多治比县守为遣唐押使，阿倍仲麻吕为大使，藤原马养为副使等入唐，同行者有吉备真备等共五百五十余人，是为第九次遣唐使。

十月，突厥降户叛归。单于副都护张知运未设备，与之战于青刚岭（今甘肃环县西北甜水），为降户生擒，欲送突厥。行至绥州（今陕西绥德县）境，将军郭知运以朔方兵邀击，降户大溃，释张知运而逃。玄宗以张知运丧师辱国，斩之。

闰十二月，姚崇罢为开府仪同三司，而以刑部尚书宋璟守吏部尚书兼黄门监，与紫微侍郎同平章事。

唐玄宗开元五年（717），八十一岁

奉诏于西明寺菩提院译《虚空藏菩萨经能满诸愿最胜心陀罗尼求闻持法》一卷，沙门悉达译语，

沙门无著缀文、笔受。玄宗赏叹，有敕将携来之梵本一并进上。又与弟子一行于华严寺选得沙门无行西游天竺所得梵经，并是总持之教，未经翻译者。

《玄宗朝翻经三藏善无畏赠鸿胪卿行状》：次后五年丁巳岁，于菩提寺译《虚空藏菩萨经能满诸愿最胜心陀罗尼求闻持法》一卷，沙门悉达译语，沙门无著缀文、笔受。

其和上所将梵夹，有敕并令进入内，缘此未得广译诸经。曩时，无行和上行游天竺，学毕言归，回至北天，不幸而卒。所将梵夹，有敕迎还，比在西京华严寺收掌。无畏和上与沙门一行，于彼简得数本梵夹经，并是总持之教，沙门一行先未曾译者。①

《开元释教录》：至五年丁巳，于菩提院译《虚空藏求闻持法》一卷，沙门悉达译语，沙门无著缀文、笔受。其无畏所将梵本，有敕并令进内，缘此未得广译诸经。曩时，沙门无行西游天竺，学毕言归，回至北天，不幸而卒。所将梵本，有敕迎归，比在西京华严寺收掌。无畏与沙门一行，于彼简得数本梵经，并总持妙门，先未曾译。②

《宋高僧传》：至五年丁巳，奉诏于菩提院翻译。畏奏请名僧同参华梵，开题，先译《虚空藏求闻持法》一卷，沙门悉达译语，无著笔受缀文，缮写进内。帝深加赏叹，有敕畏所将到梵本并令进上。昔有沙门无行西游天竺，学

---

① （唐）李华：《玄宗朝翻经三藏善无畏赠鸿胪卿行状》，《大正藏》50 册，第 290 页上。

② （唐）智昇：《开元释教录》卷 9，《大正藏》55 册，第 572 页上。

毕言归，方及北印，不幸而卒。其所获夹叶悉在京都华严寺中，畏与一行禅师于彼选得数本，并总持妙门，先所未译。①

是年大事：

三月，制复置营州都督府于柳城（今辽宁朝阳市南），营州都督兼平卢军使，管内州县镇戍皆如旧。以太子詹事姜师度为营田支度使，与庆礼等筑之，三旬而毕。

七月，陇右节度使郭知运大破吐蕃于九曲。

七月，新置天兵军于并州（太原），集兵八万，以并州长史张嘉贞兼天兵军大使，镇守铁勒五部新降者。

八月，安西副大都护汤嘉惠奏突骑施苏禄引大食、吐蕃谋取四镇，围拨换及大石城，已发阿史那献与葛逻禄兵击之。

九月，中书、门下二省及侍中皆复旧名，复贞观对仗奏事之制。

十一月三日，契丹王李失活来朝。十二月十七日，以东平王（太宗孙）外孙女杨氏为永乐公主，妻之。

因省中书籍散乱讹缺，请选学术之士二十人整理校补。于是整理藏书，搜访逸书，选吏缮写。以左散骑常侍褚无量为之使，于乾元殿前编校群书，整编四部书成。

新罗王子金守忠自唐归国，携有孔子及七十二弟子画像，置于太学。

① （宋）赞宁：《宋高僧传》卷2，中华书局，1987年，第20页。

唐玄宗开元十二年（724），八十八岁

随驾入洛阳，于大福先寺及圣善寺安置。弟子一行请译《大毗卢遮那成佛神变加持经》一部七卷，沙门宝月译语，一行笔受承旨。又译出《苏婆呼童子经》三卷、《苏悉地羯罗经》三卷。

《玄宗朝翻经三藏善无畏赠鸿胪卿行状》：至十二年，随驾入洛，于大福先寺安置，沙门一行请三藏和尚，译《大毗卢遮那成佛神变加持经》一部七卷。其经具足梵文，有十万颂，今所出者，撮其要耳。沙门宝月译语，一行笔受承旨，兼删缀词理。文质相半，妙谐深趣。又译出《苏婆呼童子经》三卷、《苏悉地羯罗经》三卷。①

《大唐东都大圣善寺故中天竺国善无畏三藏和尚碑铭并序》：随驾至洛京，诏于圣善寺安置。②

《开元释教录》：至十二年，随驾入洛，于大福先寺安置，遂为沙门一行译《大毗卢遮那经》。其经足具梵本，有十万颂，今所出者，撮其要耳。沙门宝月译语，沙门一行笔受承旨，兼删缀词理。文质相半，妙谐深趣。又出《苏

---

① （唐）李华：《玄宗朝翻经三藏善无畏赠鸿胪卿行状》，《大正藏》50 册，第 290 页上一中。

② （唐）李华：《大唐东都大圣善寺故中天竺国善无畏三藏和尚碑铭并序》，《大正藏》50 册，第 291 页中。

婆呼》《苏悉地》二经。①

《宋高僧传》：十二年，随驾入洛，复奉诏于福先寺译《大毗卢遮那经》。其经具足梵文有十万颂；畏所出者，撮其要耳，曰《大毗卢遮那成佛神变加持经》七卷，沙门宝月译语，一行笔受，删缀辞理，文质相半，妙谐深趣，上符佛意，下契根缘，利益要门，斯文为最。又出《苏婆呼童子经》三卷、《苏悉地揭罗经》三卷，二经具足咒毗奈耶也，即秘密禁戒焉。若未曾入曼荼罗者，不合辄读诵，犹未受具人盗听戒律也。②

是年大事：

三月，起给事中杜暹为安西副大都护，碛西节度等使。

四月二十三日，命太史监南宫说等于黄河南北平地测量日晷及极星，各地同时于夏至日中立八尺之表候之。此乃世界第一次对地球子午线长度的实测。

六月，制听逃户自首，辟所在闲田，随宜收税，毋得差科征役，租庸一皆蠲免。仍以宇文融为劝农使，巡行州县，与吏民议定赋役，岁终增缗钱数百万，悉进入宫库。此系唐均田制与租庸调法之一变。

开元时与则天时相反，崇道而抑佛，禁造寺院、禁铸佛写经。六月，定僧尼试经之制。敕有司：试天下僧尼年六十以下者，限诵二百纸经，每一年限诵七十三纸，三年

---

① （唐）智昇：《开元释教录》卷9，《大正藏》55册，第572页上。
② （宋）赞宁：《宋高僧传》卷2，中华书局，1987年，第20页。

一试，落者还俗。

七月，突厥毗伽可汗再遣其臣哥解颉利发来求婚，唐借口其使者轻，礼数不备，未许婚。八月遣之还国。

七月，溪州（今湘西北龙山、永顺一带）蛮覃行璋起事，玄宗以监门卫大将军杨思勖为黔中道招讨使将兵击之，生擒行璋，斩首三万级。加思勖辅国大将军（勋阶正二品），宦官典兵逾三品自杨思勖始。

七月二十二日，废王皇后为庶人，移别室安置，后兄太子少保王守一贬死。十月，后卒，宫内皆思慕皇后不已，玄宗亦悔之。

群臣屡上表请封禅，玄宗喜而从之。闰十二月十二日，制以明年十一月十日有事于泰山。时张说首建封禅之议。

契丹王郁干病死，弟吐干袭兄官爵，复以燕郡公主为妻。

玄宗柳婕好有妹嫁赵氏，创夹缬法，制为文锦，因献王皇后一匹。玄宗赏之，遂推广其法。此系唐代工艺美术之进步，亦系染色印花之始创。

后约十一年间，时开禅观，奖劝初学，慈悲作念，接诱无亏，人或问疑，剖析无滞。尊奉长老宝思惟，其余皆接以门人之礼。又于本院铸金铜灵塔，手为模范，妙极人天。鼓铸之日，大雪蔽空；灵塔既成，瑞花飘席。前后奉诏，禳旱祈雨，灭火反风，效应昭然。

《玄宗朝翻经三藏善无畏赠鸿胪卿行状》：时开禅观，奖劝初学，慈悲作念，接诱无亏。人或问疑，剖析无滞。诸有水旱祈止，艺能大庇缁林，广如别记。①

《大唐东都大圣善寺故中天竺国善无畏三藏和尚碑铭并序》：自出内之后，道俗瞻礼，奔起华夷。和上临之，贵贱如一。奉仪形者，莲华开于眼界；禀言说者，甘露降于心源。超然自悟曰："有其人矣！"法侣高标，唯尊奉长老宝思惟，其余皆接以门人之礼。禅师一行者，定惠之余，术穷天地，有所未达，咨而后行。和上质粹神迈，气和言简。不舍律仪，而身心自在；不离宴坐，而愿力俱圆。有来则应，触境无碍。故众妙愁解，艺能兼于百工；大悲普薰，草木同于一子，不知其极也。于本院铸金铜灵塔，云以此功德，应缘护世。手为模范，妙极人天。寺众销冶至广，庭际深隘，虑恐风至火盛，灾延宝坊。笑而言曰："无可为忧，自当有验。"及鼓铸之日，大雪蔽空。灵塔既成，瑞花飘席。前后奉诏，穰旱致雨，灭火反风，昭昭然遍诸耳目矣。从容止请，大庇缁林。正法之兴，系于龙象，信也！②

《开元释教录》：无畏性爱恬简，静虑怡神。时开禅观，奖劝初学。慈悲作念，接诱无亏。人或问疑，剖析无滞。③

《宋高僧传》：畏性爱恬简，静虑怡神，时开禅观，奖

---

①　（唐）李华：《玄宗朝翻经三藏善无畏赠鸿胪卿行状》，《大正藏》50 册，第 290 页中。

②　（唐）李华：《大唐东都大圣善寺故中天竺国善无畏三藏和尚碑铭并序》，《大正藏》50 册，第 291 页中。

③　（唐）智昇：《开元释教录》卷 9，《大正藏》55 册，第 572 页上。

劝初学。奉仪形者莲华敷于眼界，禀言说者甘露润于心田，超然觉明，日有人矣。法侣请谒，唯尊奉长老宝思惟三藏而已，此外皆行门人之礼焉。一行禅师者，帝王宗重，时贤所归，定慧之余，阴阳之妙，有所未决，亦咨禀而后行。

畏尝于本院铸铜为塔，手成模范，妙出人天。寺众以销冶至广，庭除深隘，虑风至火盛，灾延宝坊。畏笑曰："无苦，自当知也。"鼓铸之日，果大雪蔽空，灵塔出炉，瑞花飘席，众皆称叹焉。又属暑天亢旱，帝遣中官高力士疾召畏祈雨。畏曰："今旱，数当然也，若苦召龙致雨，必暴，适足所损，不可为也。"帝强之曰："人苦暑病矣，虽风雷亦足快意。"辞不获已，有司为陈请雨具，幡幢螺钹备焉，畏笑曰："斯不足以致雨。"急撤之。乃盛一钵水，以小刀搅之，梵言数百咒之。须臾有物如龙，其大如指，赤色矫首，瞰水面，复潜于钵底。畏且搅且咒，顷之，有白气自钵而兴，迳上数尺，稍稍引去。畏谓力士曰："亟去，雨至矣。"力士驰去，回顾见白气疾旋，自讲堂而西，若一匹素翻空而上。既而昏霾，大风震电，力士才及天津桥，风雨随马而骤，街中大树多拔焉。力士入奏而衣尽沾湿矣。帝稽首迎畏，再三致谢。[①]

唐玄宗开元二十年（732），九十六岁

表求归国，有诏止之。

① （宋）赞宁：《宋高僧传》卷2，中华书局，1987年，第20—21页。

《玄宗朝翻经三藏善无畏赠鸿胪卿行状》：后有表求归国，有诏止之。①

《大唐东都大圣善寺故中天竺国善无畏三藏和尚碑铭并序》：表求还国，优诏不许。②

《宋高僧传》：二十年，求还西域，优诏不许。③

是年大事：

正月，以朔方节度副大使信安王祎为河东、河北行军副大总管，以户部侍郎裴耀卿为副总管，将兵击奚、契丹，大破之。以奚酋来降，奚众倒戈而逼契丹远遁，论功加信安王祎开府仪同三司，命裴耀卿赍绢二十万匹分赐立功奚官。

九月，宰相萧嵩等人撰成《大唐开元礼》一百五十卷。

九月，勃海靺鞨大武艺遣其将张文休帅海贼寇登州（今山东烟台市蓬莱区），杀唐刺史韦俊。玄宗以盖福顺为右领军将军发兵讨之。

九月，以牛仙客代萧嵩为河西节度使，散官加六阶。为他日仙客入相张本。

十月至十二月，玄宗自东都北行，回长安。

以幽州节度使（渔阳，今北京一带）兼河北采访处置

---

① （唐）李华：《玄宗朝翻经三藏善无畏赠鸿胪卿行状》，《大正藏》50 册，第 290 页中。

② （唐）李华：《大唐东都大圣善寺故中天竺国善无畏三藏和尚碑铭并序》，《大正藏》50 册，第 291 页中。

③ （宋）赞宁：《宋高僧传》卷 2，中华书局，1987 年，第 22 页。

使（驻魏州，今大名），增领十六州，及安东都护府（卢龙），旨在集力以御契丹突厥。

日本遣多治比广成等入唐，共五百九十余人。僧荣睿等四人同行，其一船漂流于昆仑，一船沉没。是为第十次遣唐使。

唐玄宗开元二十三年（735），九十九岁

十一月七日，右胁累足，寂于禅室。世寿九十九，僧夏八十。玄宗哀悼，赠鸿胪卿。

《玄宗朝翻经三藏善无畏赠鸿胪卿行状》：洎开元二十三年十一月七日，右胁累足，寂于禅室。春秋九十九，僧夏八十。法界凄凉，天心震悼，赠鸿胪卿。[①]

《大唐东都大圣善寺故中天竺国善无畏三藏和尚碑铭并序》：开元二十三年十一月七日，右胁累足，涅槃于禅室。享龄九十九，僧夏八十。法界凄凉，天心震悼，赠鸿胪卿。[②]

《宋高僧传》：二十三年乙亥十月七日，右胁累足，奄然而化，享龄九十九，僧腊八十。法侣凄凉，皇心震悼，赠鸿胪卿。[③]

---

① （唐）李华：《玄宗朝翻经三藏善无畏赠鸿胪卿行状》，《大正藏》50 册，第 290 页中。

② （唐）李华：《大唐东都大圣善寺故中天竺国善无畏三藏和尚碑铭并序》，《大正藏》50 册，第 291 页下。

③ （宋）赞宁：《宋高僧传》卷 2，中华书局，1987 年，第 22 页。

谨按：《玄宗朝翻经三藏善无畏赠鸿胪卿行状》《大唐东都大圣善寺故中天竺国善无畏三藏和尚碑铭并序》作者皆为大师灌顶弟子李华，可信度较高，故不取《宋高僧传》之说。

是年大事：

正月十八日，玄宗欲示人重耕稼，遂亲耕藉田五十余步，九推尽陇乃止。

正月，赐东都大酺三日。聚合饮食曰"酺"，此玄宗与民同乐、共庆太平之意。

三月，玄宗亲注《老子》，并修义疏八卷，附《开元文字音义》三十卷，颁示公卿士庶及道释二门。日本使者名代请《老子经》及天尊像以归于国，许之。

七月，咸宜公主（武惠妃生，嫁杨洄）将下嫁，始加实封至千户。于是诸公主皆加至千户。

十月，突骑施苏禄可汗兵寇北庭（今新疆乌鲁木齐县东）及安西拨换城（今新疆库车境）。

十二月二十四日，册故蜀州司户杨玄琰女玉环为寿王妃。此为天宝三载玄宗纳媳为妃张本。

唐玄宗开元二十八年（740）

八月八日，葬于龙门西山广化寺之庭，遣鸿胪丞李岘、威仪僧定宾律师监护丧事。定慧所熏，全

身不坏。

《玄宗朝翻经三藏善无畏赠鸿胪卿行状》：葬于龙门西山，鸿胪丞李岘与释门威仪定宾律师监护丧事。以八月八日，葬于龙门西山。涕慕倾都，山川变色。[①]

《大唐东都大圣善寺故中天竺国善无畏三藏和尚碑铭并序》：遣鸿胪丞李岘、威仪僧定宾律师监护，葬于龙门西山。涕慕倾都，山川变色。[②]

《宋高僧传》：遣鸿胪丞李现具威仪，宾律师护丧事。二十八年十月三日，葬于龙门西山广化寺之庭焉。定慧所熏，全身不坏。会葬之日，涕泗倾都，山川变色，僧俗弟子宝畏禅师、明畏禅师、荥阳郑氏、琅邪王氏痛其安仰，如丧考妣焉。[③]

谨按：《玄宗朝翻经三藏善无畏赠鸿胪卿行状》《大唐东都大圣善寺故中天竺国善无畏三藏和尚碑铭并序》作者皆为大师灌顶弟子李华，可信度较高，故不取《宋高僧传》之说。

是年大事：

三月，剑南节度使章仇兼琼潜与安戎城中吐蕃翟都局及维州（今四川理县东北）别驾董承晏结谋，使翟都局为

---

① （唐）李华：《玄宗朝翻经三藏善无畏赠鸿胪卿行状》，《大正藏》50 册，第 290 页中。
② （唐）李华：《大唐东都大圣善寺故中天竺国善无畏三藏和尚碑铭并序》，《大正藏》50 册，第 291 页下。
③ （宋）赞宁：《宋高僧传》卷 2，中华书局，1987 年，第 22 页。

内应，开门引唐兵，入安戎城，尽杀吐蕃将卒，使监察御史许远将兵镇守。六月，吐蕃围安戎城。十月，吐蕃攻安戎城及维州。发关中矿骑救之。吐蕃引退。改安戎城为平戎城。

三月二十八日，盖嘉运入朝献捷。唐玄宗赦突骑施可汗吐火仙之罪，以为左金吾大将军。并应嘉运之请，立阿史那怀道之子阿史那昕为十姓可汗，统御其众。四月十五日，以昕妻李氏为交河公主。玄宗因盖嘉运平突骑施有功，迁为河西、陇右节度使，使经略吐蕃。

突骑施酋长莫贺达干率诸部叛唐。唐玄宗乃立莫贺达干为可汗，使统突骑施之众，并命盖嘉运招谕之。十二月三日，莫贺达干降唐。

十二月，金城公主卒于吐蕃，吐蕃遣使告丧，并请与唐和好，玄宗不许。

唐肃宗乾元元年（758）

大兴、一行二禅师刻偈，诸信士营龛，弟子舍于墓旁。

《大唐东都大圣善寺故中天竺国善无畏三藏和尚碑铭并序》：乾元岁，再造天维，大君心证无缘之慈，躬行不遗之孝，于是梵释扈跸，天龙济师，凶秽扫除，人祇清净。位光付嘱，教大兴、一行二禅师爰以偈颂，刻之金石。法离文字，道不可名，以慰门人感慕之心，有同颜子喟然之叹。①

《宋高僧传》：乾元之初，唐风再振，二禅师刻偈，诸信士营龛，弟子舍于旁，有同孔墓之恋。②

是年大事：

二月五日，肃宗临丹凤门，赦天下，改元乾元。

三月六日，立张淑妃为皇后。张皇后喜弄权，渐预朝政。

五月十九日，立成王俶为皇太子。

唐军收复东京，安庆绪北逃至邺郡，其部将平原太守王暕、清河太守宇文宽皆杀其使者来降唐。庆绪遂派其大将蔡希德、安太清攻之，俘二人以归，被剐于邺郡市中。于是安庆绪对其部下凡有谋归顺唐朝者，皆诛及九族，以至于部曲；州县官属，连坐被杀者无数。又与群臣歃血结盟于邺郡南，但已丧失人心。

五月，赠故常山太守颜杲卿太子太保，谥忠节，以其子颜威明为太仆丞。

史思明复叛。

山人韩颖上言：《大衍历》颁行已久，误差较大。肃宗以颖直司天台，改造新历，更名为《至德历》，六月十七日，行颖所造新历。

---

① （唐）李华：《大唐东都大圣善寺故中天竺国善无畏三藏和尚碑铭并序》，《大正藏》50 册，第 291 页下。

② （宋）赞宁：《宋高僧传》卷 2，中华书局，1987 年，第 22 页。

七月十六日，初铸当十大钱，名为"乾元重宝"，与开元通宝钱并行。

七月十七日，唐册命回纥可汗为英武威远毗伽阙可汗，以肃宗幼女宁国公主妻之。八月，回纥可汗遣其臣骨啜特勒及帝德二人帅精锐骑兵三千人助唐讨安庆绪，肃宗命朔方左武锋使仆固怀恩引导其兵。

九月二十一日，肃宗命朔方节度使郭子仪等七节度使及平卢兵马使董秦帅步骑兵共二十万讨安庆绪。又命河东节度使李光弼与关内泽潞节度使王思礼帅所部兵助战。肃宗认为子仪、光弼皆是元勋，难相统属，所以不设置元帅，只以宦官开府仪同三司鱼朝恩为观军容宣慰处置使，监统诸路军队。宦官为观军容使始于此。

九月二十四日，大食、波斯兵围广州城，刺史韦利见弃城而逃，两国兵遂入城大掠仓库，焚烧房舍，乘船浮海而去。

郭子仪等围安庆绪，俘获其弟庆和，杀之。遂攻克卫州。

平卢（今辽宁朝阳市）节度使王玄志死，高句丽人李怀玉为平卢裨将，杀玄志之子，推姑子侯希逸为平卢军使。朝廷即以希逸为平卢节度副使。唐代节度使由军士自立从侯希逸始。

唐德宗贞元十一年（795）

四月十七日，建碑。

《大唐东都大圣善寺故中天竺国善无畏三藏和尚碑铭并序》：贞元十一年岁次乙亥四月戊戌朔十七日甲寅建。①

是年大事：

二月七日，册拜大嵩邻为忽汗州都督、勃海王。

回纥奉诚可汗卒，因无子，国人立其相骨咄禄为可汗。五月二十四日，遣秘书监张荐册拜回纥可汗骨咄禄为腾里逻羽禄没密施合胡禄毗伽怀信可汗。

五月十八日，河东（治太原府）节度使李自良卒，河东军乱。

---

① （唐）李华：《大唐东都大圣善寺故中天竺国善无畏三藏和尚碑铭并序》，《大正藏》50 册，第 291 页下。

传　记

玄宗朝翻经三藏善无畏赠鸿胪卿[1]行状①

弟子李华[2]撰

三藏沙门输婆迦罗者，具足梵音，应云戍婆誐罗僧贺，唐音正翻云净师子，以义译之，名善无畏。中印度摩伽陀国[3]人，住王舍城那烂陀寺[4]，本刹利种姓。刹帝利舍俗荣贵，依佛出家。神气清虚，道业恢著，精通禅惠，妙达总持[5]三藏门，一心游入五天诸国，久播芳名。大悲利生，有缘东渐，涂至北印度境，响震摩贺支那[6]。

我皇搜集贤良，发使迎接。以开元四年丙辰，大赍梵夹，来达长安，初于兴福寺[7]南塔院安置。次后五年丁巳岁，于菩提寺[8]译《虚空藏菩萨经能满诸愿最胜心陀罗尼求

---

① 《大正藏》50册，第290页上一下。

闻持法》[9]一卷，沙门悉达译语，沙门无著缀文、笔受[10]。

其和上所将梵夹，有敕并令进入内，缘此未得广译诸经。曩时，无行[11]和上行游天竺，学毕言归，回至北天，不幸而卒。所将梵夹，有敕迎还，比在西京华严寺[12]收掌。无畏和上与沙门一行，于彼简得数本梵夹经，并是总持之教，沙门一行先未曾译者。至十二年，随驾入洛，于大福先寺[13]安置，沙门一行请三藏和尚，译《大毗卢遮那成佛神变加持经》[14]一部七卷。其经具足梵文，有十万颂，今所出者，撮其要耳。沙门宝月译语，一行笔受承旨，兼删缀词理。文质相半，妙谐深趣。又译出《苏婆呼童子经》[15]三卷、《苏悉地羯罗经》[16]三卷。

三藏性爱恬简，静虑怡[17]神。时开禅观[18]，奖劝初学，慈悲作念，接诱无亏。人或问疑，剖析无滞。诸有水旱祈止，艺能大庇缁林[19]，广如别记。

后有表求归国，有诏止之。洎开元二十三年十一月七日，右胁累足[20]，寂于禅室。春秋九十九，僧夏八十。法界凄凉，天心震悼，赠鸿胪卿。葬于龙门西山[21]，鸿胪丞[22]李岘[23]与释门威仪[24]定宾[25]律师监护丧事。以八月八日，葬于龙门西山。涕慕倾都，山川变色。

注释

[1] 鸿胪卿：鸿胪，官名。鸿，声；胪，传。传声赞导，故曰鸿胪。古代自汉武帝至清末时沿用此名，掌朝贺庆吊之赞导相礼。在唐代，鸿胪寺（官署名）为九卿之一，设卿一人，为主官，鸿胪丞

为其辅佑，负责僧人及外国客人的事务。僧人在唐代开始接受世俗官衔及薪俸，善无畏三藏是卒后第一个得授世俗官衔的僧人。唐时，鸿胪卿为正二品文散官。文散官是文职官员的品级名号，有其名而无官守，隋时正式定散官之制。

[2] 李华（715—766）：字遐叔，赵郡（今河北元氏县）人。开元二十三年进士，官至监察御史、右补阙。安禄山陷长安时，曾受职，乱平贬官。后起官至检校吏部员外郎。李华为唐时著名文学家，尤以擅写传记、行状而著称。李华为善无畏三藏的灌顶弟子，据《新唐书》记载："晚事浮图法，不甚著书。"

[3] 摩伽陀国（Magadha）：即摩揭陀国，为古印度十六大国之一，国都王舍城。其国领域相当于现今印度比哈尔邦的巴特那和加雅地方。佛陀一生大部分时间在此国度过。

[4] 那烂陀寺（Nālanda）：在中印度摩揭陀国。佛灭度后由铄迦罗阿逸多王所建，后历代相继增建，为五天竺第一精舍。那烂陀译曰施无厌，为世传住于寺边池中龙王之名。依实义，则是释迦如来往昔在此地为国王时之德号。

[5] 总持：梵语陀罗尼（Dhāraṇi），义为总持。持，令一种功德力渐渐增长，终致成熟。有表持，持善法不使散。有遮持，持恶法不使起。陀罗尼，即对于修学佛法所得境界执持不舍，以培植其强势。总握其要，故名总持。

[6] 摩贺支那：即摩诃支那，大支那之意。即指中国。

[7] 兴福寺：在长安西北区修德坊。玄奘也曾居此寺。

[8] 菩提寺：据《开元释教录》："次后有敕令住西明。"西明寺在长安西区延康坊，菩提寺即菩提院，是西明寺的一部分。西明寺是

显庆元年（656）秋仿天竺祇园精舍而建的唐代佛教圣地，内藏大量经典。

[9]《虚空藏菩萨经能满诸愿最胜心陀罗尼求闻持法》：别出于《金刚顶经·成就一切义品》。本经乃为求闻持者，解说能满诸愿最胜心陀罗尼，及坛法、印法等。现行之求闻持法，即基于此经所修。

[10] 译语、缀文、笔受：翻经者的职位名称。古时由皇家组织通天竺语言、西域语言和汉语的僧人、居士在译经馆翻译经、律、论，所需一切费用由国家供给。译经分工十分详细，主要有（1）译主：即主译人，坐在译场中间正面，宣讲翻译。（2）证义：坐译主左边，与译主评量梵文。（3）证文：坐译主右边，听译主宣读梵文以验误差。（4）译语：又称度语、传语，检查、印证译主的翻译与梵本、梵义是否一致。（5）笔受：把译主对外文佛经的翻译记录下来，任职者必须“言通华梵，学综有空，相问委知，然后下笔”。（6）缀文：回缀文字使成句义。（7）参译：参考两国文字使之无误。（8）刊定：刊削冗长，定取句义。（9）润文：润色文彩。（10）誊抄：负责抄写。（11）正字：负责校对。（12）梵呗：开译时宣梵呗，以示庄严。

[11] 无行（630—?）：荆州江陵人。梵名般若提婆，意译作慧天。曾师事三论宗吉藏之高足大福田寺慧英，修习定慧，受具足戒后，更隐于幽岩诵《法华经》，参访名师，立志开启定门。曾游历九江、衡岳、嵩岳等地，又参研南山律宗道宣之法，听闻新旧经论。其后游学天竺，入那烂陀寺，研习瑜伽、中观、俱舍、律典等，并依羝罗荼寺之学僧研习大论师如陈那、法称等之论著。余暇时则将一切有部律中叙述如来涅槃事之部分译成汉文，共

有三卷，寄送唐朝。曾与当时亦入天竺之义净共游灵鹫山。后取道北天竺归国，不知所终。

[12] 华严寺：唐代著名的樊川八大寺之一，在长安城南少陵原，建于唐太宗贞观年间，为我国华严宗祖庭。华严寺自建寺起，华严宗五祖宗密大师、开元三大士等高僧皆敕住华严寺。

[13] 大福先寺：在洛阳东区积德坊。原为武则天为母杨氏所立太原寺，天授二年（691）改为福先寺。

[14] 《大毗卢遮那成佛神变加持经》：略称《大日经》，以毗卢遮那为日之别名，故称。此经总有三本：一、法尔恒常本，即诸佛法曼荼罗。二、分流广本，即龙猛菩萨所诵传十万颂经。三、略本，有三千余颂，以少摄多，字义无尽。今流行于世的是唐朝善无畏所译七卷本。经文自说是大日如来在金刚法界宫为金刚手秘密主等所说，此经开示一切众生本有的净菩提心所持无尽庄严藏的本有本觉曼荼罗，并宣说能悟入这本有净菩提心的身语意三密方便。依《大日经》而修者曰大日宗，亦曰瑜伽宗。大日宗行者以能入般若三昧为正机，得如来三密加持，充其量为因地即身成佛，大圆镜智和成所作智未圆满故。

[15] 《苏婆呼童子经》：又作《苏婆呼童子请问经》《苏婆呼请问经》《苏婆呼律经》《苏磨呼经》。"苏婆呼"乃梵文"妙臂"之音译。系记载执金刚菩萨大药叉将对苏婆呼童子说示真言行者应受持之律仪。内容述及持诵真言者之身、口、意三业的戒法及灭罪法，除障之法，念诵真言之轨则，断食、持戒及温气、烟相、火光三种悉地相，护摩作法以及成真言法、成金水法、成长年法等八成就法。

[16] 《苏悉地羯罗经》：又作《妙成就法》《妙成就作业经》。本经广

说有关佛部、莲花部、金刚部等三部悉地成就之仪则，内容包括持诵、灌顶、祈请、护摩、成就、时分等。

〔17〕怗（tiē）：安宁。

〔18〕禅观：坐禅而观念真理。

〔19〕缁林：僧界。

〔20〕右胁累足：右侧而卧，双腿弯曲重叠，为释迦牟尼佛灭度时之姿势。后为印度僧徒圆寂时习用。

〔21〕龙门西山：在洛阳南郊。

〔22〕鸿胪丞：见注〔1〕"鸿胪卿"。

〔23〕李岘（709—766）：字延鉴，陇西狄道（今甘肃临洮县）人，唐太宗李世民玄孙。门荫入仕，历经三朝，一生历任多州刺史，两度出任江陵尹，多次担任京兆尹，五次登上相位，六次官拜尚书，七次担任专门大使。历任要职，多有功绩，官至中书侍郎、同平章事，册封梁国公。居官有为，知人善任，依法理政，正气不阿。唐宣宗大中初年，图形凌烟阁。

〔24〕威仪：一般法会指挥众僧仪式作法之僧名威仪师。

〔25〕定宾：生卒年、籍贯均不详。天资颖悟，强识过人。出家受具足戒后，就长安崇福寺之满意学律，尽得相部宗之所传，与大亮、法藏等十五人，并称满意门下之上足。后住嵩山镇国寺，尝作《破迷执记》一卷，开演法砺之十六大义，以破斥东塔怀素之《四分律开宗记》。又作《四分律疏饰宗义记》十卷，详解法砺之《四分律疏》。开元二十一年（733），奉诏入长安大福先寺（太原寺），为日僧荣睿、普照授具足戒。所著除前述外，尚有《四分律戒本疏》二卷、《因明正理门论疏》六卷等。

大唐东都大圣善寺[1]故中天竺国
善无畏三藏和尚碑铭并序①

弟子前左补阙[2]赵郡李华撰

恒府长庆寺沙门戒成书

当寺沙门恒秀篆额

　　惟和尚轮王[3]梵嫡，号善无畏，盖释迦如来季父甘露饭王[4]之后，其先自中天竺分王乌荼[5]。父曰佛手王，以和上生有圣姿，早兼德艺，故历试焉。十岁统戎。十三嗣位，诸兄举兵构乱，不得已而征之，接刃中体，捍轮[6]伤顶，军以顺胜，兄以爱全。乃白母后，告群臣曰：“向者新征，义断恩也。今已国让，行其志也。”因置位于兄，固求入道。太后哀许，赐以传国宝珠。

　　南至海滨，得殊胜招提[7]，入法华三昧[8]。聚沙建塔[9]，誓一万区，黑蛇伤指而不退息。身寄商舶，往中印度，密修禅诵，口放白光，无风三日，而舟行万里。与商人同遇群贼，阽[10]于弃命，乃慰怗徒侣，默诵真言，七俱胝尊[11]全现身相，贼果为他寇所歼。寇乃露罪归诚，指踪夷险。越穷荒，逾毒水，至中天境上，乃遇其王。王之夫人，和上姊也。和上服同凡品，而徒侣以君礼奉之，王问

─────────────
① 《大正藏》50册，第290页中—292页上。

获其由，嗟称不足。菩提眷属，是日同归，慈云布阴，一境诚变。于是发三乘[12]之藏，究诸部之宗，品偈章句，诵无遗者。说龙宫之义理[13]，得师子之频申[14]，名震五天[15]，尊为称首。

那烂陀寺，像法之泉源，众圣之都会也。乃拾宝珠，莹大像额端，昼如月魄，夜则光耀。僧宝有达磨鞠多[16]，唐云法护，掌定门之秘钥，佩如来之密印，颜如四十，已八百年也。乃头礼两足[17]，奉为本师。和上见本师钵中，非其国食，示一禅僧。禅僧华人也，见油饵尚温，粟饭余暖，愕而叹曰："中国去此十万八千里，是彼朝熟而午时至，此何神速也！"会中尽骇，唯和上默然。本师密谓和上曰："中国白马寺[18]，重阁新成，吾适受供而返。汝能不言，真可学也。"乃授以总持尊教，龙神围绕，森在目前。无量印契，一时顿受。即日灌顶[19]，为天人师[20]，称曰三藏。三藏有六义，内为定戒慧，外为经律论，以陀罗尼而总摄之。惟陀罗尼者，速疾之轮，解脱吉祥之海。三世诸佛，生于此门。夫惠照所传，一灯而已。根殊性异，灯亦无边，由是有百亿释迦，微尘三昧[21]。菩萨以金刚总摄于诸定，白月玄同于法身，顿升阶位，邻于大觉[22]，此其相也。

和上遍礼圣迹，修环大荒。不悔艰难，每所三至。为迦叶剃发[23]，受观音摩顶[24]。尝结夏[25]于灵鹫山[26]，有猛兽前路，深入穴，穴明如昼，见牟尼立像，左右侍者，色相如生。中印土大旱，求和上请雨。观音大圣在月轮中，手执军持[27]，注水于地中。感咽于双树[28]之下，问往昔于佛世之人，为者不言，十闻其一。锻金如贝叶[29]，写《大般若》[30]。镕银起窣堵波[31]，等佛身相。母后谓和上已没，泪竭丧明，及寄疏问安，朗然如故。大雄灭后，外道如林，九十六宗，各专其见。和上随其所执，垂谕破疑。解邪缚于空门，返迷津于觉路。法云大小而均泽，定水[32]方圆而满器。仆异学之旗鼓，建心王[33]之胜幢。使其以念制狂，即身观佛。本师喜曰："善男子，中国有缘，可以行矣。"遂顶辞东下。

历迦湿弥罗国[34]，中夜次过河，河无舟梁，浮空以济。受谓于长者，有罗汉[35]降曰："我小乘之圣，大德是登地菩萨[36]。"乃让席推尊，和上赠以名衣，遂升空而去。至乌场国[37]，有白鼠旋绕，日献金钱。讲毗尼[38]于突厥[39]之庭，而可敦[40]请法，乃安禅树下，法为金字，列在空中。突厥宫人，有以手按其乳，乳为三道，飞注和上口中。乃合掌端容曰："此我前生母也。"或误举刃三斫，支体无伤，斫者唯闻铜声而已。至雪山下大池[41]，而和上不愈[42]。本师自空而至曰："菩萨身同世间，不舍生死。汝久离诸相，宁有病耶！"言毕冲天，则洒然而愈矣。路出吐蕃[43]，与商旅同次，夷人贪货，率众合围。乃密为心印，而蕃豪请罪。到中国西境，夜有神见曰："此东非弟子界也，文殊师利，保护中州。"礼足而灭。以驼负经，至西州渡河，龙陷驼足，没于泉下。乃和上入泉三日，止龙宫而化之，牵驼出岸，经无露湿。

　　睿宗[44]道尊德盛，玄契无方，诏僧若那及将军史宪，出玉门[45]塞表，以候来仪。开元继兴，重光大化。圣皇[46]梦与高僧相见，姿状非常，躬御丹青，图之殿壁。洎和尚至止，与梦合符。天子光灵，而敬悦之，饰内道场[47]，尊为教主。自宁、薛[48]以降，皆跪席捧器焉。宾大士于天宫，接梵筵[49]于帝座。礼国师以广成之道[50]，致人主于如来之乘。巍巍法门，于此为盛！有术者握鬼神之契，参变化之功，承诏御前，效其神异。和上恬然不动，而术者手足无施矣。其余秘密，代莫闻也。累请居外，敕诸寺递迎。随驾至洛京，诏于圣善寺安置。

　　自出内之后，道俗瞻礼，奔起华夷。和上临之，贵贱如一。奉仪形者，莲华开于眼界；禀言说者，甘露降于心源。超然自悟曰："有其人矣！"法侣高标，唯尊奉长老宝思惟[51]，其余皆接以门人之礼。禅师一行者，定惠之余，术穷天地，有所未达，咨而后行。和上质粹神迈，气和言简。不舍律仪，而身心自在；不离宴坐，而愿力俱圆。有来则应，触境无碍。故众妙愁解，艺能兼于百工；大悲普薰，草木同于一子，不知其极也。于本院铸金铜灵塔，云以此功德，应缘护世。手为模范，妙极人天。寺众销冶至广，庭际深隘，虑恐风至火盛，灾延宝坊。笑而言曰："无可为忧，自当有验。"及鼓铸之日，大雪蔽空。灵塔既成，瑞花飘席。前后奉诏，穰旱致雨，灭火反风，昭昭然遍诸耳目矣。从容止请，大庇缁林。正法之兴，系于龙象，信也！表求还国，优诏不许。

开元二十三年十一月七日，右胁累足，涅槃于禅室。享龄九十九，僧夏八十。法界凄凉，天心震悼，赠鸿胪卿。遣鸿胪丞李岘、威仪僧定宾律师监护，葬于龙门西山。涕慕倾都，山川变色。弟子僧宝思，户部尚书荥阳郑公善果[52]曾孙也，弟子僧明思，琅琊王氏，并高族上才，超然自觉，自心言为乐说之辨[53]，妙用即禅那之宗。入和上之室，惟兹二人而已。

乾元岁，再造天维，大君[54]心证无缘之慈[55]，躬行不遗之孝，于是梵释扈跸[56]，天龙济师[57]，凶秽扫除，人祇清净。位光付嘱，教大兴、一行[58]二禅师爰以偈颂，刻之金石。法离文字，道不可名，以慰门人感慕之心，有同颜子喟然之叹[59]。其文曰：

释宫尊种，龙扶出池。舍位成道，为人天师。

度微尘众，行甘露慈。风清热恼，月破昏疑。

法本不生，我今无得。随方演教，聿[60]来中国。

帝后承迎，天花满祓[61]。欢喜园中，唯闻瞻卜[62]。

百千万亿，调伏其心。灌顶自昔，声闻现今[63]。

山王高妙，海月圆深。示灭非灭，空悲鹤林[64]。

伊水[65]西山，冥冥石室。金棺已闭，式瞻[66]元日。

双宝[67]绍明，教尊言密。归我法者，因权悟实[68]。

贞元十一年岁次乙亥四月戊戌朔十七日甲寅建。乾元元年，郭令公[69]奏塔院为广化寺。专捡校[70]：当寺弟子上座[71]僧善义，寺主[72]僧光秀，都维那[73]僧志满，弟子前上座惠照、昙真，寺主如璋、坚固，典座[74]道岌。扶风马瞻[75]、河东屈贲[76]刻字。

注释

[1] 大圣善寺：善无畏三藏圆寂于此，故称。在洛阳章善坊。

[2] 左补阙：唐代官职，从七品上。掌供奉讽谏，大事廷议，小则上封事。

[3] 轮王：即转轮王，为梵文 Cākravartirāja 之意译。此王身具三十二相，即位时，由天感得轮宝，转其轮宝而降伏四方，故曰转轮王。《俱舍论》等载，转轮王共有金轮王、银轮王、铜轮王、铁轮王四位。金轮王领四洲，银轮王领东西南三洲，铜轮王领东南二洲，铁轮王领南阎浮提之一洲。

[4] 甘露饭王（Amritodana rāja）：又作甘露净王。乃迦毗罗城师子颊王之子，净饭王之弟，世尊之叔父。

[5] 乌荼：即乌荼国（Odra）。古印度国名，在今印度奥里萨邦（Orissa）北部。

[6] 捍轮：挥舞轮。轮为一种武器。

[7] 招提：源自梵文 Caturdeśa，音译具云"柘斗提奢"，意译为四方，指为四方僧众所设之客舍。后讹误为"招斗提舍"。北魏太武帝于始光元年（424）造立伽蓝，名之曰招提，国人遂以招提为寺院的别称。

[8] 法华三昧：依妙幢相三昧，以法水润之，一一法性皆开敷如花，或有形，或无形，故名法华，属妙观察智所行境界。为莲花部悉地最高成就。

[9] 聚沙建塔：为一种修行方式。《佛说七俱胝佛母准提大明陀罗尼

经》载："复有一法，于大海边或河渚间沙滩之上，以塔形像印，印沙滩上，为塔形像。念诵（真言）一遍，印成一塔。如数满六十万遍，即得睹见圣者观自在菩萨之像，或见多罗菩萨、金刚藏菩萨，随其心愿，皆得满足。或见授与仙神妙药，或见授与菩提之记，或现前问来，随其乞愿，皆得菩萨等位。"

[10] 阽（diàn）：临近（危险）。

[11] 七俱胝尊：即准提菩萨。

[12] 三乘：释尊说法四十九年，所说教法不可悉数。依世间流传，分为五乘（乘为车乘，意为乘人而使各到其果地之教法）：

（一）人天乘：极力发挥因果法则，以止恶修善为实行标准。其中有人天之别。讲究人道者为人乘，重五戒（不杀生、不偷盗、不邪淫、不妄语、不饮酒）。讲究天道者为天乘，重十善（不杀生、不偷盗、不邪淫、不妄语、不绮语、不恶口、不两舌、不贪、不嗔、不痴）。人天乘能积福，而不能解脱。

（二）声闻乘：闻佛法音依之而修解脱之行者属声闻乘，此乘教法，讲究苦集灭道四谛。

（三）缘觉乘：生当有佛之世，闻佛说十二因缘而觉悟者，即入缘觉乘。无佛之世，若能悟此，则名独觉。证果时，名辟支佛。声闻、缘觉合称二乘。

（四）菩萨乘：菩萨全称菩提萨埵，为梵文 Bodhisattva 之音译。人天乘能积福，而不能解脱。声闻、缘觉二乘能解脱，而不能普度众生。菩萨乘则包举以上诸乘之所长，而行愿极广大。其四弘愿曰：众生无边誓愿度，烦恼无尽誓愿断，法门无量誓愿学，佛道无上誓愿成。圆满此四弘愿，则以六度为主要功夫。六度为：布施、持戒、忍辱、精进、禅定、般若。"度"为梵文

Pāramitā 的意译，即度到彼岸之意。世间曰"此岸"，出世间曰"彼岸"，由世间而达到出世间之道，即为度到彼岸（简称曰"度"）。依此乘修行，经三大无央数劫，乃成等觉菩萨。从此更须百劫修相好，次入金刚心，而后成佛。菩萨乘亦名大乘，与前二乘统称三乘。

（五）佛乘：菩萨功行圆满，即证佛果。佛陀为梵文 Buddha 之音译，简称"佛"，意为"证大觉之人"，即自觉觉他二行圆满之觉者。菩萨乘虽为成佛之因，而未能顿证，于上根利器之人容有所歉，于是释尊又说唯一佛乘，简称一乘，能令众生以现世肉身顿成如来法身。密藏中谈此旨者甚多。

[13] 说龙宫之义理：用龙树入龙宫阅读《华严经》等诸多前所未见之高深经典的典故，比喻说高深的义理。

[14] 得师子之频申：即得师子频申三昧。法藏《华严经探玄记》卷十八曰："师子奋迅之时，诸根开张，身毛皆竖，现其威怒哮吼之相，令余兽类失威窜伏，令师子儿增其雄猛，身得长大。今佛亦尔，一奋大悲法界之身，二开大悲之根门，三竖悲毛之先导，四现应机之威，吼法界之法门，令二乘诸兽藏窜聋盲，菩萨佛子增长百千诸三昧海及陀罗尼。如是相似，故以为喻。"此处以师子频申比喻佛德。

[15] 五天：古印度分为东南西北中五部分，称五印，五天（天即天竺，为古印度之名）。古印度早期并无统一政府，由许多小国组成。

[16] 达磨鞠多：梵文 Dharmagupta 之音译，唐译为法护，即龙智菩萨。为维系法统，留寿七百岁以上。

[17] 头礼两足：《宋高僧传》作"投身接足"。此为印度风俗，以头

顶承接所礼者双足，表示最高的礼敬。

[18] 白马寺：位于河南洛阳东（故洛阳城西），或谓建于东汉明帝永平十八年（75），相传为我国最古之僧寺。永平十年（67），天竺摄摩腾、竺法兰二僧以白马自西域驮经来我国，明帝遂敕令于洛阳城西雍门（西阳门）外为之建造精舍，称之为白马寺。

[19] 灌顶（Abhiṣeka）：密宗行者开始修学密法前，必经的受法仪式。灌顶时，密宗阿阇黎设置本尊曼荼罗，深入本尊三摩地，转运本尊法流从顶灌入求灌顶者心中。时阿阇黎以法王遗训而教诲之，从此以后，当得生如来家，定绍佛位。若不如是对明，则不知正法尊法也。灌顶分三类：一结缘灌顶，二学法灌顶，三传法灌顶。

[20] 天人师：佛有十种称号，此为其一。即天人导师之意。

[21] 三昧：梵文 samādhi 音译，又作三摩地、三摩提、三摩帝。义为等持，或正定，即平等性之定相。译曰正定，拣异外道、凡夫等定也。基本三摩地，原名真如三昧。

[22] 以金刚总摄于诸定，白月玄同于法身，顿升阶位，邻于大觉：金刚，指金刚喻定。此定为十地已满之菩萨向上进修究竟佛位时所入之定。此定最为殊胜，能总摄一切禅定，故此处如此说。白月，指月轮观。月轮观修习圆满，则身不可得，心不可得，万法不可得，虚空不可得，乃至不可得亦不可得。一切烦恼，不假对治，自然不起；根本正智，不由他悟，自然通达。达于此境，则与本有法身境界相契，证十地满心。故"白月玄同于法身"意为：通过修习月轮观而达到彻证法身的境界。邻于大觉，指十地已满之位。

[23] 为迦叶剃发：佛弟子大迦叶在鸡足山（Kukkutapadagiri）入长

期大定。鸡足山因山岭形如鸡足故名，是位于今印度加雅城东北约 25 公里处，库尔基哈尔以北约 1.6 公里的三个山峰。

[24] 摩顶：顶，头顶。指佛为付嘱佛法传承，以手摩弟子之顶，或为预示当来作佛之授记。《法华经·嘱累品》："释迦牟尼佛从法座起，现大神力，以右手摩无量菩萨摩诃萨顶。"

[25] 结夏：为修行制度之一。又作夏安居、雨安居、坐夏、夏坐、坐腊、一夏九旬、九旬禁足、结制安居、结制。印度夏季之雨期达三月之久，此三个月间，出家人禁止外出而聚居一处以致力修行，称为结夏安居。此系唯恐雨季期间外出，踩杀地面之虫类及草树之新芽，招引世讥，故聚集修行，避免外出。

[26] 灵鹫山：亦称耆阇崛山，位于古印度摩揭陀国王舍城东北（今比哈尔邦底赖雅）。因山势拔起，峰顶形如鹫首，故名。释迦如来曾居此山说法多年。

[27] 军持：即水瓶、净瓶。

[28] 双树：佛于拘尸那伽城（Kuśi-nagara）娑罗双树林灭度。其时娑罗林东西二双，合为一树，南北二双，合为一树，垂覆宝林，盖于如来。其树即时惨然变白，犹如白鹤，枝叶、花果、皮干皆爆裂堕落，渐渐枯悴。

[29] 贝叶：即贝多罗（Pattra）树叶的简称。贝多罗树为一种阔叶棕榈树。古印度佛教徒用铁笔在树叶上刻写经文，叶叶重叠，两端挟板重叠，称为贝叶经，又称梵夹。

[30] 《大般若》：《大般若波罗蜜多经》的略称，六百卷，唐代玄奘有译本。般若，义为智慧。波罗蜜多，义为度，或到彼岸。单言般若，未免与世间智慧相混。世间智慧不离意识，每为尘相所

缠，不能运用无碍。度也者，度过一切缠缚而得安乐自在之谓。譬如度越苦海得到安乐之岸，故亦名到彼岸。合称般若波罗蜜多，显超脱凡情系缚之智慧。以照了灵敏之智慧，对于任何境界均不着住，即是般若波罗蜜多，即是到彼岸之智慧。全经旨在说明世俗认识及其面对之一切对象，均属因缘和合，无实体，不可得，唯有通过"般若"对世俗真相之认识，方能把握绝对真理，达于觉悟解脱之境。为大乘佛教之基础理论，亦为诸部般若经之集大成者。全经共有四处十六会。四处，系指佛陀宣说本经之四个处所，即王舍城鹫峰山、给孤独园、他化自在天王宫、王舍城竹林精舍。

[31] 窣堵波：梵文 Stūpa 之音译，即佛塔。

[32] 定水：定，指禅定。比喻坐禅时心境湛然静寂，犹如止水。盖于澄净之止水中，可映现诸物之清晰相状，故以之比喻坐禅时若能达到凝然不动之境界，即可透见清净自性。

[33] 心王：心之主作用，对于心所之伴作用，而谓为心王。心王者，总了别所对之境；心所者，对之而起贪嗔等之情也。密教以之为金刚界之大日如来，心所即心数为其眷属，此心王、心数之差别。此处"心王"与"外道""异学"相对而言，指佛教正法，尤指大日如来所宣说的密教正法。

[34] 迦湿弥罗国：梵文 Kaśmira 之音译，古印度国名，即现代的克什米尔。古时该国宗教、哲学发达。据说阿育王曾邀请该国僧侣参加佛经第三次结集，而第四次结集即在此国举行。

[35] 罗汉：阿罗汉（Arhat）之略称，小乘极果之位名。一译杀贼，杀烦恼贼之意。二译应供，当受人天供养之意。三译不生，永入涅槃不再受生死果报之意。

[36] 登地菩萨：入初地即欢喜地行位之菩萨。

[37] 乌场国（Udyāna）：又作乌仗那国，位于北印度犍陀罗国北方之古国名，相当于今兴都库什山脉（Hindu kush）以南之丘陵地带。东隔信度河（印度河）与乌刺尸国及迦湿弥罗国相对。据《大唐西域记》卷三所载，其地周围五千余里，山谷相属，人民崇信大乘佛法，有伽蓝一千四百余所，僧徒万余人。此国为释迦佛教化之地，故有关之本生遗迹颇多。

[38] 毗尼：梵文 Vinaya 之音译，又作毗奈耶、鼻奈耶。义译为律、调伏、灭除。

[39] 突厥：时善无畏三藏经过为西突厥所制之犍陀罗国，故文中称"突厥之庭"。犍陀罗（Gandhara）位于库纳尔河和印度河之间的喀布尔河流域，包括旁遮普以北的白沙瓦和拉瓦尔品第地区。突厥人于公元552—744年建立起强大的突厥汗国，后分裂为据蒙古高原的东突厥汗国和统治中亚各地的西突厥汗国。西突厥于公元658年归附于唐朝，至8世纪40年代，为回纥所灭。善无畏三藏经临时为西突厥末期，突厥人敬信佛法。

[40] 可敦：为突厥王后的称号，可汗为突厥国王的称号。

[41] 至雪山下大池：时善无畏三藏行至迦毕湿国（Kapiśa），又作迦毕试国。在今阿富汗境内之 Begram，位于喀布尔以北62公里。北背雪山，即今兴都库什山。据《大唐西域记》载："王城西北二百余里至大雪山，山顶有池，请雨祈晴，随求果愿。"

[42] 不愈：《宋高僧传》作"不念"，谓病重不起。尊者病重的讳称。

[43] 吐蕃：吐蕃为我国古代藏族在青藏高原所建立的政权。时善无畏三藏经吐蕃控制的大勃律（今克什米尔东北部巴尔提斯坦）、

小勃律（位于大勃律西北今吉尔吉特雅河流域），渐达西州（即高昌，在今新疆吐鲁番东南 60 余里）。

[44] 睿宗：李旦（662—716），唐高宗李治第八子，武则天幼子，唐朝第五位皇帝。684 年即位，后被武则天废黜，又于 710—712 年在位。

[45] 玉门：即玉门关。在今甘肃安西双塔堡附近。

[46] 圣皇：唐玄宗李隆基（685—762），唐睿宗李旦第三子。712—756 年在位。

[47] 内道场：即皇宫中的道场（bodhimanda）。公元 517 年，梁武帝敕沙门慧超为寿光殿学士，使居于禁中讲法，为内道场之始。隋炀帝将中国所有寺院改称"道场"，武则天则在长安、洛阳的宫中都修建了寺院，改称内道场。安史之乱后，唐肃宗在禁中以密宗僧人为主设内道场，诏请两类僧人入内：一为给皇帝和内宫讲论佛法，称内供奉讲论大德；一为给皇帝持念行法，称内供奉持念大德。后者多为密宗僧人，比前一类更受重视。内道场地址，为长安三宫之一的大明宫长生殿。

[48] 宁、薛：宁王李宪（679—742），字成器，唐睿宗李旦长子，唐玄宗李隆基长兄，让位于李隆基，封宁王。薛王李业（？—735），本名李隆业，唐睿宗李旦第五子。710 年，睿宗复位，进封薛王。死后追赠惠宣太子，陪葬于桥陵。

[49] 梵筵：做佛事的道场。

[50] 广成之道：见《庄子·在宥》，黄帝统治天下十九年后，往崆峒山稽首广成子而问道。先问如何治天下，广成子不答，又问如何养生，广成子则为详说。此处广成之道，指帝王事师之道。

［51］宝思惟：北印度迦湿弥罗国僧人。于公元 693 年到达洛阳，卒
　　　于 721 年，享寿百余岁。宝思惟精通戒律及密咒，曾译密宗经
　　　典七部。卒后建塔旌表。

［52］郑善果（569—629）：郑州荥泽人。历任隋沂州刺史、鲁郡太
　　　守。郑善果母崔氏性贤明，常于阁内听其理事，当理则悦，不
　　　当则责愧之，故善果励己为清吏。归唐，迁检校大理卿兼民部
　　　尚书，正身奉法，甚有善绩。历任礼部、刑部尚书。太宗贞观
　　　初为岐州刺史，改江州刺史，卒。

［53］乐说之辩：乐说无碍辩，四无碍智之一。此种智慧辩才能使说
　　　者乐于宣说，使听者乐于听闻。《法华经》中的大乐说菩萨尤其
　　　擅长此种辩才。

［54］大君：唐肃宗李亨（711—762），唐玄宗李隆基第三子，唐代第
　　　八位皇帝。756—762 年在位。

［55］无缘之慈：佛具大慈心，虽与众生无缘，但也发大慈心而救
　　　度之。

［56］梵释扈跸：梵释，指梵天、帝释。扈跸，随从帝王的车驾。跸，
　　　帝王经临时为其清道。此句意为：梵天、帝释都拥戴圣上。

［57］天龙济师：诸天龙神护佑圣主。师，官长，此处指皇帝。

［58］一行：善无畏弟子一行于开元十五年入灭，此一行禅师当另有
　　　其人。

［59］颜子喟然之叹：出自《论语·子罕》颜回对孔子的赞叹。"颜渊
　　　喟然叹曰：'仰之弥高，钻之弥坚。瞻之在前，忽焉在后。夫子
　　　循循然善诱人，博我以文，约我以礼，欲罢不能。既竭吾才，
　　　如有所立卓尔。虽欲从之，末由也已。'"以此比喻弟子对善无

畏三藏的赞叹敬仰。

[60] 聿：语助词，用于句中或句首。

[61] 褐（gé）：出家人穿的衣服。

[62] 欢喜园中，唯闻瞻卜：欢喜园为忉利天帝释四园之一，诸天人入此，则自然升起欢喜之情。园中有瞻卜（梵文音译），译作金色花树，其花香气远熏，树下有天人居住，游戏受乐。

[63] 灌顶自昔，声闻现今：声闻，指声闻身。此句意为善无畏三藏过去生中承受三密灌顶，今世现声闻身弘法利生。真言宗三昧耶戒（菩提心戒）本为表德法门，是戒中之王。通宗大士所行均为真如自性之流露，所做一切皆善，但为顺应众生根机而施教，故外现声闻之相。

[64] 鹤林：见上"双树"注。

[65] 伊水：即伊河，自西向东流经洛阳龙门。

[66] 式瞻：敬仰，景慕。

[67] 双宝：指善无畏三藏的入室弟子宝思、明思。

[68] 因权悟实：适于一时机宜之法名为权，究竟不变之法名为实。权谓权宜，暂用还废；实谓真实，究竟旨归。此句意为：通过权说而了悟真实之理。

[69] 郭令公：即郭子仪（697—781），字子仪，华州郑县（今陕西渭南市华州区）人。唐代中兴名将、政治家、军事家。平安史之乱，吐蕃、回纥之乱，以一身系时局安危者二十年，累官至太尉、中书令，封汾阳郡王。世称郭汾阳、郭令公。

[70] 捡校：临督、监护之意。捡通"检"。

［71］上座：寺中最高职位，在寺主、维那之上。

［72］寺主：管理僧寺之主，后多以住持为名。

［73］都维那：梵语 karma-dāna，义译纲维。寺中三纲之一，是管理总务的知事僧。

［74］典座：禅林主大众床座及斋粥等杂事之职。

［75］马瞻：唐朝将作官，善刻碑。贞元三年（787）刻张延赏碑。唐赠尚书左仆射嗣曹王故妃荥阳郑氏墓志铭，亦为其所刻。

［76］屈贲：河东（今山西境）人，善刻碑。贞元十四年（798）刻少林寺厨库碑。

唐洛京圣善寺善无畏传^①

赞 宁^[1]

释善无畏，本中印度人也，释迦如来季父甘露饭王之
后。梵名戍婆揭罗僧诃，华言净师子，义翻为善无畏；一
云输波迦罗，此名无畏，亦义翻也。其先自中天竺，因国
难分王乌荼。父曰佛手王，以畏生有神姿，宿赍德艺，故
历试焉。十岁统戎，十三嗣位，得军民之情。昆弟嫉能，
称兵构乱，阋墙斯甚。薄伐临戎，流矢及身，掉轮伤顶。
天伦既败，军法宜诛，大义灭亲，忍而曲赦。乃挝泪白母，
及告群臣曰："向者亲征，恩已断矣。今欲让国，全其义
焉。"因致位于兄，固求入道。母哀许之，密与传国宝珠，
犹诸侯之分器也。南至海滨，遇殊胜招提，得法华三昧。
聚沙为塔，仅一万所。黑蛇伤指而无退息。复寄身商船，
往游诸国，密修禅诵，口放白光。无风三日，舟行万里。
属商人遇盗，危于并命。畏恤其徒侣，默讽真言，七俱胝
尊全现身相，群盗果为他寇所歼。寇乃露罪归依，指踪夷
险。寻越穷荒，又逾毒水，才至中天竺境，即遇其王。王
之夫人，乃畏之女兄也，因问舍位之由，称叹不足。是日
携手同归，慈云布阴，一境丕^[2]变。畏风仪爽俊，聪睿超

---

① （宋）赞宁：《宋高僧传》卷 2，中华书局，1987 年，第 17—22 页。

群，解究五乘，道该三学[3]，总持禅观，妙达其源。艺术伎能，悉闻精练。初诣那烂陀寺，此云施无厌也，像法之泉源，众圣之会府。畏乃舍传国宝珠莹于大像之额，昼如月魄，夜若曦轮焉。寺有达摩掬多者，掌定门之秘钥，佩如来之密印，颜如四十许，其实八百岁也，玄奘三藏昔曾见之。畏投身接足，奉为本师。一日侍食之次，旁有一僧，震旦人也，畏视其钵中见油饵尚温，粟饭犹暖，愕而叹曰："东国去此十万余里，是彼朝熟而返也？"掬多曰："汝能不言，真可学焉。"后乃授畏总持瑜伽[4]三密[5]教也，龙神围绕，森在目前，其诸印契，一时顿受。即日灌顶，为人天师，称曰三藏。夫三藏之义者，则内为戒、定、慧，外为经、律、论，以陀罗尼总摄之也。陀罗尼者，是菩提速疾之轮，解脱吉祥之海，三世诸佛生于此门，慧照所传，一灯而已。根殊性异，灯亦无边。由是有百亿释迦微尘三昧，菩萨以纲总摄于诸定，顿升阶位，邻于大觉，此其旨也。于时畏周行大荒，遍礼圣迹，不惮艰险。凡所履处，皆三返焉。又入鸡足山，为迦叶剃头，受观音摩顶。尝结夏于灵鹫，有猛兽前导，深入山穴。穴明如昼，见牟尼像，左右侍者如生焉。时中印度大旱，请畏求雨。俄见观音在日轮中，手执军持注水于地。时众欣感，得未曾有。复锻金如贝叶，写《大般若经》。镕中金为宰睹波，等佛身量焉。母以畏游方日久，谓为已殁，旦夕泣泪而丧其明，泪附信问安，朗然如故。五天之境，自佛灭后，外道峥嵘九十六宗，各专其见。畏皆随所执破滞析疑，解邪缚于心门，舍迷津于觉路。法云大小而均泽，定水方圆而任器，仆异学之旗鼓，建心王之胜幢，使彼以念制狂，即身观佛。掬多曰："善男子，汝与震旦有缘，今可行矣。"畏乃顶辞而去。

至迦湿弥罗国。薄暮次河，而无桥梁，畏浮空以济。一日，受请于长者家，俄有罗汉降曰："我小乘之人，大德是登地菩萨。"乃让席推尊，畏施之以名衣，升空而去。畏复至乌苌国，有白鼠驯绕，日献金钱。讲《毗卢》[6]于突厥之庭，安禅定于可敦之树，法为金字，列在空中。时突厥宫人以手按乳，乳为三道飞注畏口。畏乃合掌端容曰："我前生之母也。"又途中遭寇，举刃三斫而肢体无伤，挥剑者唯闻铜声而已。前登雪山大池，畏不念，掬多自空而至曰："菩萨身同世间，不舍生死。汝久离相，宁有病耶？"言讫冲天，畏洒然而愈。路出吐蕃，与商旅同次，胡人贪货，率众合围，畏密运心印，而蕃豪请罪。至大唐西境，夜有神人曰："此东非弟子界也，文殊师利实护神州。"礼足而灭，此亦犹迦毗罗神送连眉[7]也。畏以驼负经，至西州，涉于河，龙陷驼足，没于泉下。畏亦入泉，三日止住龙宫，宣扬法化，开悟甚众。及牵驼出岸，经无沾湿焉。

初畏途过北印度境，而声誉已达中国，睿宗乃诏若那及将军史献出玉门塞表以候来仪。开元初，玄宗梦与真僧相见，姿状非常，躬御丹青，写之殿壁。及畏至此，与梦合符，帝悦有缘，饰内道场，尊为教主，自宁、薛王已降皆跪席捧器焉。宾大士于天宫，接梵筵于帝座，礼国师以广成之道，致人主于如来之乘，巍巍法门，于斯为盛。时有术士握鬼神之契，参变化之功，承诏御前，角其神异。畏恬然不动，而术者手足无所施矣。开元四年丙辰，赍梵夹始届长安，敕于兴福寺南院安置。续宣住西明寺，问劳重叠，锡赉异常。至五年丁巳，奉诏于菩提院翻译。畏奏请名僧同参华梵，开题，先译《虚空藏求闻持法》一卷，沙门悉达译语，无著笔受缀文，缮写进内。帝深加赏叹，有敕畏所将到梵本并令进上。昔有沙门无行西游天竺，学毕言归，方及北印，不幸而卒。其所获夹叶悉在京都华严寺中，畏与一行禅师于彼选得数本，并总持妙门，先所未译。十二年，随驾入洛，复奉诏于福先寺译《大毗卢遮那经》。其经具足梵文有十万颂；畏所出者，撮其要耳，曰《大毗卢遮那成佛神变加持经》七卷，沙门宝月译语，一行笔受，删缀辞理，文质相半，妙谐深趣，上符佛意，下契根缘，利益要门，斯文为最。又出《苏婆呼童子经》三卷、《苏悉地揭罗经》三卷，二经具足咒毗奈耶也，即秘密禁戒焉。若未曾入曼荼罗[8]者，不合辄读诵，犹未受具人盗听戒律也。所出《虚空藏菩萨能满诸愿最胜心陀罗尼求闻持法》一卷，即《金刚顶》[9]梵本经《成就一切义图》略译少分耳。畏性爱恬简，静虑怡神，时开禅观，奖劝初学。奉仪形者莲华敷于眼界，禀言说者甘露润于心田，超然觉明，日有人矣。法侣请谒，唯尊奉长老宝思惟三藏而已，此外皆行门人之礼焉。一行禅师者，帝王宗重，时贤所归，定慧之余，阴阳之妙，有所未决，亦咨禀而后行。

　　畏尝于本院铸铜为塔，手成模范，妙出人天。寺众以销冶至广，庭除深隘，虑风至火盛，灾延宝坊。畏笑曰：
"无苦，自当知也。"鼓铸之日，果大雪蔽空，灵塔出炉，
瑞花飘席，众皆称叹焉。又属暑天亢旱，帝遣中官高力
士[10]疾召畏祈雨。畏曰："今旱，数当然也，若苦召龙致
雨，必暴，适足所损，不可为也。"帝强之曰："人苦暑病
矣，虽风雷亦足快意。"辞不获已，有司为陈请雨具，幡幢
螺钹备焉，畏笑曰："斯不足以致雨。"急撤之。乃盛一钵
水，以小刀搅之，梵言数百咒之。须臾有物如龙，其大如
指，赤色矫首，瞰水面，复潜于钵底。畏且搅且咒，顷之，
有白气自钵而兴，迳上数尺，稍稍引去。畏谓力士曰："亟
去，雨至矣。"力士驰去，回顾见白气疾旋，自讲堂而西，
若一匹素翻空而上。既而昏霾，大风震电，力士才及天津
桥[11]，风雨随马而骤，街中大树多拔焉。力士入奏而衣尽
沾湿矣。帝稽首迎畏，再三致谢。又邙山[12]有巨蛇，畏见
之，叹曰："欲决潴洛阳城耶？"以天竺语咒数百声，不日
蛇死。乃安禄山陷洛阳之兆也。一说畏曾寓西明道宣律
师[13]房，示为粗相，宣颇嫌鄙之。至中夜，宣扪虱投于
地，畏连呼"律师扑死佛子"。宣方知是大菩萨，诘旦摄衣
作礼焉。若观此说，宣灭至开元中仅五十载矣，如畏出没
无常，非人之所测也。

二十年，求还西域，优诏不许。二十三年乙亥十月七
日，右胁累足，奄然而化，享龄九十九，僧腊八十。法侣
凄凉，皇心震悼，赠鸿胪卿。遣鸿胪丞李现[14]具威仪，宾
律师护丧事。二十八年十月三日，葬于龙门西山广化寺之

庭焉。定慧所熏，全身不坏。会葬之日，涕泗倾都，山川变色，僧俗弟子宝畏禅师、明畏禅师、荥阳郑氏、琅邪王氏痛其安仰，如丧考妣焉。乾元之初，唐风再振，二禅师刻偈，诸信士营龛，弟子舍于旁，有同孔墓之恋。今观畏之遗形，渐加缩小，黑皮隐隐，骨其露焉。累朝旱涝，皆就祈请，征验随生，且多檀施[15]。锦绣巾帊，覆之如偃息耳。每一出龛，置于低榻，香汁浴之。洛中豪右争施禅帊、净巾、澡豆，以资浴事。今上禳祷，多遣使臣往加供施，必称心愿焉。

注释

[1] 赞宁（919—1001）：宋代高僧。浙江德清人，俗姓高。出家于杭州祥符寺，受具足戒后博涉三藏，尤精南山律，谈论之间，辞辩宏放，挫他论锋，时人以"律虎"誉称之。复旁通儒道二家之典籍，文辞颇善，声誉日高，备受当世王侯名士仰敬。吴越王钱俶钦慕其德，任之为两浙僧统，复赐以"明义宗文大师"之号。其后宋太宗亦礼遇有加，太平兴国三年（978）赐以"通慧大师"之号，并先后任以翰林史馆编修、左街讲经首座、西京教事、右街僧录等职。咸平四年入寂，世寿八十三。生平著作颇富，如《宋高僧传》《鹫岭圣贤录》《大宋僧史略》《内典集》《事钞音义指归》《外学集》等。

[2] 丕：大。

[3] 三学：学佛者必须修持的三种基本学业，即戒学、定学、慧学。戒即禁戒，律藏之所诠，能防止人们造作一切身口意的恶业；定

即禅定，经藏之所诠，能使人们静虑澄心；慧即智慧，论藏之所诠，能使人们发现真理而断愚痴。修此三学，可以由戒得定，由定发慧，最终获得无漏道果，所以三学又名为三无漏学。

[4] 瑜伽：梵文 Yoga 之音译。《大日经疏》卷二："瑜伽，译为相应。"所谓相应，即是观行应理，密教之总名又称瑜伽宗。

[5] 三密：身密、语密、意密。就佛界言：大日如来，为遍法界之身，故法界体相，为其身密；一切声音，为其语密；周遍之识大，为其意密。就众生言：手结印契为身密，口诵真言为语密，心观本尊之法相为意密。

[6] 《毗卢》：即《大毗卢遮那成佛神变加持经》。

[7] 迦毗罗神送连眉：迦毗罗神（Kapila），为伽蓝守护神。又作劫比罗神、劫毕罗神。译为黄色神。系四夜叉之一，守护东方。南朝宋译经三藏昙摩密多（法秀），生而连眉，人称"连眉禅师"。密多往北印度罽宾国时，以德高而感得迦毗罗神王卫送，此神至中途欲返，乃现形告辞密多禅师："汝神力通变，自在游处，将不相随共往南方。"语毕，即隐身不见。密多遂远从至都返上定林寺（又作祇桓寺），将其所见神像绘之于壁。

[8] 曼荼罗：梵文 Maṇḍala 音译，轮坛之义，深义为轮圆具足。具足一切法性，以一性为主，余性为辅，组织圆满，无所欠缺，名曰轮坛。坛中诸性同现受用身，或作佛形，或作菩萨形，或作诸天形。金刚顶宗所供者为金刚界曼荼罗，大日宗所供者为胎藏界曼荼罗，皆以毗卢遮那为中尊，而境界有异：一属自受用，一属他受用。其余诸佛菩萨、诸天等，亦可各取为中尊，而组织各别，总与圆满无缺之旨不相违。

[9] 《金刚顶》：传世本有十万偈十八会，经开元三大士陆续传来中

国，而以不空三藏重依龙智菩萨禀受而汇贯通十八会瑜伽奥义秘轨，泻瓶相承，传习至今。世间以为初会《一切如来真实摄大乘现证三昧大教王经》即金刚顶瑜伽全部，实误也。此经表示金刚心境界，从金刚初心至金刚后心，历经十六菩萨位而圆满五智，清净法身开发尽致，自受用身庄严具足，他受用身及应化等流诸身随机显现，为果地即身成佛，亦名妙觉如来，亦名金刚法界即身成佛。

[10] 高力士（684—762）：原名冯元一，祖籍潘州（今广东高州市）。唐代宦官。圣历元年（698），高力士入宫成为武则天宦官，与武三思相交，又倾心附结临淄王李隆基。开元初年，高力士跟随唐玄宗诛杀太平公主，官至右监门卫将军，知内侍省事，授三品将军，权势益大。累加至骠骑大将军，封渤海郡公。开元二十五年（737），太子李瑛被废，李林甫等谋立武惠妃子寿王李瑁，高力士劝玄宗推长而立，遂立忠王李玙为太子。天宝十四载（755），安禄山反叛，高力士跟随唐玄宗入蜀。后还京师，为宦官李辅国诬陷，流放巫州。后遇赦归还，途中听闻玄宗死，呕血而亡。朝廷追赠扬州大都督，陪葬于泰陵。

[11] 天津桥：隋唐洛阳皇城前的桥梁。始建于隋，废于元代。初为浮桥，后为石桥。隋唐时，天津桥横跨于穿城而过的洛河上，是连接洛河两岸的交通要道。

[12] 邙山：洛阳北部山脉，又名北邙、芒山、郏山等，是历代帝王贵胄、显赫人物趋之若鹜的葬地，汇集古代墓葬数十万座，素有"生居苏杭，死葬北邙"之说。

[13] 道宣律师（596—667）：俗姓钱，字法遍，原籍吴兴长城（今浙江长兴县）人，一作丹徒人，生于京兆长安。东汉富春侯钱让

之后。唐代高僧，佛教南山律宗开山之祖，又称南山律师、南山大师，世称"律祖"。道宣研究戒律，盛名远播西域。大师一生精持戒律，依佛制筑戒坛为人授戒，撰述疏钞解释戒律，大演毗尼，后世尊为中国的律宗初祖。一生中大多数时间居终南山，故世称"南山律祖"，而中国的律宗也被称为"南山律宗"。他以《四分律》为基础，参考其他各部律典，综合各家之所长，会通大乘和小乘，形成自己独到的见解。

[14] 李现：当为"李岘"，见《玄宗朝翻经三藏善无畏赠鸿胪卿行状》注[23]。

[15] 檀施：檀，梵语 dāna 之略译，意即布施、舍施。梵汉并举，而称檀施。同于"檀舍"。

金刚智谱传

年　谱

唐高宗咸亨二年（671），一岁

大师梵名跋日罗菩提，唐言金刚智，中天竺国刹利王伊舍那靺摩第三子，后因南天竺国将军米准那荐闻，遂称南天竺人。一说为南天竺摩赖耶国人，父婆罗门，善五明论，为建支王师。

《金刚智行记》：和上本中天竺国刹利王伊舍那靺摩第三子也，后因南天国王将军米准那荐闻，遂称南天竺人也。[1]

《大唐东京大广福寺故金刚三藏塔铭并序》：金刚三藏者，中天竺国刹利王伊舍那靺摩第三子，以开元七年南天竺国因节度使将军米准那表荐入朝，遂称南天竺人焉。[2]

---

[1]　（唐）圆照：《贞元新定释教目录》卷14，《大正藏》55册，第875页中。
[2]　同上，第876页下。

《开元释教录》：沙门跋日罗菩提，唐云金刚智，南印度摩赖邪国人，婆罗门种。[①]

《宋高僧传》：释跋日罗菩提，华言金刚智。南印度摩赖耶国人也，华言光明，其国境近观音宫殿补陀落伽山。父婆罗门善五明论，为建支王师。[②]

> 谨按：大师于唐玄宗开元二十九年（741）圆寂，世寿七十一，反推可知，出生于唐高宗咸亨二年（671）。

是年大事[③]：

此年，书法家虞世南之子虞昶等监造官书经本《妙法莲华经》，为唐人写经之精品。

正月，唐驻百济镇将刘仁愿遣李守真等至日本上表，七月还。唐驻百济军队补给欠佳，守真此去或为表请日本补充军需事宜。

四月，唐授西突厥阿史那都支为左骁卫大将军兼匐延都督，以安集西突厥五咄陆之众。

六月，武后姊韩国夫人之子贺兰敏之配流雷州（今广东雷州市），行至韶州（今广东韶关市西南），以马鞭自缢而死。朝士与敏之交游牵连获罪，流配岭南者甚众。

---

① （唐）智昇：《开元释教录》卷 9，《大正藏》55 册，第 571 页中。
② （宋）赞宁：《宋高僧传》卷 1，中华书局，1987 年，第 4 页。
③ 每年历史大事辑自《旧唐书》《新唐书》《资治通鉴》，下同。

唐高宗调露二年·永隆元年（680），十岁

于那烂陀寺出家，依寂静智师，学声明论，兼九十四书，尤工秘术，妙娴绘画。

《金刚智行记》：年始十岁，于那烂陀寺出家，依寂静智师，学声明论。①

《大唐东京大广福寺故金刚三藏塔铭并序》：年甫十岁，于那烂陀寺依寂静智出家，学声明论，兼九十四书，尤工秘术，妙闲粉绘。②

《宋高僧传》：年十六，开悟佛理，不乐习尼楗子诸论，乃削染出家，盖宿殖之力也。后随师往中印度那烂陀寺，学修多罗、阿毗达磨等。③

《释氏稽古略》：年十五，开悟佛理，遂出家，随师中印度那兰陀寺学阿毗达磨等。④

谨按：大师出家之年，文献典籍有三说。《金刚智行记》与《大唐东京大广福寺故金刚三藏塔铭并序》作十岁，《宋高僧传》作十六岁，《释氏稽古略》作十五岁。《金刚智行记》为大师灌顶弟子吕向所著，《宋高僧传》为宋人释赞宁所撰，《释氏稽古略》为元人释

① （唐）圆照：《贞元新定释教目录》卷 14，《大正藏》55 册，第 875 页中。
② 同上，第 876 页下。
③ （宋）赞宁：《宋高僧传》卷 1，中华书局，1987 年，第 4 页。
④ （元）觉岸：《释氏稽古略》卷 3，《大正藏》49 册，第 826 页上。

觉岸所撰,《行记》最接近金刚智大师住世的年代,今从《行记》之说。

是年大事:

此年二月,高宗崇慕道士,赠故玉清观道士王远知谥曰升真先生,赠太中大夫;亲临嵩山隐士田游岩之居;谒嵩阳观及启母庙,命立碑;访逍遥谷道士潘师正之居。

三月,定襄道行军大总管裴行俭率兵三十万破东突厥阿史德温傅、奉职二部。

吐蕃尽有羊同、党项及诸羌之地,其境东接凉、松、茂、嶲等州,南邻天竺,北抵西突厥,势力强盛。汉魏以来,西戎之盛,以此为最。七月,吐蕃扰河源(今青海西宁市),左武卫将军黑齿常之击却之。

八月,废太子李贤,罢东宫之官,立左卫大将军雍州牧英王哲为皇太子,改元永隆。

沙门禅师智运于洛阳龙门山(西山)南部凿一万五千佛像成,其洞因名智运洞,又名万佛洞。此洞主尊阿弥陀佛,乃高宗时净土宗在中原一带风行的表现。

则天垂拱元年(685),十五岁

往西天竺,经四年,学法称论。

是年大事:

此年正月,以徐敬业之乱平,改元垂拱。

二月，武则天令于朝堂设登闻鼓与肺石，有击鼓或立石之人，御史受状闻奏。此乃则天为广听建议，了解民情吏治，加强统治所采取的一项措施。三月，颁《垂拱格》《垂拱式》，乃唐法律文书中的两类，时称详密。五月，则天为广延人才，下诏令内外九品以上官及百姓有才者自举，以求进用。

东突厥后汗国骨咄禄攻代州（今山西代县）、忻州。六月，铁勒九姓同罗、仆骨等部叛唐入东突厥。十一月，唐命天官尚书韦待价为燕然道行军大总管讨东突厥。遣金山都护府都护田扬名发金山道西突厥十姓之兵三万余人东向进讨。擢兴昔亡可汗之子左豹韬卫翊府中郎将阿史那元庆为左玉钤卫将军，兼昆陵都护，袭兴昔亡可汗号，统率五咄陆部落，恢复羁縻可汗、羁縻制都护府之制；又遣元庆率三万余众随金山都护田扬名讨东突厥及铁勒同罗、仆骨诸部。

九月，广州獠起事，广州都督王果镇压之，獠败。

则天修洛阳故白马寺，以僧怀义为寺主。怀义恃恩骄横，出入禁中乘御马，宦者十余侍从，殴打士民避之不及者，侮辱道士，聚众犯法，人不敢言。

则天永昌元年·载初元年（689），十九岁

返回那烂陀寺。

《金刚智行记》：年十五，往西天竺国，经四年，学法

称论，却回于那烂陀寺。①

是年大事：

此年正月，大飨万象神宫（明堂），改元永昌。

三月，正字陈子昂上疏言当今为政之要，宜缓刑崇德，息兵革，省赋役，抚慰宗室，各使自安。十月，又上疏，言近来大狱增多，逆徒滋广。请则天自问囚徒，有罪者显示明刑，冤滥者严惩狱吏。

四月，汝南王炜、鄱阳公谌等谋迎中宗于庐陵，被流徙，天官侍郎邓玄挺牵连下狱死。

五月，唐以文昌右相韦待价为安息道行军大总管，安西大都护阎温古为副大总管，督三十六总管出征吐蕃，军至寅识迦河（今新疆霍城县以西）与吐蕃战，初胜后败。

浪穹诏来附唐朝，唐以其酋长傍时昔为浪穹州（今云南洱源县）刺史，统其部众，此即"南诏"形成之张本。

以僧怀义为新平军大总管，率军讨伐东突厥，至紫河（今内蒙古浑河），不见突厥，于单于台刻石纪功而还。

朝廷株连徐敬业党。

闰九月，因酷吏周兴诬告，则天赐宰相魏玄同死于家。十月，酷吏周兴等诬黑齿常之谋反，常之下狱，被缢死，时哀其冤。前宰相刘齐贤为酷吏构陷，自缢于狱中。

十一月，改元载初，改用周正。

---

① （唐）圆照：《贞元新定释教目录》卷14，《大正藏》55册，第875页中。

武周天授元年（690），二十岁

受具足戒。此后六年，学大小乘律及空宗《般若灯论》《百论》《十二门论》。

《金刚智行记》：年二十，受具戒。六年，学大小乘律，又学南宗《般若灯论》《百论》《十二门论》。[1]

《宋高僧传》：洎登戒法，遍听十八部律。[2]

是年大事：

此年九月，武则天宣布改唐为周，改元天授，受尊号为圣神皇帝，以睿宗皇帝为皇嗣，赐姓武，皇太子为皇孙。王公百官皆顺其意上表进劝，独右卫将军李安静正色拒之。

北门学士皆因忤旨或酷吏构陷，被杀身死，其后再无"北门学士"称谓。

七月，酷吏侯思止告恒州刺史裴贞与舒王元名谋反，因告密有功，授朝散大夫、侍御史，按狱苛酷日甚，名臣魏元忠等遭诬入狱。东都洛城南丽景门内设制狱，以处逆反者。凡入此狱者，非死不出，人称"例竟门"（人入此门，例尽其命）。朝士人人自危，相见不敢言，恐被诬为结党谋逆。每入朝，则与家人诀别，恐遭掩捕，不得生还。则天执政，崇尚刑法，法官竞相严酷，以逆反罪滥捕无辜，

---

[1] （唐）圆照：《贞元新定释教目录》卷14，《大正藏》55册，第875页中。
[2] （宋）赞宁：《宋高僧传》卷1，中华书局，1987年，第4页。

多施极刑，唯司刑丞徐有功及杜景俭执法平恕，直法不屈，救数百家。酷吏嫉之如仇，然酷刑因此而稍衰。

七月，东魏国寺僧法明及怀义等撰《大云经》献上，言则天乃当代唐为阎浮提主。制颁《大云经》于天下。十月，敕两京各州置大云寺一区，各藏《大云经》一本，使僧升高座讲解，此乃唐第二次（共四次）于各州建寺。

八月，杀南安郡王颍等宗室十二人，又鞭杀故太子贤二子，唐宗室诸王子孙将殆尽，幼弱者配流岭南，诛其亲党数百家。

十月，西突厥继往绝可汗帅众六七万入居内地。唐拜斛瑟罗右卫大将军，改号竭忠事主可汗。

则天圣历元年（698），二十八岁

此后三年，于迦毗罗卫城就胜贤论师学《瑜伽论》《唯识论》《辩中边论》。

《金刚智行记》：年二十八，于迦毗罗卫城，就胜贤论师学《瑜伽论》《唯识论》《辩中边论》，经三年。[①]

是年大事：

此年正月甲子朔，冬至，太后享通天宫，赦天下，以正月甲子合朔冬至，改元圣历。

---

① （唐）圆照：《贞元新定释教目录》卷 14，《大正藏》55 册，第 875 页中。

五月，李怀让重修敦煌莫高窟。

六月，太后命淮阳王武延秀（承嗣子）入突厥，纳默啜女为妃，默啜不从，欲以女嫁李氏。八月，突厥默啜大发兵取河北，拥兵四十万，据地万里，西、北胡夷皆附之。十月，以狄仁杰为河北道安抚大使，曲赦河北诸州，一无所问，河北遂安。

武承嗣、武三思求为太子，不成，意怏怏，承嗣八月病死。九月，庐陵王复为皇太子。

九月，以天官侍郎苏味道为凤阁侍郎、同平章事。味道前后在相位数岁，依阿取容，模棱两可，未尝有所发明。

命瞿昙罗作《光宅历》，俟其成，以代《麟德历》。

则天久视二年·大足元年·长安元年（701），三十一岁

往南天竺。此后七年，承事供养龙智阿阇黎，受学《金刚顶经》及毗卢遮那总持陀罗尼法门、诸大乘经典并五明论，受五部灌顶，诸佛秘要之藏无不通达。遂辞师龙智，却还中天竺，礼如来八相灵塔。

《金刚智行记》：至三十一，往南天竺，于龙树菩萨弟子龙智（年七百岁，今犹见在），经七年承事供养，受学《金刚顶瑜伽经》及毗卢遮那总持陀罗尼法门、诸大乘经典

并五明论，受五部灌顶，诸佛秘要之藏无不通达。遂辞师龙智，却还中天，寻礼如来八相灵塔。①

《大唐东京大广福寺故金刚三藏塔铭并序》：往诣南天，于龙智处契陀罗尼藏，便会宿心，请建道场，散花五部，经于七载。每至时，饮食从空而下，金刚萨埵常现于前。②

《两部大法相承师资付法记》：三藏金刚智云：我从南天竺国，亲于龙智阿阇梨边，传得此金刚界百千颂经。③

《开元释教录》：幼而出家，游诸印度。虽内外博达，而偏善总持，于此法门，罕有其匹。④

《宋高僧传》：又诣西印度学小乘诸论及瑜伽三密陀罗尼门。十余年全通三藏。⑤

是年大事：

此年正月，以成州（今甘肃成县）言佛迹现，改元大足。

三月大雪，宰相苏味道以为瑞，帅百官入贺，殿中侍御史王求礼止之，太后为之罢朝。

八月，太后闻突厥将大寇边，命相王旦为安北大都护兼天兵道元帅，统晋代秦陇诸军痛击之。突厥知中国有备，王师未出而寇急退。

---

① （唐）圆照：《贞元新定释教目录》卷14，《大正藏》55册，第875页中。

② 同上，第876页下。

③ （唐）海云：《两部大法相承师资付法记》卷上，《大正藏》51册，第783页下。

④ （唐）智昇：《开元释教录》卷9，《大正藏》55册，第571页中—下。

⑤ （宋）赞宁：《宋高僧传》卷1，中华书局，1987年，第4页。

八月，武邑人苏安恒以太后年高而李、武并用，乃投匦上书，请太后禅位太子、黜武氏。此书虽不见用，而时论难之。

太后年高，政事多委张易之兄弟，九月，因宠二张而杀邵王重润（中宗长子、武后嫡孙）与妹永泰郡主（中宗第六女，武后嫡孙女）及郡主婿武延基（承嗣子，武后侄孙）。

太后连年居洛阳，十月西入关至长安，赦天下，因改元长安。

十一月，二张引文学之士修《三教珠英》成。于旧书外，更加佛、道二教事典，故以"三教"名之。

十一月，以主客郎中郭元振为凉州都督、陇右诸军大使，善抚军民，夷、夏敬畏，令行禁止，牛羊放野，路不拾遗。

朝廷资助病坊，拨悲田（犹后世义田）以赡养，并置使专门管理。自后病坊成为矜孤恤贫、敬老养病的寺办官助慈善机构。

日本遣粟田真人为遣唐执节使，坂合部大分任大使，巨使邑治为副使等入唐，是为第八次遣唐使。

唐睿宗景云二年（711），四十一岁

南天竺经三年亢旱，国王捺罗僧伽补多靺摩遣使迎请大师，于宫中建灌顶道场祈雨。甘泽流澍，王臣欣庆，遂为大师造寺安置。

《金刚智行记》：其后，南天三年亢旱，其王捺罗僧伽补多鞞摩遣使迎请和上，于自宫中建灌顶道场请雨。其时，甘泽流澍，王臣欣庆，遂为和上造寺安置，经余三载。①

是年大事：

此年正月，突厥可汗默啜遣使请和称臣，许之。三月，以宋王成器女为金山公主许嫁默啜子。

正月，改封少帝重茂为襄王，出为集州（今四川南江县）刺史，遣中郎将将兵五百守之。

李隆基既立为太子，其姑太平公主以其年少，不以为意。稍久，知其英武，便欲另立庸弱者以巩固己权。姚元之、宋璟密保太子。二月，命太子监国，六品以下任免及徒罪以下判决交太子处理。四月，睿宗欲传位太子，不果。

二月，定左、右万骑与左、右羽林为北门四军，使盖福顺等将之。

五月，增置二道，于是全国共分十二道。六月，又分域内为二十四都督府，府设都督，各纠察所部刺史以下地方官善恶。

五月，以女西城为金仙公主，以隆昌为玉真公主，各于长安造金仙、玉真二观，逼夺民居甚多，费钱逾数百万，诸臣屡章谏止，帝不听。宰相窦怀贞独劝成之，且亲自为公主督工。十二月，睿宗召天台山道士司马承祯，问以阴阳术数。

---

① （唐）圆照：《贞元新定释教目录》卷14，《大正藏》55册，第875页中。

七月，以右御史大夫解琬为朔方大总管，考按三受降城戍兵，奏减十万人。

十一月，令天下百姓二十五入军，五十五免兵役。

十二月，以阿史那献为招慰十姓使，与突骑施娑葛争十姓。

唐玄宗开元二年（714），四十四岁

南天竺国南近海观自在菩萨寺门侧尼拘陀树枯萎，大师七日断食行道，枯树复生。菩萨示现，付嘱大师往师子国瞻礼佛牙，登楞伽山礼拜佛迹，再往中国礼谒文殊师利菩萨，传教济度众生。

《金刚智行记》：国南近海有观自在菩萨寺，门侧有尼拘陀树，先已枯悴。和上七日断食行道，树再滋茂，菩萨应现而作是言："汝之所学，今已成就，可往师子国，瞻礼佛牙，登楞伽山，礼拜佛迹。回来可往中国，礼谒文殊师利菩萨。彼国于汝有缘，宜往传教，济度群生。"闻是语已，不胜忻慰。僧徒咸闻其语，寺众乃曰："若菩萨降临，尼拘陀树枝叶滋荣，去即枯悴，以此为候。"[1]

《大唐东京大广福寺故金刚三藏塔铭并序》：时南天竺有尼拘陀树久而枯悴，大师绕树行道七日，斯须花叶如故，

---

[1] （唐）圆照：《贞元新定释教目录》卷14，《大正藏》55册，第875页中。

其真应也如是。①

此后一年，大师领道俗弟子八人，往师子国楞伽城无畏王寺，顶礼佛牙，遂感佛牙放光空中，成盖普现。又往东南楞伽山，途中礼佛眼塔。又至噜呵那国，为国王说大乘法。大师于楞伽山下焚香顶礼，发弘誓愿，遂历种种孤危，攀缘七日，方至山顶。寻求佛迹，感五色云现，及有圆光佛足轮相分明显现。为野人授三归戒。以佛不思议力故，临崖失脚，毫发无损。遂复道而还，所有灵迹，重礼辞回。

《金刚智行记》：经三七日，却回辞其国王，将领弟子道俗八人，往师子国。

至楞伽城，王臣四众以诸香花迎礼和上，至其宫侧。复往无畏王寺，顶礼佛牙，持诸香花，精诚供养，遂感佛牙放光空中，成盖普现，大众咸睹斯瑞。便住其寺，半年供养。遂诣东南，往楞伽山。迳中路，礼佛眼塔，其时行道一日一夜，无愿不果。次至七宝山城，次行至噜呵那国。国管宝山，其山土地足多罗树。国王先信小乘，闻和上至，出城远迎。就王宫殿，广陈供养，经一月余日。和上为说大乘理性，便能悟入，信受欣喜。即广施杂宝，和上不受，云："本来意者，顶礼佛迹，非为珍宝。远来至此，愿示其

---

① （唐）圆照：《贞元新定释教目录》卷14，《大正藏》55册，第876页下。

路。"王即遣人持舆，令和上乘上，送至山下。

其山多诸猛兽，师子、毒龙、野人、罗刹，黑风苦雾，常守护此山上珍宝，非是礼圣迹人，不可升上，得入此山。和上于山下焚香顶礼，发弘誓愿，愿见昔佛在世说法之时山神。发愿已毕，天开雾散，猛兽潜藏。遂与弟子于山北面近东渡水而上，却转向西北。又西南，寻谷攀藤接葛，异种孤危。至山中腰，近次北面有一泉水流出，其中总是红颇梨、瑟瑟、金银诸宝，又多宝性草及曼陀罗花、优钵罗花。时逢龛崛，皆是先灵修道之处。山中香花草木，不可称计。不停不滞，七日攀缘，方至山顶。

寻求灵迹，见一圆石，可高四五尺许，方广可有二丈，佛之右足隐在石上。见有损缺，心即生疑，谓之非是佛迹，仰天号泣，忆昔如来。遂感五色云现，及有圆光佛迹相轮分明显现。闻有声言："此真佛迹，但为往代众生将来业重，留此迹耳。"闻已欢喜，香花供养，入定一日。从定出已，七日旋绕，把石寻缘行道。其佛迹外石上有数石盏，亦中然灯。时有野人将甘蔗子、椰子、蕉子、署药等来施和上。时弟子见之，四散奔走。和上言曰："此来供养，非损汝辈。"便取所施，与授三归戒。其野人将小石施佛迹上，打碎取吃。何谓如是损其心上，云治心痛。从此验知佛迹渐损。其上多风，不可久住。顶上四望去，其山下五六十里外，周有山围绕，状如域壁，山上总是白云，国人号名楞伽城山。山外西北连师子国界，余是大海。当观望之时，和上不觉失脚砌下，临崖便住，不损毫毛。当知是佛不思议力，弟子等惊喜不已。遂复道而还，所有灵迹，重礼辞回，来去经一年。[1]

《大唐东京大广福寺故金刚三藏塔铭并序》：又陟楞伽山顶，观如来脚迹，烧以酥灯，其灯明彻，其迹微茫，当起少疑，便现深相，灵契也若是。[2]

《宋高僧传》：次复游师子国，登楞伽山，东行佛誓、裸人等二十余国。[3]

是年大事：

此年正月，定内外官出入制，选京官有才识者除都督、刺史；选都督、刺史有政迹者除京官，使出入常均，永为定式。

置左右教坊以教俗乐，命右骁卫将军范及为教坊使。又选乐工数百人，自教法曲于梨园，谓之"皇帝梨园弟子"，使宫中亦习之。

命有司沙汰僧尼，禁创佛寺。

正月，并州长史薛讷请击契丹，败绩。

二月，突厥默啜遣其子同俄特勒及妹夫火拔颉利发与石阿失毕将兵围北庭都护府（治庭州，今新疆乌鲁木齐县），都护郭虔瓘击破之。西突厥十姓酋长都担叛，三月，招慰十姓使兼碛西节度使阿史那献克碎叶等镇，擒斩都担，

---

① （唐）圆照：《贞元新定释教目录》卷14，《大正藏》55册，第875页中—876页上。

② 同上，第876页下。

③ （宋）赞宁：《宋高僧传》卷1，中华书局，1987年，第4页。

降其部落数万帐。四月，突厥可汗默啜复遣使求婚，十月，又遣使来，玄宗许以明岁迎公主（即蜀王女南和县主）。（西）突厥十姓胡禄屋诸部不欲臣默啜，诣北庭都护府请降，命都护郭虔瓘抚慰之。突厥默啜杀突骑施娑葛等。

闰二月，以朔方军副大总管王晙兼安北大都护，令丰安、定远、三受降城及旁侧诸军皆受晙节度。安北都护府于多次迁徙后，至此徙定于中受降城（今内蒙古包头市南），置兵屯田。

闰二月，复置十道按察使，以益州长史陆象先等为之。

三月，毁武后天枢、韦后石台。

五月，吐蕃相坌达延，遗唐宰相书，请前朔方大总管解琬至河源，先正两国国界，然后结盟；六月，吐蕃使其宰相尚钦藏来献盟书。八月，吐蕃寇临洮，薛讷等大破之。十二月新置陇右节度大使，领十二州，以陇右防御副使郭知运为之，以便统一号令，防御吐蕃。

七月，始作兴庆宫、花萼楼。玄宗于诸兄弟但以衣食声色供养娱乐之，不任以官职，自后二百年遂无宗藩之乱。

九月，敕以岁稔伤农，令诸州修常平仓法。

十二月，立郓王嗣谦为皇太子。

唐玄宗开元三年（715），四十五岁

辞别南天竺国王，随将军米准那，奉《大般若波罗蜜多》经夹及诸贡品，登船前往中国。途中曾

至师子国重礼佛牙，与三十五只波斯商船同行。又因恶风，于佛逝国停留五月。经历异国种种艰辛，计海程十万余里，约以三年有余，方始得至。

《金刚智行记》：却至南天竺国，具述上事，闻于国王。王又请留宫中供养，经一月日。和上白王："贫道先发诚愿，彼支那国，礼文殊师利并传佛法。"即日辞王，王曰："唐国途迳绝远，大海难渡，不得可到。住此教化，足获利益。"再三请住，和上宿志不移。王曰："必若去时，差使相送，兼进方物。"遂遣将军米准那，奉《大般若波罗蜜多》梵夹、七宝绳床、七宝金钿、宝钿、耳珰、杂物、衣甲、彩缬、沈水、龙脑、诸物香药等，奉进唐国，愿和上捡校加持，得达彼国。发来之日，王臣四众，香花音乐，送至海滨。和上东向遥礼文殊，西礼观音菩萨，便与徒众告别，登舶入海。

得好风，便一日一夜渡海，却到师子国勃支利津口。逢波斯舶三十五只，其国市易珍宝。诸商主见和上，同心陪从。师子国王室哩室啰闻和上再至，又迎宫中一月供养。苦留不住，重礼佛牙，便即进路。王使道俗，香花音乐，饯送海岸。

和上至发行日，是诸商主并相随渡海。经一月，至佛逝国。佛逝国王将金伞盖、金床来迎和上。缘阻恶风，停留五月。风定之后，方得进发。

经过诸国，小小异物及以海难洪波杂沸不可具述。计去唐界二十日内，中间卒逢恶风忽发，云气斗暗，毒龙、

鲸鲵之属交头出没。是诸商舶三十余只，随波流泛，不知
所在。唯和上一船以持随求，得免斯难。又计海程十万余
里，逐波泛浪，约以三年，缘历异国种种艰辛，方始得至
大唐圣境。①

《金刚顶经大瑜伽秘密心地法门义诀》：于开元之初，
金刚菩提三藏阿阇梨云：我从西国发来，度于南海。其有
大船三十余只，一一皆有五六百人，一时同过大海。行至
海中，逢于大风，诸船及人并皆漂没。我所附船亦欲将没，
尔时两本经夹常近于身，受持供养。其时船主见船欲没，
船上诸物皆掷海中。当时怖惧，忘收经夹，其百千颂亦掷
海中，唯存略本。尔时我发心念作除灾法，大风便止，去
船周回可一里余，风水不动。船上诸人皆归于我，渐渐发
来，得至此岸。②

《两部大法相承师资付法记》：又至大唐开元年中，三
藏金刚智，从南天竺国将得金刚界十万偈梵夹经。时大海
中过大恶风，三船中所有宝物、舍利、功德尽投于海中。
时十万偈梵夹经误忘，亦投于海中。三藏尔时作息灾法，
遂得风止。故知十万偈经与此土缘薄，故此经王沈没
大海。③

---

① （唐）圆照：《贞元新定释教目录》卷14，《大正藏》55册，第876页上—
中。
② （唐）不空：《金刚顶经大瑜伽秘密心地法门义诀》卷1，《大正藏》39册，
第808页中。
③ （唐）海云：《两部大法相承师资付法记》卷上，《大正藏》51册，第784
页下。

《宋高僧传》：闻脂那佛法崇盛，泛舶而来，以多难故，累岁方至。[1]

是年大事：

此年，卢怀慎与姚崇同相，时谓"伴食宰相"与"救时宰相"。

（东）突厥默啜既破突骑施，而不能安抚西突厥十姓，致十姓余部纷纷降唐。突骑施别种苏禄遣使来朝，玄宗以之为左羽林大将军、金方道经略大使。

春夏，山东（指太行山以东）大蝗，姚崇奏遣御史督州县捕而瘗之。田尚有获，民不甚饥。

七月，铁勒九姓思结磨散等帅部来降。西南蛮（夷）寇边，遣右骁卫将军李玄道发六州兵三万人及原驻兵讨之。

九月，以马怀素为左散骑常侍，使与右散骑常侍褚无量轮番隔日侍读，玄宗亲自送迎，待以师傅之礼。"侍读"设官，自玄宗始。

十一月，张孝嵩兵救拔汗那，威震西域。

唐玄宗开元六年（718），四十八岁

于阗婆国为弟子不空授菩提心戒，不空随侍渡海来华。

---

[1] （宋）赞宁：《宋高僧传》卷 1，中华书局，1987 年，第 4 页。

《大唐故大德赠司空大辨正广智不空三藏行状》：十三，
事大弘教，祖师道《悉谈章》《波罗门语论》，辄背文而讽
诵，克日而洞悟，祖师大奇。他日与授菩提心戒，引入金
刚界大曼荼罗，验之掷花，知有后矣。①

《大唐故大德开府仪同三司试鸿胪卿肃国公大兴善寺大
广智三藏和上之碑》：十三，游太原府。寻入长安，以求出
要。见大弘教金刚三藏，以为真吾师。初试教《悉昙章》，
令诵梵经，梵言赊切，一闻无坠。便许入坛，授发菩提
心戒。②

《贞元新定释教目录》：（不空）至开元六年岁在戊午，
年甫十四，于阇婆国见弘教三藏金刚智而师事之。随侍南
溟，乘航架险，惊波鼓浪，如影随形。③

《宋高僧传》：（不空）年十五，师事金刚智三藏，初导
以梵本《悉昙章》及声明论，浃旬已通彻矣。师大异之，
与受菩萨戒，引入金刚界大曼荼罗，验以掷花，知后大兴
教法。洎登具戒，善解一切有部，谙异国书语。师之翻经，
常令共译。凡学声明论，一纪之功，六月而毕。诵《文殊
普贤行愿》，一年之限，再夕而终。其敏利皆此类也。欲求
学新瑜伽五部三密法，涉于三载，师未教诏。空拟回天竺，
师梦京城诸寺佛菩萨像皆东行，寐寤乃知空是真法器，遂

---

① （唐）赵迁：《大唐故大德赠司空大辨正广智不空三藏行状》，《大正藏》
　　50 册，第 292 页中。
② （唐）飞锡：《大唐故大德开府仪同三司试鸿胪卿肃国公大兴善寺大广智
　　三藏和上之碑》，《大正藏》52 册，第 848 页中。
③ （唐）圆照：《贞元新定释教目录》卷 15，《大正藏》55 册，第 881 页上。

允所求。授与五部灌顶、护摩、阿阇梨法及《毗卢遮那经》《苏悉地轨则》等，尽传付之。①

《隆兴佛教编年通论》：弟子不空传其教。初不空事智，智授以梵本《悉昙章》及《声明论》，不逾旬而诵之。智奇其骏，引入金刚道场，以掷华验之，智以为胜己。不空因求授《瑜伽五部》，智未之许，不空拟入天竺求之。智一夕梦京城佛像皆东行，及寤，以诰不空。空启以西游意，智曰："汝有授道之资，吾何靳哉。"即授以五部及《毗卢遮那经》《苏息地轨范》。②

　　谨按：不空三藏最初师事金刚智大师的时间、地点，文献典籍有三说。《大唐故大德赠司空大辨正广智不空三藏行状》作十三岁，《大唐故大德开府仪同三司试鸿胪卿肃国公大兴善寺大广智三藏和上之碑》作十三岁在长安，《贞元新定释教目录》作开元六年十四岁在阇婆国，《宋高僧传》作十五岁。据大历六年十月十二日不空三藏《三朝所翻经请入目录流行表》云："不空爰自幼年承事先师大弘教三藏和尚，二十有四载，禀受瑜伽法门。"即是侍奉先师共二十四年。金刚智大师圆寂于唐玄宗开元二十九年（741），可推不空三藏初事大师的时间为开元六年（718），彼时不空三藏十四岁。且金刚智大师于开元七年抵达广府，彼时尚在

① （宋）赞宁：《宋高僧传》卷1，中华书局，1987年，第7页。
② （宋）祖琇：《隆兴佛教编年通论》卷16，广东人民出版社，2020年，第240—241页。

来华途中，故取《贞元录》之说。

是年大事：

此年正月，突厥毗伽可汗遣使请和，许之。二月，诏移蔚州（今山西灵丘县）横野军于（太行）山北，屯兵三万，为铁勒九姓之援。又命九姓五都督各出骑兵为前、后、左、右军讨击大使，皆受天兵军（驻并州）节度。

敕禁恶钱，定重二铢四分以上乃得用；收民间恶钱熔之，另铸合格钱。于是京城纷然，买卖殆绝。

宋璟为相，务在择人，抑缴幸，禁谄谀，随材授用，务使各称其职。

五月，契丹王李失活卒，失活从父弟娑固代统其众，唐遣使册立，仍令其袭兄之官爵。

八月，再颁《乡饮酒礼》于天下，令牧宰每年十二月行之。

八月，令州县官俸，均户出资。

十一月，吐蕃奉表请和，用敌国之礼，拒之。

日本沙门道慈返国，并仿唐长安西明寺之规模，于其国建大安寺。

诏太史监瞿昙悉达译西域历法。

唐玄宗开元七年（719），四十九岁

抵达广府，节度使遣使至海口远迎。敕迎就长

安慈恩寺，寻徙荐福寺。建大曼荼罗灌顶道场，度于四众。大智、一行二禅师及不空三藏皆行弟子之礼。

《金刚智行记》：行至广府，重遭暴雨。时节度使使二三千人，乘小船数百只，并以香花音乐，海口远迎。[1]

《开元释教录》：闻大支那佛法崇盛，遂泛舶东游，达于海隅。开元八年中方届京邑，于是广弘秘教，建曼荼罗。依法作成，皆感灵瑞。沙门一行钦斯秘法，数就谘询，智一一指陈，复为立坛灌顶。[2]

《金刚顶经大瑜伽秘密心地法门义诀》：于开元七年中至于西京。[3]

《宋高僧传》：开元己未岁，达于广府，敕迎就慈恩寺，寻徙荐福寺。所住之刹，必建大曼拏罗灌顶道场，度于四众。大智、大慧二禅师、不空三藏皆行弟子之礼焉。……自开元七年，始届番禺，渐来神甸，广敷密藏，建曼拏罗，依法制成，皆感灵瑞。沙门一行钦尚斯教，数就谘询，智一一指授，曾无遗隐。一行自立坛灌顶，遵受斯法，既知利物，请译流通。[4]

《隆兴佛教编年通论》：及来东土，初达南海，广州节度

① （唐）圆照：《贞元新定释教目录》卷14，《大正藏》55册，第876页中。
② （唐）智昇：《开元释教录》卷9，《大正藏》55册，第571页下。
③ （唐）不空：《金刚顶经大瑜伽秘密心地法门义诀》卷上，《大正藏》39册，第808页中。
④ （宋）赞宁：《宋高僧传》卷1，中华书局，1987年，第4—6页。

闻于朝，有旨驿驰，赴阙入见。帝大悦，馆于大慈恩寺。①

是年大事：

此年二月，葱岭西俱密等国为大食所侵，上表乞援。

三月，渤海王大祚荣卒。六月，玄宗遣左监门率吴思谦摄鸿胪卿，充使吊祭。

八月，敕父母丧服制仍从古礼。然士大夫议论犹不息，行之各从其意。

十月，册立突骑施苏禄为忠顺可汗，自后每年遣使朝献。

始置剑南节度使，领益、彭等二十五州。

高僧慧日西游归国，献佛像及梵夹，玄宗召见，赐号慈愍三藏。

吐火罗国命解天文大慕阇来唐，请置一法堂，依本教供养。《景教碑考》谓此即是摩尼法师。

唐玄宗开元八年（720），五十岁

初到洛阳，面见玄宗。僧徒请法，王公问道。从此随驾往复两都之间。

《金刚智行记》：至开元八年中，初到东都，亲得对见，所有事意，一一奏闻。奉敕处分，使令安置，四事供养。

---

① （宋）祖琇：《隆兴佛教编年通论》卷16，广东人民出版社，2020年，第240页。

僧徒请法，王公问道。从是随驾，往复两都。①

《秘密曼荼罗教付法传》：至开元八年，初到东都。所有事意，一一奏闻。②

> 谨按：大师抵达长安的时间及安置之处，文献记载互有出入。《金刚顶经大瑜伽秘密心地法门义诀》作开元七年至西京。《宋高僧传》作开元七年抵达广府，敕迎就慈恩寺、荐福寺。《开元释教录》作开元八年抵达京城。《金刚智行记》及《秘密曼荼罗教付法传》作开元八年初到东都。不空三藏《金刚顶经大瑜伽秘密心地法门义诀》所引为金刚智大师自述，可信度较高，且慈恩寺及荐福寺皆在长安，故综合各类文献推断，大师于开元七年从广府抵达长安，开元八年方至洛阳面见玄宗。

其年正月至五月不雨，乃诏大师结坛祈请。大师修不空钩观音法，七日而雨。

《秘密曼荼罗教付法传》：一时亢旱连月，玄宗皇帝轸虑纳隍，即令和上祈雨。和上于大荐福寺廊下结坛，密诵真言。食顷，从坛中龙头出现。和上申手把捉龙头，须臾放却。其龙直穿廊宇腾空，雷电地震，霈然洪澍，淹日不息。皇帝恐其漂物，更令止雨。和上又坛上布置荷叶，诵

---

① （唐）圆照：《贞元新定释教目录》卷14，《大正藏》55册，第876页中。
② ［日］空海：《弘法大师全集》卷1，（东京）吉川弘文馆，1910年，第12页。

真言。须臾，裹之荷叶，悬之树枝。顷，雨竭天晴。明日，敕使临房慰劳，和上答曰："贫道不曾疲倦，彼佛子等太疲劳。"中使问曰："何人也?"和上便起就树头，即解前所裹悬荷叶，即诸龙等电鸣腾空。神力难识，率如此类也。由是一人珍敬，四海称叹。（具如碑上）①

《宋高僧传》：后随驾洛阳，其年自正月不雨迄于五月，岳渎灵祠，祷之无应。乃诏智结坛祈请。于是用不空钩依菩萨法，在所住处起坛，深四肘，躬绘七俱胝菩萨像，立期以开光，明日定随雨焉。帝使一行禅师谨密候之。至第七日，炎气燺燺，天无浮翳。午后，方开眉眼，即时西北风生，飞瓦拔树，崩云泄雨，远近惊骇。而结坛之地，穿穴其屋，洪注道场。质明，京城士庶皆云："智获一龙，穿屋飞去。"求观其处，日千万人，斯乃坛法之神验也。②

《隆兴佛教编年通论》：未几夏旱，诏智祈雨。智结坛，图七俱胝像，约开眸即雨。阅三日，像果开眸。有物自坛，布云弥空，斯须而雨。帝特降诏褒美。③

玄宗第二十五公主久病不治，敕令大师授之戒法。大师入三摩地，以不思议力召回公主魂魄，与父决别。

---

① ［日］空海：《弘法大师全集》卷1，（东京）吉川弘文馆，1910年，第15页。
② （宋）赞宁：《宋高僧传》卷1，中华书局，1987年，第4—5页。
③ （宋）祖琇：《隆兴佛教编年通论》卷16，广东人民出版社，2020年，第240页。

《秘密曼荼罗教付法传》：玄宗皇帝有一钟爱公主，忽沉病薨。皇帝请和上，命曰："朕有钟心少女，忽然命终。虽死生有命，惜其不幸，冀和上加持，令得苏息。"和上即唤两乳母及二童女着净衣服，加持便缚，伏地息绝。乃命左右令作"告阎罗王牒"讫，即命人于被缚死四人侧披读。则四人一时起坐，和上告曰："此文牒诵得毋惚？"答曰："得也。"即交诵不错一字。便告曰："汝等直去至阎王所，宣此文牒，将公主来。"言毕，四人俱死。从其日辰时至明日初夜，四人及公主一时得苏。公主曰："阎罗王因和上牒旨更却参。虽然，受命有限，决定难延，更不须住此国，三日之后命终。"皇帝更得相见，兼闻此言，叹伏极深。事具在大荐福寺南中门西边和上碑铭中。①

《宋高僧传》：初，帝之第二十五公主甚钟其爱，久疾不救，移卧于咸宜外馆，闭目不语，已经旬朔。有敕令智授之戒法，此乃料其必终，故有是命。智诣彼，择取宫中七岁二女子，以绯缯缠其面目，卧于地，使牛仙童写敕一纸，焚于他所，智以密语咒之。二女冥然诵得，不遗一字。智入三摩地，以不思议力令二女持敕诣琰摩王。食顷间，王令公主亡保母刘氏护送公主魂随二女至，于是公主起坐，开目言语如常。帝闻之，不俟仗卫，驰骑往于外馆。公主奏曰："冥数难移，今王遣回，略觐圣颜而已。"可半日间，

---

① ［日］空海：《弘法大师全集》卷1，（东京）吉川弘文馆，1910年，第14—15页。

然后长逝。自尔帝方加归仰焉。[1]

是年大事：

此年宋璟、苏颋罢相。开元前八年，姚崇、宋璟相继为相，史称崇善应变成务，璟善守法持正，二人志操不同，然协心辅佐，使赋役宽平，刑罚清省，百姓富庶。

二月，重申缩短卫士服役年限，使百姓更迭为之。

四月，遣使赐乌长王、骨咄王、俱位王册命，视为藩国。

五月，以源乾曜为侍中，乾曜请出子于外，玄宗命文武官效之，于是形势之家出任外官百余人。

六月，洛阳附近瀍、谷二水涨溢，漂没九百余户，溺死八百余人，掌闲番兵（管理马厩的兵卒）溺死者千一百余人。

六月，朔方大总管王晙诱杀突厥降户。秋，并州长史、天兵（驻并州）节度大使张说抚慰其余。王晙谋袭突厥，反为所败，突厥毗伽声势大振，尽有默啜之众。

契丹大臣可突干废主另立。

唐玄宗开元十一年（723），五十三岁

于资圣寺，为弟子一行译《金刚顶瑜伽中略出

---

[1] （宋）赞宁：《宋高僧传》卷1，中华书局，1987年，第5页。

念诵经》四卷、《七俱胝佛母准提大明陀罗尼经》一卷，东印度婆罗门大首领直中书伊舍罗译语，嵩岳沙门温古笔受。

《金刚智行记》：至十一年，方事翻译。①

《续古今译经图纪》：一行敬受斯法，请译流通。以十一年癸亥于资圣寺，为译《金刚顶瑜伽中略出念诵法》一部（四卷）、《七俱胝佛母准泥大明陀罗尼经》（一卷），东印度婆罗门大首领直中书伊舍罗译语，嵩岳沙门温古笔受。②

《宋高僧传》：十一年，奉敕于资圣寺翻出《瑜伽念诵法》二卷、《七俱胝陀罗尼》二卷，东印度婆罗门大首领直中书伊舍罗译语，嵩岳沙门温古笔受。③

是年大事：

此年正月，玄宗自东都北巡晋阳，返长安。

二月，罢天平、大武等军，以大同军为太原以北节度使，领十州。

五月，置丽正书院，延礼文儒，发挥典籍。

八月，敕赦免括逃户，随寓而安。

九月，玄宗亲制《广济方》颁示天下，令诸州各置医学博士二人。

边地渐靖，吐谷浑帅众诣沙州（今甘肃敦煌）降唐，

---

① （唐）圆照：《贞元新定释教目录》卷 14，《大正藏》55 册，第 876 页中。
② （唐）智昇：《续古今译经图纪》，《大正藏》55 册，第 372 页中—下。
③ （宋）赞宁：《宋高僧传》卷 1，中华书局，1987 年，第 6 页。

河西节度使张敬忠抚纳之。

十一月，兵部尚书张说奏置长从宿卫兵十万人于南衙（即诸卫兵），简州府兵或募白丁充之。此外，尚加玄宗潞州长从兵共达十二万人。此即开元"矿骑"之前身。

张说改政事堂名曰"中书门下"（仍设中书省），其政事印改为"中书门下之印"。列五房于堂后，即吏房、枢机房、兵房、户房、刑礼房，分掌庶政。

唐玄宗开元十八年（730），六十岁

于资圣寺荐福道场译出《金刚顶经曼殊室利菩萨五字心陀罗尼品》一卷、《观自在如意轮菩萨瑜伽法要》一卷，弟子不空译语。又补足《大随求陀罗尼》中所阙章句。

《金刚智行记》：于资圣寺荐福道场所翻译成四部七卷，时庚午岁开元十八年，已入《开元释教录》也。[①]

《续古今译经图纪》：至十八年庚午，于大荐福寺，又译《金刚顶经曼殊室利菩萨五字心陀罗尼品》（一卷）、《观自在如意轮菩萨瑜伽法要》（一卷），沙门智藏译语。凡四部合七卷。又于旧《随求》中更续新咒。[②]

《开元释教录》：至十八年庚午，于大荐福寺出《曼殊

---

① （唐）圆照：《贞元新定释教目录》卷14，《大正藏》55册，第876页中。
② （唐）智昇：《续古今译经图纪》，《大正藏》55册，第372页下。

室利五字心》及《观自在瑜伽要》，沙门智藏译语。又于旧《随求》中更续新咒。①

《宋高僧传》：十八年，于大荐福寺又出《曼殊室利五字心陀罗尼》、《观自在瑜伽法要》各一卷，沙门智藏译语，一行笔受，删缀成文。复观旧《随求》本中有阙章句，加之满足。②

是年大事：

此年二月，以国家富庶，公务趋简，许百官于春月旬休时，得自选胜地，自行宴乐。玄宗有时御花萼楼，邀百官归骑留饮，迭使起舞，君臣同乐，尽欢而去。

三月，复给京官职田。

四月，筑京城外郭，九旬而毕。

吏部尚书裴光庭奏用"循资格"，重视年资，论资排辈。当时庸愚之辈皆喜，而才俊之士则无不怨叹。

五月，契丹可突干弑其王邵固，帅其国人并胁奚众叛降突厥。

吐蕃赞普因败，遣使致书于境上求和，自是吐蕃复称臣附款。

十月，护蜜（在当时吐火罗之东，今巴基斯坦之北）国王罗真檀来朝，留宿卫。

天下奏死罪止二十四人。

---

① （唐）智昇：《开元释教录》卷9，《大正藏》55册，第571页下。
② （宋）赞宁：《宋高僧传》卷1，中华书局，1987年，第6页。

十一月，西突厥突骑施苏禄可汗遣使入贡，玄宗宴之于丹凤楼；东突厥毗伽可汗使者亦与会。

唐玄宗开元十九年（731），六十一岁

又译出《金刚顶经瑜伽修习毗卢遮那三摩地法》一卷、《千手千眼观世音菩萨大身咒本》一卷、《千手千眼观自在菩萨广大圆满无碍大悲心陀罗尼咒本》一卷、《不动使者陀罗尼秘密法》一卷，共四部四卷。

《金刚智行记》：至十九年后又译出：

《金刚顶经瑜伽修习毗卢遮那三摩地法》一卷

《千手千眼观世音菩萨大身咒本》一卷

《千手千眼观自在菩萨广大圆满无碍大悲心陀罗尼咒本》一卷

《不动使者陀罗尼秘密法》一卷

右四部四卷，其本见在。南天竺国三藏沙门跋日罗菩提（唐言金刚智）译。[1]

是年大事：

此年正月，开府仪同三司、内外闲厩监牧都使、霍国公王毛仲恃宠得罪，贬死。

---

[1] （唐）圆照：《贞元新定释教目录》卷14，《大正藏》55册，第876页中。

玄宗躬耕于兴庆宫侧，尽三百步。

玄宗久宠宦官，往往为三品将军，门施棨戟（门卫仪仗）。奉使过诸州，外官奉之惟恐不及，所得赂遗，少者不减千缗。由是京城第舍、郊畿田园，参半皆在官。杨思勖、高力士尤享权宠。思勖屡将兵征讨，战功卓著。高力士居中侍卫，尤为玄宗所宠信。

三月，初令两京诸州各置太公庙，祭如孔子，崇道尚武。

四月，复定外官职田租价。

六月，复申禁佛之令，如禁度僧尼，禁创寺庙，禁僧尼与俗家往来，试僧尼经义等。

三月，吐蕃托金城公主求儒经，遂与之。七月，吐蕃遣其相论尚它硉入见，请于赤岭（山名，在石堡城即振武军以西二十余里）为互市，许之。

十月，中天竺国王伊沙伏摩遣其大德僧来朝贡。

唐玄宗开元二十四年（736），六十六岁

随驾入长安。

《金刚智行记》：至二十四年，随驾西京。[1]

《大唐东京大广福寺故金刚三藏塔铭并序》：二十四年，

---

[1] （唐）圆照：《贞元新定释教目录》卷14，《大正藏》55册，第876页中。

随驾入长安。①

是年大事：

此年正月，敕天下逃户今年内自首。

二月，玄宗宴新除县令于朝堂，自作《令长新戒》一篇，赐天下县令。

三月，委礼部侍郎试贡举人。

四月，玄宗赦安禄山免死，以白衣充将领，史窣干赐名思明，此为"安史之乱"张本。

五月，醴泉（今陕西礼泉县）人刘志诚以迷信妖术作乱，驱掠路人，将趋咸阳，被斩。

六月，初分月给百官俸钱。

八月，张九龄上《千秋金镜录》，述前世兴废之源，玄宗赐书褒美。

十月，玄宗因东都宫中有怪，即还西京。

十一月，赐牛仙客爵陇西县公，食实封三百户。此为仙客来日入相张本。

李林甫日夜短张九龄于玄宗，玄宗渐疏九龄，以裴耀卿为左丞相，九龄为右丞相，并罢政事。而以李林甫兼中书令，以牛仙客为工部尚书，同中书门下三品，领朔方节度如故。九龄既罢相，朝臣无复直言。林甫奸相，恶直喜曲，善用权术。好以甘言啖人，而阴中伤之，不露辞色。凡为玄宗所厚者，始则亲结之，及位势稍逼，辄以计去

① （唐）圆照：《贞元新定释教目录》卷 14，《大正藏》55 册，第 876 页下。

之。虽老奸巨猾，无能逃其术者。欲蔽塞玄宗视听，自专大权。牛仙客既为林甫所引，专给唯诺而已，由是谏净之路绝。

玄宗召吴道子入内廷供奉，为内教博士。

日本遣唐副使中臣名代返国，唐人袁晋卿、皇甫东朝、洛阳大佛先寺沙门道璇、婆罗门僧正菩提先那、林邑僧佛彻及波斯人李密医等同行至日本。既抵日，馆道璇于大安寺西唐院，讲所赍之《律藏行事抄》，为日本弘通律宗之先驱。

唐玄宗开元二十五年（737），六十七岁

预知武惠妃及河东郡王李瑾不久于人世，劝贵妃急造金刚寿命菩萨像，又劝郡王于毗卢遮那塔中绘像祈寿。

《宋高僧传》：武贵妃宠异六宫，荐施宝玩，智劝贵妃急造金刚寿命菩萨像，又劝河东郡王于毗卢遮那塔中绘像；谓门人曰："此二人者寿非久矣。"经数月，皆如其言。[1]

谨按：唐玄宗武惠妃去世于开元二十五年，追赠贞顺皇后，故知此事发生于本年。

---

[1] （宋）赞宁：《宋高僧传》卷1，中华书局，1987年，第5页。

是年大事：

此年三月，初令租庸调、租资课，皆以土物输京都。

四月，张九龄贬荆州长史。

驸马都尉杨洄诬奏太子瑛、鄂王瑶、光王琚与太子妃兄驸马薛锈潜构异谋（谓三人欲害寿王瑁），皆赐死，人皆惜之。

五月，敕谓方隅底定（四海安定），令中书门下与诸道节度使衡量军、镇闲剧利害，审计兵防定额，于诸色征人（各种名目的征募军士）及客户（外来户）中召募丁壮，长充边军（职业兵），增给田宅，务加优恤。从此府兵制益弛，募兵制渐代。

七月，百官以"几致刑措"（刑法几乎搁置不用），上表称贺。（百官阿谀皇帝）玄宗归功宰辅，赐李林甫爵晋国公，牛仙客豳国公。（皇帝滥赏宰相）

九月，于两畿行"和籴法"以赡关中，自是关中粮谷蓄积羡溢，皇帝不复因缺粮而幸东都。

诏将作大匠康銮素往东都毁武则天所造明堂。

唐玄宗开元二十九年（741），七十一岁

七月二十六日，有敕放归本国。行至洛阳广福寺，现疾坐化。八月十五日证果。世寿七十一，僧夏五十一。九月五日，敕令东京龙门安置。

《金刚智行记》：二十九年，有敕放归本国。行至东都，现疾告终。①

《大唐东京大广福寺故金刚三藏塔铭并序》：至二十九年七月二十六日，天恩放还本国。至东京广福寺，乃现疾，嗟有身之患，坐而迁化。弟子僧智藏等请留遗教，顷间复还嘱付，毕曰："西国涅槃，尽无坐法，随师返寂，右胁而眠，即《师子王经》所载也。悟身非有，蝉蜕遐举。"其年八月十五日证果矣。春生现灭，哀伤于此，帝坐悲惜，感于士心。其年九月五日，敕令东京龙门安置。②

《大唐故大德赠司空大辨正广智不空三藏行状》：后数年，祖师奉诏归国，大师随侍，至河南府，祖师示疾而终。是时开元二十九年仲秋矣。③

《宋高僧传》：二十年壬申八月既望，于洛阳广福寺命门人曰："白月圆时，吾当去矣。"遂礼毗卢遮那佛，旋绕七匝，退归本院，焚香发愿，顶戴梵夹并新译教法，付嘱讫，寂然而化。寿七十一，腊五十一。其年十一月七日葬于龙门南伊川之右，建塔旌表。④

谨按：《金刚智行记》《大唐东京大广福寺故金刚三藏塔铭并序》《大唐故大德赠司空大辨正广智不空三藏行状》作者皆为唐人，可信度较高，故不取《宋高

---

① （唐）圆照：《贞元新定释教目录》卷14，《大正藏》55册，第876页中。
② 同上，第876页下—877页上。
③ （唐）赵迁：《大唐故大德赠司空大辨正广智不空三藏行状》，《大正藏》50册，第292页下。
④ （宋）赞宁：《宋高僧传》卷1，中华书局，1987年，第6页。

僧传》之说。

是年大事：

此年正月，下制改赈饥之法，委州县长官与采访使，遇有饥馑，可先开仓赈济，然后奏闻。

玄宗梦玄元皇帝老子，得老子像于盩厔（今陕西周至县）楼观山间，四月迎置兴庆宫，五月命画玄元皇帝真容，分置诸州开元观。下制两京诸州各置玄元皇帝庙及崇玄学，置生徒令习《老子》《庄子》《列子》《文子》，每年准明经例考试。

六月，吐蕃四十万众入寇安人军（今青海湟源县西北），浑崖峰骑将臧希液帅众五千破之。十二月，吐蕃屠达仕县（今青海贵德县东），陷唐石堡城（今青海西宁市西南）。

七月，玄宗乘突厥内乱，命左羽林将军孙老奴招谕回纥、葛逻禄与拔悉密等部落。

平卢兵马使安禄山善于奉迎，人多称之。玄宗左右至平卢者，禄山皆重赂收买。八月，以安禄山为营州（今辽宁朝阳市）都督，充平卢军使，两蕃、渤海、黑水四府经略使。

唐玄宗天宝二年（743）

二月二十七日，于龙门奉先寺西岗起塔。

《金刚智行记》：天宝二年癸未之岁，二月辛未朔二十七日丁酉，龙门起塔。①

《大唐东京大广福寺故金刚三藏塔铭并序》：至天宝二年二月二十七日，于奉先寺西岗起塔。②

是年大事：

此年正月，安禄山入朝。

江淮南租庸等使韦坚为聚江淮运船，引浐水至禁苑望春楼下为潭。又役夫匠通漕渠，自江淮至京城，人民怨声载道。三月，玄宗幸望春楼观新潭，韦坚集新船数百艘，各榜郡名，并陈各郡中珍宝于船背。四月，加韦坚左散骑常侍，并名其潭曰广运。

追尊老子为大圣祖玄元皇帝，改两京崇玄学为崇玄馆，置大学士一人，以宰相为之，领两京玄元宫及道观。

唐代宗永泰元年（765）

十一月一日，追赠开府仪同三司，赠号大弘教三藏。

《秘密曼荼罗教付法传》：追赠先师，锡谥官号。永泰元年岁在乙巳十一月一日，乃颁制曰："敕不空三藏和上：金刚三藏，天资秀异，气禀冲和。识洞四生，心依六度。爰自西域，杖锡东来。梵行周身，慈心济物。觉华外照，

---

① （唐）圆照：《贞元新定释教目录》卷14，《大正藏》55册，第876页中。
② 同上，第877页上。

智炬内明。汲引群迷，证通圆寂。密传法印，隐示涅槃。衣钵空存，音徽长往。教能垂后，礼有饰终。宜旌美名，俾叶荣赠。可赠开府仪同三司，仍赠号大弘教三藏。"（开府仪同者，准官位，今正一品也。）夫俗典有母以子贵，今释氏乃师因弟荣。万古千秋，传之不朽。[1]

是年大事：

此年正月，改元永泰。

泽潞（今山西长治市）节度副使李抱真培训泽潞兵，自此天下称泽潞步兵为诸道之最。

三月，左拾遗独孤及上疏请裁兵，代宗不能用。

吐蕃遣使求和，诏元载、杜鸿渐与之盟于兴唐寺。遣河中兵戍奉天，又遣兵巡泾州、原州以侦察其情。

京畿麦子丰收，京兆尹第五琦请税百姓田亩，十亩收其一，代宗从之。

河北成德节度使李宝臣、魏博节度使田承嗣、相卫节度使薛嵩、卢龙节度使李怀仙，收安、史余党，各拥强兵数万，治兵完城，自署文武将吏，不供贡赋，与山南东道节度使梁崇义及李正己皆互结婚姻，不服朝命。朝廷因军事，经济力量薄弱，难以制之，虽名为藩臣，实羁縻而已。

七月，代宗以女升平公主嫁郭子仪子郭暧。

寿州崇善寺尼广澄诈称太子母，经验证，乃是原少阳

---

① ［日］空海：《弘法大师全集》卷1，（东京）吉川弘文馆，1910年，第16页。

院（太子所居）乳母，遂鞭杀之。

九月，仆固怀恩引回纥、吐蕃、吐谷浑、党项、奴剌兵数十万入寇，道卒。吐蕃等入寇邠州奉天同州，代宗亲征。十月，郭子仪单骑见回纥，说回纥联兵攻吐蕃。回纥胡禄都督等二百余人入见代宗，前后赠缯帛十万匹，以府库空竭，不得不税百官俸以给之。

鱼朝恩帅神策军从代宗屯于苑中，其军益盛，遂分为左、右厢，势力在北军之上，朝恩之权亦不可制。

闰十月，蜀中大乱。

唐代宗大历三年（768）

六月十二日，敕度僧五人，令检校洒扫大弘教三藏塔所。同日赐御札大弘教三藏塔额文，并赐千僧供，为设远忌斋。

《秘密曼荼罗教付法传》：又至大历三年六月十二日有敕，度僧五人，令捡挍洒扫大弘教三藏塔所。又，同日赐御札大弘教三藏塔额文，并赐千僧供，为设远忌斋。三藏修表陈谢（词具在本传）。宝应元圣文武皇帝批曰："和上释梵宗师，人天归仰。慈悲智力，拯拔生灵。广开坛场，弘宣法要。福资国土，惠洽有情。愧厚良多，烦劳申谢。"后复有敕为大弘教三藏远忌设千僧斋。三藏又修表陈谢（词在本传）。皇帝批曰："大和上法留喻筏，照委传灯，久证涅槃，示存斋忌。永惟付属，深眷徽猷。薄施香茶，有烦陈谢。"①

是年大事：

此年二月，郭子仪妻南阳夫人乳母之子违犯禁令，军中都虞候杖杀之。子仪诸子泣诉于子仪，且言都虞候之横，子仪斥诸子而遣之。

征李泌于衡山，赐金紫衣，并为作书院于长安蓬莱殿侧。自给事中、中书舍人以上及方镇除授，军国大事，皆与之商议。

四月，西川节度使崔旰入朝，以弟崔宽为留后。泸州刺史杨子琳乘机帅精骑数千攻入成都，西川军乱。

六月，幽州兵马使朱希彩、经略副使朱泚及泚弟滔共杀节度使李怀仙，希彩自称幽州留后。十一月，敕进为幽州节度使。

回纥可敦（仆固怀恩女）卒，七月，唐以右散常侍萧昕为吊祭使。

八月，吐蕃入寇邠州灵州。使郭子仪帅朔方兵镇邠州，安西、北庭兵徙镇泾州。

唐代宗大历六年（771）

六月十六日，不空三藏奏请抽诸寺大德七人住

① ［日］空海：《弘法大师全集》卷1，（东京）吉川弘文馆，1910年，第16—17页。

持洛阳广福寺大弘教三藏和上院，六时忏念，为国进修三密瑜伽，继师资之旧业。敕旨依奏。

《秘密曼荼罗教付法传》：又至大历六年六月十六日，不空三藏奏："东都荐福寺大弘教三藏和上院请抽诸寺名行大德一七人。右不空先师在日，特蒙玄宗置上件塔院。年月深久，廊宇崩摧，香火阙供，无人扫洒。今请抽诸寺大德七人住持彼院，六时忏念，为国进修三密瑜伽，继师资之旧业。"……敕旨依奏。①

是年大事：

岭南蛮酋帅梁崇牵自称平南十道大都统，占据容州（今广西北流市）。经略使王翃募兵三千余人，败蛮数万人，攻克容州，俘获梁崇牵，前后共百余战，尽复容州故地。三月，岭南皆平。

以尚书右丞韩滉（休子）为户部侍郎、判度支。从安史之乱爆发以来，因为战乱，军费紧张，各地赋敛无度，仓库出入无法，因此国用虚耗。滉为人廉洁清正，精于簿籍，遂作赋敛出入之法，治下严厉，而官吏不敢欺。又值连年丰收，边境安宁，因此仓库蓄积充实。

---

① ［日］空海：《弘法大师全集》卷1，（东京）吉川弘文馆，1910年，第17—18页。

传　记

故金刚智三藏行记①

灌顶弟子正议大夫行中书舍人侍皇太子
诸王文章集贤院学士吕向[1]记

和上本中天竺国刹利王伊舍那鞠摩第三子也，后因南天国王将军米准那荐闻，遂称南天竺人也。

年始十岁，于那烂陀寺出家，依寂静智师，学声明论[2]。年十五，往西天竺国，经四年，学法称论[3]，却回于那烂陀寺。年二十，受具戒。六年，学大小乘律，又学南宗[4]《般若灯论》《百论》《十二门论》[5]。年二十八，于迦毗罗卫城[6]，就胜贤论师学《瑜伽论》《唯识论》《辩中边论》[7]，经三年。至三十一，往南天竺，于龙树菩萨[8]弟

---

① （唐）圆照：《贞元新定释教目录》卷14，《大正藏》55册，第875页中—876页中。

子龙智（年七百岁，今犹见在），经七年承事供养，受学《金刚顶瑜伽经》及毗卢遮那总持陀罗尼法门、诸大乘经典并五明论[9]，受五部灌顶[10]，诸佛秘要之藏无不通达。遂辞师龙智，却还中天，寻礼如来八相灵塔[11]。

其后，南天三年亢旱，其王捺罗僧伽补多鞞摩遣使迎请和上，于自宫中建灌顶道场请雨。其时，甘泽流澍，王臣欣庆，遂为和上造寺安置，经余三载。国南近海有观自在菩萨寺，门侧有尼拘陀树[12]，先已枯悴。和上七日断食行道[13]，树再滋茂，菩萨应现而作是言："汝之所学，今已成就。可往师子国[14]，瞻礼佛牙[15]，登楞伽山[16]，礼拜佛迹。回来可往中国，礼谒文殊师利菩萨。彼国于汝有缘，宜往传教，济度群生。"闻是语已，不胜忻慰。僧徒咸闻其语，寺众乃曰："若菩萨降临，尼拘陀树枝叶滋荣，去即枯悴，以此为候。"经三七日，却回辞其国王，将领弟子道俗八人，往师子国。

至楞伽城，王臣四众以诸香花迎礼和上，至其宫侧。复往无畏王寺，顶礼佛牙，持诸香花，精诚供养，遂感佛牙放光空中，成盖普现，大众咸睹斯瑞。便住其寺，半年供养。遂诣东南，往楞伽山。迳中路，礼佛眼塔，其时行道一日一夜，无愿不果。次至七宝山城，次行至噜呵那国[17]。国管宝山，其山土地足多罗树[18]。国王先信小乘，闻和上至，出城远迎。就王宫殿，广陈供养，经一月余日。和上为说大乘理性，便能悟入，信受欣喜。即广施杂宝，和上不受，云："本来意者，顶礼佛迹，非为珍宝。远来至此，愿示其路。"王即遣人持舆，令和上乘上，送至山下。

其山多诸猛兽，师子、毒龙、野人、罗刹，黑风苦雾，常守护此山上珍宝，非是礼圣迹人，不可升上，得入此山。和上于山下焚香顶礼，发弘誓愿，愿见昔佛在世说法之时山神。发愿已毕，天开雾散，猛兽潜藏。遂与弟子于山北面近东渡水而上，却转向西北。又西南，寻谷攀藤接葛，异种孤危。至山中腰，近次北面有一泉水流出，其中总是红颇梨[19]、瑟瑟[20]、金银诸宝，又多宝性草[21]及曼陀罗花[22]、优钵罗花[23]。时逢夒崛，皆是先灵修道之处。山中香花草木，不可称计。不停不滞，七日攀缘，方至山顶。

寻求灵迹，见一圆石，可高四五尺许，方广可有二丈，佛之右足隐在石上[24]。见有损缺，心即生疑，谓之非是佛迹，仰天号泣，忆昔如来。遂感五色云现，及有圆光[25]佛迹相轮[26]分明显现。闻有声言："此真佛迹，但为往代众生将来业重，留此迹耳。"闻已欢喜，香花供养，入定一日。从定出已，七日旋绕，把石寻缘行道[27]。其佛迹外石上有数石盏，亦中然灯。时有野人将甘蔗子、椰子、蕉子、署药[28]等来施和上。时弟子见之，四散奔走。和上言曰："此来供养，非损汝辈。"便取所施，与授三归戒[29]。其野人将小石施佛迹上，打碎取吃。何谓如是损其心上，云治心痛。从此验知佛迹渐损。其上多风，不可久住。顶上四望去，其山下五六十里外，周有山围绕，状如域壁，山上总是白云，国人号名楞伽城山。山外西北连师子国界，余是大海。当观望之时，和上不觉失脚砌下，临崖便住，不损毫毛。当知是佛不思议力，弟子等惊喜不已。遂复道而还，所有灵迹，重礼辞回，来去经一年。

却至南天竺国，具述上事，闻于国王。王又请留宫中供养，经一月日。和上白王："贫道先发诚愿，彼支那国，礼文殊师利并传佛法。"即日辞王，王曰："唐国途迳绝远，大海难渡，不得可到。住此教化，足获利益。"再三请住，和上宿志不移。王曰："必若去时，差使相送，兼进方物。"遂遣将军米准那，奉《大般若波罗蜜多》梵夹、七宝绳床、七宝金钏、宝钿、耳珰、杂物、衣甲、彩缬[30]、沈水、龙脑、诸物香药等，奉进唐国，愿和上捡校加持，得达彼国。发来之日，王臣四众，香花音乐，送至海滨。和上东向遥礼文殊，西礼观音菩萨，便与徒众告别，登舶入海。

得好风，便一日一夜渡海，却到师子国勃支利津口。逢波斯舶三十五只，其国市易珍宝。诸商主见和上，同心陪从。师子国王室哩室啰闻和上再至，又迎宫中一月供养。苦留不住，重礼佛牙，便即进路。王使道俗，香花音乐，饯送海岸。

和上至发行日，是诸商主并相随渡海。经一月，至佛逝国[31]。佛逝国王将金伞盖、金床来迎和上。缘阻恶风，停留五月。风定之后，方得进发。

经过诸国，小小异物及以海难洪波杂沸不可具述。计去唐界二十日内，中间卒逢恶风忽发，云气斗暗，毒龙、鲸鲵之属交头出没。是诸商舶三十余只，随波流泛，不知所在。唯和上一舶以持随求[32]，得免斯难。又计海程十万余里，逐波泛浪，约以三年，缘历异国种种艰辛，方始得至大唐圣境。

行至广府，重遭暴雨。时节度使使二三千人，乘小船数百只，并以香花音乐，海口远迎。至开元八年中，初到东都，亲得对见，所有事意，一一奏闻。奉敕处分，使令安置，四事供养[33]。僧徒请法，王公问道。从是随驾，往复两都。至十一年，方事翻译。于资圣寺荐福道场[34]所翻译成四部七卷，时庚午岁开元十八年，已入《开元释教录》也。至十九年后又译出：

《金刚顶经瑜伽修习毗卢遮那三摩地法》[35]一卷

《千手千眼观世音菩萨大身咒本》[36]一卷

《千手千眼观自在菩萨广大圆满无碍大悲心陀罗尼咒本》[37]一卷

《不动使者陀罗尼秘密法》[38]一卷

右四部四卷，其本见在。南天竺国三藏沙门跋日罗菩提（唐言金刚智）译。

至二十四年，随驾西京。二十九年，有敕放归本国。行至东都，现疾告终。天宝二年癸未之岁，二月辛未朔二十七日丁酉，龙门起塔。

注释

[1] 吕向（？—742）：字子回，泾州宜禄（今陕西长武县）人。开元
六年（718）成为金刚智三藏的俗弟子。开元十五年召入翰林，
兼集贤院校理（集贤院为唐文学三馆之一，掌秘书图籍等事，设
学士、正字等官），侍太子及诸王为文章，官及正议大夫（为文
散官名，唐时为二十九阶之第六，正四品上）。吕向曾官迁中书
舍人（为中书省署官，掌诏诰、侍从、署敕等，唐时为正五品
上），后改工部侍郎。卒赠华阴太守。

[2] 声明论：古印度语言学著作总称。代表作是印度古代语法学家波
你尼撰写的《波你尼经》，即梵语语法。全书分为八章，所以又
习称《八章书》。

[3] 法称论：即因明论，古印度逻辑学。法称（Dharmakirti）是继陈
那（Dinnaga）之后印度因明集大成者，故云。

[4] 南宗：应为空宗。

[5] 《般若灯论》《百论》《十二门论》：《般若灯论》又名《般若灯论
释》，十五卷，为龙树菩萨之五百偈《中论》之释。《百论》为龙
树弟子提婆菩萨所造。原为二十品，一品各有五偈，共一百偈。
因从偈数立名，名《百论》。破除大小乘之外道邪执，以申大小
之两正。《十二门论》偈颂、论释皆龙树菩萨所造，所明之法门
有十二，故名《十二门论》。《十二门论》尽破大乘之迷执，而申
大乘之正理。以上三论为空宗的重要论典。

[6] 迦毗罗卫城（Kapilavastu）：为释尊之出生地，故地在今尼泊尔
南部提罗拉科特附近。

[7] 《瑜伽论》《唯识论》《辩中边论》：《瑜伽论》，《瑜伽师地论》之

略称，百卷，为弥勒菩萨所说，由无著菩萨传出。三乘行者称为瑜伽师，瑜伽师所依所行之境界有十七种，叫作瑜伽师地。此论阐明瑜伽师所行之十七地，故名《瑜伽师地论》。《唯识论》，《唯识二十论》之略称。《辩中边论》，颂为弥勒菩萨造，世亲为作长行论释。以上三论为有宗的重要论典。

[8] 龙树菩萨：新译为龙猛。佛灭后七百年出世于南天竺，为马鸣弟子迦毗摩罗尊者之弟子，提婆菩萨之师。曾入龙宫赍《华严经》，开铁塔传密藏，为显密多宗之祖师。

[9] 五明论：五明（具称五明处），是印度古代的五类学术，即声明、因明、医方明、工巧明和内明。其内容如《大唐西域记》卷二说："一曰声明，释诂训字，诠目疏别；二工巧明，伎术机关，阴阳历数；三医方明，禁咒闲邪，药石针艾；四曰因明，考定正邪，研核真伪；五曰内明，究畅五乘因果妙理。"《瑜伽师地论·菩萨地·力种姓品》解释菩萨的求法说，菩萨应当求一切菩萨藏法、声闻藏法，一切处论，一切世间工业处论。此中，菩萨藏法和声闻藏法属于内明，一切处论指声明、因明、医方明，一切世间工业处论即工巧明。因此，五明也包括了大乘菩萨所学的全部学问。据《大唐西域记》记载，古印度儿童"七岁之后，渐授五明大论"。

[10] 五部灌顶：密教五部各别之灌顶。五部分别为佛部、金刚部、宝部、莲花部、羯磨部。谓金刚界行灌顶仪式时，结诵佛部等五部各别之印言，以其部之瓶水灌于弟子之顶上。参见《秘密曼荼罗教付法传》卷第一注[60]。

[11] 如来八相灵塔：据《八大灵塔名号经》云，八处灵塔为：一佛生处，迦毗罗卫城龙弥你园；二成道处，摩揭陀国尼连河；三

转法轮处，迦尸国波罗奈城鹿园；四现神通处，舍卫国祇陀园；五从忉利天下处，桑伽尸国曲女城；六化度分别僧处，在王舍城（摩揭陀国）；七思念寿量处，毗耶离城，佛在此思念寿量，将入灭处；八涅槃处，在拘尸那伽城娑罗双树林。经云："如是八塔，大圣化仪。人天有情，所自皈依。供养恭敬，为成佛因。"

[12] 尼拘陀树（Nyagrodha）：即榕树。

[13] 断食行道：为祈愿或成就修行，而于特定期间内断绝饮食。印度自古即行断食法，本为瑜伽派或其他苦行外道行法之一。而后佛教亦采用之，尤其密宗之修法者，为表示诚心及保持身体清净，皆实行断食，以避免诸秽物。

[14] 师子国：即僧伽罗国，义译为师子国，即今斯里兰卡。师子国王宫侧有无畏王寺，供佛牙，远近驰名，唐代时即有不少僧人为拜谒佛牙而至其国。

[15] 佛牙：即释迦牟尼佛荼毗后所遗留之牙舍利。据传，世尊荼毗后，全身悉化为细粒之舍利，唯其部分牙齿未损，称为佛牙舍利（Dantadhātu）。

[16] 楞伽山（Lanka）：为师子国之山名，译曰不可到，因其险绝、常人难到而得名。位于师子国东南隅，佛曾在此说《楞伽经》。

[17] 噜呵那国：似为斯里兰卡岛上独立小国。

[18] 多罗树（tāla）：又作岸树、高竦树。盛产于印度、缅甸、斯里兰卡、马德拉斯等海岸之沙地，树高约二十二公尺，为棕榈科之热带乔木。其叶长广，平滑坚实，自古即用于书写经文，称为贝多罗叶。果熟则赤，状如石榴，可食。又此树干若中断，

则不再生芽，故于诸经中多以之譬喻比丘犯波罗夷之重罪。

[19] 颇梨（sphatika）：佛教七宝之一。又作玻璃，意译水精、水玉等。其质莹净透明，有紫、白、红、碧等多种颜色，其中以红、碧两种颜色为最珍贵，紫色、白色次之。

[20] 瑟瑟：佛教五宝之一，即碧色宝石。

[21] 宝性草：系产于印度之草，极为柔软，触此草者能生乐受。

[22] 曼陀罗花：为四种天花之一，乃天界之花名。花色似赤而美，见者心悦。

[23] 优钵罗花（utpala）：又作乌钵罗、沤钵罗、优钵剌。义译为青莲花、黛花、红莲花。《慧琳音义》卷二十一："优钵罗，具正云尼罗乌钵罗，尼罗（Nila）者此云青，乌钵罗者花号也。其叶狭长，近下小圆，向上渐尖，佛眼似之，经多为喻，其花茎似藕稍有刺也。"《玄应音义》卷三："优钵剌，又作沤钵罗，此译云黛花也。"《法华玄赞》卷二："优钵罗者，此云红莲华。"《大日经疏》卷十五："优钵罗花，亦有赤白二色，又有不赤不白者，形如泥卢钵罗花也。"

[24] 佛之右足隐在石上（佛足石）：据《大唐西域记》载，摩揭陀国、乌伏那国、屈支国等均有佛足石。佛将入灭，于摩揭陀国，留足迹于石上。《西域记》卷八："窣堵波侧不远，精舍中有大石，如来所履，双迹犹存，其长尺有八寸，广余六寸矣。两迹俱有轮相，十指皆带花文，鱼形映起，光明时照。"《观佛三昧海经》卷一："如来足下平满不容一毛，足下千幅轮相，毂辋具足，鱼鳞相次，金刚杵相者，足跟亦有梵王顶相，众蠡不异。"礼拜佛足是佛教中重要的礼法。

［25］圆光：原指放自佛菩萨顶上之圆轮光明，此处指圆轮状的清净光明。

［26］佛迹相轮：指佛足下的千幅轮相，为佛三十二相之一。谓佛足跖如千辐轮之印纹。佛陀经常游履各地弘宣妙法，一如国王之乘宝车巡治国内，故有"佛举足时，足下千辐轮相"之语。

［27］把石寻缘行道：绕行是一种修行方式，因为是闭目绕行，故须扶摸着佛足石。

［28］署药：即薯蓣，山药。

［29］三归戒：一归佛，二归法，三归僧。

［30］绁（xiè）：绳索。

［31］佛逝国：梵文 Bhoja，亦名室利佛逝（SriBhoja），即苏门答腊岛东南部的巴邻旁（今巨港）。

［32］随求：大随求陀罗尼。该陀罗尼能消灭一切罪障，破除恶趣，随所求即得福德。

［33］四事供养：即衣服、饮食、卧具、汤药或房舍、衣服、饮食、汤药。《无量寿经》卷上曰："常以四事供养恭敬一切诸佛。"

［34］资圣寺荐福道场：即大荐福寺，位于长安城南，系文明元年（684）武则天为高宗追福所建立。初名大献福寺。天授元年（690）大加营饰，并改为今名。景龙年中加建十五层砖塔，高四十三公尺，与大慈恩寺之大雁塔相对峙，称为小雁塔。

［35］《金刚顶经瑜伽修习毗卢遮那三摩地法》：述说金刚界毗卢遮那如来三摩地之修习法。

［36］《千手千眼观世音菩萨大身咒本》：该《咒本》中注明出自《大

悲经》中卷。

［37］《千手千眼观自在菩萨广大圆满无碍大悲心陀罗尼咒本》：即《大悲咒》，说示千手千眼观世音菩萨内证功德之根本咒。此咒金刚智译本全文计有一百一十三句。据称诵此咒能得十五种善生，不受十五种恶死。若诵此咒一百零八遍者，则一切烦恼罪障，乃至五逆等重罪，悉皆消弭，而得身口意之清净。显密各宗均极重视诵持此咒。

［38］《不动使者陀罗尼秘密法》：属真言密教仪轨。本经述不动使者即毗卢遮那之化身，而能满种种之愿。

大唐东京大广福寺故金刚三藏塔铭并序①

逸人混伦翁撰文书题

　　词曰：至道幽深，玄宗[1]湛邃。百灵[2]间出，大圣时游。化满三千，位超十地[3]。真言遂阐，像设[4]斯行。

　　金刚三藏者，中天竺国刹利王伊舍那鞅摩第三子，以开元七年南天竺国因节度使将军米准那表荐入朝，遂称南天竺人焉。诞育灵奇，幼有神异，恳请于父，求之入道。年甫十岁，于那烂陀寺依寂静智出家，学声明论，兼九十四书[5]，尤工秘术，妙闲[6]粉绘。

　　大师号菩提跋析罗，当其开济，游方为务。往诣南天，于龙智处契陀罗尼藏，便会宿心，请建道场，散花五部[7]，经于七载。每至时，饮食从空而下，金刚萨埵[8]常现于前。又陟楞伽山顶，观如来脚迹，烧以酥灯，其灯明彻，其迹微茫，当起少疑，便现深相[9]，灵契也若是。时南天竺有尼拘陀树久而枯悴，大师绕树行道七日，斯须花叶如故，其真应也如是。大师从南天持大菩萨教本二十万言，兼瑜伽梵夹而至矣，其灵感也若斯。因届唐国，建毗卢遮那塔，规模意表，思锐毫端，代为希有，其工异也如是。帝甚嘉之，额出天书，缣仍恩锡，以今方古，未之有也。尝登前

---

① （唐）圆照：《贞元新定释教目录》卷14，《大正藏》55册，第876页下—877页上。

佛坛，受法王[10]宝，号金刚智三藏，王公士庶无不宗仰。

二十四年，随驾入长安。至二十九年七月二十六日，天恩放还本国。至东京广福寺，乃现疾，嗟有身之患[11]，坐而迁化。弟子僧智藏等请留遗教，顷间复还嘱付，毕曰："西国涅槃，尽无坐法，随师返寂，右胁而眠，即《师子王经》所载也。悟身非有[12]，蝉蜕遐举。"其年八月十五日证果矣。春生现灭，哀伤于此，帝坐悲惜，感于士心。其年九月五日，敕令东京龙门安置。至天宝二年二月二十七日，于奉先寺[13]西岗起塔。其塔来也，是漏尽阿罗汉建立[14]，一名窣堵波，二名偷婆。凭峦据川，皆能面伊。审高卑以合制，筹广狭以中规。嵍[15]散排牙，泄余雨之瀐[16]漏；牧危撮顶[17]，积流云之奔影。掩乎石扇，闭以金锁。林松萧瑟，峰碑岌峨。千龄之前，川谷推移。百代之后，人神莫知。乃为铭曰：

峨峨法岫，滔滔智田。为道之始，则人之先。

名扬中国，业善南天。示晓示喻，三千大千。

浮图[18]亚迹，摩腾[19]比肩。真寂有境，生死无边。

释迦示现，迦叶求缘。无来无去，何后何前？

猗欤[20]睿哲，运谢时贤。风摧道树，浪没慈船。

层塔虚设，宝铎空悬。柏吟宵吹，松生暮烟。

人世移易，陵谷推迁。唯余石诔，千年万年。

唐代中土密宗高僧谱传

注释

[1] 玄宗：玄，出自《老子·第一章》"玄之又玄，众妙之门"。佛教初传入中国时，常以本土道家术语解释佛教名相，佛道两家不分，此处"玄宗"指佛教。

[2] 百灵：百，虚数，形容多。灵，圣灵，圣人。百灵，即许多圣人。

[3] 十地：地，梵语 bhūmi，乃住处、住持、生成之意。即住其位为家，并于其位持法、育法、生果之意。十地是大乘菩萨道的修行阶位，即指十种地位，十个菩萨行的重要阶位。

[4] 像设：祠祀的人像或神佛供像。

[5] 九十四书：教授梵文的九十四种课本。

[6] 闲：通"娴"。

[7] 散花五部：密教灌顶前，须举行投花仪式，以决定所受灌顶的本尊。散花五部，指金刚智三藏受金刚界五部灌顶。五部，参见《秘密曼荼罗教付法传》卷第一注[60]。

[8] 金刚萨埵：即金刚手菩萨。金刚萨埵与普贤菩萨同体异名，普贤从大日如来受灌顶，于两手与五智之金刚杵，故又名金刚手菩萨。金刚手原系法身菩萨，不受时间拘限，对于学人修持密教将入上品悉地者，乃现身其前而为说法。金刚萨埵直承大日如来为纯粹密教第二代祖师。

[9] 深相：瑞相。此处似指深刻鲜明的佛陀足下千幅轮相。

[10] 法王：佛之尊称。王有最胜、自在之义，佛为法门之主，能自在教化众生，故称法王。

[11] 有身之患：《老子·第十三章》："吾所以有大患者，为吾有身。

及吾无身，吾有何患？"

[12] 悟身非有：《庄子·知北游》载，舜问乎丞曰："道可得而有乎？"曰："汝身非汝有也，汝何得有夫道！"舜："吾身非吾有也，孰有之哉？"曰："是天地之委形也。"此处的意思是证悟身体并非实有。

[13] 奉先寺：全称"大奉先寺"，乃龙门十寺之一。是唐代一所木构寺院，位于大卢舍那像龛之南。始建于唐高宗调露元年（679），唐玄宗开元十年（722）毁于洪水。后与龙华寺合并，遗址位于龙门西山阙口南侧、魏湾村北的一高台地上。

[14] 漏尽阿罗汉建立：塔是由已证得漏尽通的阿罗汉建立的。

[15] 甃（zhòu）：用砖砌（井、壁等）。

[16] 瀐（jiān）：浸渍、沾湿。

[17] 牧危撮顶：牧，率领、统治。危，高。撮，聚集。这里形容佛塔位于山顶，其形状越往上越尖，高耸入云。

[18] 浮图：指佛图澄（232—348），天竺人，或谓龟兹人，俗姓帛，具有神通力、咒术、预言等灵异能力。晋怀帝永嘉四年（310）至洛阳，现种种神异以弘佛法。

[19] 摩腾：指迦叶摩腾（？—73），又作摄摩腾，中天竺僧人。汉明帝遣蔡愔等去天竺求法，于西域遇之。永平十年（67），摩腾与僧竺法兰等共至洛阳，译《四十二章经》。

[20] 猗欤：叹词，表示赞美。

唐洛阳广福寺金刚智传①

赞　宁

　　释跋日罗菩提，华言金刚智。南印度摩赖耶国[1]人也，华言光明，其国境近观音宫殿补陀落伽山[2]。父婆罗门善五明论，为建支[3]王师。智生数岁，日诵万言，目览心传，终身无忘。年十六，开悟佛理，不乐习尼犍子[4]诸论，乃削染出家，盖宿殖之力也。后随师往中印度那烂陀寺，学修多罗[5]、阿毗达磨[6]等。泊登戒法，遍听十八部律。又诣西印度学小乘诸论及瑜伽三密陀罗尼门。十余年全通三藏。次复游师子国，登楞伽山，东行佛誓、裸人[7]等二十余国。闻脂那佛法崇盛，泛舶而来，以多难故，累岁方至。

　　开元己未岁，达于广府[8]，敕迎就慈恩寺[9]，寻徙荐福寺。所住之刹，必建大曼拏罗灌顶道场，度于四众。大智、大慧二禅师[10]、不空三藏皆行弟子之礼焉。后随驾洛阳，其年自正月不雨迄于五月，岳渎灵祠，祷之无应。乃诏智结坛祈请。于是用不空钩依菩萨法[11]，在所住处起坛，深四肘，躬绘七俱胝菩萨像，立期以开光，明日定随雨焉。帝使一行禅师谨密候之。至第七日，炎气爇爇[12]，天无浮翳。午后，方开眉眼，即时西北风生，飞瓦拔树，

---

① （宋）赞宁：《宋高僧传》卷1，中华书局，1987年，第4—6页。

崩云泄雨，远近惊骇。而结坛之地，穿穴其屋，洪注道场。质明，京城士庶皆云："智获一龙，穿屋飞去。"求观其处，日千万人，斯乃坛法之神验也。于时帝留心玄牝，未重空门，所司希旨，奏外国蕃僧遣令归国，行有日矣。侍者闻智，智曰："吾是梵僧，且非蕃胡，不干明敕，吾终不去。"数日，忽乘传将之雁门[13]，奉辞，帝大惊，下手诏留住。

初，帝之第二十五公主甚钟其爱，久疾不救，移卧于咸宜外馆，闭目不语，已经旬朔。有敕令智授之戒法，此乃料其必终，故有是命。智诣彼，择取宫中七岁二女子，以绯缯缠其面目，卧于地，使牛仙童[14]写敕一纸，焚于他所，智以密语咒之。二女冥然诵得，不遗一字。智入三摩地，以不思议力令二女持敕诣琰摩王[15]。食顷间，王令公主亡保母刘氏护送公主魂随二女至，于是公主起坐，开目言语如常。帝闻之，不俟仗卫，驰骑往于外馆。公主奏曰："冥数难移，今王遣回，略觐圣颜而已。"可半日间，然后长逝。自尔帝方加归仰焉。武贵妃[16]宠异六宫，荐施宝玩，智劝贵妃急造金刚寿命菩萨像，又劝河东郡王[17]于毗卢遮那塔中绘像；谓门人曰："此二人者寿非久矣。"经数月，皆如其言。凡先觉多此类也。智理无不通，事无不验，经论戒律秘咒余书，随问剖陈，如钟虚受。有登其门者，智一觑其面，永不忘焉。至于语默兴居，凝然不改，喜怒逆顺，无有异容，瞻礼者莫知津涯，自然率服矣。

自开元七年，始届番禺，渐来神甸，广敷密藏，建曼拏罗，依法制成，皆感灵瑞。沙门一行钦尚斯教，数就谘询，智一一指授，曾无遗隐。一行自立坛灌顶，遵受斯法，既知利物，请译流通。十一年，奉敕于资圣寺翻出《瑜伽念诵法》[18]二卷、《七俱胝陀罗尼》[19]二卷，东印度婆罗门大首领直中书伊舍罗译语，嵩岳沙门温古笔受。十八年，于大荐福寺又出《曼殊室利五字心陀罗尼》[20]、《观自在瑜伽法要》[21]各一卷，沙门智藏译语，一行笔受，删缀成文。复观旧《随求》本中有阙章句，加之满足。智所译总持印契，凡至皆验，秘密流行，为其最也。两京禀学，济度殊多，在家出家，传之相继。二十年[22]壬申八月既望，于洛阳广福寺命门人曰："白月圆时[23]，吾当去矣。"遂礼毗卢遮那佛，旋绕七匝，退归本院，焚香发愿，顶戴[24]梵夹并新译教法，付嘱讫，寂然而化。寿七十一，腊五十一。其年十一月七日葬于龙门南伊川之右，建塔旌表。传教弟子不空奏举，敕谥国师之号。灌顶弟子中书侍郎[25]杜鸿渐[26]，素所归奉，述碑纪德焉。

注释

[1] 摩赖耶国（Malaya）：在今印度半岛南端泰米尔纳德邦科佛里河及韦盖河流域。

[2] 补陀落伽山：梵文 Potalaka 之音译，意译作光明山、海岛山、小花树山等。其山位于南印度秣罗矩吒国（梵文 Malakūla 之音译，其国故地在今印度半岛的最南端，约当今科里佛河以南地区）东南，观音菩萨居于山顶的石山宫，故称观音宫殿，为佛教圣地。

[3] 建支：梵文 Kci 的音译。Kci 是 Kcipura 的略称，即今天南印度

帕拉尔（Palar）河边的贡伐罗姆（Conjeveram）。这不是一个国名，而是帕拉瓦（Pallava）诸王以之为都城的城名。文中"建支王"是指其中的一个国王。

[4] 尼楗子：梵文 Nirgantha 的音译，佛教所称的古代印度外道六师之一，耆那教开祖。

[5] 修多罗：梵文 Sūtra 音译，义译为经藏。

[6] 阿毗达磨：梵文 abhidharma 音译，义译为对法，指代佛教经律论三藏中的论藏。对法，是智慧之别名，以智慧对观诸法真理，盖论藏问答决择诸法事理，使人之智慧发达。

[7] 裸人：即裸人国。似为现在的尼科巴尔（Nicobar）群岛。

[8] 广府：唐武德四年（621）于广州（今广东广州市）置总管府，七年（624）改为都督府，贞观时辖境相当今广东郁南、罗定等市县以东，怀集、乐昌、南雄等县以南和广西岑溪县以北地。后桂、容、邕、安南（交州）四府皆隶广府都督统摄，称岭南五府经略使。至德后演变为节度使。此处指广州都督府所在地广州。

[9] 慈恩寺：位于长安城南，又称大慈恩寺。本为隋代无漏寺，唐贞观二十二年（648），高宗为皇太子、为其母文德皇后荐福而扩修，故称寺名为慈恩。玄奘大师自西域归来，任上座，总辖寺务，并于寺中翻译经典，共译出四十余部四百数十卷，世因称慈恩三藏。师并于寺中立砖塔，七级四面，高三百尺，后称大雁塔。

[10] 大智、大慧二禅师：大智禅师即神秀弟子义福（658—736），俗姓姜，潞州铜鞮（山西长治）人。早岁参访福先寺杜朏，三十二岁始落发受具足戒。后师事神秀，住蓝田化感寺，二十余年

不出寺门。后迁至京城慈恩寺，又受玄宗之请，居于西京福先寺、南龙兴寺。唐开元二十四年示寂，世寿七十九，赐号"大智禅师"。大慧即一行禅师。

[11] 不空钩依菩萨法：为不空钩观音的修法。不空钩观音，梵名曰央俱舍（Amoghānkuṣa），与不空胃索观音同体。在胎藏界之观音院，谓之不空胃索；在虚空藏院，谓之不空钩观音。钩者，标帜之意，同于胃索。《不空胃索神变真言经》所谓清净莲华明王央俱舍。

[12] 爞爞（chóng chóng）：热气熏蒸貌。

[13] 雁门：即雁门关，在今山西忻州代县以北约 20 公里处的雁门山中。是长城上的重要关隘，以"险"著称，被誉为"中华第一关"，有"天下九塞，雁门为首"之说。与宁武关、偏关合称为"外三关"。

[14] 牛仙童：玄宗朝宦官，后因受贿被诛杀。

[15] 琰摩王：即阎罗王，为地狱之主。

[16] 武贵妃：即贞顺皇后（699—738），武氏，名字不详，并州文水（今山西文水）人。唐玄宗李隆基宠妃，武则天的侄孙女。去世后追赠皇后，安葬于敬陵，谥号贞顺。唐肃宗李亨即位后，废除皇后祠享。

[17] 河东郡王：李瑝，唐睿宗李旦孙，惠文太子李范子。落魄不饬名检，好酒色，历太仆卿，封河东王，暴薨，赠太子少师。

[18] 《瑜伽念诵法》：即《金刚顶瑜伽中略出念诵经》，当为四卷，说金刚界九会曼荼罗中，成身会、羯磨会、三昧耶会、供养会之四会。

[19]《七俱胝陀罗尼》：即《佛说七俱胝佛母准提大明陀罗尼经》，当为一卷。

[20]《曼殊室利五字心陀罗尼》：即《金刚顶经曼殊室利菩萨五字心陀罗尼品》，说五字文殊之修法。初说此法之功德，其次阐明阿、啰、跛、者、娜五字咒及其字义，详说此陀罗尼诵持之功德，并明示修行法要。

[21]《观自在瑜伽法要》：即《观自在如意轮菩萨瑜伽法要》。

[22]二十年：当为开元二十九年（741）。

[23]白月圆时：即月圆之时。古印度历法将每月分为两半，白月（初一至十五日）和黑月（十六至晦日）。白月圆时指十五日。

[24]顶戴：指将佛像、经典等乘戴头顶上，表示极为尊敬之意。五体中以头为最尊，为表示尊敬之故，以头礼戴。与顶礼、顶受等同表尊敬之极。

[25]中书侍郎：中书省的长官，副中书令，帮助中书令管理中书省的事务。唐中书令缺，侍郎即为长官，品级亦高于前代（正四品），是中书省固定编制的宰相。

[26]杜鸿渐（709—769）：字之巽，濮州濮阳（今河南濮阳）人，唐朝宰相。广德二年（764），拜中书侍郎、同平章事。晚年深信佛教，致仕后病重，令僧剃顶发。及卒，遗命其子依胡法塔葬，不为封树，冀类缁流。

一行谱传

年　谱

唐高宗永淳二年·弘道元年（683），一岁

大师俗姓张，名遂，魏州昌乐（今河南省南乐县）人。曾祖郯国公张公谨，凌烟阁二十四功臣之一；祖东台舍人、怀州长史张大素；父太仆丞、武功令张懔。家族世系如下：

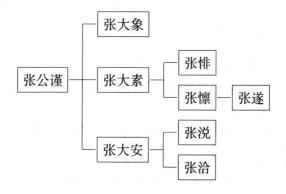

《内证佛法相承血脉谱》：沙门一行者，俗姓张，名遂，

郯国襄公谨之曾孙，太仆丞懔之子也。……至（开元）十五年十月八日长逝，春秋四十有五。①

> 谨按：开元十五年为公元 727 年，反推可知，大师出生于弘道元年（683）。

《大唐新语》：沙门一行，俗姓张，名遂，郯公公谨之曾孙。②

母陇西李氏，怀孕及生产之日有白光瑞象。

《真言付法传》：母陇西李氏，华容止，性聪敏。怀孕之日，其母额上有二三寸白光。及生之后，移在儿额，亲族怪而异之。③

是年大事④：

东突厥攻定、妫等州。

四月，绥州城平县（今陕西绥德以南）少数族步落稽人白铁余率众起事，自称光明圣皇帝，置百官，率众攻打绥德、大斌二县。唐遣右武卫将军程务挺与夏州都督王方翼率军镇压，平之。

十二月四日，改元弘道，大赦天下。

十二月四日，诏诸州置道士观，上州三所，中州二所，

---

① ［日］最澄：《内证佛法相承血脉谱》，（东京）日本国立国会图书馆藏本，第 41、43 页。

② （唐）刘肃：《大唐新语》卷 13，中华书局，1984 年，第 194 页。

③ ［日］空海：《弘法大师全集》卷 1，（东京）吉川弘文馆，1910 年，第 63 页。

④ 每年历史大事辑自《旧唐书》《新唐书》《资治通鉴》，下同。

下州一所，每观各度道士七人。

十二月四日，高宗李治卒于贞观殿。十一日，太子李显即位，是为中宗。尊武后为皇太后，政事均决于太后，裴炎受遗诏辅政。

十二月二十一日，裴炎为中书令，迁政事堂于中书省。此迁实际上是三省制破坏的表现，中书令在与侍中的较量中占了优势，由此确立了中书省在三省中暂时的主导地位。

黄河溢，坏河阳城（今河南孟县南），水面比城内高五尺。

则天天授三年·如意元年·长寿元年（692），十岁

聪慧过人，父欲大师以神童应举，母梦大师后成大器，必为国师，遂止之。

《真言付法传》：至年十岁，聪慧过人。其父欲神童举之，其母曰："吾梦寐征兆，此儿必为国师。勿妄举之，后必成大器。"于此乃止。①

唐玄宗《大慧禅师一行碑铭并序》：禅师幼而希言，言必有中。长无暇日，日诵万文。深道极阴阳之奥，属辞尽《春秋》之美。②

《内证佛法相承血脉谱》：年登志学，敏而好古，披玩

① ［日］空海：《弘法大师全集》卷1，（东京）吉川弘文馆，1910年，第63页。
② 同上。

经史，日诵万言。备学九流，皆尽其幽旨。[1]

《宋高僧传》：丱岁不群，聪黠明利，有老成之风。读书不再览，已暗诵矣。[2]

是年大事：

则天欲以禄位收天下人心，始置试官（试用之官）。正月一日，则天引见存抚使所举之人，不问贤与不肖，悉加录用，试官既多且滥。然则天政由己出，明察善断，挟刑赏之柄驾御天下，凡不称职者，寻即罢黜，或加刑戮，因此当时英贤竞为之用。

来俊臣诬狄仁杰等谋反，系狱。来俊臣向左卫大将军泉献诚索求钱财不得，诬献诚谋反，正月九日，下狱缢死。

正月十七日，文昌左丞、同凤阁鸾台平章事姚璹奏请宰相撰《时政记》。仗下所言军国政要，宰相一人专知撰录，每月封送史馆。宰相撰《时政记》自此始。

二月，吐蕃、党项部落万余人内附，分置十州。

四月一日，日有食之，赦天下，改元如意。

则天崇尚佛教，以佛教有戒杀生，五月一日，禁天下屠杀及捕鱼虾。时江淮天旱饥荒，民因不得打鱼捞虾，饿死者甚多。

则天临朝称帝，告密者不可胜计，则天渐厌之，命监

---

① ［日］最澄：《内证佛法相承血脉谱》，（东京）日本国立国会图书馆藏本，第41页。

② （宋）赞宁：《宋高僧传》卷5，中华书局，1987年，第91页。

察御史严善思按问。善思公直敢言，查告密不实虚伏罪者八百五十余人。来俊臣等罗织之党深恨之，诬陷善思，流放骓州（今越南安城县）。

八月十六日，武承嗣罢相。承嗣谓武氏当有天下，意则天传国于己，乃劝则天改唐为周，尽诛李唐宗室诸王及大臣不附己者，又令张嘉福等请立己为皇太子，遭大臣岑长倩等反对，诬杀之，至此罢相，怏怏不乐。

则天临朝，历经徐敬业、越王贞等数次以匡复唐业为名的反武起兵，虽皆镇压之，犹恐天下不服。继而革唐为周，称帝天下，更疑天下之人反己，由是纵恶酷吏，滥杀无辜，陷害忠良，杀唐宗室贵戚数百人，大臣数百家，刺史、郎将以下不可胜计。诸臣多言酷吏之害，则天纳众言，于是制狱稍衰。

九月九日，则天以己齿落而更生，改元长寿。

追封周公为褒德王，孔子为隆道公。

酷吏来子珣因事流贬爱州（今越南境），死。

西州刺史唐休璟请复取龟兹、于阗、疏勒、碎叶安西四镇。则天遣王孝杰为武威军总管，与武卫大将军阿史那忠节率兵击吐蕃。十月二十五日，大破吐蕃，收复四镇。朝廷接受几度失四镇之教训，改派二万四千汉兵常驻四镇，代替行军。镇守军增强四镇防御能力，安西形势稳定下来，安西都护府置于龟兹，亦未再迁动。

则天长安三年（703），二十一岁

父母俱殁，怀方外之心。礼荆州弘景禅师出家，改名敬贤。后师从嵩山普寂禅师，因契悟无生一行三昧，故法号一行。

《内证佛法相承血脉谱》：年二十有一，父母俱殁，豁然厌世，怀方外之心。因遇荆州景禅师，欣乐出家。为性疏旷，不事服饰。从嵩山大照禅师咨受禅法，深达心要，契悟无生。每研精一行三昧，因以名焉。①

唐玄宗《大慧禅师一行碑铭并序》：为亲出家，毁形无我，以拔济幽难，是孝中又有孝也。②

《续博物志》：僧一行，本名遂，俗姓张氏。后出家，改名敬贤。③

大师在嵩山期间，曾以博闻强记折服隐士卢鸿，又于会善寺立五佛正思惟戒坛。后游学至天台山国清寺，向寺僧访求算法。

《明皇杂录》：先是，一行既从释氏，师事普寂于嵩山。师尝设食于寺，大会群僧及沙门，居数百里者皆如期而至，

---

① ［日］最澄：《内证佛法相承血脉谱》，（东京）日本国立国会图书馆藏本，第41页。

② ［日］空海：《弘法大师全集》卷1，（东京）吉川弘文馆，1910年，第64页。

③ （宋）李石：《续博物志》卷1，《四库全书》本。

且聚千余人。时有卢鸿者，道高学富，隐于嵩山，因请鸿为文，赞叹其会。至日，鸿持其文至寺，其师授之，致于几案上。钟梵既作，鸿请普寂曰："某为文数千言，况其字僻而言怪，盍于群僧中选其聪悟者，鸿当亲为传授。"乃令召一行。既至，伸纸微笑，止于一览，复致于几上。鸿轻其疏脱而窃怪之。俄而群僧会于堂，一行攘袂而进，抗音兴裁，一无遗忘。鸿惊愕久之，谓寂曰："非君所能教导也，当纵其游学。"一行因穷《大衍》。自此访求师资，不远千里。尝至天台国清寺，见一院，古松数十步，门有流水。一行立于门屏间，闻院中僧于庭布算，其声簌簌。既而谓其徒曰："今日当有弟子求吾算法，已合到门，岂无人导达耶？"即除一算。又谓曰："门前水合却西流，弟子当至。"一行承言而入，稽首请法，尽授其术焉。而门水旧东流，忽改为西流矣。①

《嵩阳石刻集记·嵩山会善寺戒坛记》：嵩高得天下之中也，所谓名山福地，异人灵迹，往往而有。汉晋间高僧植贝多子于西峰，一年三花，因为浮图，遂为寰中之真境。又有两阜中断，豁为石门，飞流萦回以喷薄，乔木森竦以布护。先是有高僧玄同律师、一行禅师，铲林岩之攲倾，填乳窦之窈窱。甃玉立殿，结琼构廊。旃檀为香林，琉璃为宝地，遂置五佛正思惟戒坛。思惟者，以佛在贝多树下思惟，因名贝多为思惟，即三花之义在此。自河洛烟尘，

---

① （唐）郑处诲：《明皇杂录·补遗》，中华书局，1994 年，第 42—43 页。

塔庙崩褫……①

是年大事：

四月，吐蕃遣使献马千匹，金二千两以求婚，则天许之。然是年其赞普器弩悉弄卒于军，故和亲不成。

闰四月十九日，复改文昌台为中台，并以中台左丞（即尚书左丞）李峤知纳言（即侍中）事。

闰四月，遣使册金隆基为新罗王（即圣德王），仍袭其兄辅国大将军、行豹韬卫大将军、鸡林州都督之号。

六月，突厥默啜遣其臣莫贺干来，请以女妻皇太子之子，盖重申圣历元年（698）之约也，许之。

六月，宁州（今甘肃宁县）大雨，山水暴涨，漂流二千余家，溺死者千余人。

宰相魏元忠被贬高要尉。

十一月，武后以司封郎中裴怀古为桂州都督，充招慰讨击使，抚定始安獠。

吐蕃南境属国泥婆罗门等皆叛，赞普器弩悉弄自往讨之，卒于军中。自是诸子争立，吐蕃始衰。

日本遣其大臣朝臣真人来贡方物。则天宴之于麟德殿，授司膳卿，放还本国。

---

① （清）叶封：《嵩阳石刻集记》卷上，《四库全书》本。

唐睿宗景云三年・太极元年・延和元年・唐玄宗先天元年（712），三十岁

三月，大师在嵩山，睿宗敕东都留守韦安石以礼征，固辞不应。后往荆州当阳山，师从惠真和尚修习律宗经论，撰成《摄调伏藏》十卷。

《隆兴佛教编年通论》：（景云三年）是岁三月，敕东都留守韦安石赍诏起嵩山沙门一行赴阙。行辞疾不赴，遁入荆州之当阳山。[①]《释氏通鉴》作景云二年，《佛祖历代通载》作景龙四年。谨按：唐中宗景龙四年即唐睿宗景云元年，公元710年。韦安石于景云二年十月方任东都留守，故取《隆兴佛教编年通论》之说。

《旧唐书・方伎传》：睿宗即位，敕东都留守韦安石以礼征，一行固辞以疾，不应命。后步往荆州当阳山，依沙门悟真以习梵律。[②]

谨按：唐李华《荆州南泉大云寺故兰若和尚碑》："一行禅师服勤规训，聪明辨达首出。当既奉诏征，泣辞和尚而自咎曰：'弟子于和尚法中，痛无少分。'后与无畏译《毗卢经》，义有不安，日以求正，决于一

---

① （宋）祖琇：《隆兴佛教编年通论》卷15，广东人民出版社，2020年，第226页。

② （后晋）刘昫等：《旧唐书》卷191，中华书局，1975年，第5112页。

言。"① 兰若和尚即惠真和尚,《旧唐书》本传中"悟真"当为"惠真"之误。

《内证佛法相承血脉谱》:探律部并诸经论所有要文,撰为《调伏藏》十卷,兼自注解。②

《宋高僧传》:因往当阳,值僧真,纂成《律藏序》,深达毗尼。③

是年大事:

正月十九日,赦天下,改元太极。

三月,孙佺为幽州大都督以代薛讷。六月,佺帅左骁卫将军李楷洛、左威卫将军周以悌发兵二万、骑八千,分为三军以袭奚酋李大酺,全军皆覆。

五月十三日,赦天下,改元延和。

七月二十五日,睿宗下诏正式传位于太子。八月三日,玄宗即位,尊睿宗为太上皇。太平公主劝睿宗虽然传位,仍宜主大事,故三品以上官任命及重大刑案仍取决于上皇,余皆决于皇帝。七日改元先天,赦天下。

八月八日,于莫州北置渤海军(今河北任丘),于恒、定州境置恒阳军(今河北正定及定州一带),于妫、蔚州境置怀柔军(今河北怀来、蔚县之间),共屯兵五万,以御奚、契丹。

---

① (唐)李华:《李遐叔文集》卷4,上海古籍出版社,1992年,第88页。
② [日]最澄:《内证佛法相承血脉谱》,(东京)日本国立国会图书馆藏本,第41—42页。
③ (宋)赞宁:《宋高僧传》卷5,中华书局,1987年,第91页。

玄宗初即位，宰相多太平公主之党，刘幽求与右羽林将军张暐谋以羽林兵诛之，谋泄。八月二十六日，流幽求于封州（今广东封开县）。

十月，沙陀首领金山遣使入贡。

十一月二十日，奚、契丹二万骑寇渔阳（今天津蓟州区），宋璟初至，闭城不出，虏大掠而去。是时唐西域及吐蕃界渐宁靖，而突厥、奚、契丹连岁滋扰，于是上皇诰遣皇帝巡边，西自河、陇，东及燕蓟，选将练卒，整军经武，以固边防。

唐玄宗开元四年（716），三十四岁

大师在荆州玉泉山，奉敕赴东都洛阳，玄宗待以师礼。

> 谨按：大师奉敕入都的时间，文献典籍有三说。《佛祖历代通载》：开元三年（乙卯）三月八日，玄宗遣礼部郎中张洽赍诏诣当阳山，起沙门一行赴阙。行以再命不许辞，赴之，有旨安置光泰殿。帝数访以安国抚民之要，行启陈无隐。[①]《内证佛法相承血脉谱》：开元四年居荆州玉泉山，敕赴东都。圣上欣然，待以

---

① （元）念常：《佛祖历代通载》卷16，（台北）新文丰出版公司，1975年，第223页。

师礼。①《旧唐书·方伎传》：开元五年，玄宗令其族叔礼部郎中洽赍敕书就荆州强起之。一行至京，置于光太殿，数就之，访以安国抚人之道，言皆切直，无有所隐。②

今国家图书馆藏清东武李氏研录山房本《张说之文集》收录有张说与一行大师的两封往来书信，为其他刊本所无。张说，字说之，开元间任中书令。张《与度门寺禅众书》云："一从迁灭，十载逾兹。"一行大师答书云："自先师因待不居，遂逾十载。"度门寺在荆州当阳，为神秀大师说法栖息地。张说曾问法于神秀，执弟子礼，一行本师普寂则得神秀衣钵传承，故书信中的"十载逾兹""遂逾十载"，系指先师神秀圆寂之时。神秀圆寂于神龙二年（706），故此书信的写作时间，当不早于开元四年（716），当时一行尚在荆州。且《内证佛法相承血脉谱》为唐时传教大师所作，《旧唐书》为五代后晋刘昫等编定，《佛祖历代通载》为元朝释念常所编，《血脉谱》最接近一行大师住世的年代，今从《血脉谱》之说。

《明皇杂录》：唐玄宗既召见，谓曰："卿何能？"对曰："唯善记览。"玄宗因诏掖庭，取宫人籍以示之，周览既毕，覆其本，记念精熟，如素所习读。数幅之后，玄宗不觉降

① ［日］最澄：《内证佛法相承血脉谱》，（东京）日本国立国会图书馆藏本，第42页。

② （后晋）刘昫等：《旧唐书》卷191，中华书局，1975年，第5112页。

御榻，为之作礼，呼为圣人。①

是年大事：

正月，以郯王嗣直为安北大都护，安抚河东、关内、陇右诸蕃大使；以安北都护张知运为之副。以陕王嗣升为安西大都护，安抚河西、四镇诸蕃大使，以安西都护郭虔瓘为之副。二王皆不出阁，诸王遥领节度自此始。

二月，吐蕃围松州（今四川松潘）。二十六日，松州都督孙仁献袭击吐蕃于城下，大破之。

六月十九日，太上皇崩于百福殿，年五十五。十月葬桥陵，庙号睿宗。

突厥默啜击铁勒九姓拔曳固，大破之于独乐水（蒙古国乌兰巴托南土拉河）。恃胜轻归，不复设备，遇拔曳固散卒颉质略，自柳林突出，斩之。时大武军子将郝灵荃奉使在突厥，颉质略以默啜首归之。灵荃携其首回长安，朝命悬其首于广街。六月，突厥内乱，原附突厥之铁勒九姓诸部纷纷降唐，唐皆安置大武军（即大同军，今山西朔县东）之北。

八月，契丹酋李失活、奚酋李大酺亦帅所部来降。玄宗诏以失活为松漠郡王，行左金吾大将军兼松漠都督。以大酺为饶乐郡王，行右金吾大将军兼饶乐都督。

八月，日本遣多治比县守为遣唐押使，阿倍仲麻吕为大使，藤原马养为副使等入唐，同行者有吉备真备等共五

---

① （唐）郑处海：《明皇杂录·补遗》，中华书局，1994 年，第 42 页。

百五十余人，是为第九次遣唐使。

十月，突厥降户叛归。单于副都护张知运未设备，与之战于青刚岭（今甘肃环县西北甜水），为降户生擒，欲送突厥。行至绥州（今陕西绥德县）境，将军郭知运以朔方兵邀击，降户大溃，释张知运而逃。玄宗以张知运丧师辱国，斩之。

闰十二月，姚崇罢为开府仪同三司，而以刑部尚书宋璟守吏部尚书兼黄门监，与紫微侍郎同平章事。

唐玄宗开元七年（719），三十七岁

金刚智三藏抵达长安，为大师开坛灌顶，并着手翻译《金刚顶经》。此为密宗金刚界之根本经典，大师担任笔受。

《金刚顶经大瑜伽秘密心地法门义诀》：于开元七年中至于西京。一行禅师求我灌顶，闻有此异希有法门，乃令伊舍罗译为汉文，一行等乃亲自笔受。[1]

《续古今译经图纪》：（金刚智）开元八年中方届京邑，于是广弘秘教，建曼荼罗，依法作成，皆感灵瑞。沙门一行钦斯秘法，数就谘询。智一指陈，复为立坛灌顶。一行敬受斯法，请译流通。[2]

---

[1] （唐）不空：《金刚顶经大瑜伽秘密心地法门义诀》卷上，《大正藏》第39册，第808页中。

[2] （唐）智昇：《续古今译经图纪》，《大正藏》55册，第372页中。

　　谨按：不空撰《金刚顶经义诀》所引为金刚智大师自述，故取《义诀》之说。

是年大事：

二月，葱岭西俱密等国为大食所侵，上表乞援。

三月，渤海王大祚荣卒。六月，玄宗遣左监门率吴思谦摄鸿胪卿，充使吊祭。

八月，敕父母丧服制仍从古礼。然士大夫议论犹不息，行之各从其意。

十月，册立突骑施苏禄为忠顺可汗，自后每年遣使朝献。

始置剑南节度使，领益、彭等二十五州。

高僧慧日西游归国，献佛像及梵夹，玄宗召见，赐号慈愍三藏。

吐火罗国命解天文大慕阇来唐，请置一法堂，依本教供养。《景教碑考》谓此即是摩尼法师。

唐玄宗开元十年（722），四十岁

永穆公主出嫁，敕依太平公主旧例，嫁妆丰厚。大师进谏，太平公主因骄僭得罪，不应引以为例。玄宗纳其言，但依常礼。

《旧唐书·方伎传》：开元十年，永穆公主出降，敕有司优厚发遣，依太平公主故事。一行以为高宗末年，唯有一女，所以特加其礼，又太平骄僭，竟以得罪，不应引以为例。上纳其言，遽追敕不行，但依常礼。[1]

是年大事：

正月二十一日，命有司收公廨钱，以税钱充百官俸。二十三日，又命收职田。

五月，伊、汝水溢，漂溺数千家。

契丹王郁干入朝请婚，闰五月十九日，玄宗封从妹夫率更令慕容嘉宾女为燕郡公主以妻之，仍封郁干为松漠郡王，授左金吾卫员外大将军兼静析军经略大使。

八月，安南贼帅梅叔焉自称黑帝，与林邑、真腊国通谋，陷安南府（安南都护府，今越南河内），并围攻州县。唐遣骠骑将军兼内侍（宦官）杨思勖讨之。思勖募群蛮子弟，得兵十余万，大破之。斩叔焉，积尸为京观而还。

九月七日，敕宗室、外戚、驸马，非至亲毋得往还；其卜相占候之人，皆不得出入百官之家（不包括僧道）。

九月十一日夜，左领军兵曹权楚璧与其党李齐损等作乱，立楚璧兄子梁山为"光帝"，诈称襄王之子（襄王即温王重茂改封），拥左屯营兵数百人入长安宫城，求留守王志愔，不获。比晓，屯营兵自溃，斩楚璧等，传首东都。玄宗乃以宋璟为西京留守，璟至，止诛同谋数人，余皆奏原之。

九月，吐蕃围小勃律（今巴基斯坦克什米尔地区），其王没谨忙求救于北庭节度使张孝嵩。嵩乃遣疏勒副使张思

---

① （后晋）刘昫等：《旧唐书》卷191，中华书局，1975年，第5112页。

礼将蕃汉步骑四千救之。昼夜倍道，与谨忙合击吐蕃，大破之，斩获数万。自是累岁吐蕃不敢犯边。

四月，以张说兼知朔方军节度使。闰四月，张说如朔方巡边。九月，康待宾余党康愿子反，自称可汗，张说发兵追讨，擒之，其党悉平。于是徙原河曲六州残胡（突厥降户）万余口于许、汝、唐、邓、仙（今河南叶县）、豫等州，空河南、朔方千里之地使无胡迹。

九月，张说奏以时无强寇，请减沿边戍兵二十余万使还农，建议召募壮士充宿卫兵。果募得精兵十三万，分属诸卫，轮番替换。唐初府兵，兵农不分；改为募兵，则为职业兵。史称"兵农之分"，自张说始。

突骑施忠顺可汗苏禄连岁朝贡不绝，十二月，玄宗决以西突厥十姓可汗阿史那怀道女为交河公主嫁之。

诏两京及诸州各置玄元皇帝庙一所，每年依道法斋醮。并置"崇玄学"，其徒令习《老子》《庄子》《列子》《文子》等，每年准明经例举送。同年颁玄宗所注《孝经》于天下。

唐玄宗开元十一年（723），四十一岁

金刚智三藏于资圣寺，为大师翻译《金刚顶瑜伽中略出念诵经》一部四卷、《七俱胝佛母准提大明陀罗尼经》一卷，东印度婆罗门大首领直中书伊舍罗译语，嵩岳沙门温古笔受。

《续古今译经图纪》：以十一年癸亥于资圣寺，为译《金刚顶瑜伽中略出念诵法》一部（四卷）、《七俱胝佛母准泥大明陀罗尼经》（一卷），东印度婆罗门大首领直中书伊舍罗译语，嵩岳沙门温古笔受。[①]

玄宗于大明宫外分置集贤院，大师在院中仰观台占候天文。传说开元年间，大师曾以祈禳北斗之法劝玄宗大赦天下，拯救邻居王姥之儿性命。

《陕西通志》：集贤院，开元十一年分置此院大明宫外。院内东西八十步，南北六十九步。院中有仰观台，即一行师占候之所。（《玉海》）[②]

《明皇杂录》：初，一行幼时家贫，邻有王姥者，家甚殷富，奇一行，不惜金帛，前后济之约数十万，一行常思报之。至开元中，一行承玄宗敬遇，言无不可。未几，会王姥儿犯杀人，狱未具，姥诣一行求救。一行曰："姥要金帛，当十倍酬也。君上执法，难以情求，如何？"王姥戟手大骂曰："何用识此僧！"一行从而谢之，终不顾。一行心计浑天寺中工役数百，乃命空其室内，徙一大瓮于中央，密选常住奴二人，授以布囊，谓曰："某坊某角有废园，汝向中潜伺。从午至昏，当有物入来，其数七者，可尽掩之。失一则杖汝。"如言而往，至酉后，果有群豕至，悉获而归。一行大喜，令置瓮中，覆以木盖，封以六一泥，朱题

① （唐）智昇：《续古今译经图纪》，《大正藏》55册，第372页下。
② （清）刘于义等：《陕西通志》卷72，《四库全书》本。

梵字数十，其徒莫测。诘朝，中使叩门急召，至便殿，玄宗迎谓曰："太史奏昨夜北斗不见，是何祥也？师有以禳之乎？"一行曰："后魏时失荧惑，至今帝车不见，古所无者，天将大警于陛下也。夫匹夫匹妇不得其所，则殒霜赤旱。盛德所感，乃能退舍。感之切者，其在葬枯出系乎！释门以瞑心坏一切喜，慈心降一切魔。如臣曲见，莫若大赦天下。"玄宗从之。又其夕，太史奏北斗一星见，凡七日而复。[①]

冬，玄宗御书"唐嵩岳少林寺碑"碑额七字，付大师赐少林寺镌刻。

《金薤琳琅》：《唐嵩岳少林寺碑》，银青光禄大夫守吏部尚书上柱国正平县开国子裴漼文并书。以此寺有先圣缔构之迹，御书碑额七字，十一年冬，爰降恩旨，付一行师赐少林寺镌勒。[②]

是年大事：

此年正月，玄宗自东都北巡晋阳，返长安。

二月，罢天平、大武等军，以大同军为太原以北节度使，领十州。

五月，置丽正书院，延礼文儒，发挥典籍。

八月，敕赦免括逃户，随寓而安。

九月，玄宗亲制《广济方》颁示天下，令诸州各置医

[①]（唐）郑处海：《明皇杂录·补遗》，中华书局，1994年，第43—44页。
[②]（明）都穆：《金薤琳琅》卷12，《四库全书》本。

学博士二人。

边地渐靖，吐谷浑帅众诣沙州（今甘肃敦煌）降唐，河西节度使张敬忠抚纳之。

十一月，兵部尚书张说奏置长从宿卫兵十万人于南衙（即诸卫兵），简州府兵或募白丁充之。此外，尚加玄宗潞州长从兵共达十二万人。此即开元"矿骑"之前身。

张说改政事堂名曰"中书门下"（仍设中书省），其政事印改为"中书门下之印"。列五房于堂后，即吏房、枢机房、兵房、户房、刑礼房，分掌庶政。

唐玄宗开元十二年（724），四十二岁

春正月，奉敕述《大衍赞》并编制《开元大衍历》。

　　谨按：大师奉旨编制《开元大衍历》的时间，文献典籍有三说。《旧唐书·天文志》：玄宗开元九年，太史频奏日蚀不效，诏沙门一行改造新历。[1]《新唐书·历志》：开元九年，《麟德历》署日蚀比不效，诏僧一行作新历，推大衍数立术以应之，较经史所书气朔、日名、宿度可考者皆合。[2]《新唐书·天文志》：开

---

① （后晋）刘昫等：《旧唐书》卷 35，中华书局，1975 年，第 1293 页。
② （宋）欧阳修、宋祁：《新唐书》卷 27 上，中华书局，1975 年，第 587 页。

元九年，一行受诏，改治新历。① 《内证佛法相承血脉谱》：至十二年春正月，奉敕述《大衍赞》并《开元历》。② 《张燕公集·大衍历序》：十有三祀，诏沙门一行，上本轩、顼、夏、殷、周、鲁五王一侯之遗式，下集太初至于麟德二十三家之众义，比其异同，课其疏密。……杼轴万象，优柔四载，奏章朝竟，一公夕落。③

张燕公为张说，册封燕国公，开元年间以中书令充学士知集贤院事，总领集贤事务。在张说的荐举下，一行大师成为唐玄宗钦命的制历人，且大师入灭后，《开元大衍历》遗稿是由张说与历官陈玄景编次奏上，故张说实为编制《大衍历》的推动者与总结者，他的文集中关于编制《大衍历》的记载是相当可信的。张说《大衍历序》云："杼轴万象，优游四载，奏章朝竟，一公夕落。"可见从奉旨制历至大师入灭，历经四年。大师入灭于开元十五年（727），故奉旨制历当在开元十二年（724），与《内证佛法相承血脉谱》记载吻合。《张燕公集·大衍历序》中"十有三祀"，"三"当为"二"之误，今日本国立国会图书馆藏《传教大师文集·内证佛法相承血脉谱》引张说此序，正作"十有二祀"。

---

① （宋）欧阳修、宋祁：《新唐书》卷 27 上，中华书局，1975 年，卷 31，第 806 页。

② ［日］最澄：《内证佛法相承血脉谱》，（东京）日本国立国会图书馆藏本，第 42 页。

③ （唐）张说：《张燕公集》卷 16，上海古籍出版社，1992 年，第 121 页。

《明皇杂录》：邢和璞尝谓尹愔曰："一行其圣人乎？汉之洛下闳造《大衍历》，云后八百岁当差一日，则有圣人定之。今年期毕矣，而一行造《大衍历》，正在差谬，则洛下闳之言信矣。"①

善无畏三藏随驾入洛阳，于大福先寺为大师译《大毗卢遮那成佛神变加持经》（《大日经》）一部七卷，此为密宗胎藏界之根本经典。又译《苏婆呼童子经》一部三卷、《苏悉地羯罗经》一部三卷。沙门宝月译语，一行大师笔受，并奉旨润色文辞。此后又请善无畏三藏阐释《大日经》义，大师记录并加以发挥，撰成《大日经疏》十四卷。

《续古今译经图纪》：至十二年，随驾入洛，于大福先寺安置，遂为沙门一行译《大毗卢遮那成佛神变加持经》一部（七卷）。其经具足梵本，有十万颂，今所出者，撮其要耳。又译《苏婆呼童子经》一部（三卷）、《苏悉地羯罗经》一部（三卷）。沙门宝月译语，沙门一行笔受，承旨兼删缀词理。②

《毗卢遮那成佛神变加持经义释序》：厥有中天竺三藏字输婆迦罗僧诃，唐号善无畏，业该八藏，名冠五天，传受此经，寔为宗匠。顷有诏迎之，常为扈从。禅师一行，

---

① （唐）郑处海：《明皇杂录·补遗》，中华书局，1994年，第43页。
② （唐）智昇：《续古今译经图纪》，《大正藏》55册，第372页中。

命世之生也，明鉴纵达，智周变通。今上屈之，久宴中掖，具如国史所载。闻三藏蕴法宝之囊，思起予之请，承诏与三藏译出此经，仍为笔受译语。比丘宝月，练诸教相，善解方言。非禅师不能扣其幽关，非三藏莫能赜其至赜。此中具明三乘学处及最上乘持明行法，欲令学者知世间相性自无生故，因寄有为，广示无相，一一推核，以尽法界缘起耳。当知无量事迹，所有文言，结会指归，无非秘密之藏者也。分为三十一品，尚虑持诵者守文失意，禅师又请三藏解释其义，随而录之，无言不穷，无法不尽。举浅秘两释，会众经微言。支分有疑，重经搜决。事法图位，具列其后。次文删补，目为义释，勒成十四卷。以梵文有一二重缺，纤芥纻回。开元十五年，禅师没化。都释门威仪智俨法师与禅师同受业于无畏，又闲梵语，禅师且死之日，属仗法师，求诸梵本，再请三藏详之。法师阒其文墨，访本未获之。顷而三藏弃世，咨询无所，痛哉！禅师临终，叹此经幽宗，未及宣衍，有所遗恨，良时难会，信矣！①

四月二十三日，玄宗命太史监南宫说及太史官大相元太等往各地测候日影，还京后与大师校对数据。大师根据南北日影数据，用勾股法计算南北极距离，约八万余里。此为世界科学史上第一次较准确地计算地球子午线一度弧长度，比公元 814 年回

---

① （唐）温古：《毗卢遮那成佛神变加持经义释序》，《卍新续藏》第 23 册，第 265 页上一中。

教王阿尔马蒙实测子午线早九十年。

《大唐新语》：分遣太史官大相元太等驰驿往安南、朗、兖等州，测候日影，同以二分二至之日正午时量日影，皆数年乃定。安南量极高二十一度六分，冬至日长七尺九寸二分，春秋二分长二尺九寸三分，夏至影在表南三寸三分。蔚州横野军北极高四十度，冬至日影长一丈五尺八分，春秋二分长六尺六寸二分，夏至影在表北二尺二寸九分。此二所为中土南北之极。其朗、兖、太原等州，并差殊不同。一行用勾股法算之，云："大约南北极相去才八万余里。"修历人陈玄景亦善算术，叹曰："古人云'以管窥天，以蠡测海'，以为不可得而致也。今以丈尺之术，而测天地之大，岂可得哉！若依此而言，则天地岂得为大也！"①

《玉海》：开元十二年四月二十三日，命太史监南宫说及太史官大相元太等驰传往安南、蔡、蔚等州测候日景。及还京，与一行师一时校之，并差不同。一行以南北日景校量，用勾股法算之，云大约南北极相去才八万余里。②

六月，大师在集贤院造成黄道游仪进上，玄宗亲为制铭，置之于灵台以考星度。此仪可测定日、月、五星在本身轨道上的位置，证实恒星位置并不恒定之事实，较欧洲学者之发现早约一千年。

谨按：大师造成黄道游仪的时间，文献典籍有三

① （唐）刘肃：《大唐新语》卷13，中华书局，1984年，第194页。
② （宋）王应麟：《玉海》卷162，《四库全书》本。

说。《新唐书・天文志》作开元十一年；《唐会要》《大唐新语》作十二年，《集贤注记》作十二年五月；《旧唐书・天文志》作十三年。

张说《进浑仪表》云："臣书院先奉敕造游仪，以测七曜盈缩，去年六月，造毕进奏。"① 浑天仪于开元十三年造成，可推知黄道游仪于开元十二年六月造成，与《唐会要》《大唐新语》吻合。

《大唐新语》：开元十二年，沙门一行造黄道游仪以进。玄宗亲为之序，文多不尽载。其略曰："孰为天大，此焉取则。均以寒暑，分诸晷刻。盈缩不愆，列舍不忒。制器垂象，永鉴无惑。"②

《旧唐书・天文志》：时率府兵曹梁令瓒待制于丽正书院，因造游仪木样，甚为精密。一行乃上言曰："黄道游仪，古有其术而无其器。以黄道随天运动，难用常仪格之，故昔人潜思皆不能得。今梁令瓒创造此图，日道月交，莫不自然契合，既于推步尤要，望就书院更以铜铁为之，庶得考验星度，无有差舛。"从之。③

七月，河东、河北旱灾，大师设道场祈雨，一夕而雨。

《新唐书・五行志》：十二年七月，河东、河北旱，帝

---

① （唐）张说：《张燕公集》卷 14，上海古籍出版社，1992 年，第 105 页。
② （唐）刘肃：《大唐新语》卷 9，中华书局，1984 年，第 137 页。
③ （后晋）刘昫等：《旧唐书》卷 35，中华书局，1975 年，第 1294 页。

亲祷雨宫中，设坛席，暴立三日。①

《酉阳杂俎》：僧一行穷数，有异术。开元中尝旱，玄宗令祈雨。一行言："当得一器，上有龙状者，方可致雨。"上令于内库中遍视之，皆言不类。数日后，指一古镜，鼻盘龙，喜曰："此有真龙矣。"乃持入道场，一夕而雨。②

是年大事：

三月，起给事中杜暹为安西副大都护，碛西节度等使。

四月二十三日，命太史监南宫说等于黄河南北平地测量日晷及极星，各地同时于夏至日中立八尺之表候之。此乃世界第一次对地球子午线长度的实测。

六月，制听逃户自首，辟所在闲田，随宜收税，毋得差科征役，租庸一皆蠲免。仍以宇文融为劝农使，巡行州县，与吏民议定赋役，岁终增缗钱数百万，悉进入宫库。此系唐均田制与租庸调法之一变。

开元时与则天时相反，崇道而抑佛，禁造寺院、禁铸佛写经。六月，定僧尼试经之制。敕有司：试天下僧尼年六十以下者，限诵二百纸经，每一年限诵七十三纸，三年一试，落者还俗。

七月，突厥毗伽可汗再遣其臣哥解颉利发来求婚，唐借口其使者轻，礼数不备，未许婚。八月遣之还国。

七月，溪州（今湘西北龙山、永顺一带）蛮酋行璋起

---

① （宋）欧阳修、宋祁：《新唐书》卷35，中华书局，1975年，第916页。
② （唐）段成式：《酉阳杂俎·前集卷三》，中华书局，2018年，第103—104页。

事，玄宗以监门卫大将军杨思勖为黔中道招讨使将兵击之，生擒行璋，斩首三万级。加思勖辅国大将军（勋阶正二品），宦官典兵逾三品自杨思勖始。

七月二十二日，废王皇后为庶人，移别室安置，后兄太子少保王守一贬死。十月，后卒，宫内皆思慕皇后不已，玄宗亦悔之。

群臣屡上表请封禅，玄宗喜而从之。闰十二月十二日，制以明年十一月十日有事于泰山。时张说首建封禅之议。

契丹王郁干病死，弟吐干袭兄官爵，复以燕郡公主为妻。

玄宗柳婕妤有妹嫁赵氏，创夹缬法，制为文锦，因献王皇后一匹。玄宗赏之，遂推广其法。此系唐代工艺美术之进步，亦系染色印花之始创。

开元十三年（725），四十三岁

冬十月，大师与左卫长史梁令瓒及诸术士在集贤院造成浑天仪，玄宗以示百官。此为世界上第一只机械转动时钟，不仅可显示日月运行规律，且能自动计时。

《玉海》：十三年十月，院中造浑仪成，奉敕向敷政门外以示百寮。一行改进游仪之后，上令铸铜为浑规之器。左卫长史梁令瓒、右骁卫长史桓执珪分擘规制，铸为天象，径一丈，具列宿、赤道及周天度数，注水激轮，令其自转。议者以为张衡灵宪不能逾。①

《旧唐书·玄宗本纪》：（开元十三年）冬十月癸丑，新造铜仪成，置于景运门内，以示百官。②

《旧唐书·天文志》：又诏一行与梁令瓒及诸术士更造浑天仪，铸铜为圆天之象，上具列宿赤道及周天度数。注水激轮，令其自转，一日一夜，天转一周。又别置二轮络在天外，缀以日月，令得运行。每天西转一匝，日东行一度，月行十三度十九分度之七，凡二十九转有余而日月会，三百六十五转而日行匝。仍置木柜以为地平，令仪半在地下，晦明朔望，迟速有准。又立二木人于地平之上，前置钟鼓以候辰刻，每一刻自然击鼓，每辰则自然撞钟。皆于柜中各施轮轴，钩键交错，关锁相持。既与天道合同，当时共称其妙。铸成，命之曰水运浑天俯视图，置于武成殿前以示百僚。③

是年大事：

二月，制以所得客户税钱均充各该地常平仓本钱，又委劝农使司与各州县议创劝农社，使贫富相助，耕耘有时。

二月，改"长从宿卫"为"彍骑"，精骑射，分隶十二卫，总十二万人，由一年两番改为六番。

三月十二日，御史大夫程行湛奏，周朝（指武则天时）

---

① （宋）王应麟：《玉海》卷4，《四库全书》本。
② （后晋）刘昫等：《旧唐书》卷8，中华书局，1975年，第188页。
③ 同上，卷35，第1295—1296页。

酷吏来俊臣等二十三人，身在者宜长流岭南；身没，子孙亦不许仕，并皆禁锢。玄宗从之。

四月，征突厥大臣虔从封禅。

五月八日，妖民刘定高以迷信聚众，夜犯通洛门，悉捕斩之。

十月十一日，玄宗自东都出发。十一月六日，至泰山下，骑马登山。十日，玄宗祀昊天上帝于山上，群臣祀五帝百神于山下之坛。

牧马增至四十三万匹，牛羊称是。玄宗东封，以牧马数万匹从，色别为群，望之如云锦。

契丹王李吐干与其大臣可突干相猜忌，吐干惧，携妻燕郡公主奔唐，不敢还，唐改封为辽阳郡王，因留宿卫。可突干另立李尽忠之弟邵固为主。玄宗封禅，邵固从至泰山，拜左羽林大将军、静折军（在松漠）经略大使。

唐制：凡选有文、武，文选吏部主之，武选兵部主之，皆分"三铨"，以尚书与二侍郎三人主其事。玄宗疑吏部选试不公，时选期已迫，十二月二十五日，分吏部三铨为十铨，以礼部尚书苏颋等十人掌吏部选。试判收毕，遽召入禁中决定，吏部尚书、侍郎皆不得预。

于阗王尉迟眺阴结诸胡叛唐，安西副大都护杜暹发兵捕斩之。

东都斗米十五钱；青州、齐州（今山东济南）仅五钱；粟三钱。是年乃玄宗东行封禅之岁，东都、青、齐皆途中所经，史载其粮价，证其时谷熟年丰，经济繁荣，国力全盛。

开元十五年（727），四十五岁

九月，大师编制《开元大衍历》毕，示疾于华严寺，玄宗召集都城名德，为设大道场祈福，疾微愈。

《内证佛法相承血脉谱》：奉敕述《大衍赞》并《开元历》，洎十五年秋末方毕。[①]

唐玄宗《大慧禅师一行碑铭并序》：十五年前九月，于华严寺疾亟，将举病入辞，少间而止。朕于此夜，梦瞰禅居，见绳床施辕，纸隔开扉。晓而验问，一如所睹，意识往来，若斯感会。先集都城名德，为禅师设大道场，佛心证明，危疾果愈。[②]

十月八日，大师随驾在新丰，身无病患，口无言语，沐浴更衣，跌坐入灭。世寿四十五。自终及葬，经三七日，须发更长，容貌不改。玄宗命停灵于罔极寺，安塔于铜人原，谥大慧禅师，御撰塔铭，刻于石上。

唐玄宗《大慧禅师一行碑铭并序》：十月八日，随行所

---

① ［日］最澄：《内证佛法相承血脉谱》，（东京）日本国立国会图书馆藏本，第 42 页。

② ［日］空海：《弘法大师全集》卷 1，（东京）吉川弘文馆，1910 年，第 64 页。

在新丰，身无诸患，口无一语，忽然浴香水，换洁衣，趺
坐正念，恬如寂灭。四众瞻悼，久方觉知，适尔为者，有
往生之意也。乃命停神于罔极之寺，安塔于铜人之原，谥
曰大慧禅师，崇称首也。自终及葬，凡经三十，爪甲不变，
鬓发更长。形共力持，色与心涸，十方亿众，赞仰希有。①

《内证佛法相承血脉谱》：至十五年十月八日长逝，春
秋四十有五。敕所司造塔。自终及葬，凡三七日，须发更
长，容貌不改。观者如云，叹未曾有。上追念不已，自制
塔铭，并自书石，用彰厥德。②

**传说故事又云，大师辞告玄宗后前往嵩山，谒
礼本师普寂后入灭。**

《明皇杂录》：至开元末，裴宽为河南尹，深信释氏，
师事普寂禅师，日夕造焉。居一日，宽诣寂，寂云："方有
少事，未暇款语，且请迟回少憩也。"宽乃屏息，止于空
室，见寂洁涤正堂，焚香端坐。坐未久，忽闻叩门，连云：
"天师一行和尚至矣。"一行入，诣寂作礼。礼讫，附耳密
语，其貌绝恭，寂但颔云："无不可者。"一行语讫，降阶
入南室，自阖其户。寂乃徐命弟子云："遣钟，一行和尚灭
度矣。"左右疾走视之，一如其言。灭度后，宽乃服衰绖葬

① ［日］空海：《弘法大师全集》卷1，（东京）吉川弘文馆，1910年，第
64页。
② ［日］最澄：《内证佛法相承血脉谱》，（东京）日本国立国会图书馆藏本，
第43页。

之，自徒步出城送之。①

是年大事：

九月，吐蕃大将悉诺逻欲雪青海一败之耻，乃率部将莽布支攻陷瓜州（今甘肃玉门市之西），执唐刺史田元献及王君㚟之父寿，进攻玉门军（今甘肃玉门市之北）。独攻常乐（今甘肃安西县之南）不下。

九月，王君㚟奏流铁勒四都督于岭外。

闰九月，突厥毗伽可汗遣其大臣梅录啜来朝，献名马三十匹。时吐蕃与毗伽书，私约与毗伽同时入寇，毗伽并献其书。玄宗嘉其诚，宴梅录啜于紫宸殿，厚予赏赐。且许于朔方军西受降城为互市之所，每年赍缯帛数十万匹以易戎马，由是国马益壮。

闰九月，吐蕃赞普与突骑施苏禄可汗共围安西城（今新疆库车市），安西副大都护赵颐贞击破之。

十月，朝廷以朔方节度使萧嵩为河西节度使。嵩引刑部员外郎裴宽为判官，与王君㚟判官牛仙客俱掌军政，人心渐安。悉诺逻威名甚盛，萧嵩纵反间于吐蕃，云悉诺逻与中国通谋，吐蕃赞普召而诛之，于是吐蕃势力少衰。

报状兴起，系由朝廷（如中书省）主办，逐日逐条抄录、向外公布的原始形态报纸，可视为中国报纸的萌芽。

---

① （唐）郑处海：《明皇杂录·补遗》，中华书局，1994 年，第 44 页。

传　记

大慧禅师一行碑铭并序[①]

唐玄宗御制并书

禅师幼而希言，言必有中。长无暇日，日诵万文。深道极阴阳之奥，属辞尽《春秋》之美[1]。射策甲科[2]，翻飞高蹈。依嵩岳僧寂[3]，深究禅门；就当阳僧真[4]，纂成律藏。予闻玄德，远请来仪。展宿缘之冥爱，全幽人之素履[5]。禅师以朕钦若昊天[6]，故撰开元之历；以朕敦崇圣道，故述大衍之赞[7]。又于金刚三藏学陀罗尼秘印，登前佛坛，受法王宝；又于无畏三藏译《卢遮那佛经》，开后佛国，满大慈愿。本孰为而来哉，将辨是而去矣。善乎！为亲出家，毁形无我，以拔济幽难，是孝中又有孝也；为君思道，吐血忘倦，以润色鸿业，是忠外别有忠也。昔尝顺风咨度，乘日游闲，发挥精至，讨论典礼。方期永喜，以

---

① ［日］空海：《真言付法传》，《弘法大师全集》卷1，（东京）吉川弘文馆，1910年，第63—65页。

亲有德，天孤善愿，夺我师宾！十五年前九月，于华严寺疾亟，将举病入辞，少间而止。朕于此夜，梦瞰禅居，见绳状施辕[8]，纸隔开扉。晓而验问，一如所睹，意识往来，若斯感会。先集都城名德，为禅师设大道场，佛心证明，危疾果愈。十月八日，随行所在新丰[9]，身无诸患，口无一语，忽然浴香水，换洁衣，趺坐[10]正念，恬如寂灭。四众瞻悼，久方觉知，适尔为者，有往生之意也。乃命停神于罔极之寺[11]，安塔于铜人之原[12]，谥曰大慧禅师，崇称首也。自终及葬，凡经三十，爪甲不变，鬓发更长。形共力持，色与心涸，十方亿众，赞仰希有。唯当莲叶下生，觐多宝于涌塔[13]；龙华后会，礼迦叶于开山[14]。予怀郁陶[15]，寄词糟粕。偈曰：

自天聪明，经佛授记[16]。彼上人者，兼善艺事。

文揭日月，术穷天地。舍有作[17]心，发无上志。

万品道谛[18]，千门法华。总摄一灯，拨去三车[19]。

我梦金人[20]，来镇国家。祚增劫石[21]，善集恒沙[22]。

定住实相，慧行真宰[23]。导予一人，化清四海。

正眼何促，供心莫待。交臂忽亡，结跏如在。

舍利坚固，法螺阒绝。见生灭者，寂岂生灭！

闻言说者，空何言说！道离见闻，铭示来哲。

注释

[1]《春秋》之美：孔子作《春秋》，属辞微言大义，周密精美。书

成，无人能改一字。此处比喻一行禅师文辞精美。

[2] 射策甲科：古代取士有射策之制。由主试者出题写在简策上，分甲乙科，列置案上，应试者随意取答。主试者按题目难易和所答内容而定优劣，上者为甲，次者为乙，以甲科入仕。此处形容一行禅师博学多闻，才华出众。

[3] 嵩岳僧寂：普寂（651—739），俗姓冯，蒲州河东（今山西永济市）人。幼年即修学经律。后到当阳玉泉寺师事神秀六年。神秀被召赴洛阳，代师统其僧众。开元初，往嵩州嵩阳寺阐扬禅法。后被召到长安，王公大臣竞来礼谒。卒年八十九，谥"大照禅师"。世称华严和尚、华严尊者。公元 703 年，一行禅师先从当阳玉泉寺僧恒景出家，不久到嵩山拜普寂为师，修习禅宗。道原《景德传灯录》载，神秀法嗣普寂传法四十六人，其中第二十二人为嵩阳寺一行禅师。

[4] 当阳僧真：惠真，俗姓张，南阳人。幼年慕道，专精大乘。十三剃度，隶西京开业寺，事高僧满意。十六受十戒，遍学经律。意其未圆，欲往天竺求经，至海上，遇义净三藏，与之同归，受学律集，二年尽解。后又从梵僧尚多，得其心要。公元 712—716 年，一行禅师在当阳玉泉寺，师从惠真修习律宗经论，并纂集、注疏，撰《摄调伏藏》十卷。

[5] 幽人之素履：《易·履》初九：素履，往无咎。九二：履道坦坦，幽人贞吉。比喻隐者质朴无华、清白自守的处世态度。

[6] 钦若昊天：《尚书·尧典》："乃命羲和，钦若昊天，历象日月星辰，敬授民时。"钦，敬。若，顺从，遵循。昊天，元气广大之天。恭敬地遵循上天的规律。

[7] 开元之历、大衍之赞：一行考订唐以前诸家历法，撰《开元大衍

历》，又撰《大衍赞》等著作。

[8] 绳状施辕：状，通"床"。绳床，为僧人使用的粗绳编成的椅子。施，放置。辕，行馆，住所。整句义为：绳床放置在室内。

[9] 新丰：今陕西西安市临潼区东北。

[10] 趺坐：即跏趺坐，将足加于大腿上的坐法。有全跏、半跏两种。全跏即将两足交替加于两腿上（双盘），半跏即一足加于另一腿上（单盘）。此处指全跏趺坐。

[11] 罔极之寺：唐中宗神龙元年（705），太平公主为其母武则天所立。取名于《诗经》"欲报其德，昊天罔极"之意，称罔极寺。位于大明宫与兴庆宫之间，在唐皇城内供皇室宫廷朝礼之用。属中国佛教净土宗祖庭之一。

[12] 铜人之原：长安灞河以东的黄土台塬，即今洪庆原。秦始皇统一六国后，下令收缴全国兵器，运往京城铸"十二金人"，置于阿房宫门外。西汉建立后，这十二尊铜人被移置汉长安城内长乐宫大夏殿前。据说，其中十尊在东汉末年被董卓下令凿碎铸成铜钱。后来，魏明帝试图把剩下的两尊运往洛阳，但实在"重不可致"，只好将其遗弃于此，故称"铜人原"。

[13] 莲叶下生，觐多宝于涌塔：佛说《法华经》时，宝塔自地涌出，多宝如来现身为作证明。莲叶下生，是说五十六亿年后弥勒菩萨从兜率天宫内院的莲花台上，下生南阎浮提成佛。此句的意思是祈愿弥勒菩萨将来下生南阎浮提成佛宣说《法华经》时，一行禅师也能乘愿再来人间觐见多宝如来。

[14] 龙华后会，礼迦叶于开山：龙华后会，指未来弥勒菩萨成佛后在龙华树下召开的龙华法会。据《弥勒下生经》云，佛言：大

迦叶不应涅槃，须待弥勒下生世间……弥勒如来将无数千人至
迦叶入定之鸡足山，诸鬼神当与开门，使得见迦叶禅窟。是时
弥勒伸右手，指示迦叶，告诸人民，过去久远释迦文佛弟子，
名曰迦叶，今日现在头陀苦行最为第一。是时诸人见是事已，
叹未曾有，无数百千众生，诸尘垢尽，得法眼净。

[15] 郁陶：忧思积聚貌。

[16] 授记：佛对发心的众生授与将来必当成佛之记别。

[17] 有作：与有为同义，指因缘和合而生的一切事物。

[18] 道谛：为佛教基本教义"四圣谛"之一。道谛，即指通达涅槃
境界的修行之道。

[19] 拨去三车：三车见《法华经》中三车喻，羊车喻声闻乘，鹿车
喻缘觉乘，牛车喻权教大乘。如来以权智初开三乘之教为权教。
拨去三车，即弃去三乘权教，直彰一乘顿教。

[20] 我梦金人：《后汉书·西域传》：世传明帝梦见金人，长大，顶
有光明，以问群臣。或曰："西方有神，名曰佛，其形长丈六尺
而黄金色。"帝于是遣使天竺，问佛道法，遂于中国图画形象
焉。此处唐玄宗以汉明帝自比，以金人比一行禅师。

[21] 劫石：《大智度论》卷五：佛以譬喻说劫义。四十里石山，有长
寿人，每百岁一来，以细软衣拂拭此大石尽，而劫未尽。以喻
时间之久远。

[22] 恒沙：即恒河之沙。恒河沙粒至细，其量无法计算。诸经中凡
形容无法计算之数，多以"恒河沙"一词为喻。

[23] 真宰：比喻大道。见《庄子·齐物论》："若有真宰，而特不得
其眹。"

一行传①

刘昫[1]等

僧一行，姓张氏，先名遂，魏州昌乐[2]人，襄州都督、郯国公公谨[3]之孙也。父擅[4]，武功令。一行少聪敏，博览经史，尤精历象、阴阳、五行之学。时道士尹崇博学先达，素多坟籍。一行诣崇，借扬雄《太玄经》[5]，将归读之。数日，复诣崇，还其书。崇曰："此书意指稍深，吾寻之积年，尚不能晓，吾子试更研求，何遽见还也？"一行曰："究其义矣。"因出所撰《大衍玄图》及《义决》一卷以示崇。崇大惊，因与一行谈其奥赜，甚嗟伏之，谓人曰："此后生颜子也。"一行由是大知名。武三思[6]慕其学行，就请与结交，一行逃匿以避之。寻出家为僧，隐于嵩山，师事沙门普寂。睿宗即位，敕东都留守韦安石[7]以礼征，一行固辞以疾，不应命。后步往荆州当阳山，依沙门悟真[8]以习梵律。

开元五年，玄宗令其族叔礼部郎中[9]洽赍敕书就荆州强起之。一行至京，置于光太殿，数就之，访以安国抚人之道，言皆切直，无有所隐。开元十年，永穆公主[10]出降，敕有司优厚发遣，依太平公主故事。一行以为高宗末

① （后晋）刘昫等：《旧唐书》卷191，中华书局，1975年，第5111—5113页。

年，唯有一女，所以特加其礼，又太平骄僭，竟以得罪，不应引以为例。上纳其言，遽追敕不行，但依常礼。其谏诤皆此类也。

一行尤明著述，撰《大衍论》三卷，《摄调伏藏》十卷，《天一太一经》及《太一局遁甲经》《释氏系录》各一卷。时《麟德历经》[11]推步渐疏，敕一行考前代诸家历法，改撰新历，又令率府长史梁令瓒[12]等与工人创造黄道游仪，以考七曜行度，互相证明。于是一行推《周易》大衍之数，立衍以应之，改撰《开元大衍历经》。至十五年卒，年四十五，赐谥曰大慧禅师。

初，一行从祖东台舍人太素[13]，撰《后魏书》一百卷，其《天文志》未成，一行续而成之。上为一行制碑文，亲书于石，出内库钱五十万，为起塔于铜人之原。明年，幸温汤，过其塔前，又驻骑徘徊，令品官就塔以告其出豫[14]之意，更赐绢五十匹，以莳塔前松柏焉。

初，一行求访师资，以穷大衍，至天台山国清寺[15]，见一院，古松十数，门有流水，一行立于门屏间，闻院僧于庭布算声，而谓其徒曰："今日当有弟子自远求吾算法，已合到门，岂无人导达也？"即除一算。又谓曰："门前水当却西流，弟子亦至。"一行承其言而趋入，稽首请法，尽受其术焉，而门前水果却西流。道士邢和璞[16]尝谓尹愔[17]曰："一行其圣人乎？汉之洛下闳[18]造历，云：'后八百岁当差一日，必有圣人正之。'今年期毕矣，而一行造《大衍》正其差谬，则洛下闳之言信矣，非圣人而何？"

注释

[1] 刘昫（888—947）：字耀远，涿州归义（今河北雄县西北）人。五代时期政治家、史学家。

[2] 魏州昌乐：今河南南乐县。

[3] 襄州都督、郯国公公谨：张公谨（594—632），字弘慎，唐朝开国将领，凌烟阁二十四功臣之一。贞观三年（629），任行军副总管，随李靖征讨东突厥。次年，东突厥平定，进封邹国公，改任襄州都督。贞观六年（632）病逝，追赠左骁卫大将军，谥号襄，后改封郯国公。一行为张公谨曾孙，《旧唐书》记载有误。

[4] 父擅：一行父名懔，《旧唐书》记载有误。

[5] 扬雄《太玄经》：扬雄（前53—18），字子云，蜀郡成都（今四川成都市）人。名士严君平弟子，西汉末年哲学家、文学家、辞赋家、思想家。扬雄撰《太玄经》，模仿《周易》体裁而成。分一玄、三方、九州、二十七部、八十一家、七百二十九赞，以模仿《周易》之两仪、四象、八卦、六十四重卦、三百八十四爻。将"玄"作为最高范畴，并在构筑宇宙生成图式、探索事物发展规律时以"玄"为中心思想，是汉朝道家思想的继承和发展。

[6] 武三思（？—707）：并州文水（今属山西）人，荆州都督武士彟之孙，武则天之侄，唐朝外戚大臣。性倾谄，善迎谐主意，与韦后相勾结，为非作歹，残害忠良，使朝政陷入混乱之中。

[7] 韦安石（651—714）：本名韦安，字安石，京兆万年（今陕西西安市）人。唐朝宰相。景云二年（711）十月，因不肯依附太平公主，力保太子李隆基，被免去宰相之职，加拜特进，充任东都留守。

[8] 悟真：当为惠真。

[9] 礼部郎中：唐朝始置，为尚书省礼部头司礼部司长官，从五品上。掌司事，掌仪制。

[10] 永穆公主：唐玄宗长女，母为柳婕妤。公主仁爱孝顺，端正美好，为唐玄宗所钟爱。开元十年（723），下嫁王繇。天宝七载（749），公主出家，舍宅置观。

[11] 《麟德历经》：唐高宗诏令李淳风所编的历法，于麟德二年（665）颁行。该历书以《皇极历》为基础，简化许多繁琐的计算。《麟德历》一直使用到开元年间，又出现纬晷不合的问题，开元十七年（729）又颁行《大衍历》，《麟德历》遂不行。

[12] 梁令瓒（690—?）：蜀人。唐朝画家、算术家、天文仪器制造家。于玄宗开元时任集贤院待诏、率府兵曹参军。开元九年（721），唐玄宗命僧一行改造新历，而无黄道游仪测候，令瓒因创制游仪木样。一行称其所造能契合自然，对推步大有帮助。后又与一行创制浑天铜仪。

[13] 东台舍人太素：当为张大素，一行祖父，约唐高宗乾封末年前后在世。龙朔中，历东台舍人，兼修国史。卒于怀州长史。著有《后魏书》一百卷、《隋书》三十卷，及文集十五卷，并传于世。

[14] 出豫：谓天子秋日巡游。

[15] 国清寺：位于浙江天台县北，天台山佛陇峰南麓，乃天台宗之根本道场。隋开皇十八年（598）炀帝杨广为智者大师所创建。始初，定光禅师住此峰，尝谓弟子曰："将有圣善知识，领徒众来集此山。"不久，智者大师渡江至此，于佛陇之南建寺，未成

而示寂。杨广深悼之，遂为智者大师设千僧斋，兴工建殿宇，初名天台山寺，后因智者大师初入此山时，定光禅师曾梦告："三国（指北周、北齐、南陈）合而为一，有大权势人能为建寺，寺若成，国即清，当称国清寺。"故隋大业元年（605）赐匾"国清寺"。寺成，由灌顶大师领众，成为天台宗根本道场，培育出不少行解并重之高僧。日本留学僧最澄至天台山取经，从道邃学法，回国后在日本比睿山兴建延历寺，创立日本天台宗，后尊浙江天台山国清寺为祖庭。

[16] 邢和璞：善方术，常携竹算数计，算长六寸。人有请者，到则布算为卦，纵横布列，动用算数百，布之满床。布数已，乃告家之休咎，言其人年命长短及官禄，如神。

[17] 尹愔（？—741）：秦州天水（今甘肃天水市）人。初为道士，因博学通《老子》，为人所荐，玄宗时召对称旨，拜谏议大夫、集贤院学士，兼修国史，固辞不起。有诏以道士服视事，乃就职，专领集贤、史馆图书。开元末年卒，赠左散骑常侍。

[18] 洛下闳（前156—前87）：字长公，巴郡阆中（今四川阆中市）人。西汉时期天文学家，汉武帝时任待诏太史。他创制《太初历》，决定性地影响了中国历法结构；提出浑天说，创新中国古代"宇宙起源"学说；发明"通其率"，影响中国天文数学二千年。

唐中岳嵩阳寺[1]一行传①

赞 宁

　　释一行，俗姓张，钜鹿人也，本名遂，则唐初佐命郯国公公谨之支孙也。卭岁[2]不群，聪黠明利，有老成之风。读书不再览，已暗诵矣。因遇普寂禅师大行禅要，归心者众，乃悟世幻，礼寂为师，出家剃染。所诵经法，无不精讽。寂师尝设大会，远近沙门如期必至，计逾千众。时有征士[3]卢鸿[4]，隐居于别峰，道高学富，朝廷累降蒲轮[5]，终辞不起。大会主事先请鸿为导文，序赞邑社[6]。是日鸿自袖出其文，置之机案。钟梵既作，鸿谓寂公曰："某为数千百言，况其字僻文古，请求朗隽者宣之，当须面指摘[7]而授之。"寂公呼行，伸纸览而微笑，复置机案。鸿怪其轻脱。及僧聚于堂中，行乃攘袂而进，抗音典裁[8]，一无遗误。鸿愕视久之，降叹不能已，复谓寂公曰："非君所能教导也，当纵其游学。"自是三学名师，罕不谙度。因往当阳，值僧真，纂成《律藏序》，深达毗尼。然有阴阳谶纬[9]之书，一皆详究，寻访算术，不下数千里，知名者往询焉。末至天台山国清寺见一院，古松数十步，门枕流溪，淡然岑寂。行立于门屏，闻院中布算，其声蔌蔌然。僧谓

---

① （宋）赞宁：《宋高僧传》卷5，中华书局，1987年，第91—94页。

侍者曰："今日当有弟子自远求吾算法，计合到门，必无人导达耶？"即除一算子。又谓侍者曰："门前水合却西流，弟子当至。"行承其言而入，稽首请法，尽授其决焉，门前水复东流矣。自此声振遐迩，公卿籍甚。玄宗闻之，诏入，谓行曰："师有何能？"对曰："略能记览，他无所长。"帝遂命中官取宫籍以示之，行周览方毕，覆其本，记念精熟，如素所习。唱数幅后，帝不觉降榻稽首曰："师实圣人也。"嗟叹良久。寻乃诏对无恒，占其灾福，若指于掌，言多补益。

时邢和璞者，道术人，莫窥其际，尝谓尹愔曰："一行和尚真圣人也。汉落下闳造历云：'八百岁当差一日，则有圣人定之。'今年期毕矣。属《大衍历》出，正其差谬，则落下闳之言可信。非圣人孰能预于斯矣！"又于金刚三藏学陀罗尼秘印，登前佛坛，受法王宝，复同无畏三藏译《毗卢遮那佛经》，开后佛国，其传密藏，必抵渊府也。睿宗、玄宗并请入内集贤院[10]，寻诏住兴唐寺。所翻之经，遂著疏七卷，又《摄调伏藏》六十卷、《释氏系录》一卷、《开元大衍历》五十二卷。其历编入《唐书·律历志》，以为不刊之典。又造游仪[11]，黄赤二道以铁成规，于院制作。

次有王媪者，行邻里之老妪，昔多赡行之贫，及行显遇，常思报之。一日拜谒云："儿子杀人，即就诛矣。况师帝王雅重，乞奏减死，以供母之残龄！"如是泣涕者数四，行曰："国家刑宪，岂有论请而得免耶？"命侍僧给与若干钱物，任去别图。媪戟手[12]曼骂曰："我居邻周给迭互，绷褓间抱乳汝。长成，何忘此惠耶！”行心慈爱，终夕不乐。于是运算毕，召净人[13]戒之曰：“汝曹挈布囊于某坊闲静地，午时坐伺，得生类投囊，速归。”明日，果有貏貐[14]引豚[15]七个，净人分头驱逐，貏母走矣，得豚而归。行已备巨瓮，逐一入之，闭盖，以六乙泥[16]封口，诵胡语数契而止。投明，中官下诏入问云：“司天监奏昨夜北斗七座星全不见，何耶？”对曰：“昔后魏曾失荧惑星[17]，至今帝车[18]不见。此则天将大儆于陛下也。夫匹夫匹妇不得其所，犹陨霜天旱，盛德所感，乃能退之。感之切者其在葬枯骨乎！释门以慈心降一切魔，微僧曲见，莫若大赦天下。”玄宗依之。其夜占奏北斗一星见，七夜复初，其术不可测也。又开元中尝旱甚，帝令祈雨，曰：“当得一器上有龙状者，方可致雨。”敕令中官同于内库中遍视之，皆言弗类。数日后指一古鉴，鼻盘龙，喜曰：“此真龙也。”乃将入坛场，一日而雨。其异术通感为若此也。

玄宗在大明宫[19]，从容密问社稷吉凶并祚运终毕事，行对以他语。帝询之不已，遂曰：“陛下当有万里之行。”又曰：“社稷毕得终吉。”帝大悦。复遗帝一金合子，形若弹丸，内贮物，撼必有声，发之不得，云：“有急则开。”帝幸蜀，仓黄都忘斯事，及到成都，忽忆启之，则药分中当归也。帝曰：“伊药产于此，师知朕违难至蜀当归也。”复见万里桥[20]，曰：“一行之言，信其神矣。”命中官焚香祝之，乃告谢也。及昭宗初封吉王，至太子德王[21]，唐为梁灭，终行之言“社稷毕得终吉”也。

开元十五年九月于华严寺疾笃，将舆病入辞，小间而止。玄宗此夜梦瞰禅居，见绳床纸隔开扇，晓而验问，一如所睹。乃诏京城名德致大道场，为行祈福，危疾微愈。其宠爱如是。十月八日随驾幸新丰，身无诸患，口无一言，忽然浴香水换衣，跏坐正念，怡然示灭。一云：辞告玄宗后，自驾前东来嵩山谒礼本师，即寂也。时河南尹裴宽[22]正谒寂，寂云："有少事，未暇与大尹款话。且请踟蹰休息也。"宽乃屏从人，止于旁室，伺寂何为。见洁净正堂，焚香默坐，如有所待。斯须，叩门连声云："天师一行和尚至。"（僧号天师，始见于此，言天子师也。）行入，颇匆切之状，礼寂之足，附耳密语，其貌愈恭。寂但颔应曰："无不可者。"语讫又礼，礼语者三，寂唯言"是是，无不可者。"行语讫，降阶入南室，自闭其户。寂乃徐召侍者曰："速声钟，一行已灭度。"左右疾走视之，瞑目而坐，手掩伺息，已绝。四众弟子悲号沸渭，撼动山谷，乃停神于罔极寺。自终及葬，凡经三七日，爪甲不变，髭发更长，形色怡悦，时众惊异。帝览奏悲怆曰："禅师舍朕，深用哀慕！"丧事官供，诏葬于铜人原，谥曰大慧禅师。御撰塔铭，天下释子荣之。

注释

[1] 嵩阳寺：北魏太和八年（484）建，在今河南登封市北五里。《中岳嵩阳寺碑》载："有大德沙门生禅师……于太和八年，岁次甲子，建造伽兰，筑立塔殿，布置僧坊。"

[2] 卯（guǎn）岁：卯，儿童束发成两角的样子。卯岁，指幼年。

[3] 征士：不就朝廷征聘之士。

[4] 卢鸿（？—740 前后）：一名鸿一，字浩然，一字颢然，本幽州
范阳（今河北涿县东北）人。唐画家、诗人，著名隐士。徙居洛
阳，后隐居嵩山。博学，善篆籀，工八分书，能诗。画山水树
石，得平远之趣，与王维相当。开元初（713），玄宗遣使备礼至
嵩山征召卢鸿，再征不至。

[5] 蒲轮：用蒲草裹轮，使车不震动。古时征聘贤士时用，以示
礼敬。

[6] 邑社：陵邑的社庙。《文选》卷二十二颜延年《车驾幸京口侍游
蒜山作一首》"园县极方望，邑社总地灵"李善注："邑社，陵邑
之社也。"

[7] 指擿（tī）：指点。擿，剖分。

[8] 典裁：《太平广记》作"与裁"。指典庄而有体制。

[9] 谶纬：谶书和纬书的合称，为阴阳术数之书。

[10] 集贤院：唐文学三馆之一，掌握秘书图籍等事。

[11] 游仪：开元十二年（724），一行和率府兵曹参军梁令瓒，用铜
铁铸成可以测量星宿运动和考察月球运行规律的黄道游仪。

[12] 戟手：举手如戟形，即手叉腰。戟为古代的一种兵器，将戈和
矛合成一体，既能直刺，又能横击。

[13] 净人：寺中奉侍比丘的居士，其人解比丘之净语，故称净人。
比丘之指命总顺戒律之法，故谓之净语。

[14] 豭彘（jiā zhì）：公猪。豭，雄性动物。

〔15〕豚：小猪。

〔16〕六乙泥：又称六一泥，是道家炼丹用以封炉的一种泥。其配方最早见于《黄帝九鼎神丹经》，是六种加一种材料混合烧炼而成，取义于"天一生水，地六成之"。

〔17〕荧惑星：火星别名，因隐现不定，令人迷惑，故名。

〔18〕帝车：即北斗星。《史记·天官书》："斗为帝车，运于中央，临制四乡。"

〔19〕大明宫：大唐帝国的大朝正宫，唐朝的政治中心和国家象征，位于唐京师长安北侧的龙首原，是唐长安城三座主要宫殿"三大内"（大明宫、太极宫、兴庆宫）中规模最大的一座，称为"东内"。自唐高宗起，先后有十七位唐朝皇帝在此处理朝政，历时达二百四十余年。大明宫是唐帝国最宏伟壮丽的宫殿建筑群，也是当时世界上面积最大的宫殿建筑群。始建于唐太宗贞观八年（634）。

〔20〕万里桥：即今成都市南门大桥（俗称老南门大桥），是成都历史上著名的古桥。三国时，蜀汉丞相诸葛亮曾在此设宴送费祎出使东吴，费祎叹曰："万里之行，始于此桥。"该桥由此而得名。

〔21〕德王：李裕（？—905），唐昭宗李晔太子，后降为德王。唐朝第二十一任皇帝。

〔22〕裴宽（681—755）：河东闻喜（今山西闻喜县）人。唐朝大臣，袁州刺史裴无晦之子。开元间，裴宽调任河南尹。任职期间，公正廉明，体恤民情，从不屈附于权贵，河南大治。卒赠太子少傅。

不空谱传

年　谱

武周·唐中宗神龙元年（705），一岁

　　大师梵名阿目佉跋折罗，唐言不空金刚，西凉
府北天竺婆罗门族，一说为南天竺师子国人。母康
氏梦佛微笑，眼光灌顶，因而孕焉。十二月而生，
生而能言。先父早逝，育于舅氏，便随母姓。

　　《大唐故大德赠司空大辨正广智不空三藏行状》：大师
本西凉府北天竺之波罗门族也，先门早逝，育于舅氏，便
随母姓。初，母康氏之未娠也，有善相者言曰："尔后毕生
菩提萨埵。"言讫不见。大奇之，遂沐浴换衣，断语持念。
未经三日，坐而假寐，梦佛微笑，双目光流，入母人顶。
忽而惊寤，遍体流汗，因觉有身。香灯已后，夜室如昼。
十二月而生，生而能言，风神出凡，精气殊众。[①]

---

① （唐）赵迁：《大唐故大德赠司空大辨正广智不空三藏行状》，《大正藏》
　　50册，第292页中。

《大唐故大德开府仪同三司试鸿胪卿肃国公大兴善寺大广智三藏和上之碑》：大师法讳不空，北天竺婆罗门子也。初母氏遇相者曰："尔汝必当生菩提萨埵也。"已便失。数日之后，果梦佛微笑，眼光灌顶，既寐犹觉，室明如昼，因而孕焉。①

《唐大兴善寺故大弘教大辩正三藏和尚影堂碣铭并序》：和尚法号不空，师子国人，母氏方娠，梦佛光照顶。②

《贞元新定释教目录》：大唐特进试鸿胪卿加开府仪同三司封肃国公赠司空谥大辩正大广智不空三藏和上者，南天竺执师子国人也。法讳智藏，号不空金刚，不闻氏族，故不书之。计当大唐神龙元年乙巳之岁而诞迹焉。③

大广智不空三藏和上，本讳智藏，号不空金刚，梵曰阿目佉跋日啰，本西域人也。④

是年大事⑤：

正月壬午朔，大赦，改元神龙。此时武后虽在病中，但中宗尚未复辟，故"神龙"仍系武周年号。至正月二十三日，中宗以太子监国；二十五日中宗即帝位，不复改元，始变武周年号为李唐年号。

---

① （唐）飞锡：《大唐故大德开府仪同三司试鸿胪卿肃国公大兴善寺大广智三藏和上之碑》，《大正藏》52 册，第 848 页中。

② （唐）权德舆：《唐大兴善寺故大弘教大辩正三藏和尚影堂碣铭并序》，《新刊权载之文集》卷 28，上海古籍出版社，1994 年，第 310 页。

③ （唐）圆照：《贞元新定释教目录》卷 15，《大正藏》55 册，第 881 页上。

④ 同上，卷 16，第 889 页下。

⑤ 每年历史大事辑自《旧唐书》《新唐书》《资治通鉴》，下同。

正月，太后仍卧病洛阳迎仙宫之长生殿，病重，宰相张柬之等思乘机拥太子复辟。然太后宠二张，只许二张侍侧，太子、宰相及外臣俱不得近。初，群臣欲以谋反罪诛二张，太后不以为反，至是，张柬之等决以兵诛之。

二月四日，复国号为"唐"，凡郊庙、社稷、陵寝、百官、旗帜、服色、文字皆复永淳以前故事。计武则天自唐载初元年（690）九月壬午（九日）改元天授，改国号为"周"，至今已十五年。

二月十四日，中宗立妃韦氏为皇后，干预朝政如武后在高宗之世。中宗每临朝，皇后必施帷幔坐殿上，预闻政事，如"二圣"焉。桓彦范上表亟谏，俱不听。

二月十六日，即以武三思为司空、同中书门下三品（拜相）。十七日，以武攸暨（太平公主之夫）为司徒、定王。上官婉儿者，以祖父仪之死，没入后宫，为则天所爱，百官表奏多令参决。及中宗即位，初拜婕妤（后拜昭仪），使专掌诏命，益委信之。婉儿与三思私通，又荐三思于韦后，韦后喜，亦与之通。三思遂得出入禁中，中宗信之，每与议朝政，武氏复振。

唐玄宗开元二年（714），十岁

随舅氏，周游巡历武威、太原。

《大唐故大德赠司空大辨正广智不空三藏行状》：初，

大师随外氏观风大国。生年十岁，周游巡历武威、太原。[①]

《大唐故大德开府仪同三司试鸿胪卿肃国公大兴善寺大广智三藏和上之碑》：早丧所天，十岁，随舅氏至武威郡。[②]

是年大事：

此年正月，定内外官出入制，选京官有才识者除都督、刺史；选都督、刺史有政迹者除京官，使出入常均，永为定式。

置左右教坊以教俗乐，命右骁卫将军范及为教坊使。又选乐工数百人，自教法曲于梨园，谓之"皇帝梨园弟子"，使宫中亦习之。

命有司沙汰僧尼，禁创佛寺。

正月，并州长史薛讷请击契丹，败绩。

二月，突厥默啜遣其子同俄特勒及妹夫火拔颉利发与石阿失毕将兵围北庭都护府（治庭州，今新疆乌鲁木齐县），都护郭虔瓘击破之。西突厥十姓酋长都担叛，三月，招慰十姓使兼碛西节度使阿史那献克碎叶等镇，擒斩都担，降其部落数万帐。四月，突厥可汗默啜复遣使求婚，十月，又遣使来，玄宗许以明岁迎公主（即蜀王女南和县主）。（西）突厥十姓胡禄屋诸部不欲臣默啜，诣北庭都护府请降，命都护郭虔瓘抚慰之。突厥默啜杀突骑施娑葛等。

---

① （唐）赵迁：《大唐故大德赠司空大辨正广智不空三藏行状》，《大正藏》50 册，第 292 页中。

② （唐）飞锡：《大唐故大德开府仪同三司试鸿胪卿肃国公大兴善寺大广智三藏和上之碑》，《大正藏》52 册，第 848 页中。

闰二月，以朔方军副大总管王晙兼安北大都护，令丰安、定远、三受降城及旁侧诸军皆受晙节度。安北都护府于多次迁徙后，至此徙定于中受降城（今内蒙古包头市南），置兵屯田。

闰二月，复置十道按察使，以益州长史陆象先等为之。

三月，毁武后天枢、韦后石台。

五月，吐蕃相坌达延，遗唐宰相书，请前朔方大总管解琬至河源，先正两国国界，然后结盟；六月，吐蕃使其宰相尚钦藏来献盟书。八月，吐蕃寇临洮，薛讷等大破之。十二月新置陇右节度大使，领十二州，以陇右防御副使郭知运为之，以便统一号令，防御吐蕃。

七月，始作兴庆宫、花萼楼。玄宗于诸兄弟但以衣食声色供养娱乐之，不任以官职，自后二百年遂无宗藩之乱。

九月，敕以岁稔伤农，令诸州修常平仓法。

十二月，立郢王嗣谦为皇太子。

唐玄宗开元六年（718），十四岁

于阇婆国见金刚智三藏而师事之。三藏授以《悉昙章》《波罗门语论》，辄背文而讽诵，克日而洞悟，三藏大奇。他日与授菩提心戒，引入金刚界大曼荼罗，验之掷花，知后大兴教法。遂随侍金刚智三藏渡海来华。

《大唐故大德赠司空大辨正广智不空三藏行状》：十三事大弘教，祖师道《悉谈章》《波罗门语论》，辄背文而讽诵，克日而洞悟，祖师大奇。他日与授菩提心戒，引入金刚界大曼荼罗，验之掷花，知有后矣。①

《大唐故大德开府仪同三司试鸿胪卿肃国公大兴善寺大广智三藏和上之碑》：十三，游太原府。寻入长安，以求出要。见大弘教金刚三藏，以为真吾师。初试教《悉昙章》，令诵梵经，梵言赊切，一闻无坠。便许入坛，授发菩提心戒。②

《贞元新定释教目录》：至开元六年岁在戊午，年甫十四，于阇婆国见弘教三藏金刚智而师事之。随侍南溟，乘航架险，惊波鼓浪，如影随形。③

《宋高僧传》：年十五，师事金刚智三藏，初导以梵本《悉昙章》及声明论，浃旬已通彻矣。师大异之，与受菩萨戒，引入金刚界大曼荼罗，验以掷花，知后大兴教法。④

谨按：不空大师最初师事金刚智三藏的时间、地点，文献典籍有三说。《大唐故大德赠司空大辨正广智不空三藏行状》作十三岁，《大唐故大德开府仪同三司试鸿胪卿肃国公大兴善寺大广智三藏和上之碑》作十

① （唐）赵迁：《大唐故大德赠司空大辨正广智不空三藏行状》，《大正藏》50 册，第 292 页中。
② （唐）飞锡：《大唐故大德开府仪同三司试鸿胪卿肃国公大兴善寺大广智三藏和上之碑》，《大正藏》52 册，第 848 页中。
③ （唐）圆照：《贞元新定释教目录》卷 15，《大正藏》55 册，第 881 页上。
④ （宋）赞宁：《宋高僧传》卷 1，中华书局，1987 年，第 7 页。

三岁在长安,《贞元新定释教目录》作开元六年十四岁在阇婆国,《宋高僧传》作十五岁。据大历六年十月十二日不空大师《三朝所翻经请入目录流行表》云:"不空爰自幼年承事先师大弘教三藏和尚,二十有四载,禀受瑜伽法门。"即是侍奉先师共二十四年。金刚智三藏圆寂于唐玄宗开元二十九年(741),可推不空大师初事三藏的时间为开元六年(718),彼时不空大师十四岁。且金刚智三藏于开元七年抵达广府,彼时尚在来华途中,故取《贞元录》之说。

是年大事:

此年正月,突厥毗伽可汗遣使请和,许之。二月,诏移蔚州(今山西灵丘县)横野军于(太行)山北,屯兵三万,为铁勒九姓之援。又命九姓五都督各出骑兵为前、后、左、右军讨击大使,皆受天兵军(驻并州)节度。

敕禁恶钱,定重二铢四分以上乃得用;收民间恶钱熔之,另铸合格钱。于是京城纷然,买卖殆绝。

宋璟为相,务在择人,抑缴幸,禁谄谀,随材授用,务使各称其职。

五月,契丹王李失活卒,失活从父弟娑固代统其众,唐遣使册立,仍令其袭兄之官爵。

八月,再颁《乡饮酒礼》于天下,令牧宰每年十二月行之。

八月,令州县官俸,均户出资。

十一月，吐蕃奉表请和，用敌国之礼，拒之。

日本沙门道慈返国，并仿唐长安西明寺之规模，于其国建大安寺。

诏太史监瞿昙悉达译西域历法。

唐玄宗开元七年（719），十五岁

落发出家。

《大唐故大德赠司空大辨正广智不空三藏行状》：十五初落发。①

《大唐故大德开府仪同三司试鸿胪卿肃国公大兴善寺大广智三藏和上之碑》：年甫十五，与出家焉。②

是年大事：

此年二月，葱岭西俱密等国为大食所侵，上表乞援。

三月，渤海王大祚荣卒。六月，玄宗遣左监门率吴思谦摄鸿胪卿，充使吊祭。

八月，敕父母丧服制仍从古礼。然士大夫议论犹不息，行之各从其意。

十月，册立突骑施苏禄为忠顺可汗，自后每年遣使朝献。

---

① （唐）赵迁：《大唐故大德赠司空大辨正广智不空三藏行状》，《大正藏》50 册，第 292 页中一下。

② （唐）飞锡：《大唐故大德开府仪同三司试鸿胪卿肃国公大兴善寺大广智三藏和上之碑》，《大正藏》52 册，第 848 页中。

始置剑南节度使，领益、彭等二十五州。

高僧慧日西游归国，献佛像及梵夹，玄宗召见，赐号慈愍三藏。

吐火罗国命解天文大慕阇来唐，请置一法堂，依本教供养。《景教碑考》谓此即是摩尼法师。

唐玄宗开元十二年（724），二十岁

于洛阳广福寺，依一切有部石戒坛受具足戒。

《大唐故大德赠司空大辨正广智不空三藏行状》：二十进具戒。[1]

《大唐故大德开府仪同三司试鸿胪卿肃国公大兴善寺大广智三藏和上之碑》：弱冠，从有部进具，成大苾刍，律相洞闲，知而不住。[2]

《唐大兴善寺故大弘教大辩正三藏和尚影堂碣铭并序》：弱冠受具，通三密法。[3]

《贞元新定释教目录》：十二年甲子，年方弱冠，于广福寺依一切有部石戒坛所而受近圆。[4]

---

[1]　（唐）赵迁：《大唐故大德赠司空大辨正广智不空三藏行状》，《大正藏》50册，第292页下。

[2]　（唐）飞锡：《大唐故大德开府仪同三司试鸿胪卿肃国公大兴善寺大广智三藏和上之碑》，《大正藏》52册，第848页中。

[3]　（唐）权德舆：《唐大兴善寺故大弘教大辩正三藏和尚影堂碣铭并序》，《新刊权载之文集》卷28，上海古籍出版社，1994年，第310页。

[4]　（唐）圆照：《贞元新定释教目录》卷15，《大正藏》55册，第881页上。

是年大事：

三月，起给事中杜暹为安西副大都护，碛西节度等使。

四月二十三日，命太史监南宫说等于黄河南北平地测量日晷及极星，各地同时于夏至日中立八尺之表候之。此乃世界第一次对地球子午线长度的实测。

六月，制听逃户自首，辟所在闲田，随宜收税，毋得差科征役，租庸一皆蠲免。仍以宇文融为劝农使，巡行州县，与吏民议定赋役，岁终增缗钱数百万，悉进入宫库。此系唐均田制与租庸调法之一变。

开元时与则天时相反，崇道而抑佛，禁造寺院、禁铸佛写经。六月，定僧尼试经之制。敕有司：试天下僧尼年六十以下者，限诵二百纸经，每一年限诵七十三纸，三年一试，落者还俗。

七月，突厥毗伽可汗再遣其臣哥解颉利发来求婚，唐借口其使者轻，礼数不备，未许婚。八月遣之还国。

七月，溪州（今湘西北龙山、永顺一带）蛮覃行璋起事，玄宗以监门卫大将军杨思勖为黔中道招讨使将兵击之，生擒行璋，斩首三万级。加思勖辅国大将军（勋阶正二品），宦官典兵逾三品自杨思勖始。

七月二十二日，废王皇后为庶人，移别室安置，后兄太子少保王守一贬死。十月，后卒，宫内皆思慕皇后不已，玄宗亦悔之。

群臣屡上表请封禅，玄宗喜而从之。闰十二月十二日，制以明年十一月十日有事于泰山。时张说首建封禅之议。

契丹王郁干病死，弟吐干袭兄官爵，复以燕郡公主
为妻。

玄宗柳婕好有妹嫁赵氏，创夹缬法，制为文锦，因献
王皇后一匹。玄宗赏之，遂推广其法。此系唐代工艺美术
之进步，亦系染色印花之始创。

唐玄宗开元十五年（727），二十三岁

向金刚智三藏求授瑜伽五部三密法，三年未遂，欲归天竺，宿于新丰旅舍。三藏夜梦京城诸寺佛菩萨像悉皆东行，惊悟令还，遂授与五部灌顶、护摩、阿阇黎法及《大日经》、悉地仪轨等，尽传付之。

《大唐故大德赠司空大辨正广智不空三藏行状》：后于祖师处，哀祈瑜伽五部三密，求之三载，未遂夙心。为法之故，欲归天竺。是日宿于新丰逆旅，祖师此夜偶然而梦，京城诸寺佛菩萨像悉皆东行。忽而惊悟，令疾命还。及闻回至，祖师大喜："我之法藏，尽将付汝。"次于他晨，为与传授五部之法，灌顶护摩、阿阇黎教、《大日经》、悉地仪轨、诸佛顶部、众真言行，一一传持，皆尽其妙。①

《大唐故大德开府仪同三司试鸿胪卿肃国公大兴善寺大

---

① （唐）赵迁：《大唐故大德赠司空大辨正广智不空三藏行状》，《大正藏》
　　50 册，第 292 页下。

广智三藏和上之碑》：将欲学声明论，穷瑜伽宗，以白先师。师未之许，夜梦佛菩萨像悉皆来行，乃曰："我之所梦，法藏有付矣。"遂授以三密，谈于五智。十二年功，六月而就。[1]

《宋高僧传》：欲求学新瑜伽五部三密法，涉于三载，师未教诏。空拟回天竺，师梦京城诸寺佛菩萨像皆东行，寐寤乃知空是真法器，遂允所求。授与五部灌顶、护摩、阿阇梨法及《毗卢遮那经》《苏悉地轨则》等，尽传付之。[2]

是年大事：

九月，吐蕃大将悉诺逻欲雪青海一败之耻，乃率部将莽布支攻陷瓜州（今甘肃玉门市之西），执唐刺史田元献及王君㚟之父寿，进攻玉门军（今甘肃玉门市之北）。独攻常乐（今甘肃安西县之南）不下。

九月，王君㚟奏流铁勒四都督于岭外。

闰九月，突厥毗伽可汗遣其大臣梅录啜来朝，献名马三十匹。时吐蕃与毗伽书，私约与毗伽同时入寇，毗伽并献其书。玄宗嘉其诚，宴梅录啜于紫宸殿，厚予赏赐。且许于朔方军西受降城为互市之所，每年赍缣帛数十万匹以易戎马，由是国马益壮。

闰九月，吐蕃赞普与突骑施苏禄可汗共围安西城（今新疆库车市），安西副大都护赵颐贞击破之。

---

[1] （唐）飞锡：《大唐故大德开府仪同三司试鸿胪卿肃国公大兴善寺大广智三藏和上之碑》，《大正藏》52册，第848页中—下。

[2] （宋）赞宁：《宋高僧传》卷1，中华书局，1987年，第7页。

十月，朝廷以朔方节度使萧嵩为河西节度使。嵩引刑部员外郎裴宽为判官，与王君㚟判官牛仙客俱掌军政，人心渐安。悉诺逻威名甚盛，萧嵩纵反间于吐蕃，云悉诺逻与中国通谋，吐蕃赞普召而诛之，于是吐蕃势力少衰。

报状兴起，系由朝廷（如中书省）主办，逐日逐条抄录、向外公布的原始形态报纸，可视为中国报纸的萌芽。

唐玄宗开元十八年（730），二十六岁

金刚智三藏于资圣寺荐福道场译出《金刚顶经曼殊室利菩萨五字心陀罗尼品》一卷、《观自在如意轮菩萨瑜伽法要》一卷，大师担任译语。

《大唐故大德赠司空大辨正广智不空三藏行状》：善一切有部律，晓诸国语，识异国书。先翻经，常使译语，对唐梵之轻重，酌文义之精华。[1]

《贞元新定释教目录》：自此听习律仪，唐梵经论，随师译语，稍得精通。随驾两京，应诏翻译，不离左右。[2]

《宋高僧传》：洎登具戒，善解一切有部，谙异国书语。师之翻经，常令共译。[3]

---

① （唐）赵迁：《大唐故大德赠司空大辨正广智不空三藏行状》，《大正藏》50 册，第 292 页下。
② （唐）圆照：《贞元新定释教目录》卷 15，《大正藏》55 册，第 881 页上。
③ （宋）赞宁：《宋高僧传》卷 1，中华书局，1987 年，第 7 页。

是年大事：

此年二月，以国家富庶，公务趋简，许百官于春月旬休时，得自选胜地，自行宴乐。玄宗有时御花萼楼，邀百官归骑留饮，迭使起舞，君臣同乐，尽欢而去。

三月，复给京官职田。

四月，筑京城外郭，九旬而毕。

吏部尚书裴光庭奏用"循资格"，重视年资，论资排辈。当时庸愚之辈皆喜，而才俊之士则无不怨叹。

五月，契丹可突干弑其王邵固，帅其国人并胁奚众叛降突厥。

吐蕃赞普因败，遣使致书于境上求和，自是吐蕃复称臣附款。

十月，护蜜（在当时吐火罗之东，今巴基斯坦之北）国王罗真檀来朝，留宿卫。

天下奏死罪止二十四人。

十一月，西突厥突骑施苏禄可汗遣使入贡，玄宗宴之于丹凤楼；东突厥毗伽可汗使者亦与会。

唐玄宗开元二十八年（740），三十六岁

五月五日，于荐福寺御道场内奉诏翻译《大乘瑜伽金刚性海曼殊室利千臂千钵大教王经》，沙门惠超笔受。至十二月十五日译讫。

《佛祖历代通载》：沙门惠超于五台乾明寺录出大广智三藏不空所译《大乘瑜伽金刚性海曼殊室利千臂千钵大教王经》，其序文曰：……至开元二十八载岁次庚辰，四月十五，闻奏开元圣上皇于荐福御道场内。至五月五日奉诏译经，卯时焚烧香火，起首翻译。三藏演梵本，惠超笔授《大乘瑜伽千臂千钵曼殊室利经》法教，十二月十五日才讫。①

是年大事：

三月，剑南节度使章仇兼琼潜与安戎城中吐蕃翟都局及维州（今四川理县东北）别驾董承晏结谋，使翟都局为内应，开门引唐兵，入安戎城，尽杀吐蕃将卒，使监察御史许远将兵镇守。六月，吐蕃围安戎城。十月，吐蕃攻安戎城及维州。发关中骁骑救之。吐蕃引退。改安戎城为平戎城。

三月二十八日，盖嘉运入朝献捷。唐玄宗赦突骑施可汗吐火仙之罪，以为左金吾大将军。并应嘉运之请，立阿史那怀道之子阿史那昕为十姓可汗，统御其众。四月十五日，以昕妻李氏为交河公主。玄宗因盖嘉运平突骑施有功，迁为河西、陇右节度使，使经略吐蕃。

突骑施酋长莫贺达干率诸部叛唐。唐玄宗乃立莫贺达干为可汗，使统突骑施之众，并命盖嘉运招谕之。十二月

---

① （元）念常：《佛祖历代通载》卷18，（台北）新文丰出版公司，1975年，第251—252页。

三日，莫贺达干降唐。

十二月，金城公主卒于吐蕃，吐蕃遣使告丧，并请与唐和好，玄宗不许。

唐玄宗开元二十九年（741），三十七岁

秋，金刚智三藏奉诏归国，大师随侍。行至洛阳广福寺，三藏示疾而终。影塔既成，奉先师遗言及诏命，率僧弟子含光、惠辩并俗弟子李元琼等，赍国信往天竺请经求法。

《大唐故大德赠司空大辨正广智不空三藏行状》：后数年，祖师奉诏归国，大师随侍，至河南府，祖师示疾而终。是时开元二十九年仲秋矣。影塔既成，以先奉先师遗言，令往师子国。①

《大唐故大德开府仪同三司试鸿胪卿肃国公大兴善寺大广智三藏和上之碑》：至开元二十九年秋，先师厌代。入塔之后，有诏令赍国信，使师子国。②

《贞元新定释教目录》：至十九年辛未，天恩下降，弘教三藏及弟子等放还本乡。出自西京，至于东洛，大师遘疾，遂致薨焉，即其年八月十五日也。卜择吉日，安葬龙

---

① （唐）赵迁：《大唐故大德赠司空大辨正广智不空三藏行状》，《大正藏》50 册，第 292 页下。

② （唐）飞锡：《大唐故大德开府仪同三司试鸿胪卿肃国公大兴善寺大广智三藏和上之碑》，《大正藏》52 册，第 848 页下。

门。饮血茹茶，衔哀啜泣，如犊失母，斯其喻焉。制命有限，难以久停。拜辞坟茔，即赴前所。[1]

《秘密曼荼罗教付法传》：开元二十九年秋，先师入塔之后，有诏为请大本《金刚顶经》及大本《毗卢遮那经》等最上乘教，差和上及弟子僧含光、惠辩并俗弟子李元琮等，令赍国信，使南天竺龙智阿阇黎所。[2]

《宋高僧传》：厥后师往洛阳，随侍之际，遇其示灭，即开元二十年矣。影堂既成，追谥已毕，曾奉遗旨，令往五天并师子国，遂议遐征。[3]

是年大事：

此年正月，下制改赈饥之法，委州县长官与采访使，遇有饥馑，可先开仓赈济，然后奏闻。

玄宗梦玄元皇帝老子，得老子像于鄠屋（今陕西周至县）楼观山间，四月迎置兴庆宫，五月命画玄元皇帝真容，分置诸州开元观。下制两京诸州各置玄元皇帝庙及崇玄学，置生徒令习《老子》《庄子》《列子》《文子》，每年准明经例考试。

六月，吐蕃四十万众入寇安人军（今青海湟源县西北），浑崖峰骑将臧希液帅众五千破之。十二月，吐蕃屠达仕县（今青海贵德县东），陷唐石堡城（今青海西宁市西南）。

---

① （唐）圆照：《贞元新定释教目录》卷15，《大正藏》55册，第881页上。
② ［日］空海：《弘法大师全集》卷1，（东京）吉川弘文馆，1910年，第20页。
③ （宋）赞宁：《宋高僧传》卷1，中华书局，1987年，第7页。

七月，玄宗乘突厥内乱，命左羽林将军孙老奴招谕回纥、葛逻禄与拔悉密等部落。

平卢兵马使安禄山善于奉迎，人多称之。玄宗左右至平卢者，禄山皆重赂收买。八月，以安禄山为营州（今辽宁朝阳市）都督，充平卢军使，两蕃、渤海、黑水四府经略使。

唐玄宗天宝元年（742），三十八岁

至南海郡，应采访使刘巨鳞恳请，于法性寺建立灌顶道场，度人百千万众。十二月，率弟子含光、惠辩等僧俗二十一人登昆仑舶启程。举州士庶大会，奉送数百里。

《大唐故大德赠司空大辨正广智不空三藏行状》：至天宝初，到南海郡，信舶未至，采访刘巨鳞三请大师，哀求灌顶。我师许之，权于法性寺建立道场。因刘公也，四众咸赖，度人亿千。大师之未往也，入曼荼罗，对本尊像，金刚三密以加持，念诵经行，未逾旬日，文殊师利现身。因诚大愿不孤，夙心已遂，便率门人含光、惠辩，僧俗三七，杖锡登舟。采访已下，举州士庶大会，陈设香花，遍于海浦，蠡梵栝于天涯，奉送大师，凡数百里。[①]

---

① （唐）赵迁：《大唐故大德赠司空大辨正广智不空三藏行状》，《大正藏》50 册，第 292 页下。

《贞元新定释教目录》：年始三十，遭此险艰。渐届广州，附舶前进。[①]

《宋高僧传》：初至南海郡，采访使刘巨邻恳请灌顶，乃于法性寺相次度人百千万众。空自对本尊祈请旬日，感文殊现身。及将登舟，采访使召诫番禺界蕃客大首领伊习宾等曰："今三藏往南天竺师子国，宜约束船主，好将三藏并弟子含光、慧辩等三七人、国信等达彼，无令疏失。"二十九年十二月，附昆仑舶离南海。[②]

是年大事：

正月初一，玄宗御勤政楼，受朝贺，赦天下，改元天宝。

是时唐王朝共有州三百三十一，羁縻州八百。为了抵御周边少数民族的侵扰，在沿边各地陆续设置了十节度、经略使，募兵戍边，边防节镇将领的权力增大，形成了内轻外重的局面。各节镇兵总共四十九万人，马八万余匹。在开元以前，每年供边兵衣粮费不过二百万；天宝年间，边兵增多，大大加重了人民的负担。

玄宗晚年昏庸，崇奉道教，于函谷关（今河南灵宝市）尹喜台旁求得老子灵符。群臣上表，以为函谷灵符，潜应年号。二月十五日，玄宗于玄元庙享老子，赦天下罪人。然此符实为陈王府参军田同秀欺上惑下而伪造。

---

① （唐）圆照：《贞元新定释教目录》卷 15，《大正藏》55 册，第 881 页上。
② （宋）赞宁：《宋高僧传》卷 1，中华书局，1987 年，第 7 页。

三月，以长安令韦坚为陕郡（今河南三门峡、陕县一带）太守，领江、淮租庸转运使。陕郡为江、淮漕米北运长安的转运站，故韦坚以陕郡太守兼之。随着唐朝军需民食的增加，因关中地狭，产粮不敷食用，愈来愈仰给于盛产粮食的江淮地区。天宝年间，玄宗好大喜功，朝廷上下奢侈成风，故韦坚等人，竞以利进，玄宗使督江淮租运，岁增巨万。

李林甫为相，嫉贤妒能，凡才望功业在己之上，为玄宗所亲厚者，定设法去之。世人谓其"口有蜜，腹有剑"。

八月十五日，突厥西叶护阿布思及西杀葛腊哆、默啜孙勃德支、伊然小妻与毗伽登利之女等，帅部众千余帐来降。九月三日，玄宗在花萼楼宴突厥降者，赏赐甚厚。

十二月，陇右节度使皇甫惟明奏破吐蕃大岭军；二十七日，又奏破青海道莽布支营三万余众，斩获五千余。二十九日，河西节度使王倕奏破吐蕃渔海及游弈等军。

回纥叶护骨力裴罗遣使入贡，唐赐爵为奉义王。

玄宗下诏号庄子为南华真人、文子为通玄真人、列子为冲虚真人、庚桑子为洞虚真人，其四子所著书改为"真经"。

唐玄宗天宝二年（743），三十九岁

至诃陵国界，遇大黑风及大鲸出海，诵大随求陀罗尼，并令惠辩诵《娑竭罗龙王经》，风静海澄，

众难俱息。

《大唐故大德赠司空大辨正广智不空三藏行状》：初至诃陵国界，遇大黑风，众商惶怖，作本天法，禳之无效，稽首膜拜，哀求大师。惠辩小师，亦随恸叫。大师告曰："今吾有法，尔等勿忧。"遂右执五智菩提心杵，左持《般若佛母经》，申作法加持，诵大随求。才经一遍，惠辩亦怪之，风优海澄，师之力也。后又遇疾风，大鲸出海，喷浪若山，有甚前患。商人之辈甘心输命，大师哀悯，如旧念持，亦令惠辩诵《娑竭罗龙王经》。未移时克，众难俱弭。①

《大唐故大德开府仪同三司试鸿胪卿肃国公大兴善寺大广智三藏和上之碑》：白波连山，巨鳞横海，洪涛淘涌，猛风振激。凡诸难起，奋金刚杵，讽随求章，辟灾静然，船达彼国矣。弟子僧含光、慧辩皆目击焉。②

《唐大兴善寺故大德大辨正广智三藏和尚碑铭并序》：南海半渡，天吴鼓骇，以定力对之，未移晷而海静无浪。③

抵达海口城，师子国王尸罗迷伽遣使迎请入宫，供养七日，每日以真金器沐浴大师，肘步问安。王诸眷属、宰辅大臣，备尽虔敬。便令安置于佛牙寺。

---

① （唐）赵迁：《大唐故大德赠司空大辨正广智不空三藏行状》，《大正藏》50册，第292页下—293页上。
② （唐）飞锡：《大唐故大德开府仪同三司试鸿胪卿肃国公大兴善寺大广智三藏和上之碑》，《大正藏》52册，第848页下。
③ （唐）严郢：《唐大兴善寺故大德大辨正广智三藏和尚碑铭并序》，《大正藏》52册，第860页中。

《大唐故大德赠司空大辨正广智不空三藏行状》：次达海口城，师子国王遣使迎之。大师见王，王大悦，便请大师住宫，七日供养。每日常以真金浴斛，满贮香水，王为大师躬自澡浴。次及太子、后妃、辅相，如王礼大师。①

《大唐故大德开府仪同三司试鸿胪卿肃国公大兴善寺大广智三藏和上之碑》：师子国王郊迎宫中，七日供养。以真金器沐浴大师，肘步问安，以存梵礼。王诸眷属，宰辅大臣，备尽虔敬。②

《贞元新定释教目录》：未逾一年，到师子国。王闻唐使，礼接殊常，便令安置于佛牙寺。③

《宋高僧传》：既达师子国，王遣使迎之。将入城，步骑羽卫，骈罗衢路。王见空，礼足请住宫中，七日供养。日以黄金斛满盛香水，王为空躬自洗浴；次太子、后妃、辅佐，如王之礼焉。④

遇普贤阿阇黎（龙智），即授以十八会金刚顶瑜伽十万颂经、大毗卢遮那大悲胎藏十万颂经并五部灌顶、真言秘典、经论梵夹五百余部。金刚界及胎藏界两部大曼荼罗法并尊样图等，悉蒙指授。

---

① （唐）赵迁：《大唐故大德赠司空大辨正广智不空三藏行状》，《大正藏》50 册，第 293 页上。

② （唐）飞锡：《大唐故大德开府仪同三司试鸿胪卿肃国公大兴善寺大广智三藏和上之碑》，《大正藏》52 册，第 848 页下。

③ （唐）圆照：《贞元新定释教目录》卷 15，《大正藏》55 册，第 881 页上—中。

④ （宋）赞宁：《宋高僧传》卷 1，中华书局，1987 年，第 8 页。

《大唐故大德赠司空大辨正广智不空三藏行状》：他日寻普贤阿阇黎等，奉献金宝、锦绣之属，请开十八会金刚顶瑜伽法门、毗卢遮那大悲胎藏，建立坛法，并许门人含光、惠辩，同授五部灌顶。大师自尔觉无常师，遍更讨寻诸真言教，并诸经论五百余部，本三昧诸尊密印、仪形色像、坛法标帜、文义性相，无不尽源。①

《大唐故大德开府仪同三司试鸿胪卿肃国公大兴善寺大广智三藏和上之碑》：其国有普贤阿遮梨圣者，位邻圣地，德为时尊。从而问津，无展乃诚，奉献金贝宝，曰："吾所宝者心也，非此宝也。"寻即授以十八会金刚顶瑜伽并毗卢遮那大悲胎藏、五部灌顶真言，秘典经论梵夹五百余部，金以为得其所传也。②

《三藏和上影赞并序》：先师既殁，和上遂泛海游天竺、师子等国，诣龙智阿阇梨，更得瑜伽十八会法。五部秘藏，三乘遗典，莫不究其精奥焉。③

《唐大兴善寺故大德大辨正广智三藏和尚碑铭并序》：和尚又西游天竺、师子等国，诣龙智阿阇梨，扬攉十八会法。④

《贞元新定释教目录》：因兹重学秘密总持，三密护身

---

① （唐）赵迁：《大唐故大德赠司空大辨正广智不空三藏行状》，《大正藏》50 册，第 293 页上。

② （唐）飞锡：《大唐故大德开府仪同三司试鸿胪卿肃国公大兴善寺大广智三藏和上之碑》，《大正藏》52 册，第 848 页下。

③ （唐）严郢：《三藏和上影赞并序》，《大正藏》52 册，第 847 页上。

④ （唐）严郢：《唐大兴善寺故大德大辨正广智三藏和尚碑铭并序》，《大正藏》52 册，第 860 页中。

五部契印、曼荼罗法三十七尊、瑜伽护摩，备皆精练。经余三岁，寝食无安。①

《贞元新定释教目录》：大师殁后，还诣五天，梵本瑜伽备皆披阅，周游遍览。②

《两部大法相承师资付法记》：大兴善寺三藏和尚从大和尚金刚智三藏，传授金刚界法已，复恐大教未圆，自往南天竺国，亲礼长年普贤阿阇梨，重更谘受金刚界五部百千颂法，将得十万偈经。③

国王作调象戏以试，大师结佛眼印，住慈心定，诵真言以却之。其象颠仆，不能前进。又游五印度境，履彰瑞应。

《大唐故大德赠司空大辨正广智不空三藏行状》：他日王作调象戏以示国人，登高望之，无敢近目。大师密诵佛眼真言，并结大印，住于慈定，当衢而立。狂象十余，数步之内，顿倒忙走，举国奇之。又游五天，巡历诸国，事迹数繁，阙而不记。④

《大唐故大德开府仪同三司试鸿胪卿肃国公大兴善寺大广智三藏和上之碑》：他日，王作调象戏以试大师。大师结佛眼印，住慈心定，诵真言门以却之。其象颠仆，不能前

---

① （唐）圆照：《贞元新定释教目录》卷15，《大正藏》55册，第881页中。
② 同上，卷16，第889页下—890页上。
③ （唐）海云：《两部大法相承师资付法记》卷下，《大正藏》51册，第786页下。
④ （唐）赵迁：《大唐故大德赠司空大辨正广智不空三藏行状》，《大正藏》50册，第293页上。

进，王甚敬异。①

《唐大兴善寺故大德大辨正广智三藏和尚碑铭并序》：西域隘巷，狂象奔突，以慈眼视之，不旋踵而象伏不起。②

是年大事：

此年正月，安禄山入朝。

江淮南租庸等使韦坚为聚江淮运船，引浐水至禁苑望春楼下为潭。又役夫匠通漕渠，自江淮至京城，人民怨声载道。三月，玄宗幸望春楼观新潭，韦坚集新船数百艘，各榜郡名，并陈各郡中珍宝于船背。四月，加韦坚左散骑常侍，并名其潭曰广运。

追尊老子为大圣祖玄元皇帝，改两京崇玄学为崇玄馆，置大学士一人，以宰相为之，领两京玄元宫及道观。

唐玄宗天宝五载（746），四十二岁

还归长安，进师子国王上表及诸贡品，敕令权住鸿胪寺。续诏入内建立曼荼罗，为玄宗皇帝授五部灌顶，并许令译经。后移居净影寺。

《三朝所翻经请入目录流行表》：天宝五载，却至上都，

---

① （唐）飞锡：《大唐故大德开府仪同三司试鸿胪卿肃国公大兴善寺大广智三藏和上之碑》，《大正藏》52 册，第 848 页下。

② （唐）严郢：《唐大兴善寺故大德大辨正广智三藏和尚碑铭并序》，《大正藏》52 册，第 860 页中。

奉玄宗皇帝恩命，于内建立道场，所赍梵经，尽许翻译。①

《大唐故大德赠司空大辨正广智不空三藏行状》：天宝五载，还归上京，进师子国王尸罗迷伽表，及金璎珞、《般若》梵甲、诸宝白氎等，奉敕令权住鸿胪寺。他日有诏，请大师入内，建立曼荼罗，为玄宗皇帝授五部灌顶。是年移住净影寺。②

《大唐故大德开府仪同三司试鸿胪卿肃国公大兴善寺大广智三藏和上之碑》：至天宝六载，自师子国还。玄宗延入建坛，亲授灌顶，住净影寺。③

《贞元新定释教目录》：时彼国王稽首来请，凭献方物，往至大唐，所谓七宝、灯树、花继、药草、沈檀、龙脑等，并自所获《金刚顶瑜伽经》及大小乘论梵夹，与一小使弥陀。天宝五年岁在庚戌，还至阙下，恩旨遂令居净影寺。四事祇给，出自天心。宰辅近臣，往来接武。奉诏翻译，开灌顶坛。士庶星驰，呈疑问道。④

谨按：大师自南天竺归国的时间，自著《三朝所翻经请入目录流行表》及《大唐故大德赠司空大辨正广智不空三藏行状》《贞元新定释教目录》作天宝五载，《大唐故大德开府仪同三司试鸿胪卿肃国公大兴善

---

① （唐）圆照：《代宗朝赠司空大辨正广智三藏和上表制集》卷3，《大正藏》52册，第840页上。

② （唐）赵迁：《大唐故大德赠司空大辨正广智不空三藏行状》，《大正藏》50册，第293页上。

③ （唐）飞锡：《大唐故大德开府仪同三司试鸿胪卿肃国公大兴善寺大广智三藏和上之碑》，《大正藏》52册，第848页下。

④ （唐）圆照：《贞元新定释教目录》卷15，《大正藏》55册，第881页中。

寺大广智三藏和上之碑》作天宝六载。当以大师自著
为准。

是年祈雨、止风、禳星，皆得效验。玄宗赐紫
袈裟，亲为披摚，恩命号为"智藏"。

《大唐故大德赠司空大辨正广智不空三藏行状》：是岁
也，终夏愆阳，帝请大师入内祈雨，制日时不得赊，雨不得
暴。大师奏《大孔雀明王经》坛法，未尽三日，膏泽弥洽。
皇帝大悦，自持宝箱，赐大师紫袈裟，帝为披摚，并赐绢二
百匹。后有大风卒起，敕令大师止风。大师请一银瓶，作加
持法，须臾风止，帝殊器重。后有池鹅误触瓶倒，风击如
前。敕令再止，随止随效，帝倍加敬，恩命号为智藏。①

《大唐故大德开府仪同三司试鸿胪卿肃国公大兴善寺大
广智三藏和上之碑》：于时愆亢，纳虑于隍，大师结坛应
期，油云四起，霈然洪澍。遂内出宝箱，赐紫袈裟一副、
绢二百匹，以旌神用。或大风拔树之灾，妖星失度之沴，
举心默念，如影响焉。②

《唐大兴善寺故大弘教大辩正三藏和尚影堂碣铭并序》：
若岁大旱，实作霖雨。内出方袍之锡，犹命服焉。③

《酉阳杂俎》：梵僧不空，得总持门，能役百神，玄宗敬

---

① （唐）赵迁：《大唐故大德赠司空大辨正广智不空三藏行状》，《大正藏》
　　50册，第293页上。

② （唐）飞锡：《大唐故大德开府仪同三司试鸿胪卿肃国公大兴善寺大广智
　　三藏和上之碑》，《大正藏》52册，第848页下。

③ （唐）权德舆：《唐大兴善寺故大弘教大辩正三藏和尚影堂碣铭并序》，
　　《新刊权载之文集》卷28，上海古籍出版社，1994年，第310页。

之。岁常旱，上令祈雨，不空言："可过某日，今祈之，必暴雨。"上乃令金刚三藏设坛请雨。连日暴雨不止，坊市有漂溺者，遽召不空，令止之。不空遂于寺庭中，捏泥龙五六，当溜水，胡言骂之。良久，复置之，乃大笑。有顷，雨霁。

玄宗又尝召术士罗公远与不空同祈雨，互校功力。上俱召问之，不空曰："臣昨焚白檀香龙。"上令左右掬庭水嗅之，果有檀香气。……不空每祈雨，无他轨则，但设数绣座，手簸旋数寸木神，念咒掷之，自立于座上。伺木神吻角牙出目瞋，则雨至。[①]

是年大事：

李林甫兴狱，构陷异己韦坚、皇甫惟明等结谋共立太子，上言韦坚与左相李适之等为朋党，凡韦坚亲党坐流贬者数十人。

正月，以王忠嗣为河西、陇右节度使，兼知朔方（今宁夏）、河东节度事。请分朔方、河东马九千匹以充实二镇，其兵亦壮。忠嗣领四镇，控制万里，天下劲兵重镇，皆在掌握。与吐蕃战于青海（今青海青海湖）、碛石（今青海贵德县），皆获大胜。又讨吐谷浑于墨离军（今甘肃玉门市西北），俘其全部而还。

四月一日，立奚酋长娑固为昭信王，契丹酋长楷洛为恭仁王。

---

① （唐）段成式：《酉阳杂俎·前集卷三》，中华书局，2018 年，第 102—103 页。

四月，以门下侍郎、崇玄馆大学士陈希烈同平章事。李林甫因希烈为玄宗所宠爱，且柔佞易制，所以引以为相。凡政事皆决于林甫，希烈但唯诺不置一词。军国大事皆决于私第，希烈书名而已。

杨贵妃为玄宗所宠爱，乘马时则宦官高力士执辔授鞭，织绣之工专供贵妃院者至七百人，中外皆趋炎附势，争献器物服饰珍宝。七月，贵妃以妒悍不逊，触怒玄宗，遂命送归兄杨铦之第。但是日，玄宗心情闷闷不乐，至晚，力士奏玄宗请迎贵妃归院，遂开禁门而入。从此恩宠愈隆。

唐玄宗天宝八载（749），四十五岁

恩旨放归本国，路次染疾，寄止韶州。扶疾翻译，日夜精勤，手不释卷。

《大唐故大德赠司空大辨正广智不空三藏行状》：八载，恩旨许归本国，垂驿骑之五匹，到南海郡，后敕令且住。[1]

《贞元新定释教目录》：九载己丑，复有恩旨，放令劫归。发自京都，路次染疾，不能前进，寄止韶州。日夜精勤，卷不释手，扶疾翻译，为国为家。[2]

谨按：《大唐故大德赠司空大辨正广智不空三藏行状》为大师俗弟子赵迁所撰，《贞元新定释教目录》为

---

[1] （唐）赵迁：《大唐故大德赠司空大辨正广智不空三藏行状》，《大正藏》50 册，第 293 页上。

[2] （唐）圆照：《贞元新定释教目录》卷 15，《大正藏》55 册，第 881 页中。

释圆照于唐德宗贞元十六年所撰，故年份从《行状》之说。

是年大事：

二月十三日，玄宗引百官观左藏库，各赐帛有差。是时天下太平，州县殷富，仓库所积粟帛，动以万计。杨钊奏藏库充实，古今罕见，故玄宗帅群臣观看，并赐杨钊紫衣金鱼带以赏其聚敛之功。玄宗因国用充足，视金帛如粪土，赏赐臣下及贵宠之家，无有极限。

三月，朔方节度使张齐丘于中受降城西北五百余里木刺山筑横塞军（今内蒙古乌拉特中旗西北），以振远军（今内蒙古托克托县）使郑（今陕西渭南市华州区）人郭子仪为横塞军使。

四月，咸宁（今陕西宜川县）太守赵奉璋上言告奸相李林甫罪二十余条。状纸未到，林甫已知，遂使御史逮捕其人，责其妖言惑众，然后杖杀之。

五月十日，李林甫奏停折冲府上下鱼书，标志着府兵制彻底破坏。此后府兵徒有其官吏，兵士、马匹、武器等耗散都尽。其折冲、果毅等官员，又多年不迁升，士大夫耻为之。

六月，玄宗命陇右节度使哥舒翰帅陇右、河西及突厥阿布思兵，朔方、河东兵，总共六万三千，攻吐蕃石堡城（今青海西宁市西南），拔之，俘获吐蕃铁刃悉诺罗等四百人，但唐兵士卒死者达数万人。然后以石堡城为神武军。

八月十四日，护密王罗真檀入朝，欲不归，请留宿卫，玄宗许之，拜为左武卫将军。

十一月五日，吐火罗叶护失里怛伽罗遣使上表云，揭师王依附于吐蕃，苦小勃律镇军阻其运粮之道，请发安西兵，破此凶徒。玄宗许之。

唐玄宗天宝十二载（753），四十九岁

敕令赴河西节度使御史大夫哥舒翰所请，前往河西边陲，福佑疆埸。途经长安，止保寿寺，制使劳问，四事供养。

《大唐故大德赠司空大辨正广智不空三藏行状》：十二载，敕令赴河陇节度御史大夫哥舒翰所请。[①]

《贞元新定释教目录》：至癸巳天宝十二载，河西节度使御史大夫西平郡王哥舒翰奏，不空三藏行次染患，养疾韶州，令河西边陲，请福疆埸。上依所请，敕下韶州。追赴长安，止保寿寺。制使劳问，锡赉重重，四事祇供，悉皆天赐。憩息逾月，令赴河西。[②]

是年大事：

旧制，兵部与吏部尚书知政事者，选事悉委侍郎以下，

---

① （唐）赵迁：《大唐故大德赠司空大辨正广智不空三藏行状》，《大正藏》50册，第293页中。
② （唐）圆照：《贞元新定释教目录》卷15，《大正藏》55册，第881页中。

仍由门下省审。及杨国忠以宰相领文部尚书，乃遣令史先于己之私第密定选人之名。所选之人资格差缪甚众，但无人敢于申说。于是门下省不再过官，侍郎只掌试判。

杨国忠使人说安禄山，诬李林甫与阿布思共同谋反，禄山就派阿布思部落所降者至朝廷，诬告李林甫与阿布思曾约为父子。玄宗信之，派吏按问，林甫婿谏议大夫杨齐宣惧国忠威势，怕被连累，遂附国忠意而证其事。二月十一日，玄宗下制削林甫官爵，子孙有官者都除名，流于岭南及黔中。林甫近亲及党与坐贬者五十余人。又剖林甫棺木，抉取其口中所含珠，褫夺其金紫衣，更以小棺如庶人之礼葬之。

五月，突厥阿布思被回纥兵所破，安禄山乘机诱降其部落，由是禄山精兵，天下无敌。九月，北庭都护程千里追阿布思至碛西（今新疆库车市），写信告葛逻禄，使其接应。阿布思被迫归降葛逻禄，葛逻禄叶护执其妻子以及部下数千人送程千里。九月十六日，唐加葛逻禄叶护顿毗伽为开府仪同三司，赐爵金山王。

安禄山以李林甫狡猾逾己，故畏服之。林甫死后，杨国忠为相，禄山卑视之，于是二人有隙。国忠屡在玄宗前言禄山有反心，玄宗不听。杨国忠知哥舒翰与安禄山有矛盾，欲厚结翰共排安禄山，遂奏以哥舒翰兼河西节度使。八月三十日，玄宗又赐翰西平郡王爵。

十月十一日，玄宗幸华清宫。杨贵妃姊三人随从车驾，先会于杨国忠宅第。杨氏五家，队各为一色衣裳以相区别，五家合队，灿烂如云锦。车马仆从，充满数坊之地，锦绣珠玉，鲜艳夺目。

安西节度使封常清击大勃律，至菩萨劳城，遂大败之，受降而返。

唐玄宗天宝十三载（754），五十岁

抵达武威，住开元寺。立大道场，节度使及幕僚士庶等数千人皆受灌顶。与僧弟子含光、俗弟子李元琮，授五部灌顶、金刚界大曼荼罗法，诚心所致，道场地为之大动。并译《金刚顶一切如来真实摄大乘现证大教王经》三卷、《菩提场所说一字顶轮王经》五卷、《一字顶轮王瑜伽经》一卷、《一字顶轮王念诵仪轨》一卷。又承余隙，兼译小经。

《大唐故大德赠司空大辨正广智不空三藏行状》：十三载到武威，住开元寺。节度已下，至于一命，皆授灌顶。士庶之类数千人众，咸登道场。与僧弟子含光，授五部法。次与今之功德使开府李元琮，授五部灌顶，并授金刚界大曼荼罗。是日也，道场地大动，大师感而谓曰："此即汝心之诚所致也。"①

---

① （唐）赵迁：《大唐故大德赠司空大辨正广智不空三藏行状》，《大正藏》50 册，第 293 页中。

《大唐故大德开府仪同三司试鸿胪卿肃国公大兴善寺大广智三藏和上之碑》：至十三载，有敕令往武威。趣节度使哥舒翰请，立大道场，与梵僧含光并俗弟子开府李元琮等，授五部灌顶、金刚界大曼荼罗法。时道场地为之大动，有业障者，散花不下，上着子盖，犹如群蜂味之香蕊，不能却之，事讫方坠。何神之若此耶！①

《贞元新定释教目录》：至武威城，住开元寺。节度使迎候，是物皆供。请译佛经，兼开灌顶。演瑜伽教，置茶罗，使幕官寮咸皆谘受，五部三密灵往实归。时西平王为国请译《金刚顶一切如来真实摄大乘现证大教王经》三卷，行军司马礼部郎中李希言笔受。又译《菩提场所说一字顶轮王经》五卷，及《一字顶轮王瑜伽经》一卷，并《一字顶轮王念诵仪轨》一卷，并节度判官监察侍御史田良丘笔受。又承余隙，兼译小经。②

是年大事：

正月三日，安禄山入朝。杨国忠与太子知安禄山必反，言于玄宗，不听。正月十日，加禄山左仆射。禄山预谋反叛，乞不限常格，超资加赏部将，欲以此收将士之心。三月一日，安禄山辞归范阳，玄宗解御衣赐之。从此凡有告安禄山反者，玄宗皆缚送范阳，于是人皆知禄山要反，但无人敢说。

---

① （唐）飞锡：《大唐故大德开府仪同三司试鸿胪卿肃国公大兴善寺大广智三藏和上之碑》，《大正藏》52 册，第 848 页下。

② （唐）圆照：《贞元新定释教目录》卷 15，《大正藏》55 册，第 881 页中。

三月，哥舒翰亦为其部将请功。

六月，侍御史、剑南留后李宓帅兵七万击南诏，全军覆没。杨国忠谎报军情，隐其败状，以捷上奏，更发兵讨之，前后死者近二十万人。慑于杨国忠威权，无人敢以实情上闻。

七月二十日，哥舒翰奏请于所开九曲之地置洮阳、浇河（皆今甘肃临潭县西）二郡及神策军，以临洮太守成如璆兼洮阳太守，充神策军使。

八月十一日，以陈希烈为太子太师，罢政事，以文部侍郎韦见素为武部尚书、同平章事。

自去年以来，水旱灾相继，关中一带大饥。玄宗忧淫雨连绵，伤田中禾稼，杨国忠隐瞒灾情，取禾苗之善者献之。扶风（今陕西宝鸡市凤翔区）太守房琯上言所部水灾，国忠即使御史推按其事，故天下无人敢上言灾情。

河东太守兼本道采访使韦陟，文雅有盛名，杨国忠恐其入为相，使人告陟有贪赃之事，下御史按问。陟遂贿赂御史中丞吉温，使求救于安禄山，但为国忠所发。十一月十一日，贬陟为桂岭（今广西贺州市八步区）尉，贬温为澧阳（今湖南澧县）长史。安禄山为吉温讼冤，并言国忠谗疾，但玄宗两无所问。

户部奏天下郡三百二十一，县一千五百三十八，乡一万六千八百二十九，户九百〇六万九千一百五十四，人口数五千二百八十八万〇四百八十八，是为唐代户口最盛时期。

唐玄宗天宝十五载·唐肃宗至德元载（756），五十二岁

五月，奉诏还京，住大兴善寺，令开灌顶，转祸禳灾。

《大唐故大德赠司空大辨正广智不空三藏行状》：十五载夏，奉诏还京，住大兴善寺。[①]

《大唐故大德开府仪同三司试鸿胪卿肃国公大兴善寺大广智三藏和上之碑》：十桂紫眼月，敕还京，住大兴善寺。[②]

《贞元新定释教目录》：洎乎五月，敕下河西追三藏入朝，住兴善寺，令开灌顶，转祸禳灾。[③]

是年大事：

正月一日，安禄山于东京（今河南洛阳市）自称大燕皇帝，建元圣武。

正月九日，以李光弼为河东节度使，分朔方兵一万人由其帅领。

四月十一日，李光弼、郭子仪败史思明于九门（今河北正定县东南）。

---

① （唐）赵迁：《大唐故大德赠司空大辨正广智不空三藏行状》，《大正藏》50 册，第 293 页中。

② （唐）飞锡：《大唐故大德开府仪同三司试鸿胪卿肃国公大兴善寺大广智三藏和上之碑》，《大正藏》52 册，第 848 页下—第 849 页上。

③ （唐）圆照：《贞元新定释教目录》卷 15，《大正藏》55 册，第 881 页下。

五月二十九日，郭子仪、李光弼又败叛军于嘉山（今河北曲阳县），杀四万余人，虏千余人。史思明坠马，露髻跣足而逃。

六月八日，哥舒翰兵败灵宝，六月九日，潼关失守，哥舒翰被俘降敌。

六月十三日，玄宗出逃奔蜀。六月十四日，马嵬驿兵变，诸杨伏诛。

安禄山叛军入长安，搜捕朝廷百官、宦官、宫女等，并百姓私财尽被掠去。王侯将相跟从玄宗西逃，家留长安者，皆被诛杀。

七月十二日，太子即皇帝位于灵武城南楼，是为肃宗。尊玄宗为上皇天帝，赦天下，改天宝十五载为至德元载。

郭子仪等帅兵五万从河北至灵武，肃宗军威始盛。八月一日，加郭子仪、李光弼同平章事。

八月十二日，灵武使者至蜀，玄宗追认太子嗣位，自称太上皇。

十二月二十五日，永王李璘反。

唐肃宗至德二载（757），五十三岁

密遣使者往肃宗所在灵武、凤翔问道，奉表起居，又频论克复之策。肃宗亦频遣密谍使者求秘密法，并定收京之日。两京克复，上皇还京，均上表称贺。（十月二十四日《贺收复西京表》，十月二十七日

《贺收复东京表》，十二月九日《贺上皇还京表》^① ）

十月清宫，建辟魔之会，涂饰上宫，熏修别店，为肃宗灌顶授法。肃宗为示尊崇，不斥其名，但称不空之号。仍许翻译，度僧收徒。

《谢恩赐香陈情表》：及陛下北巡，不空虽不获陪侍，弟子僧含光等归从西出，又得亲遇銮舆，崎岖戎旅之间，预闻定册之议。不空虽身陷胡境，常心奉阙庭，频承密诏，进奉咸达。……不空微质，又忝朝恩。十月清宫，以建辟魔之会；正朝荐号，仍临灌顶之坛。涂饰上宫，熏修别殿。既许翻译，仍与度僧。^②

《三朝所翻经请入目录流行表》：及肃宗皇帝配天继圣，特奉纶旨，于内道场建立护摩及灌顶法。又为国译经，助宣皇化。^③

《大唐故大德赠司空大辨正广智不空三藏行状》：至德中，銮驾在灵武、凤翔，大师常密使人问道，奉表起居，又频论克复之策。肃宗皇帝亦频密谍使者到大师处，求秘密法，并定收京之日，果如所料。^④

《大唐故大德开府仪同三司试鸿胪卿肃国公大兴善寺大广智三藏和上之碑》：洎至德中，肃宗皇帝行在灵武，大师

① （唐）圆照：《代宗朝赠司空大辨正广智三藏和上表制集》卷 1，《大正藏》52 册，第 827 页上—下。
② 同上，第 828 页上。
③ 同上，卷 3，第 840 页上。
④ （唐）赵迁：《大唐故大德赠司空大辨正广智不空三藏行状》，《大正藏》50 册，第 293 页中。

密进《不动尊八方神旗经》，并定收京之日，如符印焉。①

《唐大兴善寺故大弘教大辩正三藏和尚影堂碣铭并序》：至德初，宣皇受命于灵朔，译《不动尊经》以献。②

《贞元新定释教目录》：三藏虽陷贼中，窃申报国，潜使来往，具献丹诚。肃宗崇佛度僧，孝理天下。才逾周载，咸洛底宁，宗社复安，万姓欢庆。复还宫寝，缁素又安，即至德二载丁酉十月二十三日也。三藏明日陈表贺焉。……肃宗以尊崇三藏，不斥其名，自今以来，但称其号。③

至德二年，克复京洛。和上亲承圣旨，为灌顶师，妃主降阶，六宫罗拜，三朝宠遇。恒建道场，详考幽微，卷不释手。内宫译者，随竟上闻，或已宣行，或留中禁。④

是年大事：

正月，安庆绪杀父安禄山。

二月，安庆绪以史思明为范阳节度使，封妫川王。安禄山攻陷两京后，把财帛珍货都运至范阳。故思明据有大量财物，拥兵自重，更加骄横，渐渐不听安庆绪的命令，庆绪不能制。

二月十日，肃宗至凤翔，集诸道兵谋收复长安。

---

① （唐）飞锡：《大唐故大德开府仪同三司试鸿胪卿肃国公大兴善寺大广智三藏和上之碑》，《大正藏》52 册，第 849 页上。
② （唐）权德舆：《唐大兴善寺故大弘教大辩正三藏和尚影堂碣铭并序》，《新刊权载之文集》卷 28，上海古籍出版社，1994 年，第 310—311 页。
③ （唐）圆照：《贞元新定释教目录》卷 15，《大正藏》55 册，第 881 页下—882 页中。
④ 同上，卷 16，第 890 页上。

二月十一日，郭子仪平河东。

二月二十日，永王璘败死。

九月二十八日，唐与回纥联兵复长安。

十月十八日，唐军收复洛阳。

十月二十三日，肃宗入长安，城中百姓出国门奉迎，二十里不绝，拜舞呼万岁。

十二月四日，玄宗返长安。

十二月二十二日，史思明因不愿受制于安庆绪，所以伪降唐朝，以为权宜之计。

唐肃宗至德三载·乾元元年（758），五十四岁

正月二十三日，在本院设斋，肃宗遣中使吴游岩宣旨存问，特赐名香。大师上表称谢，誓为国家翻译经论瑜伽密教，息难除灾。(《谢恩赐香陈情表》①)

《谢恩赐香陈情表》：沙门不空言：中使吴游岩至，奉宣圣旨，以不空本院今日设斋，特赐名香，兼降天使。鸿私曲被，欣跃难名，不空诚欢诚喜。不空托荫法流，思弘密教，孤游万里，遍学五天。凝想十方，觐华藏之诸佛；专精五部，穷奈苑之真言。每布字观心，投身请护，愿乘

---

① （唐）圆照：《代宗朝赠司空大辨正广智三藏和上表制集》卷1，《大正藏》52册，第827页下—828页上。

弘誓之力，得值轮王出兴，洁诚十年，累会明圣。①

《贞元新定释教目录》：至德三载戊戌正月三日，不空三藏本院设斋。恩赐名香，又加存慰。修表奉谢恩以陈情，誓为国家翻译经论瑜伽密教，息难除灾。②

三月十二日，奏请搜检两京及诸州县舍寺村坊先代三藏所有梵夹，修补翻译。敕准。（《请搜捡天下梵夹修葺翻译制书》《制许搜访梵夹祠部告牒》③　）

《请搜捡天下梵夹修葺翻译制书》：中京慈恩、荐福等寺及东京圣善、长寿、福光等寺，并诸州县舍寺、村坊，有旧大遍觉义净、善无畏、流支、宝胜等三藏所将梵夹。

右大兴善寺三藏沙门不空奏：前件梵夹等，承前三藏多有未翻，年月已深，绦索多断，湮沈零落，实可哀伤。若不修补，恐违圣教。近奉恩命，许令翻译，事资探讨，证会微言。望许所在捡阅收访，其中有破坏缺漏，随事补葺。有堪弘阐助国扬化者，续译奏闻。福资圣躬，最为殊胜。天恩允许，请宣付所司。④

《三朝所翻经请入目录流行表》：累奉二圣恩敕，先代三藏所有梵文并使搜访，其中有绦索脱落，便令修补。其

---

① （唐）圆照：《代宗朝赠司空大辨正广智三藏和上表制集》卷1，《大正藏》52册，第827页下—828页上。
② （唐）圆照：《贞元新定释教目录》卷15，《大正藏》55册，第882页中。
③ （唐）圆照：《代宗朝赠司空大辨正广智三藏和上表制集》卷1，《大正藏》52册，第828页上—下。
④ 同上，第828页上—中。

有未经翻译者，续译奏闻。①

四月八日，因册立张良娣为皇后，大师上表称贺。（《贺册皇后张氏表》② ）

六月十一日，奏请翻译密教《金刚顶瑜伽经》等八十部，大小乘经论二十部，计一千二百卷。敕准。（《制许翻译经论祠部告牒》③ ）

《制许翻译经论祠部告牒》：陀罗尼教《金刚顶瑜伽经》等八十部，大小乘经论二十部，计一千二百卷。

右大兴善寺三藏沙门不空奏：不空闻缵帝尧者绍帝位，受佛嘱者传佛教。省兹格言，曾不改易。流兴万代，散叶千枝。不空杖锡挈瓶，行迈天竺，寻历川谷，跋涉邦方。凡遇圣踪，投请礼敬，辄闻经教，馨竭哀祈。搜求精微，穷博深密，丹诚攸嘱，愿言弘宣，遂得前件经论。自到中京，竟未翻译。既阙书写，又乖授持。特望宠慈，许令翻译。庶得法筵重敷，更雪住持之路；佛日再举，弥增演畅之功。天恩允许，请宣付所司。④

九月一日，向肃宗进献虎魄宝生如来像一尊，并梵书《大随求陀罗尼》一本。（《进虎魄像并梵书随

---

① （唐）圆照：《代宗朝赠司空大辨正广智三藏和上表制集》卷 1，《大正藏》52 册，卷 3，第 840 页上。
② 同上，卷 1，第 828 页下。
③ 同上，第 828 页下—829 页中。
④ 同上，第 829 页上。

求真言状》①）

是年大事：

二月五日，肃宗临丹凤门，赦天下，改元乾元。

三月六日，立张淑妃为皇后。张皇后喜弄权，渐预朝政。

五月十九日，立成王俶为皇太子。

唐军收复东京，安庆绪北逃至邺郡，其部将平原太守王暕、清河太守宇文宽皆杀其使者来降唐。庆绪遂派其大将蔡希德、安太清攻之，俘二人以归，被剐于邺郡市中。于是安庆绪对其部下凡有谋归顺唐朝者，皆诛及九族，以至于部曲；州县官属，连坐被杀者无数。又与群臣歃血结盟于邺郡南，但已丧失人心。

五月，赠故常山太守颜杲卿太子太保，谥忠节，以其子颜威明为太仆丞。

史思明复叛。

山人韩颖上言：《大衍历》颁行已久，误差较大。肃宗以颖直司天台，改造新历，更名为《至德历》，六月十七日，行颖所造新历。

七月十六日，初铸当十大钱，名为"乾元重宝"，与开元通宝钱并行。

七月十七日，唐册命回纥可汗为英武威远毗伽阙可汗，

---

① （唐）圆照：《代宗朝赠司空大辨正广智三藏和上表制集》卷 1，《大正藏》52 册，第 829 页中。

以肃宗幼女宁国公主妻之。八月，回纥可汗遣其臣骨啜特勒及帝德二人帅精锐骑兵三千人助唐讨安庆绪，肃宗命朔方左武锋使仆固怀恩引导其兵。

九月二十一日，肃宗命朔方节度使郭子仪等七节度使及平卢兵马使董秦帅步骑兵共二十万讨安庆绪。又命河东节度使李光弼与关内泽潞节度使王思礼帅所部兵助战。肃宗认为子仪、光弼皆是元勋，难相统属，所以不设置元帅，只以宦官开府仪同三司鱼朝恩为观军容宣慰处置使，监统诸路军队。宦官为观军容使始于此。

九月二十四日，大食、波斯兵围广州城，刺史韦利见弃城而逃，两国兵遂入城大掠仓库，焚烧房舍，乘船浮海而去。

郭子仪等围安庆绪，俘获其弟庆和，杀之。遂攻克卫州。

平卢（今辽宁朝阳市）节度使王玄志死，高句丽人李怀玉为平卢裨将，杀玄志之子，推姑子侯希逸为平卢军使。朝廷即以希逸为平卢节度副使。唐代节度使由军士自立从侯希逸始。

唐肃宗乾元二年（759），五十五岁

奉诏入内建立道场，及行护摩法，肃宗受转轮王七宝灌顶。

《大唐故大德赠司空大辨正广智不空三藏行状》：乾元

中，帝请大师于内建立道场及护摩法，帝授转轮王七宝灌顶。①

《大唐故大德开府仪同三司试鸿胪卿肃国公大兴善寺大广智三藏和上之碑》：乾元中，延入内殿，建护摩，亲授灌顶。渥恩荐至，有殊恒礼。②

是年大事：

正月一日，史思明筑坛于魏州城北，自称大圣燕王。

三月六日，因于唐军不设统帅，贻误战机，郭子仪等九节度使兵败相州。史思明得以借机扩充势力，与唐王朝争夺天下。

史思明杀安庆绪。

四月八日，史思明于范阳自称大燕皇帝，改元顺天。

观军容使鱼朝恩恶郭子仪，因相州之败，乘机进谗于肃宗。七月，李光弼代郭子仪为朔方节度使、兵马元帅。

七月二十七日，以朔方节度副使、殿中监仆固怀恩兼太仆卿，进爵大宁郡王。怀恩为郭子仪前锋，勇冠三军，战功卓著，所以赏之。

九月二十七日，史思明陷洛阳。

十月，李光弼败史思明于河阳。

---

① （唐）赵迁：《大唐故大德赠司空大辨正广智不空三藏行状》，《大正藏》50 册，第 293 页中。

② （唐）飞锡：《大唐故大德开府仪同三司试鸿胪卿肃国公大兴善寺大广智三藏和上之碑》，《大正藏》52 册，第 849 页上。

唐肃宗乾元三年·上元元年（760），五十六岁

闰四月十四日，应史元琮奏请，敕准大师于大兴善寺修灌顶道场。（《请于兴善寺置灌顶道场状》①）

八月二十五日，奉敕率弟子三人至终南山智炬寺修功德。（《智炬寺修功德制书》②）念诵之夕，大乐萨埵舒毫发光，以相验之，位邻悉地。

《大唐故大德赠司空大辨正广智不空三藏行状》：大师表请入山，李辅国敕令终南山智矩寺修功德。念诵之夕，大乐萨埵舒毫发光，以相验之，位邻悉地。大师又曰："众生未度，吾安自度之？"③

《大唐故大德开府仪同三司试鸿胪卿肃国公大兴善寺大广智三藏和上之碑》：寻令于智炬寺念诵，感本尊玉毫划然，大明照彻岩谷。④

《贞元新定释教目录》：至八月二十五日，开府仪同三司判行军李辅国宣奉敕：不空三藏并僧弟子三人，宜于智

---

① （唐）圆照：《代宗朝赠司空大辨正广智三藏和上表制集》卷1，《大正藏》52册，第829页中—下。
② 同上，第829页下。
③ （唐）赵迁：《大唐故大德赠司空大辨正广智不空三藏行状》，《大正藏》50册，第293页中。
④ （唐）飞锡：《大唐故大德开府仪同三司试鸿胪卿肃国公大兴善寺大广智三藏和上之碑》，《大正藏》52册，第849页上。

炬寺修功德。①

是年大事：

四月，襄州将张维瑾、曹玠杀节度使史翙，据州反。肃宗下制以陇州（今甘肃陇县）刺史韦伦为山南东道节度使。当时李辅国权倾朝野，节度使皆出其门。伦为朝廷所任命，又不谒辅国，寻又改为秦州（今甘肃秦安县西北）防御使。四月二十九日，以陕西节度使来瑱为山南东道节度使。瑱至襄州，张维瑾等乃降。

闰四月十九日，赦天下，改元上元。

五月二十四日，以京兆尹刘晏为户部侍郎，充度支、铸钱、盐铁等使。晏善于理财，故肃宗用之。刘晏长期充任此职，总管全国财政，养军裕民，均见成效。

六月六日，桂州（今广西桂林市）经略使邢济上奏破西原蛮二十万，斩其酋帅黄乾曜等。

由于三品钱行已久，又遇上荒年，斗米涨至七千钱，以至人相食。盗铸之风盛行，京兆尹郑叔清捕私铸钱者，数月间，被榜而死者达八百余人，但仍不能禁。

宦官李辅国出身卑贱，虽因拥立肃宗有功，暴贵用事，但玄宗左右之人皆轻视之。心中怀恨，故言上皇住兴庆宫，常与外人交通，陈玄礼、高力士图谋复辟。七月十九日，李辅国矫诏迁玄宗居太极宫，高力士等被流放。玄宗由此而心中不悦，因而不食，渐渐成病。

---

① （唐）圆照：《贞元新定释教目录》卷15，《大正藏》55册，第883页下。

八月十三日，以右羽林大将军卫伯玉为神策军节度使。

宋州刺史刘展起兵反，十一月八日，攻陷润州，十一月十日，攻陷昇州（今江苏南京市）。

二月，李光弼攻怀州，史思明帅兵救之。二月十一日，光弼迎战思明于沁水上，大败之，杀三千余人。李光弼又攻怀州，十一月，乃攻克之，擒安太清。

唐肃宗上元二年（761），五十七岁

肃宗疾病，请大师以大随求真言拂除七遍，身体康复，特加殊礼。

《大唐故大德赠司空大辨正广智不空三藏行状》：上元末，皇帝圣躬不康，请大师以大随求真言拂除七遍，圣躬万福，帝特加殊礼。[1]

是年大事：

二月二十三日，李光弼败于邙山。

三月，史朝义部将杀史思明。朝义即皇帝位，改元显圣。范阳叛军相互残杀。

---

[1] （唐）赵迁：《大唐故大德赠司空大辨正广智不空三藏行状》，《大正藏》50册，第293页中。

唐代宗宝应元年（762），五十八岁

十月十三日，代宗诞辰，进雕白檀摩利支像一尊，并梵书《大佛顶陀罗尼》一本。（《进摩利支像并梵书大佛顶真言状》[①]）

是年大事：

正月，平卢（今辽宁朝阳市）节度使侯希逸败叛军李怀仙，帅兵而南。

正月，租庸使元载认为江淮地区虽经刘展兵乱，但其民比诸道仍较富有，于是按籍总八年租调之违负及逋逃者，计其大略而征之。选择强横官吏为县令以督催，有不服者，以严刑相威胁。

河东军乱，杀节度使邓景山。肃宗不追究乱者之责，而遣使慰谕以安之。诸将请以都知兵马使、代州刺史辛云京为节度使。

二月，朔方及镇西、北庭行营军乱，杀节度使。

二月十八日，淮西节度使王仲升与史朝义部将谢钦让战于申州（今河南信阳市）城下，兵败被叛军俘虏，淮西惊骇。

二月二十一日，以郭子仪为汾阳王，知朔方、河中、

[①]（唐）圆照：《代宗朝赠司空大辨正广智三藏和上表制集》卷1，《大正藏》52册，第829页下—830页上。

北庭、泽潞节度行营兼兴平、定国等军副元帅，镇服乱军。

唐代宗宝应二年·广德元年（763），五十九岁

十一月十四日，奏请为国置灌顶道场，每年夏中及三长斋月，依经建立。敕准。（《请置灌顶道场墨敕》[①]）

《请置灌顶道场墨敕》：大兴善寺三藏沙门不空请为国置灌顶道场

右不空闻：毗卢遮那包括万界，密印真言吞纳众经。准其教宜有顿有渐，渐谓声闻小乘登坛学处，顿谓菩萨大士灌顶法门，是诣极之夷途，为入佛之正位。顶谓头顶，表大行之尊高；灌谓灌持，明诸佛之护念。超升出离，何莫由斯？是以克己服勤，不舍昼夜，誓志钻仰，岂敢怠遑？冀每载夏中及三长斋月，依经建立。严净花以开觉，使有识而归真。庶边境肃净，圣躬万寿。不胜恳念之至，谨诣右银台门，奉状陈请以闻。天恩允许，请降墨敕。依奏。[②]

是年大事：

叛将田承嗣、李怀仙、李抱忠降唐。史朝义自缢死，正月三十日，传朝义首至京师，八年安史之乱终。

---

① （唐）圆照：《代宗朝赠司空大辨正广智三藏和上表制集》卷1，《大正藏》52册，第830页上。
② 同上。

七月一日，群臣上代宗尊号为"宝应元圣文武孝皇帝"，十一日赦天下，改元广德。

安史之乱爆发后，边地精锐之兵都被征发入援，所留兵单弱，吐蕃乘机蚕食，数年间，吐蕃尽占河西、陇右之地。

十月，吐蕃入寇。六日，代宗东逃陕州，官吏藏窜，六军逃散。观军容使鱼朝恩帅神策军从陕郡来迎，代宗遂至营中。九日，吐蕃入长安，纵兵大掠，焚烧房舍，府库市里，萧然一空。士民避乱，皆逃入山谷中。

十一月三日，郭子仪集兵复长安。

代宗以宦官鱼朝恩在陕州有迎扈之功，以其为天下观军容宣慰处置使，总管禁军，权宠无比。

唐代宗广德二年（764），六十岁

正月二十三日，奏请置大兴善寺大德四十九员，永修香火，以福圣躬，又乞放免本寺诸杂差科。敕准。（《请置大兴善寺大德四十九员敕》①）

十月代宗降诞日，奏请度僧七人，住千福寺、大兴善寺及静法寺。敕准。（十月十九日《降诞日请度七僧祠部敕牒》②）

---

① （唐）圆照：《代宗朝赠司空大辨正广智三藏和上表制集》卷1，《大正藏》52 册，第 830 页上—831 页上。
② 同上，第 831 页上一中。

是年大事：

正月十七日，代宗立雍王适为皇太子。

仆固怀恩既不为朝廷所用，于是与河东都将李竭诚密谋攻取太原。正月，以郭子仪为关内、河东副元帅、朔方节度大使、河中节度使，镇抚河东，士众不复为怀恩所用。

吐蕃入长安，代宗出奔陕州，李光弼驻淮南，迁延不帅兵入援，代宗恐因此而成嫌隙。吐蕃退后，以光弼为东都留守，以观其动向。光弼以江淮粮运为辞，帅兵回徐州。代宗遂迎其母至长安，厚加供给，又使其弟光进掌禁兵，宠遇有加。

三月十一日，以太子宾客刘晏为河南、江、淮以来转运使，议开汴水以通漕运。当时战乱之后，天下乏食，关中斗米千钱，百姓取穗以济禁军，宫厨无两日之积。刘晏于是疏浚汴水，与元载书，具陈漕运之利弊，令中外相应。从此每年运米数十万石以给关中。

代宗认为《至德历》不与天合，诏司天台官属郭献之等复用《麟德历》，更立岁差，代宗为制序，名为《五纪历》。三月十七日，颁行之。

党项入寇同州（今陕西大荔县），郭子仪使开府仪同三司李国臣击败之，斩俘千余人。

郭子仪以战乱已平，而节度使所在聚兵，徒耗蠹百姓，上表请罢之，并自河中（子仪驻河中）为始。六月十四日，敕罢河中节度使及耀德军。

仆固怀恩至灵武后，收合散卒，其势复振。六月十七日，代宗下诏，解仆固怀恩河北副元帅、朔方节度使职。仆固怀恩引回纥、吐蕃十万余众入寇，京师惊骇。八月十六日，子仪出镇奉天（今陕西乾县），十月七日夜，子仪帅兵阵于乾陵之南，回纥、吐蕃军不战而退。

七月五日，税天下青苗钱（每亩约十五文），以给百官俸。

郭子仪子郭晞在邠州，纵士卒为暴，节度使白孝德患之，但以子仪故，不敢言。泾州刺史段秀实自请补（兼任）都虞候（司军纪），责之以道，邠州因此得全。

十二月二日，加郭子仪尚书令。子仪坚辞不受，还镇河中。

十二月，代宗遣于阗王胜还国，胜固请留下宿卫，以国让其弟曜，代宗许之，加胜开府仪同三司，赐爵武都王。

唐代宗永泰元年（765），六十一岁

四月二日，奏请于内道场再译《仁王护国般若波罗蜜多经》。敕于大明宫南桃园，爰集京城义学大德良贲等十六人应制翻译。起月朔至月望，于承明殿灌顶道场，御执旧经，对读新本。（《请再译仁王经制书》[1]）

《请再译仁王经制书》：右兴善寺三藏沙门不空奏：伏

---

[1] （唐）圆照：《代宗朝赠司空大辨正广智三藏和上表制集》卷1，《大正藏》52册，第831页中一下。

以如来妙旨，惠矜生灵；《仁王》宝经，义崇护国。前代所译，理未融通。润色微言，事归明圣。伏惟宝应元圣文武皇帝陛下，睿文启运，浚哲乘时。弘阐真言，宣扬像教。皇风远振，佛日再明。每为黎元俾开讲诵。其《仁王经》，望依梵匣，再译旧文。贝叶之言，永无漏略；金口所说，更益详明。仍请僧怀感、飞锡、子翔、建宗、归性、义嵩、道液、良贲、潜真、慧灵、法崇、超悟、慧静、圆寂、道林等于内道场所翻译。福资圣代，泽及含灵。寇滥永清，寰区允穆。传之旷劫，救护实深。①

《大唐故大德开府仪同三司试鸿胪卿肃国公大兴善寺大广智三藏和上之碑》：或翻《密严》《护国》之梵文，云飞五色；或译《虚空库藏》之贝偈，雾拥千僧。②

《贞元新定释教目录》：广德三年岁在乙巳，正月一日，改为永泰元年，岁仍乙巳。再译《仁王护国般若波罗蜜多经》二卷。……敕于大明宫南桃园翻译。起自月朔，终乎月望，于承明殿灌顶道场，御执旧经，对读新本。③

《宋高僧传》：永泰元年四月十五日，奉诏于大明宫内道场同义学沙门良贲等十六人参译《仁王护国般若经》并《密严经》。先在多罗叶时，并是偈颂，今所译者，多作散

---

① （唐）圆照：《代宗朝赠司空大辨正广智三藏和上表制集》卷1，《大正藏》52册，第831页中—下。

② （唐）飞锡：《大唐故大德开府仪同三司试鸿胪卿肃国公大兴善寺大广智三藏和上之碑》，《大正藏》52册，第849页上。

③ （唐）圆照：《贞元新定释教目录》卷15，《大正藏》55册，第884页上—885页上。

文。不空与锡等及翰林学士柳抗重更详定。①

六月十八日，鄜州刺史兼御史中丞郑国公杜冕奏请以宝应元年封钱二千五百余贯，助大师翻译《仁王经》。敕准。（《杜中丞请回封入翻译制》②）

九月，御制新译《仁王经》序，敕命颁行之日，祥云大现，大师上表称谢。（九月二日《谢御制新仁王经序表》③）

《大唐故大德赠司空大辨正广智不空三藏行状》：《仁王》《密严》二经，皇帝特制经序。敕命颁行之日，庆云大现，举朝表贺，编之国史。④

《贞元新定释教目录》：九月一日，是日也，两街大德严洁幡花、幢盖、宝车，太常音乐、梨园仗内及两教坊诣银台门，百戏繁奏。时观军容使兼处置神策军兵马事开府仪同三司兼左监门卫大将军知内侍省事内飞龙厩弓箭等使上柱国冯翊郡开国公鱼朝恩与六军使陈。天龙众八部鬼神，护送新经出于大内，其经适出，彩云浮空，郁郁纷纷，照彰现瑞。洎乎己午，两寺开经，万姓欢心，祥云方隐。缁

---

① （宋）赞宁：《宋高僧传》卷3，中华书局，1987年，第48页。

② （唐）圆照：《代宗朝赠司空大辨正广智三藏和上表制集》卷1，《大正藏》52册，第831页下—832页上。

③ 同上，第832页上—中。

④ （唐）赵迁：《大唐故大德赠司空大辨正广智不空三藏行状》，《大正藏》50册，第293页中。

素瞻仰，获庆非常。三藏不空上表陈谢。①

九月，仆固怀恩引回纥、吐蕃、吐谷浑、党项、奴刺兵数十万入寇。十七日，敕下西明寺百座法师大德，同赴资圣寺百座道场，为国转《仁王经》。汾阳王郭子仪杖节出师，赖此经力，一言屏退回纥，浃旬之间，国家大定。

《贞元新定释教目录》：时大宁郡王仆固怀恩分第列士，位至太师，背逆天恩，远自灵武合聚蕃丑，冯陵泾阳。敕下西明百座大德，同赴资圣寺百座道场。永泰元年九月十七日，高品李希逸奉敕：应先西明寺百座法师大德，并赴资圣寺佛殿为国转经行道。其资圣寺百座法师良贲五十座，依前讲说《仁王般若护国》《密严》等经普及苍生。其京城诸寺观僧道等并二时于当处转经行道，仍令三纲差了事僧专知捡校，务在精修，不得疏怠。尔时两街大德百座法师准敕，咸皆萃资圣寺，二时讲唱两上转经行道，午时及与日暮，供设音乐无易。于初夜、后夜悉集大讲堂内，齐声称念摩诃般若波罗蜜多，为国为家，愿无忧惧。京城寺观转念亦然。时制使关内河中副元帅司徒兼中书令上柱国汾阳郡王郭子仪杖节出师，亲总戎律，发于帝里，泊彼泾阳。冯恃天威，赖兹经力，两军交对，列阵相望，钲鼓发声，剑戟如雪。时汾阳王单骑直出，挺立军前，感激一言，怀

① （唐）圆照：《贞元新定释教目录》卷15，《大正藏》55册，第885页下。

恩屏退。西戎北狄各自相攻，浃旬之间王国大定。是知
《仁王护国般若真经》，圣心佛心，子育万姓，其义一
也。……自蕃戎入境，夜集僧徒于大讲堂，齐声念摩诃般
若波罗蜜多，一志一心，更无异想。未盈累月，果得清平。
此乃圣力经威，感斯福应。①

**十一月一日，敕拜特进试鸿胪卿，赐号大广智
不空三藏。追赠其师金刚智三藏开府仪同三司，赠
号大弘教三藏。五日，大师上表称谢。**(《赠金刚三藏
开府及号制》《拜不空三藏特进试鸿胪卿兼赐号制书》《谢
赠故金刚三藏官号等表》②)

《大唐故大德赠司空大辨正广智不空三藏行状》：永泰
元年十一月一日，制授大师特进试鸿胪卿，号大广智
三藏。③

《大唐故大德开府仪同三司试鸿胪卿肃国公大兴善寺大
广智三藏和上之碑》：及我宝应临朝，金轮驭历，圣滕弥
积，师事道尊，授特进试鸿胪卿，加大广智之号。④

---

① （唐）圆照：《贞元新定释教目录》卷 15，《大正藏》55 册，卷 16，《大正
　　藏》55 册，第 886 页中—下。
② （唐）圆照：《代宗朝赠司空大辨正广智三藏和上表制集》卷 1、2，《大正
　　藏》52 册，第 832 页中—834 页上。
③ （唐）赵迁：《大唐故大德赠司空大辨正广智不空三藏行状》，《大正藏》
　　50 册，第 293 页中。
④ （唐）飞锡：《大唐故大德开府仪同三司试鸿胪卿肃国公大兴善寺大广智
　　三藏和上之碑》，《大正藏》52 册，第 849 页上。

是年大事：

此年正月，改元永泰。

泽潞（今山西长治市）节度副使李抱真培训泽潞兵，自此天下称泽潞步兵为诸道之最。

三月，左拾遗独孤及上疏请裁兵，代宗不能用。

吐蕃遣使求和，诏元载、杜鸿渐与之盟于兴唐寺。遣河中兵戍奉天，又遣兵巡泾州、原州以侦察其情。

京畿麦子丰收，京兆尹第五琦请税百姓田亩，十亩收其一，代宗从之。

河北成德节度使李宝臣、魏博节度使田承嗣、相卫节度使薛嵩、卢龙节度使李怀仙，收安、史余党，各拥强兵数万，治兵完城，自署文武将吏，不供贡赋，与山南东道节度使梁崇义及李正己皆互结婚姻，不服朝命。朝廷因军事，经济力量薄弱，难以制之，虽名为藩臣，实羁縻而已。

七月，代宗以女升平公主嫁郭子仪子郭暧。

寿州崇善寺尼广澄诈称太子母，经验证，乃是原少阳院（太子所居）乳母，遂鞭杀之。

九月，仆固怀恩引回纥、吐蕃、吐谷浑、党项、奴刺兵数十万入寇，道卒。吐蕃等入寇邠州奉天同州，代宗亲征。十月，郭子仪单骑见回纥，说回纥联兵攻吐蕃。回纥胡禄都督等二百余人入见代宗，前后赠缯帛十万匹，以府库空竭，不得不税百官俸以给之。

鱼朝恩帅神策军从代宗屯于苑中，其军益盛，遂分为左、右厢，势力在北军之上，朝恩之权亦不可制。

闰十月，蜀中大乱。

唐代宗永泰二年·大历元年（766），六十二岁

五月一日，奏请舍衣钵助僧道环修五台山金阁寺，并请宰辅百官赞助，保寿寺大德沙门含光检校营造。敕准。（《请舍衣钵助僧道环修金阁寺制》①）

十一月二十一日，奏请舍衣钵同修五台山圣玉华寺，当寺上座行满检校营造。敕准。（《请舍衣钵同修圣玉华寺制书》②）

是年大事：

正月三十日，以户部尚书刘晏、侍郎第五琦分理天下财赋。

二月一日，释奠于国子监。命宰相帅常参官、鱼朝恩帅六军诸将往听讲，子弟皆服朱紫为诸生。朝恩既已贵显，乃学讲经为文，于是以朝恩判国子监事。

二月二十七日，以宰相杜鸿渐为山南西道、剑南东西川副元帅、剑南西川节度使，以姑息靖蜀乱。

二月，以四镇、北庭行营节度使马璘兼邠宁（今陕西彬州市、甘肃宁县）节度使。璘以段秀实为三使都虞候，

---

① （唐）圆照：《代宗朝赠司空大辨正广智三藏和上表制集》卷2，《大正藏》52册，第834页上—中。

② 同上，第834页中。

协助治理邠宁。璘处事或不合理，秀实必力争。

十一月十二日，日南至，大赦，改元大历。

十二月，同华节度使周智光反。

郭子仪在河中（今山西永济市）军常乏食，乃亲自耕田百亩，将校以此为差，于是士卒皆不劝而耕。河中野无旷土，军有余粮。

南诏群臣歌颂其王阁逻凤，用汉文刻成《南诏德化碑》，立于太和城（今云南大理市）。相传碑文为郑回撰写，杜光庭书，记录南诏强盛时期的疆域、军政设施、与唐的关系以及境内各民族的生活习俗等，是研究南诏史的重要资料。

唐代宗大历二年（767），六十三岁

正月十四日，因平定周智光叛乱，上表称贺。（《贺平周智光表》①）

二月十六日，奏请抽念诵僧十四人住化度寺文殊师利护国万菩萨堂，每年三长斋月精建道场，为国念诵。并奏请修五台山金阁、玉华寺等巧匠放免追呼。敕准。（《请抽化度寺万菩萨堂三长斋月念诵僧制》《请修台山金阁玉华寺等巧匠放免追呼制》②）

---

① （唐）圆照：《代宗朝赠司空大辨正广智三藏和上表制集》卷2，《大正藏》52册，第834页下。

② 同上，第834页下—835页中。

三月二十六日，奏请五台山金阁、玉华、清凉、花严、吴摩子五寺各度十四人为僧，兼诸州抽道行僧七人，为国行道，常转《仁王护国经》及《密严经》。吴摩子寺改名大历法华之寺，常为国转《法华经》。五寺例免差遣。敕准。(《请台山五寺度人抽僧制》[①])

六月二十八日，奏请沙门子翶于化度寺万菩萨堂开讲。敕准。(《请子翶化度寺开讲制书》[②])

十月十三日，奏请因代宗降诞日度行者、童子五人为僧，配住庄严寺、西明寺及洛阳广福寺。敕准。(《请降诞日度僧五人制》[③])

是年大事：

七月二十日，鱼朝恩上奏以先所赐庄为章敬寺，以资代宗母章敬太后冥福。于是穷极壮丽，尽买都市之材仍不够用，遂上奏毁曲江池及华清宫馆以给之，费用超过万亿。

代宗起初喜好道教祠祀，并不甚崇佛。及元载、王缙、杜鸿渐为相，皆崇信佛教，代宗因此深信，敕天下不得棰曳僧尼，又于五台山造金阁寺，铸铜涂金为瓦。元载等每见代宗，都谈说佛教之事，因此中外臣民承流相化。

---

① （唐）圆照：《代宗朝赠司空大辨正广智三藏和上表制集》卷2，《大正藏》52册，第835页中—下。
② 同上，第835页下。
③ 同上，第835页下—836页上。

九月，吐蕃围灵州，游骑至潘原（今甘肃平凉市西）、宜禄（今陕西长武县）。郭子仪亲自帅河中兵三万镇泾阳，京城戒严。九月十七日，子仪移镇奉天。十月一日，朔方节度使路嗣恭败吐蕃于灵州城下。杀二千余人，吐蕃乃退。

十二月四日，盗发郭子仪父冢（在今陕西华县境），官府捕之不获。人以为鱼朝恩素恶郭子仪，所以使人盗之。

新罗王金宪英卒，遣使至唐求册命，代宗乃册立其子乾运为新罗王。

唐代宗大历三年（768），六十四岁

六月十三日，奏请度曾侍奉金刚智三藏之四人为僧，住洛阳龙门金刚智三藏塔所扫洒修持。并请御书洛阳龙门金刚智三藏塔额。敕准，并于三藏忌辰赐千僧供。大师上表称谢。（《请度扫洒先师龙门塔所僧制》《谢御题先师塔额并设斋表》[1]《请御书东京龙门故开府仪同三司大弘教三藏塔额》[2]）

《请御书东京龙门故开府仪同三司大弘教三藏塔额》：御书东京龙门故开府仪同三司大弘教三藏塔额

右故大和上感谢人间，化归地界，音容缅邈，塔庙犹

---

① （唐）圆照：《代宗朝赠司空大辨正广智三藏和上表制集》卷2，《大正藏》52册，第836页上—下。

② （唐）圆照：《贞元新定释教目录》卷14，《大正藏》55册，第877页中—下。

存。陛下每怀德不忘，悼往空积，恩加锡赠，宠延魂道。凡在有识，罔不载荷。未悬云榜，敢冀天文。伏乞赐一塔额，永垂标记。如天恩允许，伏听敕旨。

上依所请，御札亲题。并于忌辰，赐千僧供。①

《谢御题先师塔额并设斋表》：曼荼罗灌顶坛者，万行之宗，密证之主。将登觉路，何莫由斯？始先师所传，启此方耳目。惠灯罢照，日月将深。陛下思续耿光，不遗疵贱，诏开灌顶，俾建道场。才仿佛于存年，岂归依之补处？②

八月十五日，恩命为金刚智三藏远忌日设千僧斋并赐茶，大师上表称谢。（《谢恩命为先师设远忌斋并赐茶表》③）

十月十三日，奏请因代宗降诞日度罗文成等三人为僧，配住西明寺、化度寺、千福寺。敕准。（《请降诞日度三僧制》④）

是年于兴善寺立道场，赐瑞锦褥十二领，绣罗幡三十二口，价值千万，又赐二七日入道场大众斋粮。近侍、大臣、诸禁军使，敕令入灌顶道场。道俗之流，别有五千余众。

---

① （唐）圆照：《贞元新定释教目录》卷 14，《大正藏》55 册，第 877 页中—下。

② （唐）圆照：《代宗朝赠司空大辨正广智三藏和上表制集》卷 2，《大正藏》52 册，第 836 页中。

③ 同上，第 836 页下。

④ 同上，第 836 页下—837 页上。

《大唐故大德赠司空大辨正广智不空三藏行状》：大历三年，大师于兴善寺立道场，赐瑞锦褥十二领，绣罗幡三十二口，价直千万，又赐二七日入道场大众斋粮。近侍、大臣、诸禁军使，敕令入灌顶道场，道俗之流，别有五千余众。①

是年大事：

此年二月，郭子仪妻南阳夫人乳母之子违犯禁令，军中都虞候杖杀之。子仪诸子泣诉于子仪，且言都虞候之横，子仪斥诸子而遣之。

征李泌于衡山，赐金紫衣，并为作书院于长安蓬莱殿侧。自给事中、中书舍人以上及方镇除授，军国大事，皆与之商议。

四月，西川节度使崔旰入朝，以弟崔宽为留后。泸州刺史杨子琳乘机帅精骑数千攻入成都，西川军乱。

六月，幽州兵马使朱希彩、经略副使朱泚及泚弟滔共杀节度使李怀仙，希彩自称幽州留后。十一月，敕进为幽州节度使。

回纥可敦（仆固怀恩女）卒，七月，唐以右散常侍萧昕为吊祭使。

八月，吐蕃入寇邠州灵州。使郭子仪帅朔方兵镇邠州，安西、北庭兵徙镇泾州。

---

① （唐）赵迁：《大唐故大德赠司空大辨正广智不空三藏行状》，《大正藏》50 册，第 293 页中。

唐代宗大历四年（769），六十五岁

六月十七日，奏请以弟子惠隐所居光天寺东塔院充五台山往来停止院，为送供众僧来往停止之所。敕准。（《请光天寺东塔院充五台山往来停止院制》①）

十二月十九日，奏请天下寺食堂中，于宾头卢上特置文殊师利菩萨形像，以为上座，永为恒式。敕准。（《天下寺食堂中置文殊上座制》②）

《天下寺食堂中置文殊上座制》：大圣文殊师利菩萨，大乘密教皆周流演。今镇在台山，福滋兆庶。伏惟宝应元圣文武皇帝陛下，德合乾坤，明并日月。无疆之福，康我生人。伏望自今已后，令天下食堂中，于宾头卢上特置文殊师利形像，以为上座。询诸圣典，具有明文。僧祇如来，尚承训旨。凡出家者固合抠衣，普贤、观音犹执拂而为侍，声闻、缘觉拥彗而居后。斯乃天竺国皆然。非僧等鄙见。仍请永为恒式。③

《大唐故大德赠司空大辨正广智不空三藏行状》：四年冬，大师奏天下寺食堂中，特置文殊师利为上座。恩制许

---

① （唐）圆照：《代宗朝赠司空大辨正广智三藏和上表制集》卷2，《大正藏》52册，第837页上。
② 同上，第837页上—中。
③ 同上，第837页中。

之，须宣宇内。①

是年大事：

仆固怀恩死后，代宗怜其有功于国，置其女于宫中，养以为女。回纥请以为可敦。五月二十四日，唐册为崇徽公主，嫁回纥可汗。

九月，河东节度使王缙严治河东兵，诸将悍戾不服者皆杀之，军府始安。

唐代宗大历五年（770），六十六岁

五月，奉诏往太原五台山修功德。

七月五日，奉敕于太原设一万人斋。（《与不空三藏于太原设万人斋制》②）**十三日，代宗手诏慰问。**（《与三藏手诏》③）**同日，奏请于太原府至德寺置文殊师利菩萨院，并抽三学大德十四人，递弘本教，仍请道宪法师于此寺长时讲说。敕准。**（《请太原至德寺置文殊院制书》④）

① （唐）赵迁：《大唐故大德赠司空大辨正广智不空三藏行状》，《大正藏》50 册，第 293 页中。
② （唐）圆照：《代宗朝赠司空大辨正广智三藏和上表制集》卷 2，《大正藏》52 册，第 837 页中。
③ 同上，第 837 页下。
④ 同上。

九月四日，代宗手诏慰问。(《又赐手诏》①)

是月返京，代宗以所乘马并御鞍辔遣中使出迎，固辞不许，乃乘之入对，代宗大悦，并僧俗弟子咸赐内殿斋饭，锡赉束帛甚厚。

《大唐故大德赠司空大辨正广智不空三藏行状》：五年夏五月，诏请大师，往太原台山修功德。是岁也，有彗出焉，法事告终，妖星自伏。季秋，届于京师，皇上以所乘师子听并御鞍辔，遣中使出城迎大师。大师固辞，恩命不许，乃乘之入对，皇上大悦。并僧俗弟子，咸赐内殿斋饭，锡赉束帛甚厚。②

十月一日，奏请于太原府大唐兴国大崇福寺中高祖起义处号令堂安置普贤菩萨像，净土院灌顶道场处简择十四僧人，为国长诵《佛顶尊胜陀罗尼》。于三长斋月、每月十斋日，令合寺僧为高祖至肃宗七圣转《仁王护国般若经》。并蠲免一切差科及地税。敕准。(《请太原号令堂安像净土院抽僧制书》③)

① (唐)圆照：《代宗朝赠司空大辨正广智三藏和上表制集》卷2，《大正藏》52册，第837页下。
② (唐)赵迁：《大唐故大德赠司空大辨正广智不空三藏行状》，《大正藏》50册，第293页中—下。
③ (唐)圆照：《代宗朝赠司空大辨正广智三藏和上表制集》卷2，《大正藏》52册，第837页下—838页上。

是年大事：

鱼朝恩专掌禁军，势倾朝野。每喜于广座恣谈时政，侮辱宰相。朝恩每奏事，以必允为期，代宗不悦，遂令元载谋除朝恩之策。三月十日寒食节，代宗设酒宴贵臣于禁中，宴罢，朝恩将还营，代宗留之议事，周皓与左右遂擒朝恩缢杀之，外人无知者。

元载为代宗谋诛鱼朝恩后，宠任益隆。载遂志骄意满，自言己有文武才略，古今无比。而弄权舞智，奢侈无度。吏部侍郎杨绾，典选平允，性格耿直，不依附载；而岭南节度使徐浩，贪而佞，倾南方珍货以贿赂载。三月二十八日，载竟以绾为国子祭酒，引浩代之。

唐代宗大历六年（771），六十七岁

二月二日，奏请章敬寺慧林法师于保寿寺为道俗讲经。（《请惠林法师于保寿寺讲表》①）

是月，赐道场绣罗幡二十四口，绣缦天一，并绣额一。

《大唐故大德赠司空大辨正广智不空三藏行状》：六年春二月，敕赐大师道场绣罗幡二十四口、绣缦天一、并绣

---

① （唐）圆照：《代宗朝赠司空大辨正广智三藏和上表制集》卷2，《大正藏》52册，第838页上。

额一。①

三月二十八日，赐大兴善寺施戒方等道场米、油、柴诸物等，以充斋供。大师上表称谢。(《谢恩赐大兴善寺施戒方等并粮料表》②)

四月九日，应保寿寺临坛大德慧彻等奏请敕准，登坛秉法，为众授戒。(《请广智三藏登坛祠部告牒》③)

九月二十四日，赐乳牛五头各并犊，大师上表称谢。(《谢恩赐乳牛表》④)

十月十二日代宗降诞日，上表进奉三朝所翻经凡一〇一卷、七十七部，并目录一卷，有敕宣示中外，编入《一切经目录》，并僧俗弟子等，都赐物五百一十匹。翌年正月二十七日，大师上表称谢。(《三朝所翻经请入目录流行表》《谢恩许新翻经论入目录流行表》⑤)

《三朝所翻经请入目录流行表》：其所译金刚顶瑜伽法门，是成佛速疾之路。其修行者，必能顿超凡境，达于彼

---

① (唐)赵迁：《大唐故大德赠司空大辨正广智不空三藏行状》，《大正藏》50册，第293页下。
② (唐)圆照：《代宗朝赠司空大辨正广智三藏和上表制集》卷2，《大正藏》52册，第838页中。
③ 同上，第838页中—下。
④ 同上，第838页下。
⑤ 同上，卷3，第839页上—840页下。

岸。余部真言，诸佛方便，其徒不一。所译诸大乘经典，皆是上资邦国，息灭灾厄，星辰不忿，风雨顺序，仰恃佛力，辅成国家。谨缵集前后所翻译讫者，自开元至今大历六年，凡一百一卷、七十七部，并目录一卷，及笔受僧俗名字，缮写已讫。谨因降诞之辰，谨具进奉。庶得真言福佑，长护圣躬；大乘威力，永康国界。其未翻梵本经中，但有护持于国，福润生灵者，续译奏闻。①

《大唐故大德赠司空大辨正广智不空三藏行状》：十月圣诞日，大师进前后所译经。有敕宣示中外，编入《一切经目录》，并僧俗弟子等，都赐物五百一十匹。②

《大唐故大德开府仪同三司试鸿胪卿肃国公大兴善寺大广智三藏和上之碑》：前后奉诏所译诸经，总八十三部，计一百二十卷，并已颁行入藏目录。③

是年大事：

岭南蛮酋帅梁崇牵自称平南十道大都统，占据容州（今广西北流市）。经略使王翃募兵三千余人，败蛮数万人，攻克容州，俘获梁崇牵，前后共百余战，尽复容州故地。三月，岭南皆平。

以尚书右丞韩滉（休子）为户部侍郎、判度支。从安

① （唐）圆照：《代宗朝赠司空大辨正广智三藏和上表制集》卷2，《大正藏》52册，卷3，第840页中。
② （唐）赵迁：《大唐故大德赠司空大辨正广智不空三藏行状》，《大正藏》50册，第293页下。
③ （唐）飞锡：《大唐故大德开府仪同三司试鸿胪卿肃国公大兴善寺大广智三藏和上之碑》，《大正藏》52册，第849页上。

史之乱爆发以来，因为战乱，军费紧张，各地赋敛无度，仓库出入无法，因此国用虚耗。滉为人廉洁清正，精于簿籍，遂作赋敛出入之法，治下严厉，而官吏不敢欺。又值连年丰收，边境安宁，因此仓库蓄积充实。

唐代宗大历七年（772），六十八岁

三月四日，奏请为汾州西河县西苑房古佛堂院赐寺额，代宗赐额"法津之寺"。（《敕赐汾州西河县西苑房佛堂寺额制》①）

是岁春夏旱，奉诏建立道场，依法祈雨，应期大雨丰足。（六月一日《恩命祈雨贺雨表》②）代宗大悦，设千僧斋，并赐僧弟子衣七副，以报其功。

《恩命祈雨贺雨表》：既奉天诏，旋严道场，莫不勠其力，一其心，使陛下天成。依诸佛遗教，微诚恳极，至诚感神，无劳燕舞之征，已降普天之泽。③

《大唐故大德赠司空大辨正广智不空三藏行状》：七年春，敕赐绢一百匹。是岁春夏旱，有诏请大师祈雨，中使李宪诚奉宣恩旨："若三日内雨足，是和上功，非过三日，关和尚事。"大师受制，建立道场，一日已终，及依法祈

---

① （唐）圆照：《代宗朝赠司空大辨正广智三藏和上表制集》卷3，《大正藏》52册，第840页下—841页上。
② 同上，第841页上。
③ 同上。

请，亦不过限，大雨丰足。皇帝大悦，设千僧斋，并僧弟子衣七副，以报功也。①

《太平广记》：唐故兵部尚书萧昕常为京兆尹。时京师大旱，炎郁之气蒸为疾疬。代宗命宰臣下有司祷祀山川，凡月余，暑气愈盛。时天竺僧不空三藏居于静住寺，三藏善以持念召龙兴云雨。昕于是诣寺，谓三藏曰："今兹骄阳累月矣，圣上悬忧，撤乐贬食，岁凶是念，民瘝为忧。幸吾师为结坛场致雨也。"三藏曰："易与耳。然召龙以兴云雨，吾恐风雷之震，有害于生植，又何补于稼穑耶？"昕曰："迅雷甚雨，诚不能滋百谷，适足以清暑热，而少解黔首之病也。愿无辞焉。"三藏不获已，乃命其徒，取华木皮仅尺余，缵小龙于其上，而以炉瓯香水置于前。三藏转咒震舌，呼祝咒者。食顷，即以缵龙授昕曰："可投此于曲江中。投讫亟还，无冒风雨。"昕如言投之，旋有白龙才尺余，摇鬐振鳞自水出。俄而身长数丈，状如曳素，倏忽亘天。昕鞭马疾驱，未及数十步，云物凝晦，暴雨骤降。比至永崇里，道中之水已若决渠。（出《宣室志》）②

六月十六日，奏请抽诸寺名行大德七人住持洛阳广福寺大弘教三藏和上院，六时忏念，为国进修三密瑜伽，继师资之旧业。同寺置一切有部戒坛院额，抽名行大德七人，四季为僧敷唱戒律，六时为

---

① （唐）赵迁：《大唐故大德赠司空大辨正广智不空三藏行状》，《大正藏》50册，第293页下。

② （宋）李昉等编：《太平广记》卷421，《四库全书》本。

国修行三密法门。并请放免其府县差科及一切僧事。敕准。（《东都先师塔院及石戒坛院请抽大德制》[①]　）

八月二日，奏请超悟法师于化度寺六尊大菩萨像前为国讲《大般涅槃经》。敕准。（《请超悟法师于化度寺修六菩萨讲制》[②]　）

十月十六日，敕京城及天下僧尼寺内胜处，置大圣文殊师利菩萨院，并塑文殊像，装饰彩画。二十七日，大师上表称谢。（《敕置天下文殊师利菩萨院制》《谢敕置天下寺文殊院表》[③]　）

《谢敕置天下寺文殊院表》：且文殊圣者，即诸佛祖师。大悲弘愿，不取正觉。大乘引导，利乐无期。昔释迦如来先有悬记，一乘典语，兴在中华，当有至圣帝王，必以大乘理国。八百余载，历代帝王圣贤多矣，实未有如陛下者也。不空何幸，生遇圣朝，分修大乘，奉事文殊师利。常以此圣真言奉为国家持诵，每蒙护念，恩德逾深。[④]

《大唐故大德开府仪同三司试鸿胪卿肃国公大兴善寺大广智三藏和上之碑》：兼奏天下诸寺以文殊为上座，仍置院

① （唐）圆照：《代宗朝赠司空大辨正广智三藏和上表制集》卷 3，《大正藏》52 册，第 841 页上—中。
② 同上，第 841 页中—下。
③ 同上，第 841 页下—842 页上。
④ 同上。

立像，保釐国界，申殷敬焉。①

是年大事：

正月二十二日，回纥使者擅自出鸿胪寺，掠人子女。所司禁之，而回纥竟殴打所司，又以三百骑兵犯金光门、朱雀门，宫门皆闭，代宗派中使刘清潭谕之方止。七月十四日，回纥又擅自出鸿胪寺，逐长安县令邵说至含光门街，夺其马。说只好乘他人马去，不敢与之争。

卢龙节度使朱希彩既杀李怀仙自立，遂轻慢朝廷，残虐将卒。孔目官李怀瑗因众怒，伺机杀之。其时众将卒不知所从，适经略副使朱泚帅军驻于城北，众将卒皆从之。朱泚遂权知留后事，并遣使言于朝廷。十月二十四日，代宗即以泚为检校左散骑常侍、幽州、卢龙节度使。

唐代宗大历八年（773），六十九岁

正月八日，奏请京城东、西两街各置一寺，常讲新译《大虚空藏经》，请章敬寺大德元盈法师保寿寺讲，资圣寺大德道液法师西明寺讲。敕准。六月，又奏请天下大寺七僧、小寺三僧，于新置文殊院，长时为国讲宣读诵。

二月十五日，敕于大兴善寺翻经院起首，修造

---

① （唐）飞锡：《大唐故大德开府仪同三司试鸿胪卿肃国公大兴善寺大广智三藏和上之碑》，《大正藏》52 册，第 849 页上。

大圣文殊镇国之阁。代宗自为阁主，独孤贵妃、韩王李迥、华阳公主赞之，凡出正库财约三千万数，特为修崇。（《请京城两街各置一寺讲制》①）

《请京城两街各置一寺讲制》：然此经者，众行之本源，净土之殊称。菩萨大愿、功德庄严、三昧神通、如来法印，无不具足。暂闻随喜，福尚无穷，况读诵受持，功德何限！冀兹法利，酬恩万一。②

《大唐故大德赠司空大辨正广智不空三藏行状》：冬，大师奏造文殊阁，圣上自为阁主，贵妃、韩王、华阳公主赞之，凡出正库财约三千万数，特为修崇。③

《大唐故大德开府仪同三司试鸿胪卿肃国公大兴善寺大广智三藏和上之碑》：至大历八年，有进止，于兴善本院又造文殊金阁，禁财内出，工人子来。宝伞自九霄而悬，御香亦一人所锡。微尘之众，如从地涌；钧天之乐，若在空临。④

是春，赐绢二百匹，充乳药。

《大唐故大德赠司空大辨正广智不空三藏行状》：八年

---

① （唐）圆照：《代宗朝赠司空大辨正广智三藏和上表制集》卷3，《大正藏》52册，第842页上—中。

② 同上，第842页中。

③ （唐）赵迁：《大唐故大德赠司空大辨正广智不空三藏行状》，《大正藏》50册，第293页下。

④ （唐）飞锡：《大唐故大德开府仪同三司试鸿胪卿肃国公大兴善寺大广智三藏和上之碑》，《大正藏》52册，第849页上。

春，赐大师绢二百匹，充乳药。①

五月，奉敕译《萨路荼王经》一卷，赐绢二百二十匹。

> 《大唐故大德赠司空大辨正广智不空三藏行状》：五月，奉敕译《萨路荼王经》一卷，赐绢二百二十匹。②

七月十三日，因大兴善寺寺主圆敬自任纲维，侵损常住，妄聚尼众止宿，奏请贬配河南府陆浑县思远寺，许其改过，为国修持。敕准。（《贬兴善寺寺主圆敬归河南思远寺制》③）

八月四日，奏请以兴善寺前都维那道遇充寺主。敕准。（《请补前都维那道遇充寺主制》④）

十月十三日代宗降诞日，进新译《大圣文殊师利菩萨佛刹功德庄严经》一部三卷，奏请大寺七僧、小寺三僧，于文殊院中长时为国讲宣诵习。一说此经为大历六年所译，八年五月五日进奉。（《进文殊师利佛刹功德经状》⑤）

---

① （唐）赵迁：《大唐故大德赠司空大辨正广智不空三藏行状》，《大正藏》50册，第293页下。
② 同上。
③ （唐）圆照：《代宗朝赠司空大辨正广智三藏和上表制集》卷3，《大正藏》52册，第842页中—下。
④ 同上，第843页上。
⑤ 同上，第842页下—843页上。

《进文殊师利佛刹功德经状》：文殊事迹，缘起根由，始于发心，至成正觉，庄严净土，此经具载。诸佛理体，菩萨行门，法界有情，无生实相，分明表示。功德广大，余经罕俦。愿此胜因，上资圣祚。①

《贞元新定释教目录》：代宗睿文孝武皇帝大历六年所译者也。翻译大德与《虚空藏》经同，御史中丞杜冕舍封请译。八年五月装写方成，端午之晨宝函封进。②

十月十八日，赐琼华真人（华阳公主）真如金刚《一切经》一藏，凡五千零五十卷，令大师当院安置，并转读奉迎礼拜，祈愿保佑琼华，永除疾病。大师上表称谢。（《谢恩赐琼华真人一切经一藏表》③）

十二月十日，赐大兴善寺文殊阁十四日上梁千僧斋饭、饮食、钱物等，大师上表称谢。（《恩赐文殊阁上梁蒸饼见钱等物谢表》④）

《大唐故大德赠司空大辨正广智不空三藏行状》：冬十二月十四日，上文殊阁梁，一切费用，皆是恩旨。别有锡赉，相望道路。⑤

---

① （唐）圆照：《代宗朝赠司空大辨正广智三藏和上表制集》卷3，《大正藏》52册，第842页下。
② （唐）圆照：《贞元新定释教目录》卷16，《大正藏》55册，第889页中。
③ （唐）圆照：《代宗朝赠司空大辨正广智三藏和上表制集》卷3，《大正藏》52册，第843页上一中。
④ 同上，第843页中。
⑤ （唐）赵迁：《大唐故大德赠司空大辨正广智不空三藏行状》，《大正藏》50册，第293页下。

腊月中夜，命弟子赵迁持笔砚，欲作《涅槃荼毗仪轨》，使后人准此送终。迁稽首三请，伏乞久住于世，笑而不许。

《大唐故大德赠司空大辨正广智不空三藏行状》：大师自去冬腊中夜，命弟子赵迁持笔砚："吾欲略一《涅槃荼毗仪轨》，使尔后代，准此送终。"迁稽首三请，伏乞慈悲，且久住世，大师笑而不许。[①]

是年大事：

正月，昭义节度使、相州刺史薛嵩卒。六日，以其弟薛崿知留后事。

二月二十七日，永平（今河南滑县）节度使令狐彰卒。三月一日，以工部尚书李勉为永平节度使。

回纥和市，代宗命尽买其马，遂满载而归。

八月二十八日，幽州节度使朱泚遣弟滔帅精锐骑兵五千至泾州（今甘肃泾川县）防秋。自从安史之乱爆发以来，幽州兵未曾为朝廷所用，朱滔帅兵至，代宗大喜，劳赐甚厚。

九月十日，循州（今广东惠州市）刺史哥舒晃杀岭南节度使吕崇贲，据岭南反。十月二十三日，以江西观察使路嗣恭兼岭南节度使，讨哥舒晃。

吐蕃以十余万兵入寇泾州（今甘肃泾川县）、邠州（今

---

① （唐）赵迁：《大唐故大德赠司空大辨正广智不空三藏行状》，《大正藏》50 册，第 293 页下。

陕西彬州市），郭子仪派朔方军马使浑瑊帅步骑五千拒之，先败后胜。

唐代宗大历九年（774），七十岁

正月，赐彩六十匹。四月，赐绢三百匹，充衣钵。

《大唐故大德赠司空大辨正广智不空三藏行状》：九年春正月，赐彩六十匹。夏四月，赐绢三百匹，充衣钵。[①]

春旱，祈雨应时。二月五日，大师上表称贺。（《贺雨表》[②]）

四月二十七日，养女琼华真人（华阳公主）薨逝。二十九日，大师上表哀悼奉慰。（《奉慰琼华真人薨表》[③]）

示疾，代宗遣中使慰问，兼赐白素等。五月五日，大师上表称谢。（《恩赐白素谢表》[④]）

《贞元新定释教目录》：洎大历九年，示有微疾。制使

---

① （唐）赵迁：《大唐故大德赠司空大辨正广智不空三藏行状》，《大正藏》50 册，第 293 页下。
② （唐）圆照：《代宗朝赠司空大辨正广智三藏和上表制集》卷 3，《大正藏》52 册，第 843 页中—下。
③ 同上，第 843 页下—844 页上。
④ 同上，第 844 页上。

劳问，天降名医，针药相仍，晓夕继至。①

五月七日，立遗书，以金阁含光，新罗慧超，青龙慧果，崇福慧朗，保寿元皎、觉超为得法弟子，付嘱开示后学，继传法灯。（《三藏和上遗书》② ）

《三藏和上遗书》：吾普告四众弟子等：大教总持，浩汗深广。瑜伽秘密，谁测其源？吾自髫龀出家，依师学业，讨寻梵夹二十余年。昼夜精勤，伏膺谘禀，方授瑜伽四千颂法。奈何积衅深重，先师寿终。栖托无依，凭何进业？是以远游天竺，涉海乘危。遍学瑜伽，亲礼圣迹。得十万颂法藏，印可相传。来归帝乡，福地行化。然一朝供奉，为三代帝师。人主尽授瑜伽，密传法契。爰自今圣弘教，最深十八会瑜伽尽皆建立，三十七圣众一一修行。每入道场，依时念诵。九重万乘，恒观五智之心；阙庭百寮，尽持三密之印。吾当代灌顶三十余年，入坛授法弟子颇多。五部琢磨，成立八个。沦亡相次，唯有六人。其谁得之？则有金阁含光、新罗慧超、青龙慧果、崇福慧朗、保寿元皎、觉超。后学有疑，汝等开示。法灯不绝，以报吾恩。③

六月六日，奏请于大兴善寺当院灌顶道场及大圣文殊阁各置持诵僧慧朗等二十一人，常为国念诵

---

① （唐）圆照：《贞元新定释教目录》卷16，《大正藏》55 册，第890 页上。
② （唐）圆照：《代宗朝赠司空大辨正广智三藏和上表制集》卷3，《大正藏》52 册，第844 页上—845 页上。
③ 同上，第844 页上—中。

转经。敕准。(《请于兴善当院两道场各置持诵僧制》①)

六月十一日，加开府仪同三司，封肃国公，食邑三千户。(《加开府及封肃国公制》②)

《大唐故大德赠司空大辨正广智不空三藏行状》：六月十一日，有诏就加开府仪同三司，封肃国公，食邑三千户，余如故。累让不许。诸弟子相次驰贺，大师不悦，曰："圣众俨如，舒手相慰，白月圆满，吾之去时，奈何临终，更窃名位？"附令恳让。③

《大唐故大德开府仪同三司试鸿胪卿肃国公大兴善寺大广智三藏和上之碑》：至九年六月十一日，制加大师开府仪同三司，封肃国公，食邑三千户，余如故。荣问优洽，宠光便繁。降北极之尊，为师宗之礼。幡像之惠，玉帛之施，敕书盈箧，中使相望。前古已来，未有如我皇之清信也，吾师之丹诚也！④

《贞元新定释教目录》：疾将未损，宸极不安。天慈曲临，锡以官封。⑤

六月十五日，上临终陈情辞表，奏请将先进

① (唐)圆照：《代宗朝赠司空大辨正广智三藏和上表制集》卷3，《大正藏》52册，卷4，第845页中—下。

② 同上，第845页下—846页中。

③ (唐)赵迁：《大唐故大德赠司空大辨正广智不空三藏行状》，《大正藏》50册，第293页下。

④ (唐)飞锡：《大唐故大德开府仪同三司试鸿胪卿肃国公大兴善寺大广智三藏和上之碑》，《大正藏》52册，第849页上。

⑤ (唐)圆照：《贞元新定释教目录》卷16，《大正藏》55册，第890页上。

《大圣文殊师利菩萨佛刹功德庄严经》颁示中外，并进奉先师金刚智三藏所传五钴金刚铃、杵，及银盘子、菩提子、水精念珠并合子。(《三藏和上临终陈情辞表》[①]) 代宗随即降旨，所请皆依。遂情意获申，一心观行，右胁累足，恬然薨逝。世寿七十，僧夏五十。大师将终，众相先现。众僧梦千仞宝幢摧倒，文殊新阁崩坏。金刚智杵飞空，大兴善寺后池水枯涸，林竹生实，庭花变色。

《大唐故大德赠司空大辨正广智不空三藏行状》：以大历九年六月十五日午时，浴香水，换新服，端居正容；命草辞表，北面瞻望，东首倚卧，住大印身，定中便去。神虽往而容貌如旧，气将尽而色泽逾鲜，斯法力之加，岂死相而能坏！行年七十，僧腊五十。……初，大师之将终，众相先现。诸僧梦千仞宝幢，无故摧倒，文殊新阁，忽然崩坏，大振院宇，比至惊悟，声犹在耳。金刚智杵飞空上，大兴善寺后池水尽枯涸，林竹生实，庭花变色。诸事异相，近数十条，今略序之，余皆不录。[②]

《大唐故大德开府仪同三司试鸿胪卿肃国公大兴善寺大广智三藏和上之碑》：以其月十五日，爰命弟子进表上辞，嘱以后事。削发汤沐，右胁累足，泊焉薨逝。春秋七十，

---

① （唐）圆照：《代宗朝赠司空大辨正广智三藏和上表制集》卷4，《大正藏》52册，第846页中。
② （唐）赵迁：《大唐故大德赠司空大辨正广智不空三藏行状》，《大正藏》50册，第294页上。

法腊五十。……寺池涸而华萎者，告终之象；梦幢倾而阁倒者，惊诚之期。①

《唐大兴善寺故大弘教大辩正三藏和尚影堂碣铭并序》：大历九年夏六月既望，示灭于兴善寺。②

《三藏和上影赞并序》：至六月十五日，忽沐浴兰汤，换洁衣服，抗表辞主，奄然而化。春秋七十矣，夏腊五十矣。圣上追恸，废朝三日。和上所居寺有荷池，周回数十亩，傍无灌注，中涌甘泉。醴甘镜清，冬夏常满。及和上迁化之日，池水先夕而涸。③

《唐大兴善寺故大德大辨正广智三藏和尚碑铭并序》：大历九年夏六月癸未，灭度于京师大兴善寺。④

《贞元新定释教目录》：尔时开府仪同三司试鸿胪卿肃国公大广智不空三藏和上，上表陈情，圣恩垂涕，墨制旋降，所请皆依。和上情礼获申，一心观行，右胁累足，怗然而薨。⑤

六月十六日，代宗哀悼，辍朝三日，遣中使诣大兴善寺宣慰众徒，敕诸门徒各守法教，敕送绢三百

---

① （唐）飞锡：《大唐故大德开府仪同三司试鸿胪卿肃国公大兴善寺大广智三藏和上之碑》，《大正藏》52 册，第 849 页中。
② （唐）权德舆：《唐大兴善寺故大弘教大辩正三藏和尚影堂碣铭并序》，《新刊权载之文集》卷 28，上海古籍出版社，1994 年，第 311 页。
③ （唐）严郢：《三藏和上影赞并序》，《大正藏》52 册，第 847 页上。
④ （唐）严郢：《唐大兴善寺故大德大辨正广智三藏和尚碑铭并序》，《大正藏》52 册，第 860 页上。
⑤ （唐）圆照：《贞元新定释教目录》卷 16，《大正藏》55 册，第 890 页下。

匹、布二百端，以充赙赠。（《敕诸孝子各守法教制》）

六月二十八日，赐造灵塔绢七百五十二匹。
（《恩赐造灵塔绢制》②）

《大唐故大德赠司空大辨正广智不空三藏行状》：圣上哀悼，辍朝三日。念师资之启沃，观遗迹而恻怆。绢三百匹、布二百端、米面四百石、油七石、柴十五车、炭三车，赐钱四十万，又赐造塔钱二百余万。斋七供养，仍别支给。日日中使予慰存问，敕功德使李元琮知丧事。③

《大唐故大德开府仪同三司试鸿胪卿肃国公大兴善寺大广智三藏和上之碑》：哀悼九重，辍朝三日。赠绢三百匹、布二百端、钱三十万、米面共四百石，香油、薪炭及诸斋七，外支给。又赐钱二百二十五万，建以灵塔，宇内式瞻。④

《唐大兴善寺故大弘教大辩正三藏和尚影堂碣铭并序》：追命司空，不视朝三日，尊名曰大辩正，遣中谒者吊祠。⑤

《贞元新定释教目录》：弟子号踊无算，中使奏闻，圣上宸悼殊深，废朝三日。爰降中使，诣于僧蓝，宣慰众徒。乃锡赙赠绢三百匹，布二百端，白米、粳米各五车，白面

---

① （唐）圆照：《代宗朝赠司空大辨正广智三藏和上表制集》卷4，《大正藏》52册，第846页下。

② 同上，第847页中。

③ （唐）赵迁：《大唐故大德赠司空大辨正广智不空三藏行状》，《大正藏》50册，第294页上。

④ （唐）飞锡：《大唐故大德开府仪同三司试鸿胪卿肃国公大兴善寺大广智三藏和上之碑》，《大正藏》52册，第849页中。

⑤ （唐）权德舆：《唐大兴善寺故大弘教大辩正三藏和尚影堂碣铭并序》，《新刊权载之文集》卷28，上海古籍出版社，1994年，第311页。

亦尔，柴十车，油七石，炭三车。并如京宣索，如无，准拟奏来，当别支送。至其月二十八日，敕内侍韦守宗送绢七百五十二匹，充先师造灵塔直。①

七月五日，敕赠司空，谥大辨正广智不空三藏和上。（《赠司空谥大辨正三藏和上制》②）

七月六日，敕葬凤翔之南少陵原，遣内给事刘仙鹤致祭，同中书门下平章事元载、兵部尚书李抱玉等均致祭文，四部弟子及数万人众送葬。荼毗之后，得舍利数百粒。

《大唐故大德赠司空大辨正广智不空三藏行状》：七月六日，就塔所具荼毗之礼，随喜者亿千万数。是日有诏，使高品刘仙鹤就致祭，并赠司空，谥曰大辨正广智不空三藏和上，尊其德也。荼毗火灭，于余烬中，凡得舍利数百粒，八十粒进入内。又于顶骨中有一粒，半隐半现。③

《大唐故大德开府仪同三司试鸿胪卿肃国公大兴善寺大广智三藏和上之碑》：又敕高品李宪诚勾当，及功德使开府仪同三司李元琮监护，即以七月六日法葬于凤之南少陵原。其日，中书门下敕牒赠司空，谥大辨正广智不空三藏和上。又遣内给事刘仙鹤宣册致祭。内出香木，焚之灵棺，具荼

---

① （唐）圆照：《贞元新定释教目录》卷16，《大正藏》55册，第890页下。

② （唐）圆照：《代宗朝赠司空大辨正广智三藏和上表制集》卷4，《大正藏》52册，第848页上一中。

③ （唐）赵迁：《大唐故大德赠司空大辨正广智不空三藏行状》，《大正藏》50册，第294页上一中。

毗之礼也。①

《唐大兴善寺故大德大辨正广智三藏和尚碑铭并序》：茶毗之时，诏遣中谒者斋祝父祖祭，申如在之敬。睿词深切，嘉荐令芳，礼冠群伦，誉无与比。②

《贞元新定释教目录》：洎七月五日，追赠司空，圣眷殊深，又锡谥号。……洎六日癸卯，陈设葬仪，迁神城南，茶毗供养。皇帝遣内给事刘仙鹤，以香茶之奠，敬祭于故大辨正广智三藏和上之灵。……是月也，宰臣中贵、神策六军、御史大夫及京兆尹、尚书、仆射、侍郎、列卿、诸卫将军，各申奠祭。其余缁素，不可具陈。……是时也，火灭已后收得遗身，髑顶等中皆有舍利，光相莹净，皎若琉璃。具以上闻，圣情哀悼，内宫稽首，置在道场。③

七月七日，敕僧慧朗专知检校不空三藏院事，兼教授后学。（《敕慧朗教授后学制》④）

《大唐故大德赠司空大辨正广智不空三藏行状》：僧弟子惠朗，次承灌顶之位。⑤

---

① （唐）飞锡：《大唐故大德开府仪同三司试鸿胪卿肃国公大兴善寺大广智三藏和上之碑》，《大正藏》52 册，第 849 页中。

② （唐）严郢：《唐大兴善寺故大德大辨正广智三藏和尚碑铭并序》，《大正藏》52 册，第 860 页上。

③ （唐）圆照：《贞元新定释教目录》卷 16，《大正藏》55 册，第 890 页下—891 页上。

④ （唐）圆照：《代宗朝赠司空大辨正广智三藏和上表制集》卷 5，《大正藏》52 册，第 850 页下。

⑤ （唐）赵迁：《大唐故大德赠司空大辨正广智不空三藏行状》，《大正藏》50 册，第 294 页上。

《贞元新定释教目录》：同日，又奉敕语僧惠朗，专知捡按院事，兼及教授后学，一尊一契有次第者闻奏。①

八月二十八日，敕李元琮，故辨正三藏荼毗得舍利，令于大兴善寺旧住院中起舍利塔，特赐造塔钱万余贯。（《敕于当院起灵塔制》② ）

《大唐故大德赠司空大辨正广智不空三藏行状》：后有敕，令于大兴善寺旧住院中起舍利塔，特赐造塔钱万余贯。③

《唐大兴善寺故大德大辨正广智三藏和尚碑铭并序》：伊年九月，诏以舍利起塔于旧居寺院。④

《贞元新定释教目录》：洎八月二十八日，又敕语元琮，故辩正三藏荼毗得舍利，令于当寺院造舍利塔。⑤

是年大事：

三月九日，代宗以皇女永乐公主许妻魏博节度使田承嗣之子田华，欲以此而结其心，而承嗣更加骄横。

六月，幽州、卢龙节度使朱泚遣其弟朱滔奉表请入朝，

---

① （唐）圆照：《贞元新定释教目录》卷16，《大正藏》55 册，第 891 页上。
② （唐）圆照：《代宗朝赠司空大辨正广智三藏和上表制集》卷5，《大正藏》52 册，第 850 页下—851 页上。
③ （唐）赵迁：《大唐故大德赠司空大辨正广智不空三藏行状》，《大正藏》50 册，第 294 页中。
④ （唐）严郢：《唐大兴善寺故大德大辨正广智三藏和尚碑铭并序》，《大正藏》52 册，第 860 页上。
⑤ （唐）圆照：《贞元新定释教目录》卷16，《大正藏》55 册，第 891 页上—中。

并请自帅步骑五千防秋。代宗许之。九月五日，代宗宴泚及将士于延英殿，犒赏之盛，近世未有。

唐德宗建中二年（781）

十一月十五日，建碑。御史大夫严郢撰文，彭王傅徐浩书字。

《贞元新定释教目录》：至造塔毕，建立丰碑。银青光禄大夫御史大夫上柱国冯翊县开国公严郢撰文，银青光禄大夫彭王傅上柱国会稽郡开国公徐浩书字。①

是年大事：

正月九日，成德节度使李宝臣（原名张忠志）死，其子李惟岳谋袭父位，德宗欲革除藩镇世袭之弊，故坚决拒之。于是田悦与李正己各遣使与惟岳密谋以兵拒朝命。

德宗欲诛宰相杨炎而先分其权，二月，擢御史大夫卢杞为门下侍郎，与炎并同平章事。杞猥陋而无文学，炎轻视之，常称病不与会食，杞因恨之。遂引太常博士裴延龄为集贤殿直学士，亲信之，与炎相抗。

河南北四镇连兵拒朝命，朝廷发各道兵讨伐。东西运粮之路皆被断绝，人心震恐。德宗以和州（今安徽和县）刺史张万福为濠州（今安徽凤阳县）刺史，使之通涡口水

---

① （唐）圆照：《贞元新定释教目录》卷16，《大正藏》55册，第891页中。

路，威震濠州。

安史之乱爆发后，为了平定叛乱，唐王朝调河西、陇右镇兵入援，吐蕃乘机侵占了河、陇地区，北庭（今新疆奇台县）、安西（今新疆库车市）从此隔绝不通，与朝廷声问绝者十余年。七月，北庭、安西遣使间道历诸胡，然后从回纥中来，德宗嘉之。

七月三日，以杨炎为左仆射，罢其政事。以前永平节度使张镒为中书侍郎、同平章事。以朔方节度使崔宁为右仆射。

七月二十六日，河东节度使马燧、昭义节度使李抱真、神策军先锋都知兵马使李晟等大败田悦于临洺（今河北邯郸市永年区）。

七月，淄青节度使李正己死，其子李纳秘不发丧，擅领军务。八月，李纳方发丧，并奏请袭父位，德宗不许。

八月，梁崇义发兵攻江陵，至四望（今湖北南漳县），大败而归，闭襄阳城拒守，守者开门争出，不可禁。崇义与妻投井死，传首京师。

李希烈请讨梁崇义，德宗对朝士每称其忠。希烈败梁崇义后，既得襄阳，遂据为己有。九月九日，以河中尹李承为山南东道节度使，单骑赴襄阳，希烈大掠全境而去。

卢杞诬杨炎有异志，十月十日，炎自左仆射被贬为崖州（今海南海口市）司马，并遣中使护送之。未至崖州，即缢杀之。

十一月七日，宣武节度使刘洽、神策都知兵马使曲环、滑州刺史李澄与朔方军大将唐朝臣等大败淄青、魏博兵于徐州。

三月，唐遣殿中少监崔汉衡使于吐蕃。十二月二十三日，汉衡遣判官与吐蕃使者入奏，请用敌国礼及新划国界。德宗皆如其请，这是因为当时关东与河北正在打仗，不得不向吐蕃让步。

沙州（今甘肃敦煌市）陷于吐蕃。

《大秦景教流行中国碑》立。碑文为景教士景净撰，吕秀岩书，共一千七百八十字。记唐太宗时大秦景教从波斯传入中国，并在长安建寺度僧的活动和宣传教义的情况。碑下和两侧有古叙利亚文题名。此碑是研究中西交通史的重要资料。

传　记

大唐故大德赠司空[1]大辨正广智
不空三藏行状[①]

前试左领军卫兵曹参军翰林待诏臣赵迁[2]

　　皇帝灌顶大师，法号不空，以普贤行愿，传大菩提心、金刚智印[3]，奉佛教令，拔济群品，持大法宝，为时而来，翼赞三朝，近三十载。大师本西凉府北天竺之波罗门族[4]也，先门早逝，育于舅氏，便随母姓。初，母康氏之未娠也，有善相者言曰："尔后毕生菩提萨埵。"言讫不见。大奇之，遂沐浴换衣，断语持念。未经三日，坐而假寐，梦佛微笑，双目光流，入母人顶。忽而惊寤，遍体流汗，因觉有身。香灯已后，夜室如昼。十二月而生，生而能言，

风神出凡，精气殊众。六波罗密、四无量心[5]，宛若生知，非关师授，唯佛与佛，乃能究焉。

昔者婆伽梵[6]毗卢遮那，以《金刚顶瑜伽秘密教王》真言法印，付属金刚手菩萨。垂近千载，传龙猛菩萨。数百年后，龙猛传龙智阿遮梨耶[7]。后数百年，龙智传金刚智阿遮利耶，金刚智传今之大师。虽源一，流派分盖数十人而已。家嫡相继，我师承其六焉。

初，大师随外氏观风大国。生年十岁，周游巡历武威、太原。十三事大弘教[8]，祖师道《悉谈章》[9]《波罗门语论》，辄背文而讽诵，克日而洞悟，祖师大奇。他日与授菩提心戒[10]，引入金刚界大曼荼罗，验之掷花，知有后矣。十五初落发，二十进具戒。善一切有部律[11]，晓诸国语，识异国书。先翻经，常使译语，对唐梵之轻重，酌文义之精华。讨习声论[12]，十二年功，六月而毕。诵文殊愿，一载之限，再夕而终。后于祖师处，哀祈瑜伽五部三密，求之三载，未遂夙心。为法之故，欲归天竺。是日宿于新丰逆旅，祖师此夜偶然而梦，京城诸寺佛菩萨像悉皆东行。忽而惊悟，令疾命还。及闻回至，祖师大喜："我之法藏，尽将付汝。"次于他晨，为与传授五部之法，灌顶护摩[13]、阿阇梨教、《大日经》、悉地[14]仪轨、诸佛顶[15]部、众真言行，一一传持，皆尽其妙。

后数年，祖师奉诏归国，大师随侍，至河南府，祖师示疾而终。是时开元二十九年仲秋矣。影塔[16]既成，以先奉先师遗言，令往帅子国。

至天宝初，到南海郡，信舶未至，采访[17]刘巨鳞[18]三请大师，哀求灌顶。我师许之，权于法性寺[19]建立道场。因刘公也，四众咸赖，度人亿千。大师之未往也，入曼荼罗，对本尊像，金刚三密以加持，念诵经行[20]，未逾旬日，文殊师利现身。因诚大愿不孤，夙心已遂，便率门人含光[21]、惠辩，僧俗三七，杖锡登舟。采访已下，举州士庶大会，陈设香花，遍于海浦，蠡梵栝于天涯，奉送大师，凡数百里。

初至诃陵国[22]界，遇大黑风，众商惶怖，作本天法，禳[23]之无效，稽首膜拜，哀求大师。惠辩小师，亦随恸叫。大师告曰："今吾有法，尔等勿忧。"遂右执五智菩提心杵[24]，左持《般若佛母经》[25]，申作法加持，诵大随求。才经一遍，惠辩亦怪之，风优海澄，师之力也。后又遇疾风，大鲸出海，喷浪若山，有甚前患。商人之辈甘心输命，大师哀悯，如旧念持，亦令惠辩诵《娑竭罗龙王经》[26]。未移时克，众难俱弭。

次达海口城，师子国王遣使迎之。大师见王，王大悦，便请大师住宫，七日供养。每日常以真金浴斛，满贮香水，王为大师躬自澡浴。次及太子、后妃、辅相，如王礼大师。他日寻普贤阿阇梨[27]等，奉献金宝、锦绣之属，请开十八会金刚顶瑜伽法门、毗卢遮那大悲胎藏，建立坛法，并许门人含光、惠辩，同授五部灌顶。大师自尔觉无常师，遍更讨寻诸真言教，并诸经论五百余部，本三昧诸尊密印、仪形色像、坛法标帜、文义性相，无不尽源。他日王作调象戏以示国人，登高望之，无敢近目。大师密诵佛眼真言[28]，并结大印，住于慈定，当衢而立。狂象十余，数步之内，顿倒忙走，举国奇之。又游五天，巡历诸国，事迹数繁，阙而不记。

天宝五载，还归上京，进师子国王尸罗迷伽[29]表，及金璎珞、《般若》梵甲[30]、诸宝白氎等，奉敕令权住鸿胪寺。他日有诏，请大师入内，建立曼荼罗，为玄宗皇帝五部灌顶。是年移住净影寺[31]。是岁也，终夏愆阳[32]，帝请大师入内祈雨，制日时不得赊，雨不得暴。大师奏《大孔雀明王经》[33]坛法，未尽三日，膏泽弥洽。皇帝大悦，自持宝箱，赐大师紫袈裟，帝为披摝，并赐绢二百匹。后有大风卒起，敕令大师止风。大师请一银瓶，作加持法，须臾风止，帝殊器重。后有池鹅误触瓶倒，风击如前。敕令再止，随止随效，帝倍加敬，恩命号为智藏。八载，恩旨许归本国，垂驿骑之五匹，到南海郡，后敕令且住[34]。

十二载，敕令赴河陇节度御史大夫哥舒翰[35]所请。十三载到武威，住开元寺。节度已下，至于一命[36]，皆授灌顶。士庶之类数千人众，咸登道场。与僧弟子含光，授五部法[37]。次与今之功德使开府李元琮[38]，授五部灌顶，并授金刚界大曼荼罗。是日也，道场地大动，大师感而谓曰："此即汝心之诚所致也。"

十五载夏，奉诏还京，住大兴善寺[39]。至德中，銮驾在灵武、凤翔，大师常密使人问道，奉表起居，又频论克复之策。肃宗皇帝亦频密谍使者到大师处，求秘密法，并定收京之日，果如所料。

乾元中，帝请大师于内建立道场及护摩法，帝授转轮王七宝[40]灌顶。上元末，皇帝圣躬不康，请大师以大随求真言拂除七遍，圣躬万福，帝特加殊礼。大师表请入山，李辅国[41]敕令终南山智矩寺修功德。念诵之夕，大乐萨埵[42]舒毫发光[43]，以相验之，位邻悉地。大师又曰："众生未度，吾安自度之？"

遂已先圣登遐，今皇御宇，渥恩日甚，锡赍便繁，今略述而已。《仁王》[44]《密严》[45]二经，皇帝特制经序。敕命颁行之日，庆云大现，举朝表贺，编之国史。永泰元年十一月一日，制授大师特进试鸿胪卿，号大广智三藏。大历三年，大师于兴善寺立道场，赐瑞锦褥十二领，绣罗幡三十二口，价直千万，又赐二七日入道场大众斋粮。近侍、大臣、诸禁军使，敕令入灌顶道场，道俗之流，别有五千余众。四年冬，大师奏天下寺食堂中，特置文殊师利为上座。恩制许之，须宣宇内。五年夏五月，诏请大师，往太原台山修功德。是岁也，有彗出焉，法事告终，妖星自伏。季秋，届于京师，皇上以所乘师子听并御鞍辔，遣中使出城迎大师。大师固辞，恩命不许，乃乘之入对，皇上大悦。并僧俗弟子，咸赐内殿斋饭，锡赍束帛甚厚。六年春二月，敕赐大师道场绣罗幡二十四口、绣缦天一、并绣额一。十月圣诞日，大师进前后所译经。有敕宣示中外，编入《一切经目录》，并僧俗弟子等，都赐物五百一十匹。七年春，敕赐绢一百匹。是岁春夏旱，有诏请大师祈雨，中使李宪诚[46]奉宣恩旨："若三日内雨足，是和上功，非过三日，关和尚事。"大师受制，建立道场，一日已终，及依法祈请，亦不过限，大雨丰足。皇帝大悦，设千僧斋，并僧弟子衣七副，以报功也。冬，大师奏造文殊阁，圣上自为阁主，贵妃、韩王、华阳公主[47]赞之，凡出正库财约三千万数，特为修崇。八年春，赐大师绢二百匹，充乳药[48]。五月，奉敕译《萨路荼王经》一卷，赐绢二百二十匹。冬十二月十四日，上文殊阁梁，一切费用，皆是恩旨。别有锡赉，相望道路。九年春正月，赐彩六十匹。夏四月，赐绢三百匹，充衣钵。六月十一日，有诏就加开府仪同三司[49]，封肃国公，食邑三千户，余如故。累让不许。诸弟子相次驰贺，大师不悦，曰："圣众俨如，舒手相慰，白月圆满，吾之去时，奈何临终，更窃名位？"附令恳让。

大师自去冬腊中夜，命弟子赵迁持笔砚："吾欲略一《涅槃荼毗[50]仪轨》，使尔后代，准此送终。"迁稽首三请，伏乞慈悲，且久住世，大师笑而不许。自春及夏，停飧辍寝，宣扬妙法，诚勖门人。每语乃《普贤行愿》[51]《出生无边门经》[52]，劝令诵持。再三叹息："其先受法者，偏使属意，观菩提心、本尊大印，真诠阿字，了法不生[53]，证大觉身，若指诸掌[54]。慰诲勤勤，悲喜交集。汝等于法，宜逾身命，是所闻者，斯不易焉。吾思往日，涉险冒危，为法委身，穷历拜国，周游往返，十余万里。尔等当思此意，速此修行。无殉利以辱身，勿为名而丧道。奉我临终之诚，成尔书绅[55]之勖。"

以大历九年六月十五日午时，浴香水，换新服，端居正容；命草辞表，北面瞻望，东首倚卧，住大印身[56]，定中便去。神虽往而容貌如旧，气将尽而色泽逾鲜，斯法力之加，岂死相而能坏！行年七十，僧腊五十。僧弟子惠朗，次承灌顶之位[57]，余知法者，盖数十人而已。圣上哀悼，辍朝三日。念师资之启沃，观遗迹而恻怆。绢三百匹、布二百端、米面四百石、油七石、柴十五车、炭三车，赐钱四十万，又赐造塔钱二百余万。斋七供养，仍别支给。日日中使予慰存问，敕功德使李元琮知丧事。

初，大师之将终，众相先现。诸僧梦千仞宝幢，无故摧倒，文殊新阁，忽然崩坏，大振院宇，比至惊悟[58]，声犹在耳。金刚智杵飞空上，大兴善寺后池水尽枯涸，林竹生实，庭花变色。诸事异相，近数十条，今略序之，余皆不录。昔者如来灭度，双林改白；文宣[59]殁世，泗水逆流。虽古今之有殊，验征应之不异也。

七月六日，就塔所具荼毗之礼，随喜者亿千万数。是日有诏，使高品刘仙鹤就致祭，并赠司空，谥曰大辨正广智不空三藏和上，尊其德也。荼毗火灭，于余烬中，凡得舍利数百粒，八十粒进入内。又于顶骨中有一粒，半隐半现。后有敕，令于大兴善寺旧住院中起舍利塔，特赐造塔钱万余贯。承后诸弟子在院者，圣恩爱及如大师在日。

皇上据四海之图籍，十有三年矣。所赐大师手诏数十首，皆圣人密旨，并却进奉。远自先朝，至今圣代，所有墨制[60]，卷轴盈箧。锡赉束帛，不知其数，累年系月，积若岳。未尝言贮畜，辄不谋于生计，今并不书。每在中禁建立道场，颇积年岁，传授法印，加持护摩，殄除灾异，增益吉祥，秘密之事，大师未曾辄有宣尔，今并不列于行状。诸类事迹，其徒寔繁，盖存于别传。付法弟子，输诚国家，则在于《遗书》进奉[61]。陈博情，盖题于《辞表》[62]。大师自开元至今大历，翻译经法凡一百二十余卷[63]。诸佛示权，摧魔护国，非臣下堪闻者，缄在于天宫。普贤行门，菩提般若，是瑜伽修行者，须宣于人代。大师据灌顶师位四十余年，入坛弟子、授法门人，三朝宰臣，五京[64]大德，缁素士流，方牧岳主[65]，农商庶类，盖亿万计。其登戒坛，二千弟子，一切有部，独为宗师。

呜呼！大师训人之道，其徒不一，泯合二谛[66]，适于众因。先观性以示方，非妄投而虚力。以大海之法宝，随所受而适心；以雪山之妙药[67]，故应病而令服。是以有《苏悉地》《毗卢遮那》《金刚顶经》诸真言部，若戒定慧，顿渐半满[68]，大师之教也。如是大师，其存也，三朝帝师；其殁也，万人哀痛。教法悬于日月，生死沾于雨露。二七僧人，常入天宫之会；三千门士，犹承圣上之恩。且佛教东来，向近二千载[69]，传胜法，沐光荣，实未有与大师同年而语者也！诸弟子等所痛，夜室光沈，释门丧宝，天柱中折。济舟忽覆，泛泛苦海，将何所依？泪尽继血，心摧魄丧！

小子迁执巾捧锡，九载于兹，握笔持砚，八年而已。叩[70]居翻译之次，窃承秘奥之躅[71]。大师所有行化之由，会亲禀受，平生之日，命令序述，在于侍奉，未暇修纂。况乃奉临终遗言，固辞不获。临之气尽，悲泪难裁，乩^[72]诸故事，十无在一。谨状。

注释

[1] 司空：为"三公"（司徒、司马、司空）之一，为封建社会最高官称，在隋唐时为正一品，虚衔，为论道之官。

[2] 赵迁：为不空三藏俗弟子，随侍九年。"前试左领军卫兵曹参军翰林待诏"为其官衔。翰林待诏为官名，唐玄宗初年置，执掌朝奏、批答、应和文章等事。

[3] 大菩提心、金刚智印：大菩提心和金刚界智印。菩提心，即本觉正性显现，心中惺惺寂寂，于体相用妙理无不洞达，绝不住着。金刚，即金刚界，开示大日如来智德之部门也。如来内证之智德其体坚固，有摧破一切烦恼之胜用，故譬以金刚。智印，如人有印则得入国，以般若之智为印，则得入实相之理。《秘藏宝钥》卷上曰："五部诸佛擎智印。"

[4] 西凉府北天竺之婆罗门族：不空三藏为北天竺婆罗门之子，幼年丧父，即随舅氏，故随母姓康氏，康氏为昭武九姓之一。唐永徽（650—655）时，西域康氏大都东迁，居祁连山北之昭武城，隶属凉州府，故说西凉府人。

[5] 六波罗密、四无量心：波罗密意为到彼岸。六波罗密，即布施、持戒、忍辱、精进、禅定、般若。梵文 Pāramitā，音译为波罗蜜多（古译略去多字），为"度"，即度到彼岸之意。世间曰"此岸"，出世间曰"彼岸"。由世间而达到出世间之道，即为度到彼

岸（简称曰度）。布施内分财施、法施、无畏施三种。人天乘未尝无此行，然以着相故，不能脱离世间系缚，故属此岸。菩萨乘则不住于相而行布施，故名布施波罗蜜多。以下五者准此名之。持戒以十善为主，迹同天乘。安忍者，心能隐忍一切难忍之事，或译忍辱，取显著者言之耳。精进通于一切行愿。禅定则静中巧虑妙相。般若则照见一切皆空。梵文 prajñā，译音般若，义如智慧。然世间智慧依识而生，此般若波罗蜜多则离识之智慧。四无量心，即慈、悲、喜、舍四无量心。一、慈无量心，能与乐之心。二、悲无量心，能拔苦之心。三、喜无量心，见人离苦得乐生庆悦之心。四、舍无量心，如上三心舍之而心不存执着。又怨亲平等，舍怨舍亲。此四心普缘无量众生，引无量之福，故名无量心。又平等利一切众生，故名等心。

[6] 婆伽梵：为佛的十大名号之一，义译为世尊。

[7] 阿遮梨耶（acarya）：译为轨范师，特指密教导师。

[8] 大弘教：金刚智三藏之谥号。

[9] 《悉谈章》：又作《悉昙章》，为教授梵文的儿童最初课本。

[10] 菩提心戒：指密教修学者所受持的三摩地菩提心戒，特称三昧耶戒，或称诸佛内证无漏清净法戒。

[11] 一切有部律：说一切有部所传承、受持的戒律。说一切有部，小乘二十部之一，佛灭后三百年初，自根本上座部别立者。分一切法为有为、无为二种，有为三世，无为离世，其体皆有，且一一说明其因由为宗。

[12] 声论：即声明记论。关于五明中声明，即语言学之世俗书籍的总名。

[13] 护摩：梵文 Homa 之音译，译作烧。密教修行方法，设火炉，烧乳木，以智慧之火，烧烦恼之薪。护摩有二种：择地作坛，以世火烧供物乳木，为外护摩；自身为坛，以如来智火烧烦恼之薪为内护摩。

[14] 悉地（Siddhi）：义译为成就，通于世出世间法，三密相应而成就之妙果，谓之悉地。悉地，力用自在无所妨碍之义。此本有三位：单破粗执者，只证世间悉地；兼破细执者，得证出世间悉地；具破极细执者，方证出世间上上悉地。

[15] 诸佛顶：指密教胎藏界曼荼罗中，表示佛顶功德之诸佛。

[16] 影塔：安葬金刚智三藏之塔。《宋高僧传》作"影堂"。

[17] 采访：全称作"采访处置使"。系岭南道的最高官员，通常兼署南海郡。

[18] 刘巨鳞：天宝三载（744）为广州南海太守，海盗吴令光等攻台州，巨麟率兵攻杀之。任广州都督时，见南海山峻水深，民不井汲，凿井四，民便之。

[19] 法性寺：位于广州西北部。又作制旨寺、制止道场。今称为光孝寺。东晋时，罽宾僧始造立寺宇，号王园寺。南朝时，真谛住此翻译经典，慧恺、僧宗等亦跟随来此，一时译经风盛。唐贞观年间，称为乾明法性寺。高宗仪凤元年（676），六祖慧能至本寺，正遇印宗法师讲《涅槃经》，时有二僧正论风动或幡动，慧能谓不是风动，不是幡动，乃仁者心动，后依印宗法师剃发，而于菩提树下开东山法门。

[20] 经行：在一定之地旋绕往来，是坐禅时为防止昏沉并调养身体而进行的一种辅助活动。

[21] 含光：为不空三藏最早的弟子之一，印度人。天宝元年（742），随师前往师子国求法，并随师从龙智受五部灌顶，天宝五载返国后，又随师辗转长安、韶州、河西等地，助师译经传法。在武威开元寺，不空三藏开坛灌顶，含光受金刚界五部之法。安史之乱发生后，不空三藏先被皇太子李亨诏回长安，含光稍后东归，途遇皇太子北上，便随其左右，为其师与肃宗之间传递消息，亦为肃宗定策复京祈福修法。广德二年（764）正月，不空三藏奏请置大兴善寺大德四十九员，含光位列第二。师称含光等"道业清高，洞明经戒，众所钦尚，堪为师范"。永泰二年（766），不空三藏在五台山建造金阁寺及诸普通供养处，含光为奉使巡台，检校督造。含光先后用了五年时间营造建成了著名的金阁寺及六处供养处，自此住持金阁寺，在五台山大兴真言密教。含光在五台山是以朝廷功德僧的身份，享有很高的威望和权限。不空三藏入灭后，含光仍在五台山弘法，更受代宗器重。其晚年事迹不详，可能圆寂于五台山。

[22] 诃陵国：Kalinga，即今爪哇。

[23] 榱（cuī）：通"摧"，破坏。

[24] 五智菩提心杵：即五智金刚杵。金刚杵，质地坚固，能击破各种物质，故冠以金刚之名。密教中，金刚杵象征摧灭烦恼之菩提心，为诸尊之持物或修法之道具。于曼荼罗海会之金刚部诸尊皆持金刚杵。真言行者亦常携行，盖以此杵象征如来金刚之智用，能破除愚痴妄想之内魔与外道诸魔障。五智金刚杵，即造形呈五股（峰）之金刚杵，其五峰表五智、五佛；居中之一峰表佛之实智，外围四峰略向内曲拱，表四佛权智。

[25]《般若佛母经》：三世诸佛皆依般若波罗蜜成正觉，故般若被称

为"佛母"。此处指般若类经典。

[26]《娑竭罗龙王经》：梵语娑竭罗（Sāgara），意译咸海，又翻龙
　　王。即咸海中一百七十七龙王中第七龙王。今独列此龙王者，
　　谓是大权菩萨，位居十地之中，示现龙身，处于咸海。若降雨
　　时，先布密云，端坐举念，其雨普洽。常随佛会，护法护民，
　　其利甚博。所居宫殿，七宝严饰，与天无异。（十地，欢喜地、
　　离垢地、发光地、焰慧地、难胜地、现前地、远行地、不动地、
　　善慧地、法云地。七宝，金、银、琉璃、玻璃、砗磲、码瑙、
　　赤真珠。）

[27] 普贤阿阇梨：即龙智阿阇黎。

[28] 佛眼真言：为密教佛眼尊之陀罗尼。若常持诵此真言，金刚萨
　　埵及诸菩萨常随卫护，得大神通，所作事业皆得成就。

[29] 尸罗迷伽：即阿伽菩提六世（Aggabodhi VI），师子国第二兰巴
　　建纳王朝国王。

[30] 甲：通"夹"。

[31] 净影寺：位于长安，587年隋文帝所创建。隋朝统一天下后，特
　　崇佛教。时以慧远（523—592）为中心，率学僧二百余人，于
　　长安大兴善寺弘扬佛教。因大兴善寺狭小不敷使用，遂另建净
　　影寺。

[32] 愆阳：愆，超过。阳气太过，天旱酷热。

[33]《大孔雀明王经》：即《佛母大金曜孔雀明王经》，三卷，不空
　　译。依此经所载，持诵此经有止雨、祈雨、消灾等功效。该经
　　卷下云："若天旱时及雨涝时，读诵此经，诸龙欢喜；若滞雨即
　　晴，若亢旱必雨，令彼求者随意满足。"

[34] 恩旨许归本国，垂驿骑之五匹，到南海郡，后敕令且住：不空三藏回中国后二三年内，开坛灌顶、译经传法、祈雨止风，推动密宗达到鼎盛局面。但至天宝八载（749），情形急变，突然恩旨"许归本国"，这其实是对外籍人下的逐客令，是限期离境或遣送回国的代名词。原因何在，赵迁《行状》和圆照《贞元录》均未说明，其他传记亦未提及。总之，大师遇到了巨大障缘，被迫归国。但走至韶州（今广东韶关一带）便停留下来。《贞元录》载："发自京都，路次染疾，不能前进，寄止韶州。"《行状》未提染疾之事，只说："垂驿骑之五匹，到南海郡，后敕令且住。"古代岭南为瘴疠之地，流放者多九死一生，染疾亦确有可能；但停留不去的真意，恐怕还是在于完成弘扬密教的大业。故停留不去，等待时机。一说"敕令止住"。大师在韶州停留四年之久，《贞元录》记载此间"日夜精勤，卷不释手，扶疾翻译，为国为家"。但后来译著的目录中并无在韶州或南海郡的译著，其间或有译著，或灌顶传法，但史籍缺载。

[35] 河陇节度御史大夫哥舒翰：哥舒翰（？—757），安西（今新疆库车市）人，突厥突骑施人。唐代名将。天宝十二载（753）加封河西节度使。天宝十三载，升太子太保，兼任御史大夫（隋唐时专掌监察、执法，正三品）。

[36] 一命：官阶。周时官阶从一命到九命，一命最低。《礼记·祭义》："一命齿于乡里。"

[37] 五部法：密教金刚界五部（佛部、金刚部、宝部、莲华部、羯磨部）之秘密法门。参见《秘密曼荼罗教付法传》卷第一注[60]。

[38] 功德使开府李元琮：李元琮（？—776），不空三藏俗弟子。功

德使全称为"勾当京城诸寺观修功德使"。公元 774 年首见于文献，为京城僧尼的总管。李元琮大约是第一个被授此职位的人。开府全称"开府仪同三司"，文散官名，为二十九阶荣衔之第一等，荣誉极大。李元琮虽为俗弟子，却很受不空三藏的重视，早在开元末就侍奉不空三藏，二十九年随师前往师子国求法，回来后一直随侍不空三藏身边，往来于不空三藏与朝廷之间，奏闻信息。天宝十三载，在武威从师受五部灌顶及金刚界大法。后来在肃宗登极复京的过程中，往来于不空三藏与肃宗之间，有一定的功劳，受到器重，受封官职。大历年间，李元琮以监修功德事，除掌管京城功德活动外，并总领天下修功德事，在其任职期间为佛教事业尤其是密宗的发展起到了重要的作用，亦倍受代宗宠遇及教内人士的肯定。

[39] 大兴善寺：始建于晋武帝泰始二年（266），原名遵善寺，隋文帝建都大兴城（即西安）时，在此遵善寺基础上建造了国寺，因隋文帝在北周时原为大兴郡公，故取"大兴"与遵善寺的"善"字，为"大兴善寺"，开皇二年（582）命名。占据整个靖善坊，规模宏大，金殿巍峨，为京城之最。此寺是隋代第一所国立译经馆。唐代，不空三藏的大兴善寺译场，与玄奘三藏的慈恩寺译场、义净三藏的荐福寺译场并称"三大译经场"。自公元 755 年以后，不空三藏在此译经并住持近二十年，直至圆寂。灌顶之风，盛况空前，此寺由此成为唐密的祖庭之一。直至唐武宗灭佛之后，大兴善寺日益萧条。后代几经兴废，今人重新修缮，成为西安最古老的寺院。

[40] 转轮王七宝：佛典中记载，在转轮圣王出现时，自然会有七宝出现，以辅助该王教化百姓，行菩萨道。转轮圣王是指具足德行及福报的理想圣王。而轮王七宝则是指：轮宝、象宝、马宝、

珠宝、玉女宝、主藏宝、典兵宝。

[41] 李辅国（704—762）：字静忠，博陆郡（今北京平谷区）人。唐朝中期权宦，唐代第一个封王拜相的宦官。

[42] 大乐萨埵：即大乐金刚萨埵，金刚萨埵之异名。妙乐之中，此尊三摩地特为殊胜，故曰大乐。

[43] 舒毫发光：眉间白毫放光。白毫是如来三十二相之一，为眉中白色长毛，释迦佛有白毫相，右旋宛转，如日正中，放之则有光明。

[44] 《仁王》：《仁王护国般若波罗蜜多经》，二卷，不空译。本经是以佛陀为古印度波斯匿王等十六大国国王说示如何守护佛果、修持十地之行，及守护国土的因缘，而讲说受持读诵此经可息灾得福，使一切世间有情安稳康乐。与《法华经》《金光明经》并称为护国三经。

[45] 《密严》：《大乘密严经》，三卷，不空译。本经旨在阐明如来藏、阿赖耶识之义，并广说密严净土之相。

[46] 李宪诚：内廷宦官。自大历三年（768）开始奉诏监护不空三藏，凡宣旨奉进，大都由他担任，往来于不空三藏与代宗之间，为维系二者的关系起着重要作用，因此被不空称为"护法菩萨"。不空三藏迁化后，由他办理丧事。后仍宣旨奉进于代宗与密教僧人之间。

[47] 贵妃、韩王、华阳公主：贵妃即独孤贵妃（？—775），代宗对她尤为宠爱，她死后，遗体存宫中，三年不葬，并追封为贞懿皇后。韩王为独孤贵妃之子李迥（760—796），代宗第七子，宝应元年（762）册封韩王。华阳公主（？—774）为贵妃之女，

代宗第五女。聪悟过人，韶秀可爱，深得代宗钟爱。大历七年
（772），因病出家，自号琼华真人，师从不空三藏。

[48] 乳药：即乳香、没药，为两种天然药材。乳香是乳香树树干渗
出的树脂，具特异的香气，可辟邪。没药，是没药树茎干皮部
渗出的胶树脂，香味浓，可辟邪。以上两种药材均可作供佛
之用。

[49] 开府仪同三司：三司即三公，有特定的官属、车骑、仪仗，以
示尊贵。皇帝对其亲信及有声望的大臣、将军而官阶不及三公
者准予比照三公的府仪开府。开府仪同三司为文散官名，是二
十九阶荣衔的第一阶，荣誉极大。例如，玄宗即位后十五年间，
只有四人得此荣衔。

[50] 荼毗（Jhapita）：译曰焚烧，犹言火葬，僧人逝后焚其尸。

[51]《普贤行愿》：即《普贤菩萨行愿赞》，一卷，不空译。以偈颂赞
叹普贤菩萨十大愿。

[52]《出生无边门经》：即《出生无边门陀罗尼经》，一卷，不空译。

[53] 真诠阿字，了法不生：梵文阿字译为无，又云真空，为众音之
母，一切字的种子，故即是般若实相的理体，无生无灭。"阿字
本不生"，本不生者，本来本有，非今始生之义，是为阿字之实
义。何谓阿字有不生之义？凡物之为元初根者，必为不生之
法。生法必有能生之因，有能生之因，即非根本元初，今阿字
即字之根元，更无能生之因，最便于知此为不生之义，故托于
阿字使知一切法不生之义，观此谓之阿字观。《大日经》卷二
曰："云何真言教法？谓阿字门，一切诸法本不生故。"

[54] 若指诸掌：典故出自《论语·八佾》，有人问孔子禘礼的含义，

子曰："不知也。知其说者之于天下也，其如视诸斯乎！"指其掌。孔子指其掌，言其事明且易也。故此处"若指诸掌"意为极其明白容易。

[55] 书绅：把要牢记的话写在绅带上。绅，大带。

[56] 住大印身：即佛涅槃之姿。

[57] 僧弟子惠朗，次承灌顶之位：参见《秘密曼荼罗教付法传》卷第二注[43]。

[58] 悟：通"寤"。

[59] 文宣：为孔子之谥号。

[60] 墨制：犹墨敕。清袁枚《随园随笔·墨制授官碑文不讳》："墨制者，即斜封墨敕之谓，盖不由中书门下而出自禁中者也。"

[61] 付法弟子，输诚国家，则在于《遗书》进奉：大历九年（774）五月七日，不空立遗书，以金阁含光，新罗慧超，青龙慧果，崇福慧朗，保寿元皎、觉超为得法弟子，付嘱开示后学，继传法灯。

[62] 陈博情，盖题于《辞表》：六月十五日，不空上《临终陈情辞表》，奏请将先进《大圣文殊佛刹经》颁示中外，并进奉先师金刚智三藏所传五钴金刚铃、杵及银盘子、菩提子、水精念珠并合子。

[63] 翻译经法凡一百二十余卷：参见《秘密曼荼罗教付法传》卷第二注[44]。

[64] 五京：唐有五京，中京长安、南京成都、西京凤翔、北京太原、东京洛阳。

[65] 方牧岳主：方牧是方伯、州牧的合称，指一方军政长官、封疆大吏。尧帝时又有四岳、十二牧分管政务和方国诸侯，合称岳牧。方牧岳主，此处泛指地方长官。

[66] 二谛：指真谛与俗谛，并称真俗二谛。审察法理真正无误，谓之谛。俗谛，迷情所见世间之事相，是顺凡俗迷情之法，故云俗。其为凡俗法之道理，决定而不动，故云谛。又此事相，于俗为实，故云谛。真谛，圣智所见真实之理性，是离虚妄，故云真。其理决定而不动，故云谛。又此理性，于圣为实，故云谛。

[67] 雪山之妙药：《大般涅槃经》卷二十五曰："雪山之中有上香药，名曰娑呵，有人见之，得寿无量，无有病苦。"

[68] 顿渐半满：半满，即半字教与满字教之并称。半字，原指梵语文字的根本，即字母；满字，则指集合字母所构成之文字。印度古代之《毗伽罗论》（VyākaraNa）为一本著名的文法书，于五章中之第一悉昙章系明举生字之"半字教"；若以全部五章而授之，则属"满字教"。于佛教中，乃转用其意，以半字教引申为小乘声闻之九部经，而以满字教引申为大乘方等之经典。此种半满二教之分法，约同于大小二乘之分类。半字教乃根据北本《涅槃经》卷五与卷八之譬语而来，《涅槃经》载，如教育子弟，先教半字，后教满字《毗伽罗论》；故佛陀说法先说小乘九部经，后说大乘方等经典。顿渐半满，即顿教和渐教，半字教和满字教。

[69] 且佛教东来，向近二千载：一般以汉明帝永平十年（67）印度僧人摄摩腾、竺法兰到达洛阳译经弘教为汉地有佛法之始。按公元67年至唐大历年间，亦不过七百余年，此处"二千载"，

或指唐法琳《破邪论》所引《周书异记》周昭王二十四年甲寅岁佛诞有灵异感于中国之事。

[70] 叨：忝，表示超过本分的谦词。

[71] 躅：足迹。引申为事迹。

[72] 乩：通"稽"，查考。

大唐故大德开府仪同三司试鸿胪卿肃国公大兴善寺大广智三藏和上之碑①

敕捡挍千福[1]安国两塔院法华道场沙门飞锡[2]撰

一月飞空，万流不阂[3]。五天[4]垂象，三藏降生。曷其谓焉？我大师矣。大师法讳不空，北天竺婆罗门子也。初母氏遇相者曰："尔汝必当生菩提萨埵也。"已便失。数日之后，果梦佛微笑，眼光灌顶，既寐犹觉，室明如昼，因而孕焉。

早丧所天[5]，十岁，随舅氏至武威郡。十三，游太原府。寻入长安，以求出要[6]。见大弘教金刚三藏，以为真吾师。初试教《悉昙章》，令诵梵经，梵言赊切[7]，一闻无坠。便许入坛，授发菩提心戒。年甫十五，与出家焉。弱冠，从有部进具，成大苾刍[8]，律相洞闲，知而不住。将欲学声明论，穷瑜伽宗，以白先师。师未之许，夜梦佛菩萨像悉皆来行，乃曰："我之所梦，法藏有付矣。"遂授以三密，谈于五智[9]。十二年功，六月而就。

至开元二十九年秋，先师厌代。入塔之后，有诏令赍国信，使师子国。白波连山，巨鳞横海，洪涛淘涌，猛风振激。凡诸难起，奋金刚杵，讽随求章，辟灾静然，船达

---

① 《大正藏》52册，第848页中—849页下。

彼国矣。弟子僧含光、慧辩皆目击焉。

师子国王郊迎宫中，七日供养。以真金器沐浴大师，肘步[10]问安，以存梵礼。王诸眷属，宰辅大臣，备尽虔敬。其国有普贤阿遮梨圣者，位邻圣地，德为时尊。从而问津，无展乃诚，奉献金贝宝，曰：“吾所宝者心也，非此宝也。”寻即授以十八会金刚顶瑜伽并毗卢遮那大悲胎藏、五部灌顶真言，秘典经论梵夹五百余部，金以为得其所传也。他日，王作调象戏以试大师。大师结佛眼印，住慈心定，诵真言门以却之。其象颠仆，不能前进，王甚敬异。与夫指降醉象[11]，有何殊哉？则知七叶之花，本无香气[12]；五阴之舍，岂有我人[13]？三摩地中，示其能慧。

至天宝六载[14]，自师子国还。玄宗延入建坛，亲授灌顶，住净影寺。于时愆亢，纳虑于隍[15]，大师结坛应期，油云四起，霈然洪澍。遂内出宝箱，赐紫袈裟一副、绢二百匹，以旌神用。或大风拔树之灾，妖星[16]失度之沴[17]，举心默念，如影响焉。至十三载，有敕令往武威。趣节度使哥舒翰请，立大道场，与梵僧含光并俗弟子开府李元琮等，授五部灌顶、金刚界大曼荼罗法。时道场地为之大动，有业障者，散花不下，上着子盖，犹如群蜂味之香蕊，不能却之，事讫方坠。何神之若此耶！十桂紫眼月[18]，敕还京，住大兴善寺。泊至德中，肃宗皇帝行在灵武，大师密进《不动尊八方神旗经》，并定收京之日，如符印焉。乾元中，延入内殿，建护摩，亲授灌顶。渥恩荐至，有殊恒礼。寻令于智炬寺念诵，感本尊玉毫划然[19]，大明照彻岩谷。

及我宝应临朝，金轮驭历，圣滕弥积，师事道尊，授特进试鸿胪卿，加大广智之号。躬禀秘妙，吉祥至止。或普贤泻神光于紫殿，六宫作礼；或文殊呈瑞相于金阁，万乘修崇[20]。或翻《密严》《护国》之梵文，云飞五色[21]；或译《虚空库藏》[22]之贝偈，雾拥千僧。大师衔命而陟彼清凉[23]，承恩而旋归帝邑。凡诸应验，差难备陈。方悟夫虚空之花，体无生灭；真如之用，岂有去来？前后奉诏所译诸经，总八十三部，计一百二十卷，并已颁行入藏目录。兼奏天下诸寺以文殊为上座，仍置院立像，保釐[24]国界，申殷敬焉。至大历八年，有进止，于兴善本院又造文殊金阁，禁财内出，工人子来[25]。宝伞自九霄而悬，御香亦一人所锡。微尘之众，如从地涌；钧天之乐，若在空临。

至九年六月十一日，制加大师开府仪同三司，封肃国公，食邑三千户，余如故。荣问优洽，宠光便繁。降北极之尊，为师宗之礼。幡像之惠，玉帛之施，敕书盈箧，中使相望。前古已来，未有如我皇之清信也，吾师之丹诚也！大师爰自二十岁，迄于从心[26]，五十余年，每日四时[27]，道场念诵，上升御殿，下至凡榻，刹那之顷，曾无间焉。万岭寒松，历严霜而黛色者，有以见之于直操矣。矧夫入朱门如荜户，五载三若鹑衣。虽驰于骐骥，常在九禅之清净[28]。独立不及[29]，同夫大通[30]。众色摩尼，本无定彩，彩止自彼，于我何为[31]？寔谓真言之玄匠，法王之大宝者也。

於戏！菩萨应见，成不住心。如来坚林[32]，度有情辈。示以微疾，自知去辰。以其月十五日，爰命弟子进表上辞，嘱以后事。削发汤沐，右胁累足，泊焉[33]薨逝。春秋七十，法腊五十。时骤雨滂注，小方天开。哀悼九重，辍朝三日。赠绢三百匹、布二百端、钱三十万、米面共四百石，香油、薪炭及诸斋七，外支给。又赐钱二百二十五万，建以灵塔，宇内式瞻。又敕高品李宪诚勾当，及功德使开府仪同三司李元琮监护，即以七月六日法葬于凤之南少陵原[34]。其日，中书门下[35]敕牒赠司空，谥大辨正广智不空三藏和上。又遣内给事[36]刘仙鹤宣册致祭。内出香木，焚之灵棺，具荼毗之礼也。寺池涸而华萎者，告终之象；梦幢倾而阁倒者，惊诚之期。则双林变白之征，泗水逆流之感，岂昔时也！

宰臣百辟曾受法印者，罔不哀恸。门人敕常修功德使、捡校殿中监、大兴善寺沙门大济等四部弟子，凡数万人，痛大夜之还昏，悲慧灯之永灭。不以才拙，令纪芳猷[37]。飞锡谬接罗什之筵[38]，叨承秦帝之会[39]，想高柴之泣哭[40]，尽同奢花之血见[41]。式扬无说之说[42]，以颂龙中之龙。其词曰：

> 文字解说即真言兮，天生我师贝叶翻兮。
>
> 龙宫间阖了本源兮[43]，象驾逶迤仙乐繁兮[44]。
>
> 所作已办[45]吾将灭兮，空留梵夹与花鬘[46]兮。
>
> 冕旒增悼合会葬兮，人恸地振声何喧兮。
>
> 金刚之杵梦西土兮[47]，以表吾师安养国兮。
>
> 法王之子惊牛轩兮，永度生死破魔怨兮[48]。
>
> 大历九年岁甲寅七月六日丁酉建

注释

[1] 千福：千福寺，位于长安安定坊。唐高宗咸亨四年（673），章怀太子舍宅为寺。开元末年，楚金住之，一日诵《法华经》，至宝塔品，忽现宝塔，乃禅坐六年，发誓建塔。帝书"多宝塔"之额，并赐缣缯。天宝三载（744）造塔，集大德于塔下，修法华三昧。时，飞锡奉敕自终南山草堂移驻该寺法华道场，前后三十载。

[2] 飞锡：唐代僧。神气高邈，识量绝群，通晓儒墨，善于文笔。尝究律仪，后修密教，多所亲证。代宗永泰元年（765），奉诏与良贲等十六人参与不空之译场。于大明宫内译有《仁王护国般若经》二卷、《密严经》三卷等，颇受重视。又曾著《念佛三昧宝王论》三卷，宣扬净土。另著有《无上深妙禅门传集法宝》《誓往生净土文》各一卷。

[3] 一月飞空，万流不阒：阒，闭塞、隐秘。一月当空，照破一切黑暗。此处月喻大师，万流喻众生。

[4] 五天：古代谓天有皇天、昊天、旻天、上天、苍天等五种别号，故称。

[5] 早丧所天：早年丧父。所天有三义，指帝王、父或夫，此处当指父亲。

[6] 出要：术语，出离生死之要道。隋慧远《十地义记》卷四本曰："出要者，谓果为出，因为要道。"

[7] 赊切：赊，迟缓。切，急切、急促。赊切都是对梵语发音的摹状、描绘。

[8] 苾刍：梵文 Bhikṣu 音译，同于旧译之比丘。指佛门出家受具足

戒之男众。

[9] 五智：即法界体性智、大圆镜智、平等性智、妙观察智、成所作智。众生心中本来五智具足，但被八识所掩盖，不能自觉。如能消除识执，识渐薄则智渐厚，薄至全无，则五智齐彰。

[10] 肘步：天竺礼节，以肘与膝着地而行，表示极端恭敬。

[11] 指降醉象：释迦佛故事。提婆达多驱五百醉象欲害佛，佛举五指化五狮子，同声俱吼，醉象遂伏地悔过。

[12] 七叶之花，本无香气：七叶，喻指七转识。花喻有情。本无香气，喻虚妄不实。意为由七转识幻成的有情之生命，本来虚妄不实，如同七叶之花一样本无香气。

[13] 五阴之舍，岂有我人：五阴，新译为五蕴，即色、受、想、行、识。五阴之舍，亦指有情生命。全句意为：五阴的舍宅里，哪有我与人可得？与上句皆发无我之意。

[14] 天宝六载：应为天宝五载（746）。

[15] 纳虑于隍：后汉张衡《东京赋》云："人或不得其所，若己纳之于隍。"谓推入城池中。后人因以纳隍指出民于水火之心。

[16] 妖星：旧谓凶星，多指彗星。

[17] 沴（lì）：灾气、恶气。

[18] 十桂紫眼月：据载，天宝十五载正月，皇太子李亨监国。五月，皇太子下敕河西，急诏不空三藏入朝，不空三藏立即起程赶赴长安。据此，十桂紫眼月应指五月。

[19] 玉毫划然：眉间白毫放光。玉毫即白毫。

[20] 文殊呈瑞相于金阁，万乘修崇：不空三藏《请舍衣钵助僧道环

修金阁寺制》记载了开元二十四年衢州僧道义至五台山所见文殊圣迹金阁院之事，故于大历元年（766）五月一日，奏请舍衣钵助僧道环修五台山金阁寺，并请代宗皇帝及百官赞助。

[21] 或翻《密严》《护国》之梵文，云飞五色：永泰元年（765）九月，御制新译《仁王经》序，敕命颁行之日，祥云大现，不空三藏上表称谢。《贞元新定释教目录》卷十五："天龙众八部鬼神，护送新经出于大内，其经适出，彩云浮空，郁郁纷纷，照彰现瑞。洎乎己午，两寺开经，万姓欢心，祥云方隐。"

[22]《虚空库藏》：或指不空三藏翻译的《大集大虚空藏菩萨所问经》。该经卷四有云："虚空藏菩萨，得虚空库藏；充足诸有情，此藏无穷尽。"

[23] 大师衔命而陟彼清凉：五台山别称清凉山，此山岁积坚冰，夏仍飞雪，无炎暑，故称清凉。大历五年（770）五月，不空三藏奉代宗诏往太原五台山修功德。

[24] 保釐：治理百姓，保护扶持使之安定。

[25] 子来：《诗·大雅·灵台》："经始灵台，经之营之。庶民攻之，不日成之。经始勿亟，庶民子来。"谓民心归附，如子女趋事父母，不召自来，竭诚效忠。

[26] 从心：孔子七十从心所欲不逾矩，此处以从心指代七十岁。

[27] 四时：指晨朝、日午、黄昏、夜半。

[28] 常在九禅之清净：九禅，九种大乘禅。此为不共于外道、二乘而菩萨所修之禅定：一、自性禅，二、一切禅，三、难禅，四、一切门禅，五、善人禅，六、一切行禅，七、除烦恼禅，八、此世他世乐禅，九、清净净禅。原出于《菩萨地持经·方便处

忍品》，为忍辱波罗蜜中之分类，名为自性忍乃至清净忍，天台宗于《法华玄义》卷第四上，并《法界次第初门》卷下之上等，称之为九种大禅，为出世间上上禅中之种别也。此处指不空三藏即使骑着骏马奔驰，内心也恒常安住于清净无染的禅境中。

[29] 独立不及：遗世独立，不可企及。

[30] 同夫大通：《庄子·大宗师》语，原文为："堕肢体，黜聪明，离形去知，同于大通，此谓坐忘。"大通即大道。同夫大通，即合于大道。

[31] 众色摩尼，本无定彩，彩止自彼，于我何为：摩尼，宝珠。摩尼宝珠，本来无色，随种种物，而映现种种色彩，然而色彩来自其物，于珠并无关系。比喻不空三藏之修证境界，证诸法实相，虽有依正庄严之行，而不取于相，恒如如不动，是谓金刚般若波罗蜜，自达菩提大用。

[32] 坚林：娑罗双树林，梵语娑罗译为"坚固"，故称坚林。佛涅槃于双树林。

[33] 泊焉：恬静的样子。

[34] 少陵原：又作杜陵原、鸿固原，位于长安南郊。南高北低，为长安南部屏障之一，扼守南山通道。因地理位置，常为都城长安达官贵族别墅所在和游乐场所，也是兵家必争之地，对拱卫长安有很大作用。

[35] 中书门下：唐代中央机关处理行政、文书的制度为尚书、中书、门下三省负责制。尚书省下设六部管理政务，中书省掌管宫廷文书奏章，门下省掌管诏令。

[36] 内给事：内廷宦官名，属内侍省，员额十人。在内宫门联系内

外及中宫（皇后宫）以下众事。

［37］芳猷（yóu）：美德。

［38］罗什之筵：鸠摩罗什的译经会，此处以罗什借指不空三藏。

［39］秦帝之会：后秦皇帝姚兴对鸠摩罗什备极尊崇，事以弟子礼，
于佛法时加咨问。此处秦帝借指代宗皇帝。

［40］高柴之泣哭：高柴为孔子弟子。《孔子家语》云，高柴执亲之
丧，三年未尝见齿（未露出微笑）。用此典故形容极其悲伤。

［41］奢花之血见：波罗奢，西域树名，叶青，花有三色：日未出时
黑色，日正照时赤色，日没时黄色。树汁甚赤，今取赤色如
血义。

［42］无说之说：虽广布教化、演说密法，但心中无所执着，无说法
之见。能说之我、所说之法、听法之人融为一体，同归于无所
得，乃至无所得也不可得而说法不断，故称为"无说之说"。后
秦鸠摩罗什译《金刚般若波罗蜜经》："须菩提！汝勿谓如来作
是念：我当有所说法。莫作是念，何以故？若人言如来有所说
法，即为谤佛，不能解我所说故。须菩提！说法者，无法可说，
是名说法。"可作"无说之说"的注脚。

［43］龙宫间阖了本源兮：此处引用龙树菩萨入龙宫阅藏故事。意为：
不空三藏如同龙树菩萨当年深入龙宫遍阅大乘经典一样，已深
入经藏，了达佛法本源。

［44］象驾逶迤仙乐繁兮：象驾，转轮圣王及天宫皆有宝象，可以飞
腾作为座骑。整句意为：乘宝象在仙乐声中升天而去。

［45］所作已办：已证无学之阿罗汉圣者在临入涅槃时，通常做此说：
"我生已尽，梵行已立，所作已办，不受后有。"义为：轮回之

因已断绝，清净之行已树立，所该修学的已经完成，不再来三
界受生。

[46] 花鬘：古印度人用作身首饰物的花串。也有用各种宝物雕刻成
花形，联缀而成。

[47] 金刚之杵梦西土兮：不空三藏逝前，多人梦金刚智杵飞在天空，
这表示我师将要涅槃。

[48] 法王之子惊牛轩兮，永度生死破魔怨兮：牛轩即牛车，用《法
华经》三车譬喻故事，指唯一佛乘之大白牛车。意为：不空三
藏（法王子）乘着佛乘之大白牛车，已破除魔军，永渡生死苦
海矣。

唐大兴善寺故大德大辨正广智
三藏和尚碑铭并序^①

银青光禄大夫御史大夫上柱国冯翊县开国公严郢^[1]撰

银青光禄大夫彭王傅上柱国会稽郡开国公徐浩^[2]书

和上讳不空，西域人也，氏族不闻于中夏，故不书。玄宗烛知至道，特见高仰。讫肃宗、代宗三朝，皆为灌顶国师，以玄言德祥，开佑至尊。代宗初，以特进大鸿胪褒表之。及示疾不起，又就卧内加开府仪同三司、肃国公，皆牢让不允，特赐法号曰大广智三藏。大历九年夏六月癸未，灭度于京师大兴善寺。代宗为之废朝三日，赠司空，追谥大辨正广智三藏和尚。茶毗之时，诏遣中谒者斋祝父祖祭，申如在之敬^[3]。睿词深切，嘉荐令芳，礼冠群伦，誉无与比。伊年九月，诏以舍利起塔于旧居寺院。和尚性聪朗，博贯前佛，万法要指，缁门独立，邈荡荡其无双。稽夫真言字义之宪度，灌顶升坛之轨迹，则时成佛之速，应声储祉^[4]之妙。天丽且弥，地普而深^[5]，固非末学所能详也。敢以概见序其大归：昔金刚萨埵亲于毗卢遮那佛前受瑜伽最上乘义，后数百岁传于龙猛菩萨。龙猛又数百岁传于龙智阿阇梨，龙智传金刚智阿阇梨。金刚智东来，传于和尚。和尚又西游天竺、

---

① 《大正藏》52册，第860页上—下。

师子等国，诣龙智阿阇梨，扬攉十八会法[6]。法化相承，自毗卢遮那如来迨于和尚，凡六叶矣。每斋戒留中，道迎善气，登礼皆答，福应较然，温树不言[7]，莫可记已。西域隘巷，狂象奔突，以慈眼视之，不旋踵而象伏不起；南海半渡，天吴[8]鼓骇，以定力对之，未移晷而海静无浪。其生也，母氏有毫光照烛之瑞；其殁也，精舍有池水渴涸之异。凡僧夏五十，享年七十。自成童至于晚暮，常饰供具坐道场，浴兰焚香，入佛知见。五十余年，晨夜寒暑，未曾须臾有倾摇懈倦之色，过人绝远，乃如是者。后学升堂诵说，有法者非一。而沙门惠朗受次补之记，得传灯之旨，继明佛日，绍六为七[9]。全矣哉！於戏法子，永坏梁木。将记本行，托余勒崇。昔承微言，今见几杖。光容眇漠，坛宇清怆。篆书照铭，小子何让。铭曰：

呜呼大士，佑我三宗。道为帝师，秩为仪同。

昔在广成，轩后顺风。岁逾三千，复有肃公。

瑜伽上乘，真语密契。六叶授受，传灯相继。

述者牒之，烂然有弟。

陆伏狂象，水息天吴。慈心制暴，慧力降愚。

寂然感通，其可测乎。

两楹梦奠[10]，双树变色。司空宠终，辨正旌德。

天使祖祭，宸衷凄恻。

诏起宝塔，旧庭之隅。下藏舍利，上饰浮屠。

迹殊生灭，法离有无。刻石为偈，传之大都。

建中二年岁次辛酉十一月乙卯朔十五日己巳建

注释

[1] 银青光禄大夫御史大夫上柱国冯翊县开国公严郢：严郢（？—783），字叔敖，华州华阴（今陕西华阴市）人。唐代大臣。卢杞拜相，授御史大夫（最高检察官，作为监察机构御史台之长，负责监督百官。唐朝为从三品）。光禄大夫，隋唐为文散官称号，唐时银青光禄大夫为文散官第五阶从三品。上柱国，官名，为武官所加荣号，唐时视为正二品。开国公，爵名。

[2] 徐浩（703—782）：字季海，越州会稽（今浙江绍兴市）人。唐代大臣、书法家，宰相张九龄外甥。代宗朝曾任彭王（李仅）傅。

[3] 如在之敬：《论语·八佾》："祭如在，祭神如神在。"意思是谓祭祀神灵、祖先时，好像受祭者就在面前。后称祭祀诚敬为"如在"。

[4] 应声储祉：祉，福。应声储祉，随着念诵真言的声音即可积累福德，形容密教修行起效迅速。

[5] 天丽且弥，地普而深：出自扬雄《解难》，意思是天空广阔，大地深沉，包容万物。此处形容不空三藏学识渊博。

[6] 扬搉十八会法：扬搉，略举大要，扼要论述。龙智阿阇黎在师子国为不空三藏开示十八会金刚顶瑜伽法门精要，并授予金刚界五部灌顶。

[7] 温树不言：《汉书·孔光传》："沐日归休，兄弟妻子燕语，终不及朝省政事。或问光：'温室省中树皆何木也？'光嘿不应，更答以它语，其不泄如是。"温树泛指宫廷中的花木，借指宫禁中的事。此处指不空三藏很少言及自己为国作法祈福而得感应之事。

[8] 天吴：古代中国神话中的水神。据《山海经》记载，天吴人面虎身。

[9] 沙门惠朗受次补之记，得传灯之旨，继明佛日，绍六为七：参见《秘密曼荼罗教付法传》卷第二注[43]。

[10] 两楹梦奠：孔子临终，梦坐于两楹（屋柱）之间受人祭奠，七日后辞世。

大唐大广智三藏和上影赞并序^①

弟子朝散大夫^[1]捡挍左庶子^[2]严郢文

和上讳不空，圣上尊之曰大广智三藏，故南天竺阿阇梨金刚智之法化也。昔毗卢遮那佛以瑜伽无上秘密最大乘教传于金刚萨埵，金刚萨埵数百岁，方得龙猛菩萨而传授焉。龙猛又数百岁，乃传龙智阿阇梨。龙智又数百岁，传金刚智阿阇梨。金刚智振锡东来，传于和上。自法身如来至于和上，传此道者，六人而已矣。和上童孺出家，聪明卓异，服勤精苦，昼夜不息。经耳阅目，咸诵无遗，闻一知十，若有神告。先师叹曰："吾道东矣^[3]！"先师既殁，和上遂泛海游天竺、师子等国，诣龙智阿阇梨，更得瑜伽十八会法。五部秘藏，三乘遗典，莫不究其精奥焉。貌与人同，而心与佛齐矣。天宝初，归至上都，玄宗深敬遇之。遂为三代国师，出入禁闼。圣上每延至内殿，顺风请益，玄言启沃，宗仰日深。大历九年示疾而卧，诏使结辙^[4]，侍医尝药，无虚日焉。恩旨就卧加开府仪同三司，依前试鸿胪卿，封肃国公，食邑三千户，累让不允。至六月十五日，忽沐浴兰汤，换洁衣服，抗表辞主，奄然而化。春秋七十矣，夏腊五十矣。圣上追恸，废朝三日。和上所居寺

---

① 《大正藏》52册，第847页上一中。

有荷池，周回数十亩，傍无灌注，中涌甘泉。醴甘镜清，冬夏常满。及和上迁化之日，池水先夕而涸，与夫双林变白，事异而感同矣。夫法体坚固，无来无去，应俗缘则现于人世，证道品则归于涅槃，岂常情之所能测乎？缋事如生，梁木其坏。缀序本行，记诸善言。重宣此义，而作赞曰：

瑜伽上乘，秘密之门。度诸禅定，顿入佛身。

法化正嫡，迄今六人。

恭惟和尚，为时而出。演教救世，如揭月日。

三圣宗师，优昙[5]再发。

甘露方注，涅槃不待。凡我后学，心没忧海。

画图惟肖，瞻仰如在。

注释

[1] 朝散大夫：唐朝从五品文散官，文官第十三阶。

[2] 左庶子：太子官属。汉以后为太子侍从官之一种。唐以后于太子官署中设左右春坊，以左右庶子分隶之，以比侍中，中书令。

[3] 吾道东矣：《后汉书·郑玄传》："（郑玄）问毕辞归。（马）融喟然谓门人曰：'郑生今去，吾道东矣！'"意思是自己的学术主张得人继承和推广。此处的意思是金刚智三藏感叹自己所传承的密教之道后继有人，将要更大规模地传播。

[4] 结辙：亦作"结彻"，辙迹交错，谓车辆往来不绝。

[5] 优昙（udumbara）：又作乌昙，花名。译为灵瑞、瑞应。是多年
　　生草本，茎高四五尺，花作红黄色，产于喜马拉雅山麓及斯里兰
　　卡等处。二千年开花一次，开时仅一现，故人们对于难见而易灭
　　的事，称为昙花一现。

唐京兆大兴善寺不空传[1]

赞　宁

　　释不空，梵名阿月佉跋折罗，华言不空金刚，止行二字，略也。本北天竺婆罗门族，幼失所天，随叔父观光东国。年十五，师事金刚智三藏，初导以梵本《悉昙章》及声明论，浃旬已通彻矣。师大异之，与受菩萨戒，引入金刚界大曼荼罗，验以掷花，知后大兴教法。洎登具戒，善解一切有部，谙异国书语。师之翻经，常令共译。凡学声明论，一纪之功，六月而毕。诵《文殊普贤行愿》，一年之限，再夕而终。其敏利皆此类也。欲求学新瑜伽五部三密法，涉于三载，师未教诏。空拟回天竺，师梦京城诸寺佛菩萨像皆东行，寐寤乃知空是真法器，遂允所求。授与五部灌顶、护摩、阿阇梨法及《毗卢遮那经》《苏悉地轨则》等，尽传付之。厥后师往洛阳，随侍之际，遇其示灭，即开元二十年矣。影堂既成，追谥已毕，曾奉遗旨，令往五天并师子国，遂议遄征。

　　初至南海郡，采访使刘巨邻恳请灌顶，乃于法性寺相次度人百千万众。空自对本尊祈请旬日，感文殊现身。及将登舟，采访使召诚番禺界蕃客大首领伊习宾等曰："今三

---

① （宋）赞宁：《宋高僧传》卷1，中华书局，1987年，第6—12页。

藏往南天竺师子国，宜约束船主，好将三藏并弟子含光、慧辩等三七人、国信等达彼，无令疏失。"二十九年十二月，附昆仑舶[1]离南海。至诃陵国界，遇大黑风。众商惶怖，各作本国法禳之，无验，皆膜拜求哀，乞加救护，慧辩等亦协哭。空曰："吾今有法，汝等勿忧。"遂右手执五股菩提心杵，左手持《般若佛母经》夹，作法诵《大随求》一遍，即时风偃海澄。又遇大鲸出水，喷浪若山，甚于前患。众商甘心委命，空同前作法，令慧辩诵《娑竭龙王经》，逡巡，众难俱息。既达师子国，王遣使迎之。将入城，步骑羽卫，骈罗衢路。王见空，礼足请住宫中，七日供养。日以黄金斛满盛香水，王为空躬自洗浴；次太子、后妃、辅佐，如王之礼焉。空始见普贤阿阇梨，遂奉献金宝锦绣之属，请开十八会金刚顶瑜伽法门、毗卢遮那大悲胎藏、建立坛法，并许含光、慧辩等同受五部灌顶。空自尔学无常师，广求密藏及诸经论五百余部，本三昧耶[2]、诸尊密印、仪形色像、坛法标帜、文义性相，无不尽源。一日，王作调象戏，人皆登高望之，无敢近者。空口诵、手印，住于慈定，当衢而立，狂象数头顿皆踢跌，举国奇之。次游五印度境，屡彰瑞应。

至天宝五载还京，进师子国王尸罗迷伽表及金宝璎珞、《般若》梵夹、杂珠、白㲲等，奉敕权止鸿胪。续诏入内立坛，为帝灌顶。后移居净影寺。是岁终夏愆阳，诏令祈雨。制曰："时不得赊，雨不得暴。"空奏立孔雀王坛，未尽三日，雨已浃洽。帝大悦，自持宝箱，赐紫袈裟一副，亲为披摇，仍赐绢二百匹。后因一日大风卒起，诏空禳止，请银瓶一枚作法加持，须臾戢静。忽因池鹅误触瓶倾，其风又作，急暴过前，敕令再止，随止随效。帝乃赐号曰智藏焉。天宝八载，许回本国，乘驿骑五匹，至南海郡，有敕再留。十二载，敕令赴河陇节度使哥舒翰所请。十三载，至武威，住开元寺，节度使泊宾从皆愿受灌顶，士庶数千人咸登道场，弟子含光等亦受五部法。别为功德使开府李元琮受法，并授金刚界大曼荼罗。是日道场地震，空曰："群心之至也。"十五载，诏还京，住大兴善寺。

至德初，銮驾在灵武、凤翔，空常密奉表起居，肃宗亦密遣使者求秘密法。泊收京反正之日，事如所料。乾元中，帝请入内，建道场护摩法，为帝受转轮王位七宝灌顶。上元末，帝不豫，空以《大随求》真言被除，至七过，翼日乃瘳，帝愈加殊礼焉。空表请入山，李辅国宣敕令于终南山智炬寺修功德。念诵之夕，感大乐萨埵舒毫发光，以相证验，位邻悉地，空曰："众生未度，吾安自度耶？"

肃宗厌代，代宗即位，恩渥弥厚。译《密严》《仁王》二经毕，帝为序焉。颁行之日，庆云俄现，举朝表贺。永泰元年十一月一日，制授特进试鸿胪卿，加号大广智三藏。大历三年，于兴善寺立道场，敕赐锦绣褥十二领、绣罗幡三十二首，又赐道场僧二七日斋粮。敕近侍大臣、诸禁军使并入灌顶。四年冬，空奏天下食堂中置文殊菩萨为上座，制许之，此盖憍[3]憍陈如[4]是小乘教中始度故也。五年夏，有诏请空往五台山修功德。于时彗星出焉，法事告终，星亦随没。秋，空至自五台，帝以师子骢并御鞍辔遣中使出城迎入，赐沿道供帐。六年十月二日帝诞节，进所译之经表云："爰自幼年，承事先师三藏十有四载，禀受瑜伽法门。复游五印度，求所未授者，并诸经论，计五百余部。天宝五载却至上都，上皇诏入内立灌顶道场，所赍梵经尽许翻度。肃宗于内立护摩及灌顶法。累奉二圣令，鸠聚先代外国梵文，或缘索脱落者修，未译者译。陛下恭遵遗旨，再使翻传，利济群品。起于天宝迄今大历六年，凡一百二十余卷，七十七部，并目录及笔受等僧俗名字，兼略出念诵仪轨，写毕，遇诞节，谨具进上。"敕付中外，并编入《一切经目录》中。李宪诚宣敕赐空锦彩绢八百匹，同翻经十大德各赐三十匹。沙门潜真[5]表谢。僧俗弟子赐物有差。又以京师春夏不雨，诏空祈请，如三日内雨，是和尚法力；三日已往而需然者，非法力也。空受敕立坛，至第二日大雨云足。帝赐紫罗衣并杂彩百匹，弟子衣七副，设千僧斋，以报功也。空进表请造文殊阁，敕允奏。贵妃、韩王、华阳公主同成之，舍内库钱约三千万计。复翻《孽路荼王经》，宣赐相继，旁午[6]道路。至九年，自春抵夏，宣扬妙法，诚勖门人。每语及《普贤愿行》《出生无边法门经》，劝令诵持，再三叹息。其先受法者，偏令属意观菩提心本尊大印，真诠阿字，了法不生，证大觉身，若指诸掌，重重嘱累。一夜，命弟子赵迁："持笔砚来，吾略出《涅槃荼毗仪轨》以贻后代，使准此送终。"迁稽首三请："幸乞慈悲久住。不然，众生何所依乎？"空笑而已。俄而示疾，上表告辞。敕使劳问，赐医药，加开府仪同三司，封肃国公，食邑三千户，固让不俞。空甚不悦，且曰："圣众俨如，舒手相慰，白月圆满，吾当逝矣。奈何临终更窃名位？"乃以五股金刚铃杵先师所传者，并银盘子、菩提子、水精数珠留别，附中使李宪诚进。六月十五日，香水澡沐，东首倚卧，北面瞻望阙庭，以大印身定中而寂，享年七十，僧腊五十。

弟子慧朗次绍灌顶之位。余知法者数人。帝闻，辍视朝三日，赐绢布杂物、钱四十万、造塔钱二百余万。敕功德使李元琮知护丧事。空未终前，诸僧梦千仞宝台摧，文殊新阁颓，金刚杵飞上天。又兴善寺后池无故而涸，林竹生实，庭花变萎。七月六日荼毗，帝诏高品刘仙鹤就寺置祭，赠司空，谥曰大辩正广智三藏。火灭，收舍利数百粒，八十粒进内。其顶骨不然，中有舍利一颗，半隐半现，敕于本院别起塔焉。

空之行化利物居多，于总持门最彰殊胜，测其忍位[7]，莫定高卑。始者玄宗尤推重焉，尝因岁旱，敕空祈雨。空曰："过某日可祷之，或强得之，其暴可怪。"敕请本师金刚智设坛，果风雨不止，坊市有漂溺者，树木有拔仆者。遽诏空止之。空于寺庭中捏泥媪五六，溜水作梵言骂之，有顷开霁矣。玄宗召术士罗公远[8]与空捔法，同在便殿。空时时反手搔背。罗曰："借尊师如意。"时殿上有花石，空挥如意击碎于其前，罗再三取如意不得。帝欲起取，空曰："三郎勿起，此影耳。"乃举手示罗，如意复完然在手。

又北邙山有巨蛇，樵采者往往见之，矫首若丘陵，夜常承吸露气。见空，人语曰："弟子恶报，和尚如何见度？每欲翻河水陷洛阳城，以快所怀也。"空为其受归戒，说因果，且曰："汝以瞋心故受，今那复恚恨乎？吾力何及？当思吾言，此身必舍矣。"后樵子见蛇死涧下，臭闻数里。空凡应诏祈雨，无他轨则，但设一绣座，手簸旋数寸木神子，念咒掷之。当其自立于座上已，伺其吻角牙出目瞬，则雨至矣。又天宝中，西蕃[9]、大石[10]、康[11]三国帅兵围西凉府，诏空入，帝御于道场。空秉香炉，诵《仁王》密语二七遍，帝见神兵可五百员在于殿庭，惊问空。空曰："毗沙门天王[12]子领兵救安西，请急设食发遣。"四月二十日果奏云："二月十一日，城东北三十许里，云雾间见神兵长伟，鼓角喧鸣，山地崩震，蕃部惊溃。彼营垒中有鼠金色，咋弓弩弦皆绝。城北门楼有光明天王怒视，蕃帅大奔。"帝览奏谢空，因敕诸道城楼置天王像，此其始也。空既终，三朝所赐墨制一皆进纳。生荣死哀，西域传法僧至此，今古少类矣。嗣其法位，慧朗师也。御史大夫严郢为碑，徐浩书之，树于本院焉。

　　系曰：传教令轮者，东夏以金刚智为始祖，不空为二祖，慧朗为三祖，已下宗承所损益可知也。自后歧分派别。咸曰："传瑜伽大教，多则多矣，而少验者何？"亦犹羽嘉[13]生应龙[14]，应龙生凤皇，凤皇已降，生庶鸟矣。欲无变革，其可得乎！

注释

[1] 昆仑舶：唐时海舶名。古代南海国家有以昆仑为王号者，昆仑舶当指南海诸国，特别是室利佛逝国（今印度尼西亚苏门答腊）或诃陵国（今印度尼西亚爪哇）国王所置从事于海外贸易的船舶。

[2] 本三昧耶：三昧耶（Samaya）有平等、誓愿、惊觉、除障等含义。本三昧耶，即本誓，诸佛菩萨在因地时所建立的根本誓愿。

[3] 慊（qiàn）：不满。

[4] 憍陈如：佛陀于鹿野苑初转法轮时所度五比丘之一，乃佛陀最初之弟子。据《增一阿含经·弟子品》载，憍陈如为佛陀声闻弟子之一，宽仁博识，善能劝化，将养圣众，不失威仪，为最早受法味而思惟四谛者。其后事迹不详，仅知其为教团中最长老，常居上座。

[5] 潜真（718—788）：俗姓王，字义璋。夏州朔方（今陕西榆林市横山区西）人。为大兴善寺翻经讲论大德，担任不空译《仁王般若经》之证义、《大集大虚空藏菩萨所问经》及《文殊师利菩萨佛刹庄严经》之润文。并受敕作《文殊师利菩萨佛刹严经疏》三卷，成于大历八年（773）十一月。师学显教之外，复就不空禀习密教，登灌顶坛，受成佛之印，通达显密二教，住于大兴善寺及保寿寺，弟子甚多。

[6] 旁午：交错，纷繁。

[7] 忍位：总称证悟真理之位。忍即安忍，心安住于道理而不动摇的意思。

[8] 罗公远（618—758）：唐代道士。又名思远。彭州九陇山（今四川彭州市）人，一说鄂州（今湖北武汉市武昌区）人。筑室修炼

于漓元治中，常往来青城、罗川之间，与张果、叶法善齐名。

［9］西蕃：特指吐蕃。

［10］大石：西域国名。其国在于阗、疏勒以西。有学者认为其为喀
喇汗王朝西回鹘国。

［11］康：即康居国，西域三十六国之一。

［12］毗沙门天王：即多闻天王，四王天中主北方者，职任对人世除
患增福。以恒护如来道场而闻法，故名多闻天。在金刚法界言
之，此天乃"万德庄严"法性之外迹，即依成所作智示现毗沙
门身，助成人天福德者。

［13］羽嘉：古代传说中飞行动物的远祖。

［14］应龙：又称黄龙，中国古代神话中的形象。据《山海经·大荒
北经》记载，黄帝与蚩尤作战，应龙、魃等帮助黄帝，最终蚩
尤战败被杀。据《广雅》记载，应龙的形象特征为有翼，是凤
凰与麒麟的祖先。

惠果谱传

年　谱

唐玄宗天宝五载（746），一岁

大师俗姓马，京兆府昭应县归明乡（今西安市临潼区）人。

《大唐神都青龙寺故三朝国师灌顶阿阇黎惠果和尚之碑》：大师拍掌法城之行崩，诞迹昭应之马氏。[1]

《秘密曼荼罗教付法传》：俗姓马氏，京兆昭应人也。[2]

《大唐神都青龙寺东塔院灌顶国师惠果阿阇黎行状》：大师法讳惠果，俗姓马氏，京兆昭应人也。[3]

《大唐青龙寺三朝供奉大德行状》：先师讳惠果和尚，

---

[1] ［日］空海：《遍照发挥性灵集》，《弘法大师全集》卷10，（东京）吉川弘文馆，1910年，第420页。

[2] ［日］空海：《秘密曼荼罗教付法传》，同上，卷1，第38页。

[3] 同上，第43页。

俗姓马氏，京兆府万年县归明乡人也。①

　　谨按：大师于唐顺宗永贞元年（805）圆寂，世寿六十，反推可知，出生于唐玄宗天宝五载（746）。《新唐书·地理志》：天宝三载（744），分新丰、万年二县，别置会昌县。七载，省新丰县，改会昌县为昭应。归明乡，当在从万年县分出的昭应县境内。

是年大事：②

　　李林甫兴狱，构陷异己韦坚、皇甫惟明等结谋共立太子，上言韦坚与左相李适之等为朋党，凡韦坚亲党坐流贬者数十人。

　　正月，以王忠嗣为河西、陇右节度使，兼知朔方（今宁夏）、河东节度事。请分朔方、河东马九千匹以充实二镇，其兵亦壮。忠嗣领四镇，控制万里，天下劲兵重镇，皆在掌握。与吐蕃战于青海（今青海青海湖）、碛石（今青海贵德县），皆获大胜。又讨吐谷浑于墨离军（今甘肃玉门市西北），俘其全部而还。

　　四月一日，立奚酋长婆固为昭信王，契丹酋长楷洛为恭仁王。

　　四月，以门下侍郎、崇玄馆大学士陈希烈同平章事。李林甫因希烈为玄宗所宠爱，且柔佞易制，所以引以为相。

---

① 无名氏：《大唐青龙寺三朝供奉大德行状》，《大正藏》50 册，第 294 页下。

② 每年历史大事辑自《旧唐书》《新唐书》《资治通鉴》，下同。

凡政事皆决于林甫，希烈但唯诺不置一词。军国大事皆决于私第，希烈书名而已。

杨贵妃为玄宗所宠爱，乘马时则宦官高力士执辔授鞭，织绣之工专供贵妃院者至七百人，中外皆趋炎附势，争献器物服饰珍宝。七月，贵妃以妒悍不逊，触怒玄宗，遂命送归兄杨铦之第。但是日，玄宗心情闷闷不乐，至晚，力士奏玄宗请迎贵妃归院，遂开禁门而入。从此恩宠愈隆。

唐玄宗天宝十三载（754），九岁

师从圣佛院昙贞和尚习经。随师见不空三藏，三藏惊叹，目之为密藏器，即授以三昧耶戒，许之受职灌顶位，口授大佛顶、大随求真言，普贤行愿、文殊赞偈，闻声止口。

《大唐神都青龙寺故三朝国师灌顶阿阇黎惠果和尚之碑》：遂乃就故讳大照禅师，师之事之。其大德也，则大兴善寺大广智不空三藏之入室也。昔髫龀之日，随师见三藏，三藏一目，惊异不已。窃告之曰："我之法教，汝其兴之也。"既而视之如父，抚之如母。指其妙赜，教其密藏。大佛顶、大随求，经耳持心；普贤行、文殊赞，闻声止口。①

《秘密曼荼罗教付法传》：髫龀之日，随大照禅师见三

---

① ［日］空海：《遍照发挥性灵集》，《弘法大师全集》卷10，（东京）吉川弘文馆，1910年，第420—421页。

藏。三藏乍见，惊曰："此儿有密藏器。"称叹不已。窃告之曰："汝必当兴我法。"抚之育之，不异父母。即授三昧耶佛戒，许之受职灌顶位，口授大佛顶、大随求梵本，普贤行愿、文殊赞偈。和尚禀气冲和，精神爽利，均颜回之知十，同项托之诘孔。龙驹之子，骥子之儿宁得比肩乎？[①]

《大唐青龙寺三朝供奉大德行状》：幼年九岁，便随圣佛院故三朝国师内道场持念赐紫沙门讳昙贞和尚，立志习经。至年十七，为缘和尚常在内道场持念不出，乃于兴善寺三藏和上，求授大佛顶、随求等真言。[②]

　　谨按：大师最初师从不空三藏修习密法的年龄，空海《大唐神都青龙寺故三朝国师灌顶阿阇黎惠果和尚之碑》及《秘密曼荼罗教付法传》作"髫龀之日"，无名氏《大唐青龙寺三朝供奉大德行状》作十七岁。据大师大历十年十一月十日上表云："聚沙之岁，则事先师，二十余年，执侍巾锡。"从天宝十三载（754）至大历九年（774）不空三藏圆寂，恰二十一年。故从前者之说。

是年大事：

正月三日，安禄山入朝。杨国忠与太子知安禄山必反，言于玄宗，不听。正月十日，加禄山左仆射。禄山预谋反叛，乞不限常格，超资加赏部将，欲以此收将士之心。三

---

① ［日］空海：《秘密曼荼罗教付法传》，《弘法大师全集》卷1，第38页。
② 无名氏：《大唐青龙寺三朝供奉大德行状》，《大正藏》50册，第294页下。

月一日，安禄山辞归范阳，玄宗解御衣赐之。从此凡有告安禄山反者，玄宗皆缚送范阳，于是人皆知禄山要反，但无人敢说。

三月，哥舒翰亦为其部将请功。

六月，侍御史、剑南留后李宓帅兵七万击南诏，全军覆没。杨国忠谎报军情，隐其败状，以捷上奏，更发兵讨之，前后死者近二十万人。慑于杨国忠威权，无人敢以实情上闻。

七月二十日，哥舒翰奏请于所开九曲之地置洮阳、浇河（皆今甘肃临潭县西）二郡及神策军，以临洮太守成如璆兼洮阳太守，充神策军使。

八月十一日，以陈希烈为太子太师，罢政事，以文部侍郎韦见素为武部尚书、同平章事。

自去年以来，水旱灾相继，关中一带大饥。玄宗忧淫雨连绵，伤田中禾稼，杨国忠隐瞒灾情，取禾苗之善者献之。扶风（今陕西宝鸡市凤翔区）太守房琯上言所部水灾，国忠即使御史推按其事，故天下无人敢上言灾情。

河东太守兼本道采访使韦陟，文雅有盛名，杨国忠恐其入为相，使人告陟有贪赃之事，下御史按问。陟遂贿赂御史中丞吉温，使求救于安禄山，但为国忠所发。十一月十一日，贬陟为桂岭（今广西贺州市八步区）尉，贬温为澧阳（今湖南澧县）长史。安禄山为吉温讼冤，并言国忠谗疾，但玄宗两无所问。

户部奏天下郡三百二十一，县一千五百三十八，乡一万六千八百二十九，户九百〇六万九千一百五十四，人口数五千二百八十八万〇四百八十八，是为唐代户口最盛时期。

唐肃宗乾元三年·上元元年（760），十五岁

修法已稍得灵验。后代宗皇帝迎入，大师行摩醯首罗天大法，降天神入童子身，说三世事，委告帝王历数。从此车马迎送，优礼供养。

《大唐神都青龙寺故三朝国师灌顶阿阇黎惠果和尚之碑》：年登救蚁，灵验处多。于时，代宗皇帝闻之，有敕迎入。命之曰："朕有疑滞，请为决之"。大师则依法呼召，解纷如流。皇帝叹之曰："龙子虽少，能解下雨，斯言不虚。左右书绅，入瓶小师，于今见矣。"从尔已还，骥骦迎送，四事不缺。[①]

《秘密曼荼罗教付法传》：年甫十五，稍得灵验。代宗皇帝闻之，迎入，命之曰："朕有疑滞，愿为解之。"和尚即令两三童子，依法加持，请降摩醯首罗天，法力不思议故，即遍入童子。和尚白王言："法已成，随圣意请问。"皇帝下座问天，则说三世事，委告帝王历数。皇帝叹曰："龙子虽小，能起云雨；释子虽幼，法力降天。入瓶小师，

---

① ［日］空海：《遍照发挥性灵集》，《弘法大师全集》卷10，（东京）吉川弘文馆，1910年，第421页。

于今见矣!"即锡绢彩,以旌神用。从尔已后,飞龙迎送,四事优供。①

《大唐神都青龙寺东塔院灌顶国师惠果阿阇黎行状》:年未髫龀,持大佛顶,表其灵验。种种神变,凡所睹者,咸皆亿然。②

是年大事:

四月,襄州将张维瑾、曹玠杀节度使史翔,据州反。肃宗下制以陇州(今甘肃陇县)刺史韦伦为山南东道节度使。当时李辅国权倾朝野,节度使皆出其门。伦为朝廷所任命,又不谒辅国,寻又改为秦州(今甘肃秦安县西北)防御使。四月二十九日,以陕西节度使来瑱为山南东道节度使。瑱至襄州,张维瑾等乃降。

闰四月十九日,赦天下,改元上元。

五月二十四日,以京兆尹刘晏为户部侍郎,充度支、铸钱、盐铁等使。晏善于理财,故肃宗用之。刘晏长期充任此职,总管全国财政,养军裕民,均见成效。

六月六日,桂州(今广西桂林市)经略使邢济上奏破西原蛮二十万,斩其酋帅黄乾曜等。

由于三品钱行已久,又遇上荒年,斗米涨至七千钱,以至人相食。盗铸之风盛行,京兆尹郑叔清捕私铸钱者,数月间,被榜而死者达八百余人,但仍不能禁。

---

① [日]空海:《秘密曼荼罗教付法传》,《弘法大师全集》卷1,第38—39页。
② 同上,第43页。

宦官李辅国出身卑贱，虽因拥立肃宗有功，暴贵用事，但玄宗左右之人皆轻视之。心中怀恨，故言上皇住兴庆宫，常与外人交通，陈玄礼、高力士图谋复辟。七月十九日，李辅国矫诏迁玄宗居太极宫，高力士等被流放。玄宗由此而心中不悦，因而不食，渐渐成病。

八月十三日，以右羽林大将军卫伯玉为神策军节度使。

宋州刺史刘展起兵反，十一月八日，攻陷润州，十一月十日，攻陷昇州（今江苏南京市）。

二月，李光弼攻怀州，史思明帅兵救之。二月十一日，光弼迎战思明于沁水上，大败之，杀三千余人。李光弼又攻怀州，十一月，乃攻克之，擒安太清。

唐代宗广德二年（764），十九岁

不空三藏为授学法灌顶。大师散花得转法轮菩萨，不空三藏付嘱以身后弘传密教。

《大唐青龙寺三朝供奉大德行状》：年十九，三藏边教授灌顶，散华得转法轮菩萨。和上云："我于南天竺国散花得此尊，如今无异。异于吾后，弘传总持大教，如我无异。"[1]

是年大事：

正月十七日，代宗立雍王适为皇太子。

---

[1] 无名氏：《大唐青龙寺三朝供奉大德行状》，《大正藏》50 册，第 294 页下。

仆固怀恩既不为朝廷所用，于是与河东都将李竭诚密谋攻取太原。正月，以郭子仪为关内、河东副元帅、朔方节度大使、河中节度使，镇抚河东，士众不复为怀恩所用。

吐蕃入长安，代宗出奔陕州，李光弼驻淮南，迁延不帅兵入援，代宗恐因此而成嫌隙。吐蕃退后，以光弼为东都留守，以观其动向。光弼以江淮粮运为辞，帅兵回徐州。代宗遂迎其母至长安，厚加供给，又使其弟光进掌禁兵，宠遇有加。

三月十一日，以太子宾客刘晏为河南、江、淮以来转运使，议开汴水以通漕运。当时战乱之后，天下乏食，关中斗米千钱，百姓取穗以济禁军，宫厨无两日之积。刘晏于是疏浚汴水，与元载书，具陈漕运之利弊，令中外相应。从此每年运米数十万石以给关中。

代宗认为《至德历》不与天合，诏司天台官属郭献之等复用《麟德历》，更立岁差，代宗为制序，名为《五纪历》。三月十七日，颁行之。

党项入寇同州（今陕西大荔县），郭子仪使开府仪同三司李国臣击败之，斩俘千余人。

郭子仪以战乱已平，而节度使所在聚兵，徒耗蠹百姓，上表请罢之，并自河中（子仪驻河中）为始。六月十四日，敕罢河中节度使及耀德军。

仆固怀恩至灵武后，收合散卒，其势复振。六月十七日，代宗下诏，解仆固怀恩河北副元帅、朔方节度使职。仆固怀恩引回纥、吐蕃十万余众入寇，京师惊骇。八月十六日，子仪出镇奉天（今陕西乾县），十月七日夜，子仪帅兵阵于乾陵之南，回纥、吐蕃军不战而退。

七月五日，税天下青苗钱（每亩约十五文），以给百官俸。

郭子仪子郭晞在邠州，纵士卒为暴，节度使白孝德患之，但以子仪故，不敢言。泾州刺史段秀实自请补（兼任）都虞候（司军纪），责之以道，邠州因此得全。

十二月二日，加郭子仪尚书令。子仪坚辞不受，还镇河中。

十二月，代宗遣于阗王胜还国，胜固请留下宿卫，以国让其弟曜，代宗许之，加胜开府仪同三司，赐爵武都王。

唐代宗永泰元年（765），二十岁

于慈恩寺方等道场从昙贞和尚受具足戒。代宗赐授戒衣钵、剃刀。

《秘密曼荼罗教付法传》：年登弱冠，进之具足。[1]

《大唐神都青龙寺东塔院灌顶国师惠果阿阇黎行状》：年及弱冠，具波罗提目叉。[2]

《大唐青龙寺三朝供奉大德行状》：又大历八年三月上旬，敕于慈恩寺置方等道场。圣佛院和上："奉慈恩寺敕置

① ［日］空海：《秘密曼荼罗教付法传》，《弘法大师全集》卷1，（东京）吉川弘文馆，1910年，第39页。
② 同上，第43页。

方等道场，微僧有二童子，年满二十，堪授具戒，未敢专擅，与出家剃头。伏乞圣慈，许臣归寺，与二童子，并授戒衣钵。"敕赐刀一口，于青龙大佛殿前，授敕与和上二童子剃头，赐袈裟、衣钵各两副，度官告住寺，天使、和上送至慈恩寺讫，却入内谢敕："臣一界微僧，谢圣慈赐与二童子出家授戒衣钵、剃刀。官告及天使送至慈恩寺道场授戒处讫，微僧不胜顶贺。"①

　　谨按：大师受具足戒之年龄，空海《秘密曼荼罗教付法传》及所引《大唐神都青龙寺东塔院灌顶国师惠果阿阇黎行状》作弱冠二十岁，无名氏《大唐青龙寺三朝供奉大德行状》作大历八年（773）二十八岁。大师于唐顺宗永贞元年（805）圆寂，僧夏四十，反推可知，于唐代宗永泰元年（765）二十岁时受具足戒，故从前者之说。

是年大事：

正月初一，改元永泰，赦天下。

泽潞（今山西长治市）节度副使李抱真培训泽潞兵，自此天下称泽潞步兵为诸道之最。

三月，左拾遗独孤及上疏请裁兵，代宗不能用。

吐蕃遣使求和，诏元载、杜鸿渐与之盟于兴唐寺。遣河中兵戍奉天，又遣兵巡泾州、原州以侦察其情。

---

① 无名氏：《大唐青龙寺三朝供奉大德行状》，《大正藏》50 册，第 294 页下—295 页上。

京畿麦子丰收，京兆尹第五琦请税百姓田亩，十亩收其一，代宗从之。

河北成德节度使李宝臣、魏博节度使田承嗣、相卫节度使薛嵩、卢龙节度使李怀仙，收安、史余党，各拥强兵数万，治兵完城，自署文武将吏，不供贡赋，与山南东道节度使梁崇义及李正己皆互结婚姻，不服朝命。朝廷因军事，经济力量薄弱，难以制之，虽名为藩臣，实羁縻而已。

七月，代宗以女升平公主嫁郭子仪子郭暧。

寿州崇善寺尼广澄诈称太子母，经验证，乃是原少阳院（太子所居）乳母，遂鞭杀之。

九月，仆固怀恩引回纥、吐蕃、吐谷浑、党项、奴剌兵数十万入寇，道卒。吐蕃等入寇邠州奉天同州，代宗亲征。十月，郭子仪单骑见回纥，说回纥联兵攻吐蕃。回纥胡禄都督等二百余人入见代宗，前后赠缯帛十万匹，以府库空竭，不得不税百官俸以给之。

鱼朝恩帅神策军从代宗屯于苑中，其军益盛，遂分为左、右厢，势力在北军之上，朝恩之权亦不可制。

闰十月，蜀中大乱。

唐代宗大历二年（767），二十二岁

向善无畏三藏弟子玄超和尚，求授胎藏界教法、苏悉地教法，及诸尊瑜伽等法。又向不空三藏求授金刚界教法及诸尊瑜伽密印。皆得亲承旨授。不空

三藏授以两部大法阿阇黎位、毗卢遮那根本最极传法密印。不空三藏弟子中，兼得两部师位者，仅大师一人。

《大唐神都青龙寺故三朝国师灌顶阿阇黎惠果和尚之碑》：始则四分秉法，后则三密灌顶。[①]

《秘密曼荼罗教付法传》：四分兼学，三藏该通，金刚顶五部大曼荼罗法及大悲胎藏三密法门、真言密契悉蒙师授。即授两部大法阿阇梨位、毗卢遮那根本最极传法密印。三藏告曰："吾百年后，汝持此两部大法，护持佛法，拥护国家，利乐有情。此大法者，五天竺国太难得见。一尊一部不易得，何况两部乎？所有弟子其数虽多，或得一尊，或得一部，愍汝聪利精勤，许以两部。努力精进，报吾恩也。"……孔宣三千，德行四人。广智数万，印可八个。就中七人得金刚界一部，青龙则兼得两部师位。是故代宗、德宗及以南内三代皇帝以为灌顶国师。[②]

《大唐神都青龙寺东塔院灌顶国师惠果阿阇黎行状》：初秉《四分律》，后三密灌顶。登金刚顶，超须弥卢；入法界宫，开大悲藏。得一乘之妙旨，声振五天；蕴万德于心源，行超十地。三藏圣教，悉皆洞晓；五部秘法，诣极决择。百千真言，日夕讽持；万亿密印，四时修念。[③]

---

① ［日］空海：《遍照发挥性灵集》，《弘法大师全集》卷10，（东京）吉川弘文馆，1910年，第421页。

② ［日］空海：《秘密曼荼罗教付法传》，同上，卷1，第39—40页。

③ 同上，第43页。

《大唐青龙寺三朝供奉大德行状》：年二十二，又于无畏三藏和上弟子玄超和上边，求授大悲胎藏毗卢遮那大瑜伽大教，及苏悉地大瑜伽法，及诸尊瑜伽等法，一一亲垂旨授。又于大兴善寺三藏和上边，求授《金刚顶大瑜伽大教王经》法，诸尊瑜伽密印，亲承指示。先师在内所得恩赐等，尽将奉上三藏和上，充授法之恩。①

《两部大法相承师资付法记》：复遇大兴善三藏和尚，授金刚界。乃曰："此教最上最妙。然昔日所悟大乘心地，亦为至极至妙。今遇金刚界法门，更为最上，所以云极无有上者。且显教心地，唯明理观，今此瑜伽教，通理事二门。住金刚界，一念相应，便登正觉，故云极无有上也。"②

次沙门玄超阿阇梨，复将大毗卢遮那大教王及苏悉地教，传付青龙寺东塔院惠果阿阇梨。③

是年大事：

七月二十日，鱼朝恩上奏以先所赐庄为章敬寺，以资代宗母章敬太后冥福。于是穷极壮丽，尽买都市之材仍不够用，遂上奏毁曲江池及华清宫馆以给之，费用超过万亿。

代宗起初喜好道教祠祀，并不甚崇佛。及元载、王缙、杜鸿渐为相，皆崇信佛教，代宗因此深信，敕天下不得棰

---

① 无名氏：《大唐青龙寺三朝供奉大德行状》，《大正藏》50 册，第 295 页上。
② （唐）海云：《两部大法相承师资付法记》卷上，《大正藏》51 册，第 784 页上。
③ 同上，卷下，第 786 页下—787 页上。

曳僧尼，又于五台山造金阁寺，铸铜涂金为瓦。元载等每见代宗，都谈说佛教之事，因此中外臣民承流相化。

九月，吐蕃围灵州，游骑至潘原（今甘肃平凉市西）、宜禄（今陕西长武县）。郭子仪亲自帅河中兵三万镇泾阳，京城戒严。九月十七日，子仪移镇奉天。十月一日，朔方节度使路嗣恭败吐蕃于灵州城下。杀二千余人，吐蕃乃退。

十二月四日，盗发郭子仪父冢（在今陕西华县境），官府捕之不获。人以为鱼朝恩素恶郭子仪，所以使人盗之。

新罗王金宪英卒，遣使至唐求册命，代宗乃册立其子乾运为新罗王。

唐代宗大历五年（770），二十五岁

奉旨入长生殿内道场，敷演秘法，宣布妙理。恩命所问，转瓶合竹，尽皆成就。

《大唐神都青龙寺东塔院灌顶国师惠果阿阇黎行状》：出入金殿，奉对紫极，敷演秘法，宣布妙理。[1]

《大唐青龙寺三朝供奉大德行状》：年二十五，特奉恩旨，诏命入内。于长生殿，当时有敕唤，对问："师有何功效？"夹天云："微僧未有功效。"奉敕便诚当时。唤童子八

---

① ［日］空海：《秘密曼荼罗教付法传》，《弘法大师全集》卷1，（东京）吉川弘文馆，1910年，第44页。

人，考召加持，恩命所问，尽皆成就，转瓶合竹，并得成就，帝乃大喜。①

是年大事：

鱼朝恩专掌禁军，势倾朝野。每喜于广座恣谈时政，侮辱宰相。朝恩每奏事，以必允为期，代宗不悦，遂令元载谋除朝恩之策。三月十日寒食节，代宗设酒宴贵臣于禁中，宴罢，朝恩将还营，代宗留之议事，周皓与左右遂擒朝恩缢杀之，外人无知者。

元载为代宗谋诛鱼朝恩后，宠任益隆。载遂志骄意满，自言己有文武才略，古今无比。而弄权舞智，奢侈无度。吏部侍郎杨绾，典选平允，性格耿直，不依附载；而岭南节度使徐浩，贪而佞，倾南方珍货以贿赂载。三月二十八日，载竟以绾为国子祭酒，引浩代之。

唐代宗大历七年（772），二十七岁

奉敕加持华阳公主，三日得愈。赐绢一百匹，衣一对。

《大唐神都青龙寺故三朝国师灌顶阿阇黎惠果和尚之碑》：皇帝皇后，崇其增益；琼枝玉叶，伏其降魔。斯乃大

---

① 无名氏：《大唐青龙寺三朝供奉大德行状》，《大正藏》50 册，第 295 页上。

师慈力之所致也。[①]

《大唐青龙寺三朝供奉大德行状》：奉敕加持花阳公主，三日得差。后于申未之间，公主忽然不语，皇帝与宫人等一向前。和上奏云："时热，望陛下与宫人等，暂向微僧加持，即令得差。"其公主便差，言词分明。皇帝大悦，赐绢一百匹、衣一对，谢敕："臣一界微僧，谢圣慈赐绢及衣，不胜顶贺。"[②]

> 谨按：华阳公主为唐代宗第五女，大历七年（772）因病出家，师从不空三藏，大历九年（774）去世。故大师加持公主事当在772—774年之间。

是年大事：

正月二十二日，回纥使者擅自出鸿胪寺，掠人子女。所司禁之，而回纥竟殴打所司，又以三百骑兵犯金光门、朱雀门，宫门皆闭，代宗派中使刘清潭谕之方止。七月十四日，回纥又擅自出鸿胪寺，逐长安县令邵说至含光门街，夺其马。说只好乘他人马去，不敢与之争。

卢龙节度使朱希彩既杀李怀仙自立，遂轻慢朝廷，残虐将卒。孔目官李怀瑗因众怒，伺机杀之。其时众将卒不知所从，适经略副使朱泚帅军驻于城北，众将卒皆从之。朱泚遂权知留后事，并遣使言于朝廷。十月二十四日，代

---

① ［日］空海：《遍照发挥性灵集》，《弘法大师全集》卷10，（东京）吉川弘文馆，1910年，第421页。

② 无名氏：《大唐青龙寺三朝供奉大德行状》，《大正藏》50册，第295页上—中。

宗即以泚为检校左散骑常侍、幽州、卢龙节度使。

唐代宗大历十年（775），三十岁

于青龙寺别敕赐东塔院一所，置毗卢遮那灌顶道场，七僧持念。

《大唐青龙寺三朝供奉大德行状》：至大历十年，于当寺别敕赐东塔院一所，置毗卢遮那灌顶道场，七僧持念。①

十一月九日，代宗恩赐锦、彩各二十四。十日，大师上表称谢。大历年中，所得恩赐钱物，尽修功德，建立曼荼罗，弘法利人。

《大唐神都青龙寺故三朝国师灌顶阿阇黎惠果和尚之碑》：纵使财帛接轸，田园比顷，有受无贮，不屑资生。或建大曼荼罗，或修僧伽蓝处。济贫以财，导愚以法。以不积财为心，以不吝法为性。②

《秘密曼荼罗教付法传》：大历十年十一月十日，皇帝恩赐锦彩等。和尚即表谢。词曰："沙门惠果言：伏奉今月九日中使李宪诚奉宣进止，赐微僧锦、彩各二十四，捧对忻惧，如山压己。惠果幸逢休明，叨承圣泽。聚沙之岁，

---

① 无名氏：《大唐青龙寺三朝供奉大德行状》，《大正藏》50 册，第 295 页上。
② ［日］空海：《遍照发挥性灵集》，《弘法大师全集》卷 10，（东京）吉川弘文馆，1910 年，第 421—422 页。

则事先师，二十余年，执侍巾锡，瑜伽秘密之宗、大悲胎藏之要特蒙教诲。偏承意旨，令为国昼夜修行。微僧是以破胆竭肝，亡形殉命，斯须不间，祈誓恳诚，将酬雨露之恩，冀答殊私之造。无任抃跃之至，谨附表陈谢以闻。沙门惠果诚欢诚恐谨言。"皇帝批曰："和尚遗教，阇梨克遵，秘密之宗，流传弟子。览师精恳，表以勤劳，薄锡缣细，以崇香火也。所谢知。"①

《大唐神都青龙寺东塔院灌顶国师惠果阿阇黎行状》：大师唯一心于佛事，不留意于持生。所受锡施，不贮一钱，即建立曼荼罗，愿之弘法利人。灌顶堂内，浮图塔下，内外壁上，悉图绘金刚界及大悲胎藏两部大曼荼罗及一一尊曼荼罗。众圣俨然，似华藏之新开；万德辉曜，还密严之旧容。一睹一礼，消罪积福。常谓门人曰："金刚界、大悲胎藏两部大教者，诸佛秘藏，即身成佛之路也。普愿流传法界，度脱有情。"②

《大唐青龙寺三朝供奉大德行状》：大历年中，所有恩赐钱物一千余贯，尽修塔下功德。③

是年大事：

正月二十二日，代宗诏禁诸道募兵，旨在限制地方割据势力之发展。然此不过一纸空文，盖藩镇割据已经形成，

---

① ［日］空海：《秘密曼荼罗教付法传》，《弘法大师全集》卷 1，第 40—41 页。
② 同上，第 44 页。
③ 无名氏：《大唐青龙寺三朝供奉大德行状》，《大正藏》50 册，第 295 页中。

朝廷号令已不能远达四方。

魏博田承嗣并吞昭义，自置官吏，掠其精兵良马，悉归魏州。二月十二日，朝廷以华州刺史李承昭知昭义留后，表示不承认田承嗣之吞并。

二月，河阳（今河南孟县）三城使常休明因苛刻少恩，军士防秋归者，休明出城慰劳，防秋兵遂与城内兵合谋攻之，休明逃奔东都，军士奉兵马使王惟恭为帅，大掠数日，方定，代宗命监军冉庭兰慰抚之。

三月一日，陕州军乱，逐兵马使赵令珍，观察使李国清不能禁，脱身逃走。军士遂大掠库物。时淮西节度使李忠臣入朝过陕州，代宗命忠臣按之，将士畏忠臣兵强，不敢动。忠臣遂设棘围，令军士匿名投所掠库物，一日之中获万缯，尽给其从兵为赏赐。

四月二十一日，代宗命诸道兵共讨田承嗣，无功。

九月十六日，吐蕃入寇临泾（今甘肃镇原县），十七日，又入寇陇州及普润（今陕西千阳县东北），大掠人畜而去，百官皆遣家属出城躲避。二十一日，凤翔节度使李抱玉破吐蕃于义宁（今甘肃华亭市）。吐蕃又入寇泾州，泾原节度使马璘破之于百里城（今甘肃灵台县）。二十三日，代宗命卢龙节度使朱泚出镇奉天行营。

十二月，回纥千骑入寇夏州（今陕西靖边县白城子），州将梁荣宗败之于乌水。郭子仪急派兵三千救夏州，回纥遂退。

唐代宗大历十一年（776），三十一岁

加持代宗皇帝，应时便愈，敕赐紫衣一对。因先师不空三藏亦蒙先皇赐紫，弟子不合与师齐，故不敢受。代宗以大师存遵奉孝敬之心，堪为国师，遂赐褐衣一对。

《大唐青龙寺三朝供奉大德行状》：至大历十一年，加持代宗皇帝，应时便差。敕赐紫衣一对，口奏不敢受，应时却进。敕云："朕已赐师紫衣，何得不受？"奏云："一界微僧，赐紫不胜顶荷，即合便受。伏缘和上先皇赐紫，弟子不合与师齐。"帝云："师大孝，是朕之错。"敕云："他宗异姓，上存遵奉孝敬之心，于此以后，堪为国师。"遂赐褐衣一对。①

十二月十九日，奉旨巡视京城诸寺，洒扫殿宇，拂拭尊像，令僧尼徒众焚香念诵，为国发愿祈福。十二月二十日于庄严寺佛牙处起首，至翌年正月八日终，共巡视兴善寺等一百一十二寺应有殿塔、佛牙、经藏、灵迹、舍利处九百五十七所。

《恩命拂拭京城诸寺塔像讫进表》：沙门惠果言：伏奉

① 无名氏：《大唐青龙寺三朝供奉大德行状》，《大正藏》50 册，第 295 页上。

去年十二月十九日中使李宪诚奉宣敕旨，令微僧巡京城诸寺勾当，洒扫殿宇，拂拭尊像，及勒僧尼徒众，焚香念诵，为国发愿，虔祈福佑者。谨以去十二月二十日于庄严寺佛牙处起首。至今月八日终，兴善寺等一百一十二寺应有殿塔佛牙经藏灵迹舍利处总九百五十七所。奉宣睿诚，发挥像教。拂石尘劫，降天衣于六铢；涤埃金身，耀千叶于莲座。旧容复照，古书再鲜。香焚殿中，跃洒庭内。承清净以发愿，若灵应而感通。今四海澄波，三天卷雾，虏尘不起，旭日破昏。微僧又谨案《杂宝藏》等经云："若扫一阎浮提地，不如扫佛塔一手掌许，常作转轮圣王。"此皆阶下圣虑精微，信心弘著，洁其净土，廓彼空门。大庇释徒，延于万国。福若云集，应如响臻。故得灾沴不生，氛祲自灭。叶于宸念，如此之速。微僧因故师资，特蒙圣将，借恩厩马监宠中宫。荣命自天，矜惶失措。涓埃靡效，霈泽宁任。不胜虔恳之至。谨附中使元应金奉表以闻。诚惶诚恐谨言。

大历十二年正月八日

大兴善寺检校两道场兼知院事沙门惠果表进

宝应元圣文武皇帝批

阇梨妙行坚持，颇闻修洁，所以命遍巡净界，用广胜因。金刹载清，玉毫呈照。虔诚所至，深可嘉焉。所奏知。①

---

① （唐）圆照：《代宗朝赠司空大辨正广智三藏和上表制集》卷6，《大正藏》52 册，第 857 页中一下。

是年大事:

五月,汴宋留后田神玉卒。都虞候李灵曜杀其兵马使、濮州(今山东鄄城县东北)刺史孟鉴,北结田承嗣为援作乱,代宗下诏淮西节度使李忠臣、永平节度使李勉、河阳三城使马燧讨平之。

十二月,泾原节度使马璘卒,以行军司马段秀实知节度事,付以后事。秀实遂严加防卫,以备非常之变,不杀一人,军府安定。

唐代宗大历十三年 (778),三十三岁

奏请前后两度巡南五台。于观音台持念,感见大圣观音于大月轮中,现大身相,同时数百千人遥共瞻礼。

《大唐青龙寺三朝供奉大德行状》:大历十三年,奏请前后两度巡南台,依师所奏。和上于观音台持念,夜久之间,大圣观音于大月轮中,现大身相,光明由如白日,祥云皎洁,同时数百千人遥共瞻礼。[①]

十月十五日,继不空三藏之位,为长生殿内道场帝师。

---

① 无名氏:《大唐青龙寺三朝供奉大德行状》,《大正藏》50 册,第 295 页中。

《大唐青龙寺三朝供奉大德行状》：大历十三年，敕长生殿内道场三朝传法灌顶殁故三藏和上，敕语惠果："三藏和上殁后，将为佛法无去时。闻师学得大法。总在缘国事□，和上所边授得念诵法门，多有废忘。他日降举问道，即是师位。"大历十三年十月十五日高品李宪诚宣。①

是年大事：

正月十四日，代宗敕毁升平公主白渠支流碾硙，以灌溉农田。

正月二十一日，回纥入寇太原。正月二十六日，两军交战于阳曲，唐军大败，死万余人。回纥遂纵兵大掠。二月，代州都督张光晟败回纥于羊武谷（今山西原平），回纥暂退。代宗不问回纥入侵之罪，待之如初。七月十四日，郭子仪奏请遣邠州刺史浑瑊帅兵镇振武军（今内蒙古托克托县），代宗从之，回纥于是引退。

六月二十四日，陇右节度使朱泚献猫鼠同乳不相害以为瑞，常衮帅百官庆贺。中书舍人崔祐甫以之为妖，独不贺，代宗嘉赏之。七月八日，以祐甫知吏部选事。佑甫多次因公事与常衮争，因此衮恶之。

郭子仪以朔方节度副使张昙性格刚直，疑其以己为武人而轻己，遂恨之。孔目官吴曜因而诬昙有罪。子仪怒，遂诬奏昙煽动军众，杀之。掌书记高郢力争，子仪不听，

① 无名氏：《大唐青龙寺三朝供奉大德行状》，《大正藏》50 册，第 295 页中。

贬郓为猗氏（今山西临猗县）县尉。不久，僚佐多借病而求去，子仪深悔之。

唐德宗建中元年（780），三十五岁

诃陵国僧辨弘经神人指引，诣青龙寺求授胎藏界大法，大师为开坛灌顶，传授之。

《大唐神都青龙寺故三朝国师灌顶阿阇黎惠果和尚之碑》：诃陵辨弘，经五天而接足。[①]

《秘密曼荼罗教付法传》：又，诃陵国僧辩弘在本国日，诵持如意轮瑜伽稍得法力。忽闻大毗卢遮那大悲胎藏大曼荼罗法在南天竺，切慕受学，即向南天。路中忽遇一人问曰："公何处去？"答曰："闻道南天竺有胎藏大法，心慕受学，所以装束取路。"彼人报云："彼法者，不空金刚阿阇梨将去，传大唐国。彼弟子惠果阿阇梨今见在长安青龙寺传授。若往彼所，必合受，不然者，难得。"言毕不见，即知神人。更却向大唐。遂诣青龙寺，奉遇和尚，委陈来意，即奉献七宝灌顶瓶一口、铜钵一口及商佉三口，及诸名香等。和尚为开灌顶，传授胎藏大法。彼辩弘今见住汴州，宣传秘轮。[②]

《大唐青龙寺三朝供奉大德行状》：建中年初，有诃陵

---

① 〔日〕空海：《遍照发挥性灵集》，《弘法大师全集》卷10，（东京）吉川弘文馆，1910年，第422页。

② 〔日〕空海：《秘密曼荼罗教付法传》，同上，卷1，第42页。

国僧辨弘，从本国将铜钹一具，奉上圣佛院。螺两具，铜
□瓶四□，奉上和上，充供养，求授胎藏毗卢遮那大法。①

是年大事：

二月一日，德宗命黜陟使十一人分巡天下。河北黜陟
使洪经纶罢魏博镇兵四万，魏博节度使田悦出家财以赐之，
仍使各还军中。因此军士皆感恩田悦而怨朝廷。

宰相杨炎独任大政，专以复恩仇为事，奏用元载遗策，
再城原州以复秦、原二州，不果。

宰相杨炎罢度支、转运等使后，命金部、仓部代其职。
但尚书省诸司失职已久，难以胜任，因此天下财赋无所总
领。三月二十八日，以谏议大夫韩洄为户部侍郎、判度支
事，以金部郎中杜佑领江淮水陆转运使，皆如旧制。

四月一日，四镇、北庭留后刘文喜据泾州叛，遣其子
质于吐蕃以求援。德宗命朱泚、李怀光帅兵讨平之。

四月九日，吐蕃遣使入朝，德宗礼接之，命悉归其
所俘。

代宗之时，每遇元日、冬至、端午、生日，各州府于
常赋之外竞为贡献，贡献多者则悦之。因此武将、奸吏借
此侵渔下民，祸害无穷。四月十九日，德宗生日，四方贡
献皆不受。李正己、田悦各献缣三万匹，德宗命全归之度
支以代租赋。

---

① 无名氏：《大唐青龙寺三朝供奉大德行状》，《大正藏》50 册，第 295
页中。

六月二十二日，德宗命京兆少尹源休册回纥顿莫贺为武义成功可汗。

荆南节度使庾准受宰相杨炎指使，诬奏忠州刺史刘晏与朱泚书，请其营救，辞多怨望；又奏晏召补州兵，欲拒朝命，炎证成其罪。七月，德宗密遣中使至忠州缢杀晏，二十七日，始下诏赐死。天下皆以为冤。

八月三日，振武（今内蒙古托克托县）留后张光晟杀回纥使者董突等九百余人。回纥要诛专杀者以复仇，德宗因贬光晟为睦王（德宗弟述）傅，以慰回纥之意。

德宗初即位，疏斥宦官，亲任朝士，以宣歙观察使薛邕文雅旧臣，征为左丞。邕离宣州时，盗隐官物以巨万计，殿中侍御史员宇揭发之。十月九日，贬邕为连山（今广东连州市）县尉。自此州县官吏始畏朝典，不敢放纵。

安史之乱以来，因国家多事，公主、郡、县主多不能按时出嫁，至有头发已白，尚居禁中；有的十年不得见天子。德宗即位，始引见诸宗女，对尊者致敬，卑者存慰，命悉嫁之。十一月十九、二十日两日，嫁岳阳等十一县主。又命礼官定公主拜见舅姑及婿之伯叔兄姊礼，如庶民家人。

文学家高仲武编成《中兴间气集》二卷，为现存十种唐人选唐诗之一。选录自至德元载（756）至大历末年（779）的诗，包括钱起、张南史共二十六人的诗一百三十二首。因所选皆是安史之乱后唐肃宗、代宗中兴时期的作品，故以"中兴"为名。大部分是"大历十才子"派流连光景、送别题咏的篇章。其书仿照《河岳英灵集》的体例，对每位诗人略加评述。

唐德宗建中二年（781），三十六岁

新罗国僧惠日，求授胎藏界、金刚界、苏悉地等教法，并诸尊瑜伽三十本。新罗国僧悟真求授胎藏界及诸尊持念教法等。当院弟子僧义明、义满、义澄，同时求授《大日经》《苏悉地》等经三十本。

《大唐神都青龙寺故三朝国师灌顶阿阇黎惠果和尚之碑》：新罗惠日，涉三韩而顶戴。……若复印可绍接者，义明供奉其人也；不幸求车，满公当之也。①

《大唐神都青龙寺东塔院灌顶国师惠果阿阇黎行状》：诃陵辩弘、新罗惠日，并授胎藏师位。……义明供奉，亦授两部大法。②

《大唐青龙寺三朝供奉大德行状》：建中二年，新罗国僧惠日，将本国信物奉上和上，求授胎藏、金刚界、苏悉地等，并诸尊瑜伽三十本。已来授讫精通，后时却归本国，广弘大教。精诚绝粒持念，悉地现前，遂白日冲天。国王宫中瞻礼，求乞其法，空中□言："西大唐国有秘密法，法有青龙寺。"同年，新罗国僧悟真，授胎藏毗卢遮那及诸尊持念教法等。至贞元五年，往于中天竺国，《大毗卢遮那

---

① ［日］空海：《遍照发挥性灵集》，《弘法大师全集》卷10，（东京）吉川弘文馆，1910年，第422页。
② ［日］空海：《秘密曼荼罗教付法传》，同上，卷1，第44页。

经》梵夹余经，吐蕃国身殁。当院弟子僧义明、义满、义澄，同时于和上求授《毗卢遮那胎藏》《苏悉地》等经三十本。[1]

是年大事：

正月九日，成德节度使李宝臣（原名张忠志）死，其子李惟岳谋袭父位，德宗欲革除藩镇世袭之弊，故坚决拒之。于是田悦与李正己各遣使与惟岳密谋以兵拒朝命。

德宗欲诛宰相杨炎而先分其权，二月，擢御史大夫卢杞为门下侍郎，与炎并同平章事。杞猥陋而无文学，炎轻视之，常称病不与会食，杞因恨之。遂引太常博士裴延龄为集贤殿直学士，亲信之，与炎相抗。

河南北四镇连兵拒朝命，朝廷发各道兵讨伐。东西运粮之路皆被断绝，人心震恐。德宗以和州（今安徽和县）刺史张万福为濠州（今安徽凤阳县）刺史，使之通涡口水路，威震濠州。

安史之乱爆发后，为了平定叛乱，唐王朝调河西、陇右镇兵入援，吐蕃乘机侵占了河、陇地区，北庭（今新疆奇台县）、安西（今新疆库车市）从此隔绝不通，与朝廷声问绝者十余年。七月，北庭、安西遣使间道历诸胡，然后从回纥中来，德宗嘉之。

七月三日，以杨炎为左仆射，罢其政事。以前永平节

---

[1]　无名氏：《大唐青龙寺三朝供奉大德行状》，《大正藏》50 册，第 295 页中。

度使张镒为中书侍郎、同平章事。以朔方节度使崔宁为右仆射。

七月二十六日，河东节度使马燧、昭义节度使李抱真、神策军先锋都知兵马使李晟等大败田悦于临洺（今河北邯郸市永年区）。

七月，淄青节度使李正己死，其子李纳秘不发丧，擅领军务。八月，李纳方发丧，并奏请袭父位，德宗不许。

八月，梁崇义发兵攻江陵，至四望（今湖北南漳县），大败而归，闭襄阳城拒守，守者开门争出，不可禁。崇义与妻投井死，传首京师。

李希烈请讨梁崇义，德宗对朝士每称其忠。希烈败梁崇义后，既得襄阳，遂据为己有。九月九日，以河中尹李承为山南东道节度使，单骑赴襄阳，希烈大掠全境而去。

卢杞诬杨炎有异志，十月十日，炎自左仆射被贬为崖州（今海南海口市）司马，并遣中使护送之。未至崖州，即缢杀之。

十一月七日，宣武节度使刘洽、神策都知兵马使曲环、滑州刺史李澄与朔方军大将唐朝臣等大败淄青、魏博兵于徐州。

三月，唐遣殿中少监崔汉衡使于吐蕃。十二月二十三日，汉衡遣判官与吐蕃使者入奏，请用敌国礼及新划国界。德宗皆如其请，这是因为当时关东与河北正在打仗，不得不向吐蕃让步。

沙州（今甘肃敦煌市）陷于吐蕃。

《大秦景教流行中国碑》立。碑文为景教士景净撰，吕秀岩书，共一千七百八十字。记唐太宗时大秦景教从波斯传入中国，并在长安建寺度僧的活动和宣传教义的情况。碑下和两侧有古叙利亚文题名。此碑是研究中西交通史的重要资料。

唐德宗贞元五年（789），四十四岁

奉敕于青龙寺大佛殿内令七僧祈雨，第七日夜雨足。各赐绢一束、茶十串。

《大唐神都青龙寺故三朝国师灌顶阿阇黎惠果和尚之碑》：若乃旱魃焦叶，召那伽以滂沱；商羊决堤，驱迦罗以杲杲矣。其感不移晷，其验同在掌。①

《大唐神都青龙寺东塔院灌顶国师惠果阿阇黎行状》：阳将亢也即祈，时霖潦也即止。蘗噜拏天众，呼吸从风；跋难陀龙王，所求速应。②

《大唐青龙寺三朝供奉大德行状》：贞元五年，奉敕于当寺大佛殿□令七僧祈雨，第七日夜雨足。各赐绢一束、茶十串，表谢。③

---

① ［日］空海：《遍照发挥性灵集》，《弘法大师全集》卷10，（东京）吉川弘文馆，1910年，第421页。

② ［日］空海：《秘密曼荼罗教付法传》，同上，卷1，第43—44页。

③ 无名氏：《大唐青龙寺三朝供奉大德行状》，《大正藏》50册，第295页中—下。

是年大事：

二月二十七日，以董晋为门下侍郎，窦参为中书侍郎兼度支转运使，并同平章事。窦参为人刚果峭刻，无学术，专大政，多引亲党置于要地，使为耳目。董晋拱手而已。然晋为人重慎，所言于帝前者未尝泄于人。

十月，西川节度使韦皋遣部将王有道帅兵与东蛮、两林蛮及吐蕃战于嶲州台登（今四川喜德县西），大败之，杀二千余人，投崖及溺水而死者不可胜数，杀其兵马使乞藏遮遮。

十二月三日，唐听说回纥天亲可汗卒，十一日，遣鸿胪卿郭锋册命其子为登里罗没密施俱禄忠贞毗伽可汗。

唐德宗贞元六年（790），四十五岁

二月，奉敕迎岐州无忧王寺真身舍利入宫供养。四月，奉敕入内，于长生殿为国持念，在内七十余日。宰相杜黄裳、韦执谊亲诣受灌顶，学持念。再奏请巡南五台，充观音寺大德。

《大唐青龙寺三朝供奉大德行状》：奉敕于右卫龙，迎真身入内。贞元六年四月□日，奉敕令僧惠果入内，于长生殿为国持念，在内七十余日。放归，每人赐绢三十匹、茶二十串，后乃分番上下。□赐四时衣物、三节料。当年，杜相公黄裳、韦相公亲诣受灌顶，学持念。再奏请巡台，

奉敕宜依，充观音寺大德。①

《旧唐书·德宗本纪》：（贞元六年二月）岐州无忧王寺有佛指骨寸余，先是取来禁中供养，乙亥，诏送还本寺。②

是年大事：

王武俊与李纳争棣州。

三月，回纥忠贞可汗弟杀兄而自立。四月，次相帅国人杀其弟而立忠贞之子阿啜为可汗，年十五。

五月，回纥颉干迦斯与吐蕃战不利，吐蕃遂急攻北庭。北庭人因苦于回纥诛求，与沙陀酋长朱邪尽忠皆降于吐蕃。北庭既陷，安西道路遂绝，惟西州犹为唐守。

唐德宗贞元九年（793），四十八岁

此后五年间，义恒、义一、义政、义□、义操、义云、智兴、义憗、行坚、圆通、义伦、义播、义润，俗弟子吴殷、开丕等，约五十人向大师学密法。

《大唐神都青龙寺故三朝国师灌顶阿阇黎惠果和尚之碑》：沐一子之顾，蒙三密之教，则智、璨、玫、壹之徒，操、敏、坚、通之辈，并皆入三昧耶。学瑜伽，持三秘密，

---

① 无名氏：《大唐青龙寺三朝供奉大德行状》，《大正藏》50 册，第 295 页下。

② （后晋）刘昫等：《旧唐书》卷 13，中华书局，1975 年，第 369 页。

达毗钵，或作一人师，或为四众依。法灯满界，流派遍域，斯盖大师之法施也！①

《大唐青龙寺三朝供奉大德行状》：贞元九年后，至十三年，义恒、义一、义政、义□、义操、义云、智兴、义慜、行坚、圆通、义伦、义播、义润，俗弟子吴殷、开丕等，约五十人学法。②

是年大事：

正月二十四日，实行税茶之法。凡是州、县产茶及茶山外要路，皆估其值，收税十分之一。从此每年收茶税钱四十万缗。

二月十二日，诏发兵三万五千人筑盐州城（今陕西定边县）。为了配合筑城，又诏泾原、山南、剑南各发兵深入吐蕃，以牵制其势。筑城二十余日而毕，命盐州节度使杜彦光戍之，命朔方军都虞候杨朝晟帅兵戍木波堡（今甘肃环县东南），由是灵武、银夏、河西等地方不受吐蕃侵扰。

三月，贬窦参骧州（今越南荣市）司马，男女皆配流。当时宦官恨参尤深，谤毁不已，故参未至欢州，即赐死于路。

五月二十七日，以中书侍郎赵憬为门下侍郎、同平章事；义成节度使贾耽为右仆射，右丞卢迈守本官，并同平

---

① ［日］空海：《遍照发挥性灵集》，《弘法大师全集》卷10，（东京）吉川弘文馆，1910年，第422页。
② 无名氏：《大唐青龙寺三朝供奉大德行状》，《大正藏》50册，第295页下。

章事。憬疑心宰相陆贽恃恩，欲专大政，排己置之门下省，所以多称病不预政事，由是与贽有隙。他日，憬遂与裴延龄勾结以倾贽。

五月，宰相陆贽奏论备边六失：措置乖方，一也；课责亏度，二也；财匮于兵众，三也；力分于将多，四也；怨生于不均，五也；机失于遥制，六也。

五月，南诏王异牟寻遣使上表请弃吐蕃归唐。韦皋遣其使者至长安，德宗赐异牟寻诏书，并令皋遣使慰抚。

贾耽、陆贽、赵憬、卢迈等为相，百官百事，都相让不言。七月，奏请按肃宗至德宗故事，宰相迭秉笔以处理政事，每十日一换，诏从之。后来每日一易。

七月，剑南西山诸羌蛮各帅其部众内附。

户部侍郎裴延龄虚报数字以欺惑德宗，德宗即信之，以为延龄能富国而宠之，实际财富并未增加，徒费官吏簿书而已。左补阙权德舆奏延龄欺上以邀宠，请遣信臣核实，明行赏罚，德宗不听。

宣武（今河南开封市）节度使刘玄佐（刘洽）卒后，其子士宁袭父位为节度使，诸将多不服。而都知兵马使李万荣得士卒心，宣武军乱。十二月十七日，以通王谌为宣武节度大使，以万荣为留后。

王泾撰成《大唐郊祀录》十卷。计凡例三卷，祀礼四卷，祭礼一卷，飨礼二卷。是书集历代郊庙享祀及唐代因革史料，提供祭祀制度及具体事实亦甚多。

唐德宗贞元十四年（798），五十三岁

五月上旬，奉敕祈雨，在内道场，专精持念，七日雨足。恩赐绢一束、茶十串。

《大唐青龙寺三朝供奉大德行状》：贞元十四年五月大旱，五月上旬奉敕祈雨，七日在内道场专精持念，祈雨日足。恩赐绢一束、茶十串。谢："臣僧等素无功行，天降甘雨，皇帝感化。僧等谢绢及茶，不胜顶贺。"①

是年大事：

闰五月十二日，长武城神策军作乱。都虞候高崇文诛首乱者，众然后定。朝廷遂以崇文为长武城都知兵马使。不降敕，令中使以口宣授之。史言德宗重口而不重笔，重宦官而不重诏命。

八月，始置左右神策军统军。当时禁军戍边，赏赐优厚，诸将多请遥录神策军，被称为神策行营，皆统于护军中尉，于是神策军遂增至十五万人。

太学生薛约师于国子司业阳城，因言事连坐被徙连州（今广东连州市）。阳城送至郊外，德宗以其党罪人，九月二十八日，被迁为道州（今湖南道县）刺史。

十二月，明州（今浙江宁波市）镇将栗锽杀刺史卢云，

---

① 无名氏：《大唐青龙寺三朝供奉大德行状》，《大正藏》50 册，第 295 页下。

诱山越作乱，攻陷浙东州县。

唐德宗贞元十五年（799），五十四岁

八月下旬，加持皇太子李诵，三日得愈。

《大唐青龙寺三朝供奉大德行状》：贞元十五年八月下旬，加持皇太子，三日得差，各赐绢二十匹、吴绫五十匹、茶二十串。"臣等一界微僧，谢圣慈赐绫绢及茶，不胜顶贺。"[1]

是年大事：

二月三日，宣武节度使董晋卒。行军司马陆长源性刻薄，恃才傲物。判官孟叔度轻佻淫纵，好侮辱将士，军中皆恶之。十一日，军乱，杀长源、叔度，脔食其肉。九月二十日，朝廷以韩弘为宣武节度使。

二月，以常州刺史李锜为浙西观察使及诸道盐铁转运使。时闲厩、宫苑使李齐运受其赂数十万，故荐之于德宗，德宗用之。锜搜刮以事进奉，德宗由是益宠信之。

淮西节度使吴少诚叛，九月十五日，诏削夺吴少诚官爵，令诸道兵进讨，屡败之。

---

① 无名氏：《大唐青龙寺三朝供奉大德行状》，《大正藏》50 册，第 295 页下。

唐德宗贞元十六年（800），五十五岁

十一月十六日，神威军焦护军请大师至军宅供养，并为大师写真，装裱送至青龙寺本院。

《大唐青龙寺三朝供奉大德行状》：十六年冬十一月十六日，神威军焦护军请和上军宅供养，并和上写真，装饰送院。①

是年大事：

正月六口，恒冀、易定、陈许、河阳四军与吴少诚战，皆不利而退。二月十七日，以夏绥节度使韩全义为蔡州（今河南汝南县）四面行营招讨使，十七道兵皆受全义节度。韩全义本无勇略，专以巧佞货赂结宦官，得以为行营招讨使。每当议军事时，宦官为监军者数十人坐于帐中争论，常不能决而罢。天气渐热，士卒久屯潮湿之地，多病疫，而全义不加存抚，以至士卒离心。五月、七月、九月，全义帅兵与吴少诚战，官军溃败。

义成监军薛盈珍为德宗所宠信，欲夺节度使姚南仲军政，南仲不从，由是有隙。盈珍屡潜害南仲幕僚，犹不足，屡毁南仲于德宗，德宗亦疑之。夏四月八日，南仲至京师，待罪于金吾，诏释之。德宗竟不罪盈珍，仍使留朝掌机密。

---

① 无名氏：《大唐青龙寺三朝供奉大德行状》，《大正藏》50 册，第 295 页下。

黔中（今贵州）观察使韦士宗，政令苛刻。四月十九日，牙将傅近等逐之，士宗出奔施州（今湖北恩施市）。五月二十九日，又入黔中，妄杀长吏，人心大扰，黔中军乱。

四月，新罗王金信则卒，四月二十二日，册命其嫡孙俊邕为新罗王。六月，俊邕卒，国人遂立其子金重熙。

山南东道节度使于由因讨吴少诚，大募战士，缮甲厉兵，聚敛财货，恣行诛杀，图谋割据。当时德宗姑息藩镇，虽知其所为，亦无可奈何。

徐州、泗州、濠州节度使张建封卒，军乱。朝廷加淮南节度使杜佑同平章事，兼徐泗濠节度使，使讨乱军，兵败而还。朝廷不得已，以张建封子张愔为徐州团练使，以张拚为泗州留后，濠州刺史杜兼为濠州留后，仍加杜佑濠泗观察使，以削弱徐州之权。九月二十八日，以张愔为徐州留后。

十月，吴少诚引兵还蔡州，致书币于监军求恩贷。二十三日，诏赦少诚及淮西将士之罪，复其官爵。

吐蕃因屡为西川节度使韦皋所败，其笼官马定德与大将数十人帅其部落来降。定德有智谋，吐蕃诸将用兵皆其谋略，至是因多次与唐战不利，恐获罪，遂来降。

沙门圆照奉诏撰《贞元新定释教目录》，简称《贞元释教录》，是佛教经录，共三十卷。录东汉明帝至唐贞元十六年译者一百八十七人，大小乘佛典及撰述共二千四百四十七部，七千三百九十九卷，其中一百三十九部三百四十二卷是《开元释教录》后玄宗、肃宗、代宗、德宗四朝新译经，多为金刚智三藏、不空三藏、般若三藏等人所译密教经典。体例编排几乎全部因袭《开元释教录》。

唐德宗贞元十八年（802），五十七岁

疾重请退，恩命放归。八月中旬，舍衣钵，付属义明等七人授用。

《大唐青龙寺三朝供奉大德行状》：十八年，和上得疾渐重，进状请退。恩命放归，且令寺将息。"朕意欲存终始，赞即不得。"其年八月中旬，舍衣钵，付属义明等七人授用。[①]

是年大事：

正月，骠国王摩罗思那遣其子悉利移入贡。骠国在南诏西南六千八百里，听说南诏归唐，也遣使随之入唐，并献其乐舞。按：骠国，又称朱波，自号突罗或阇婆，今缅甸境内。

正月十八日，西川节度使韦皋遣使献吐蕃大相论莽热于朝，德宗赦之。

十月二十八日，鄜坊（今陕西富县、黄陵县）节度使王栖曜卒，鄜坊军乱。以同州刺史刘公济为鄜坊节度使，以都虞候裴玢为行军司马。

---

① 无名氏：《大唐青龙寺三朝供奉大德行状》，《大正藏》50 册，第 295 页下。

唐德宗贞元二十年（804），五十九岁

于醴泉寺为弟子僧义智建立金刚界大曼荼罗，及拼布尊位。所置尊位与法相应，感得雷雨滂沱，应验誓言。般若三藏以此为阿毗跋致之相。

《秘密曼荼罗教付法传》：和尚贞元二十年，于醴泉寺为弟子僧义智建立金刚界大曼荼罗，及拼布尊位。于时，般若三藏及诸大德等集会法筵。和尚拼尊位讫，则手把香炉，口说要誓云："若使我今所置尊位与法相应者，天忽降雨。"所有众德、诸弟子等代师流汗。言了，则雷雨滂沱。人皆感伏，叹未曾有。般若云："所谓阿毗跋致之相，即是当之也。"①

是年大事：

正月十日，天德军（今内蒙古乌拉特前旗东北）都防御团练使、丰州刺史李景略卒。诏以判官任迪简代景略。

昭义（今山西长治市）节度使李长荣卒，八月十七日，诏以兵马使卢从史为节度使。

---

① ［日］空海：《秘密曼荼罗教付法传》，《弘法大师全集》卷 1，（东京）吉川弘文馆，1910 年，第 41—42 页。

唐德宗贞元二十一年·唐顺宗永贞元年（805），六十岁

与日本国僧空海相见。六月上旬，空海入学法灌顶坛，临胎藏界大曼陀罗，抛花着中台毗卢遮那如来，即沐五部灌顶，受三密加持，大师授以胎藏界大法。七月上旬，临金刚界大曼荼罗，重受五部灌顶，亦抛花得毗卢遮那，大师授以金刚界大法。八月上旬，授以传法阿阇黎位灌顶。唤供奉丹青李真等十余人，图绘胎藏界、金刚界等大曼陀罗十铺。集二十余经生，书写《金刚顶》等最上乘密藏经。又唤供奉铸博士杨忠信、赵吴，新造道具十五事。图像写经渐有次第。付嘱空海奉经像道具等，归国传法。

《上新请来经等目录表》：入唐学法沙门空海言：空海以去延历廿三年，衔命留学之末，问津万里之外。其年腊月得到长安。廿四年二月十日，准敕配住西明寺。爰则周游诸寺，访择师依。幸遇青龙寺灌顶阿阇梨法号惠果和尚，以为师主，其大德则大兴善寺大广智不空三藏之付法弟子也。弋钩经律，该通密藏。法之纲纪，国之所师。大师尚佛法之流布，叹生民之可拔。授我以发菩提心戒，许我以入灌顶道场。沐受明灌顶再三焉，受阿阇梨位一度也。肘行膝步学未学，稽首接足闻不闻。幸赖国家之大造，大师

之慈悲，学两部之大法，习诸尊之瑜伽。①

《御请来目录》：空海去延历廿三年季夏之月，随入唐大使藤原朝臣，同上第一船发赴咸阳。其年八月到福州着岸。十二月下旬到长安城，宣阳坊官宅安置。廿四年仲春十一日，大使等旋轸本朝，唯空海孑然，准敕留住西明寺永忠和尚故院。于是历城中访名德，偶然奉遇青龙寺东塔院和尚法讳惠果阿阇梨，其大德则大兴善寺大广智三藏之付法弟子也。德惟时尊，道则帝师。三朝尊之受灌顶，四众仰之学密藏。空海与西明寺志明、谈胜法师等五六人，同往见和尚。和尚乍见含笑，喜欢告曰："我先知汝来，相待久矣。今日相见大好大好！报命欲竭，无人付法，必须速办香花，入灌顶坛。"即归本院，营办供具。六月上旬入学法灌顶坛，是日临大悲胎藏大曼陀罗，依法抛花，偶然着中台毗卢遮那如来身上。阿阇梨赞曰："不可思议！不可思议！"再三赞叹。即沐五部灌顶，受三密加持。从此以后，受胎藏之梵字仪轨，学诸尊之瑜伽观智。七月上旬，更临金刚界大曼荼罗，重受五部灌顶。亦抛得毗卢遮那，和尚惊叹如前。八月上旬，亦受传法阿阇梨位之灌顶。是日设五百僧斋，普供四众。青龙、大兴善寺等供奉大德等，并临斋筵，悉皆随喜。金刚顶瑜伽五部真言、密契，相续而受。梵字、梵赞，间以学之。和尚告曰："真言秘藏，经疏隐密。不假图画，不能相传。"则唤供奉丹青李真等十余

---

① ［日］空海：《御请来目录》，《弘法大师全集》卷1，（东京）吉川弘文馆，1910年，第69页。

人，图绘胎藏、金刚界等大曼陀罗等一十铺。兼集廿余经生，书写《金刚顶》等最上乘密藏经。又唤供奉铸博士杨忠信、赵吴，新造道具一十五事。图像写经渐有次第。和尚告曰："吾昔髫龀之时，初见三藏。三藏一目之后，偏怜如子。入内归寺，如影不离。窃告之曰：'汝有密教之器，努力努力！'两部大法秘密印契因是学得矣。自余弟子若道若俗，或学一部大法，或得一尊一契，不得兼贯。欲报岳渎，昊天罔极。如今此土缘尽，不能久住。宜此两部大曼荼罗、一百余部金刚乘法，及三藏转付之物，并供养具等，请归本乡，流传海内。才见汝来，恐命不足。今则授法有在，经像功毕。早归乡国，以奉国家。流布天下，增苍生福。然则四海泰，万人乐。是则报佛恩，报师德。为国忠也，于家孝也。义明供奉此处而传，汝其行矣，传之东国，努力努力！"付法殷勤，遗诲亦毕。①

《大唐神都青龙寺东塔院灌顶国师惠果阿阇黎行状》：今有日本沙门空海来求圣教，以两部秘奥坛仪印契，汉梵无差，悉受于心，犹如泻瓶。②

《大唐青龙寺三朝供奉大德行状》：贞元十九年，日本国僧空海奉敕，将摩衲及国信物、五百余贯文奉上和上，尽将修饰道场供养，求授大悲胎藏、金刚界，并诸尊瑜伽

---

① ［日］空海：《御请来目录》，《弘法大师全集》卷1，（东京）吉川弘文馆，1910年，第98—101页。
② ［日］空海：《秘密曼荼罗教付法传》，同上，第44页。

教法经五十本。登时见境界，梵阿字日月轮，现入口中。①

　　谨按：空海向惠果大师求法的时间，空海自著《御请来目录》作延历二十四年（805），无名氏《大唐青龙寺三朝供奉大德行状》作贞元十九年（803），当以空海自述为准。

十二月十五日五更，于青龙寺东塔院，结毗卢遮那法印，右胁而终。世寿六十，僧夏四十。其夜，于境界中告空海师徒夙缘，将往生东国，为空海弟子，彼此代为师资，弘演密教。

　　《大唐神都青龙寺故三朝国师灌顶阿阇黎惠果和尚之碑》：遂乃以永贞元年岁在乙酉，极寒月满，住世六十，僧夏四十，结法印而摄念，示人间以薪尽矣。……和尚掩色之夜，于境界中告弟子曰："汝未知吾与汝宿契之深乎？多生之中，相共誓愿，弘演密藏，彼此代为师资，非只一两度也。是故劝汝远涉，授我深法。受法云毕，吾愿足矣。汝西土也接我足，吾也东生入汝之室。莫久迟留，吾在前去也。"②

　　《御请来目录》：去年十二月望日，兰汤洗垢，结毗卢遮那法印，右胁而终。是夜于道场持念，和尚宛然立前告曰："我与汝久有契约，誓弘密藏，我生东国，必为弟子。"③

────────

① 无名氏：《大唐青龙寺三朝供奉大德行状》，《大正藏》50 册，第 295 页下。
② ［日］空海：《遍照发挥性灵集》，《弘法大师全集》卷 10，（东京）吉川弘文馆，1910 年，第 423—424 页。
③ ［日］空海：《御请来目录》，同上，卷 1，第 101 页。

《秘密曼荼罗教付法传》：至永贞元年岁次乙酉十二月十五日，告以微疾，示之有终，于京都青龙寺东塔院。①

《大唐神都青龙寺东塔院灌顶国师惠果阿阇黎行状》：即以永贞元年十二月十五日五更去世。春秋六十，法夏四十。②

《大唐青龙寺三朝供奉大德行状》：贞元二十一年八月五日，改为永贞元年。十二月十五日，北首掩终。③

是年大事：

正月二十三日，德宗病死于宫中会宁殿，葬于崇陵。太子李诵即位，是为顺宗。

二月十一日，以吏部郎中韦执谊为尚书左丞、同平章事。王叔文欲掌国政，故引执谊为相。

二月十二日，李师古欲乘国丧侵掠邻境，乃诬义成节度使李元素伪传遗诏而击之。因宣武节度使韩弘坐镇，而不敢动。

二月二十一日，诏数京兆尹李实残暴掊敛之罪，贬为通州（今四川达州市达川区）长史。市井为之欢呼，市民皆袖中怀瓦石遮道伺击之。实由小路逃脱。

二月二十二日，以殿中丞王伾为左散骑常侍，依前翰林待诏，苏州司功王叔文为起居舍人、翰林学士。有事先

---

① ［日］空海：《秘密曼荼罗教付法传》，《弘法大师全集》卷1，（东京）吉川弘文馆，1910年，第42页。
② 同上，第45页。
③ 无名氏：《大唐青龙寺三朝供奉大德行状》，《大正藏》50册，第295页下。

下翰林，使叔文决定可否，然后宣于中书省，由宰相韦执谊承而行之。

二月二十四日，顺宗御丹凤门，赦天下，常贡之外，悉罢进奉。德宗末年政事为人患者，如宫市、五坊小儿等，皆罢之。二月二十五日，又罢盐铁使月进奉。

德宗末年，十年无赦，群臣小有过失而被遣逐者，皆不复叙用，顺宗立，始得量移。三月三日，追忠州别驾陆贽及郑余庆、阳城、韩皋等回京师。而贽未闻追诏而卒。

一批主张打击宦官势力、革新政治的中青年官僚士大夫如韦执谊、韩泰、陈谏、柳宗元、刘禹锡、韩晔、凌准、程异等，以王叔文、王伾为领袖，形成了一个革新集团，开始"永贞革新"。对外以韦执谊为相，颁布了一系列明赏罚、停苛征、除弊害的政令。为了推行政令，他们首先注意掌握财权和从宦官手中夺回兵权。这一计划遭到了宦官集团的强烈反对，先于三月迫使顺宗立李淳（后改名纯）为太子，又于八月迫使顺宗让位于太子，太子即位，是为宪宗。宪宗即位后，大贬王叔文党，永贞革新失败。

八月十七日，剑南西川节度使南康王韦皋卒。八月二十三日，以袁滋为剑南东、西川、山南西道安抚大使。

十一月，回鹘怀信可汗卒，遣鸿胪少卿孙杲临吊，册其嗣为腾里野合俱录毗伽可汗。

十月三日，以中书侍郎、同平章事袁滋同平章事，充西川节度使，征刘辟为给事中。而刘辟不受征，阻兵自守。宪宗甫即位，无力讨之，只得暂行姑息。右谏议大夫韦丹上疏应讨，十二月十七日，以韦丹为东川节度使。

唐宪宗元和元年（806）

正月三日，俗弟子吴殷纂《大唐神都青龙寺东塔院灌顶国师惠果阿阇黎行状》。十七日，葬于京城以东孟村龙原大师塔侧。

《大唐神都青龙寺故三朝国师灌顶阿阇黎惠果和尚之碑》：简日于建寅之十七，卜茔于城邙之九泉。[①]

《秘密曼荼罗教付法传》：元和元年正月十六日，葬于城东。四众合会，悲感动天。[②]

《大唐青龙寺三朝供奉大德行状》：至元和元年正月十七日，弟子道俗约千余人，送葬至孟村龙原大师塔侧。[③]

是年大事：

正月一日，宪宗帅群臣诣兴庆宫上太上皇尊号，次日赦天下，改元元和。

正月十九日，太上皇崩于兴庆宫。

刘辟既为西川节度副使，知节度事，更加骄横，又求兼领三川，宪宗不许，辟遂发兵反。正月二十三日，命左

① ［日］空海：《遍照发挥性灵集》，《弘法大师全集》卷10，（东京）吉川弘文馆，1910年，第424页。

② ［日］空海：《秘密曼荼罗教付法传》，同上，卷1，第42—43页。

③ 无名氏：《大唐青龙寺三朝供奉大德行状》，《大正藏》50册，第295页下—296页上。

神策行营节度使高崇文讨之。后刘辟兵败被诛。

三月，以右骁卫将军李演为夏绥节度使，而前节度使韩全义甥杨惠琳勒兵拒之。三月十七日，夏州兵马使张承金斩惠琳，传首京师。

四月十三日，策试制举之士，其中及第者有校书郎元稹、白居易、前进士萧俛、沈传师及监察御史独孤郁等人。

四月十四日，以兵部侍郎、度支使、盐铁转运副使李巽为度支、盐铁转运使。李巽为唐代著名理财家，是刘晏之后第一人。其掌使职一年之中，征课所入，类晏之多。

九月二十一日，下诏征少室山人李渤为左拾遗。渤称病不至，但朝政有所得失，渤辄附奏陈论。

十月十一日，以将作监柳晟为山南西道节度使。晟至汉中，汉中府兵讨刘辟还，犹未至城，又诏遣戍梓州（今四川三台县），军士怨怒，追胁监军谋作乱。晟疾驱入城，慰劳军士，军府因此得安。

十一月十九日，征武宁（今江苏徐州市）节度使张愔为工部尚书，以东都留守王绍代之。又以濠州（今安徽凤阳县）、泗州（今江苏盱眙县）二州隶之。徐人喜增二州，故不为乱。

十一月二十七日，以内常侍吐突承璀为左神策中尉。承璀曾侍奉宪宗于东宫，以干敏得幸。

回纥入贡，并带来摩尼教士，于唐置寺处之。

唐敬宗宝历二年（826）

八月二十一日，弟子义一、深达、义丹建塔移葬于浐川之侧表蔺村。

《大唐青龙寺三朝供奉大德行状》：厥后至宝历二年八月二十一日，义一、深达、义丹，浐川之侧表蔺村，建塔移葬。[①]

是年大事：

正月十三日，兴元（今陕西汉中市）节度使裴度奏，当道修筑斜谷（今陕西眉县西南）路栈及沿途馆驿完工。

正月二十八日，盐铁使王播上奏称扬州城内旧运河水浅，舟船滞留误期。今请修新运河，凡功役所费，由盐铁使自行解决。敬宗准奏。

正月二十四日，裴度自兴元入朝。二月九日，裴度拜为司空、同平章事。

三月一日，敬宗命兴唐观道士孙准入翰林院待诏。

敬宗自即位即欲巡行东都，已令度支员外郎卢贞前往，修东都宫阙及沿途行宫。又恐节度使兵马助修东都威胁朝廷，三月二十日，敕以修东都烦扰，遂罢。

三月二十日，横海节度使李全略卒于任。其子李同捷

---

① 无名氏：《大唐青龙寺三朝供奉大德行状》，《大正藏》50 册，第 296 页上。

时为副大使，擅为留后，以重金贿赂邻近各道，请求上奏朝廷，以己袭父职为节度使。

五月十三日，幽州军乱，杀节度使朱克融及其子延龄，将士立其次子延嗣主持军务。

七月十四日，敬宗巡行兴福寺，观沙门文溆俗讲。

道士赵归真对敬宗言神仙之术，僧人惟贞、齐贤、正简等言祈祷求福，敬宗皆信之，使之出入宫禁。有山人杜景先自称有道术，七月，敬宗命景先往江南求访仙人。润州人周息元自称长寿数百岁，八月至京师，敬宗命其入居禁中之山亭。

幽州留后朱延嗣治军残虐，八月，都知兵马使李再义与其弟牙内兵马使李载宁因众不满，起兵诛延嗣，并屠其家属三百余人，再义权知留后。九月，再义以延嗣之罪奏报朝廷。十月五日，以再义检校户部尚书，充幽州节度使，赐名载义。

敬宗年幼即位，专事游宴，不理朝政。因召募力士，昼夜游乐，加之性情躁急，动辄杖责左右力士、宦官。十二月八日，敬宗夜猎回宫，被击球将苏佐明等人所杀。十二日，敬宗弟李涵即位，更名昂，是为文宗。

传　记

大唐神都青龙寺^[1]故三朝国师灌顶
阿阇梨惠果和尚之碑①

日本国学法弟子苾刍空海^[2]撰文并书

俗之所贵者也，五常^[3]；道之所重者也，三明^[4]。惟忠惟孝，雕声金版，其德如天，盍藏石室乎？尝试论之，不灭者也法，不坠者也人。其法谁觉？其人何在乎？爰有神都青龙寺东塔院大阿阇梨法讳惠果和尚者也。

大师拍掌法城之行崩^[5]，诞迹昭应^[6]之马氏。天纵精粹，地冶神灵。种惟凤卵，苗而龙驹。高翔择木，嚣尘之网不能罗之；师步占居，禅林之葩实是卜食^[7]。遂乃就故讳大照禅师^[8]，师之事之。其大德也，则大兴善寺大广智

---

① ［日］空海：《遍照发挥性灵集》，《弘法大师全集》卷10，（东京）吉川弘文馆，1910年，第420—425页。

不空三藏之入室也。昔鬌龀之日，随师见三藏，三藏一目，惊异不已。窃告之曰："我之法教，汝其兴之也。"既而视之如父，抚之如母。指其妙赜[9]，教其密藏。大佛顶[10]、大随求，经耳持心；普贤行、文殊赞，闻声止口。年登救蚁[11]，灵验处多。于时，代宗皇帝闻之，有敕迎入。命之曰："朕有疑滞，请为决之。"大师则依法呼召，解纷如流。皇帝叹之曰："龙子虽少，能解下雨，斯言不虚。左右书绅，入瓶小师[12]，于今见矣。"从尔已还，骥骝迎送，四事不缺。

年满进具，孜孜照雪[13]。三藏教海，波涛唇吻；五部观镜，照曜灵台。洪钟之响，随机卷舒；空谷之应，逐器行藏[14]。始则四分秉法，后则三密灌顶。弥天辩锋[15]，不能交刃；炙輠[16]智象，谁敢极底？是故三朝尊之，以为国师；四众礼之，以受灌顶。若乃旱魃焦叶，召那伽[17]以滂沱；商羊[18]决堤，驱迦罗以杲杲[19]矣。其感不移晷，其验同在掌。皇帝皇后，崇其增益；琼枝玉叶，伏其降魔[20]。斯乃大师慈力之所致也。纵使财帛接轸，田园比顷，有受无贮，不屑资生。或建大曼荼罗，或修僧伽蓝处。济贫以财，导愚以法。以不积财为心，以不吝法为性。故得若尊若卑，虚往实归；自近自远，寻光集会矣。诃陵辨弘，经五天而接足[21]；新罗惠日，涉三韩而顶戴[22]。剑南[23]则惟上，河北则义圆，钦风振锡，渴法负笈。若复印可绍接者，义明供奉[24]其人也；不幸求车，满公当之也[25]。沐一子之顾，蒙三密之教，则智、璨、玫、壹之徒，操、敏、坚、通之辈，并皆入三昧耶[26]。学瑜伽，持三秘密，达毗钵[27]，或作一人师，或为四众依。法灯满界，流派遍域，斯盖大师之法施也！

从辞亲就师，落饰入道，浮囊不借他，油钵常自持[28]。松竹坚其心，冰霜莹其志，四仪[29]不肃而成，三业不护而善。大师之尸罗[30]，于此尽美矣！经寒经暑，不告其苦；遇饥遇疾，不退其业。四上[31]持念，四魔[32]请降；十方结护[33]，十军[34]面缚。能忍能勤，我师之所不让也。游法界宫[35]，观胎藏之海会；入金刚界，礼遍智之麻集[36]。百千陀罗尼，贯之一心；万亿曼荼罗，布之一身[37]。若行若坐，道场即变[38]；在眠在觉，观智不离[39]。是以与朝日而惊长眠，将春雷以拔久蛰。我师之禅智妙用在此乎？示荣贵，导荣贵；现有疾，待有疾。应病投药，悲迷指南。常告门徒曰："人之贵者不过国王，法之最者不如密藏。策牛羊而趣道，久而始到；驾神通以跋涉，不劳而至。诸乘与密藏，岂得同日而论乎？佛法心髓，要妙斯在乎？无畏三藏，脱躧[40]王位；金刚亲教，浮杯来传[41]。岂徒然哉？从金刚萨埵稽首叩寂，师师相传，于今七叶矣！非冒地[42]之难得，遇此法之不易也。是故建胎藏之大坛，开灌顶之甘露。所期若天若鬼，睹尊仪而洗垢；或男或女，尝法味而蕴珠[43]。一尊一契，证道之径路；一字一句，入佛之父母者也。汝等勉之勉之！"我师之劝诱，妙趣在兹也。

夫一明一暗，天之常也；乍现乍殁，圣之权也。常理寡尤，权道多益。遂乃以永贞元年岁在乙酉，极寒[44]月满，住世六十，僧夏四十，结法印而摄念，示人间以薪尽矣。呜呼哀哉！天返岁星[45]，人失慧日。筏归彼岸，溺子一何悲哉！医王[46]匿迹，狂儿凭谁解毒？嗟呼痛哉！简日于建寅[47]之十七，卜茔于城邙之九泉。断肠埋玉，烂肝烧芝。泉扉永闭，愬天不及。荼蓼[48]呜咽，吞火不灭。天云黪黪现悲色，松风飀飀含哀声。庭际蓁竹叶如故，陇头松槚[49]根新移。乌光激回恨情切，蟾影斡转攀擗[50]新。嗟呼痛哉！奈苦何！

弟子空海，顾桑梓，则东海之东；想行李，则难中之难。波涛万万，云山几千也。来非我力，归非我志。招我以钩，引我以索。泛舶之朝，数示异相；归帆之夕，缕说宿缘。和尚掩色[51]之夜，于境界中告弟子曰："汝未知吾与汝宿契之深乎？多生之中，相共誓愿，弘演密藏，彼此代为师资，非只一两度也。是故劝汝远涉，授我深法。受法云毕，吾愿足矣。汝西土也接我足，吾也东生入汝之室。莫久迟留，吾在前去也。"窃顾此言，进退非我能，去留随我师。孔宣虽泥怪异之说[52]，而妙幢说金鼓之梦[53]，所以举一隅示同门者也。词彻骨髓，诲切心肝。一喜一悲，胸裂肠断。欲罢不能，岂敢韬默？虽凭我师之德广，还恐斯言之坠地。叹彼山海之易变，悬之日月之不朽。乃作铭曰：

生也无边，行愿莫极[54]。丽天临水，分影万亿[55]。
爰有挺生，人形佛识。毗尼密藏，吞并余力。

修多与论，牢笼胸臆。

四分秉法，三密加持。国师三代，万类依之。

下雨止雨，不日即时。

所化缘尽，怕焉归真。慧炬已灭，法雷何春。

梁木摧矣[56]，痛哉苦哉！松槚封闭，何劫更开[57]！

注释

[1] 青龙寺：其前身是灵感寺，建于隋文帝开皇二年（582），唐武德四年（621）废弃，唐高宗龙朔二年（662）改为观音寺。唐睿宗景云二年（711）经修缮之后改为青龙寺。唐武宗会昌五年（845）因灭佛被废，翌年重兴，改名护国寺，大中九年（855）恢复青龙寺本名。北宋元祐元年（1086）以后被毁。唐代青龙寺是长安著名寺院之一，东西长五百米，南北宽二百五十米，为所在地长安新昌坊面积的四分之一，是唐密的祖庭之一。唐密七祖惠果和尚曾居此寺东塔院开坛灌顶，于是青龙寺成为当时真言密教的中心。日本当时来中国求法的僧人中有著名的"入唐八家"，其中六家（空海、圆行、圆仁、惠远、圆珍、宗睿）在青龙寺受法，尤以空海（弘法大师）最为显著，成为日本真言宗的开山祖师。故青龙寺也被日本真言宗奉为祖庭，日本真言宗在很长一段时期内一直遵循其寺的轨制。

[2] 空海（774—835）：赞岐（香川县）人，俗姓佐伯直。延历十二年（793）入佛门，师事和泉槇尾山寺之勤操。十四年，在东大寺戒坛院受具足戒，改名空海。二十三年来唐，于青龙寺之惠果阿阇梨处承续密宗之嫡传，受传法阿阇梨位灌顶，密号遍照金刚。大同元年（806）归国后，弘通密典，被尊为日本真言宗高

祖，谥号"弘法大师"。

[3] 五常：仁、义、礼、智、信。

[4] 三明：宿命明、天眼明、漏尽明。实证法界本体后，纵观众生
心，从纤细状相，于宿世身份、地位、姓名、寿量、福报、眷属
同群以及种种隐微之事，皆能随念了知，此则宿命明也。于众生
心纤细相状，能随念开为形色而观之，我及众生历劫生死之前因
后果洞见明晰，此则天眼明也。众生之得漏尽通者，虽能不受肉
身生死轮转，能了分段生死，然心想变迁不已，不能了变易生
死。若能径断变迁之根本，则成究竟无漏，了去变易生死，此则
漏尽明也。

[5] 大师拍掌法城之行崩：拍掌，密教于其修法之初与终，作拍掌。
在修法前拍掌，表欢喜本尊降临；在修法后拍掌，表修法究竟圆
满。此处拍掌为降生之意。法城，说正法能遮防非法，故名曰
城。《维摩经·佛国品》曰："为护法城，受持正法。"罗什注曰：
"一切经法皆名法城。"整句意为：大师的降生，正值佛法行将崩
坏的末法时代。

[6] 昭应：唐时县名，始建于唐天宝三载（744）。位于今陕西西安市
临潼区。

[7] 师步占居，禅林之范实是卜食：卜食，古代卜地建都，占卜时用
墨画龟，然后用火烤，如果壳上的裂纹恰好食去墨色，就算吉
利。故后世以卜食作为建都选地的代称。全句意为：大师选择清
净禅林作为自己居住的地方，即以佛门为依止。

[8] 大照禅师：即昙贞。玄宗朝时已有名闻，天宝十三载（754）惠果
即投其门下，追随八年，后从其受具足戒。昙贞大约在肃宗时从
不空三藏受法，亦是主要弟子之一。昙贞赐居青龙寺圣佛院，并

长期在内道场持念，历玄、肃、代、德四朝，为三朝国师，屡受宠遇，殁后谥号大照禅师。海云《付法记》称昙贞"不传弟子，每有学法者，云东塔院有惠果阿阇黎，善通教相，可于彼学"。

[9] 妙赜（zé）：玄妙幽深。

[10] 大佛顶：即大佛顶陀罗尼，又称楞严咒。为宣说大佛顶如来内证功德之陀罗尼。

[11] 年登救蚁：救蚁，典故出自《杂宝藏经》，说的是一位小沙弥因救蚁而得延命的事。此处用"年登救蚁"，是说到了像救蚁的小沙弥那样的年龄，据王弘愿居士著《惠果阿阇黎传》中称为十五岁。

[12] 入瓶小师：《阿育王传》卷七载，一七岁沙弥运用神通力入澡瓶，旋又自瓶中出。"是以诸经皆云：沙弥虽小亦不可轻，王子虽小亦不可轻，龙子虽小亦不可轻，沙弥虽小能度人，王子虽小能杀人，龙子虽小能兴云致雨。"

[13] 照雪：映着雪光读书，语本晋孙康映雪读书事。

[14] 洪钟之响，随机卷舒；空谷之应，逐器行藏：大钟的响声，随着叩击之人或收敛或舒展；空谷的回音，跟随发音的器具或响起或隐藏。比喻佛法的妙音如大钟钟声、空谷回音随着惠果的叩问修学或卷或舒、或行或藏。

[15] 弥天辩锋：《晋书·习凿齿传》："时有桑门释道安，俊辩有高才，自北至荆州，与习凿齿初相见。道安曰：'弥天释道安。'凿齿曰：'四海习凿齿。'时人以为佳对。"

[16] 炙輠：輠，古时车上盛贮油膏的器具。炙輠，輠烘热后流油，润滑车轴，比喻言语流畅风趣。

［17］那伽（naga）：此处指龙。

［18］商羊：传说中的鸟，下雨前用独脚跳舞。

［19］驱迦罗以杲杲：迦罗，迦楼罗的略称，译为金翅鸟，是龙的天
　　敌，以食龙为生。密法中有迦楼罗法，《文殊师利菩萨根本大教
　　王经金翅鸟品》一卷、《速疾立验魔醯首罗天说阿尾舍法》一
　　卷，具说其法。此法以金翅鸟神除恶龙灾。杲杲，《诗经·卫
　　风·伯兮》："其雨其雨，杲杲出日。"《文心雕龙·物色》："杲
　　杲为出日之容。"此处指雨过天晴。"驱迦罗以杲杲"意为作迦
　　楼罗法，召请金翅鸟以驱除恶龙，从而止息雨灾。

［20］皇帝皇后，崇其增益；琼枝玉叶，伏其降魔：增益、降伏，为
　　密法四种法中的二种。增益，为增益福德，祈念南方宝部诸尊
　　之修法。《大日经疏》卷十一曰："增益亦名圆满，谓能满一切
　　所愿也。"降伏，指修五大明王等法退治怨敌恶魔。

［21］诃陵辨弘，经五天而接足：辨弘原在诃陵国传习瑜伽密教，通
　　达如意轮法。后来往南印欲求胎藏法，途中听说胎藏法流传于
　　唐国，有青龙寺惠果阿阇梨持持，便改道来中国求法。建中元
　　年（780）入长安，求得胎藏教法。后入内持念，充内供奉。再
　　后至汴州建立坛场，广弘密教，故亦称"汴州辨弘"。

［22］新罗惠日，涉三韩而顶戴：惠日，新罗密宗僧人。建中二年
　　（781）入长安，奉事惠果，求得胎藏界、金刚界两部大法，并
　　诸尊瑜伽共三十本。回国后广弘密教。三韩，汉时朝鲜南部有
　　马韩、辰韩、弁辰（三国时亦称弁韩），合称三韩，此处指当时
　　的朝鲜半岛诸国。

［23］剑南：唐道名。唐太宗贞观元年（627），废除州郡制，改益州
　　为剑南道，治所位于成都府。因位于剑门关以南，故名。开元

年间置剑南节度使。安史之乱后，乾元元年（758）分为剑南西川节度使和剑南东川节度使。辖境相当今四川省大部，云南省澜沧江、哀牢山以东及贵州省北端、甘肃省文县一带。

[24] 义明供奉：义明从惠果受胎藏界、金刚界大法，得传法阿阇梨位，住持青龙寺东塔院，充任内供奉。

[25] 不幸求车，满公当之也：求车，为《法华经》所说的火宅譬喻故事。据《法华经·譬喻品》载，火宅中之诸子，出宅后向长者求先所许之车。借以比喻厌离生死而愿求佛道之义。不幸，指火宅中的诸子，即三界之众生。整句意为：众生如厌离生死而求取究竟解脱之法，则义满可以给予他们。

[26] 三昧耶：指三昧耶戒。参见《大唐故人德赠司空人辨正广智不空三藏行状》注[10]菩提心戒。

[27] 毗钵：梵文毗钵舍那（Vipassana）的略称。义译为"观"，观想真理。

[28] 浮囊不借他，油钵常自持：浮囊，渡海人所带防溺之物，若无浮囊则有溺水之忧。诸经论每以浮囊喻指戒律，谓菩萨奉持禁戒，其心坚固，犹如金刚；譬如渡海之人，护惜浮囊，惟恐命丧，丝毫不懈。持油钵，比喻持守正念犹如执持油钵，务必尽心坚持，乃至不泼洒一滴油。《大般涅槃经》卷二十二曰："譬如世间有诸大众，满二十五里。王敕一臣持一油钵，经由中过，莫令倾覆。若弃一滴，当断汝命。复遣一人拔刀在后随而怖之。臣受王教，尽心坚持。经历尔所大众中，虽见可意五邪欲等，心常念言：'我若放逸，着彼邪欲，当弃所持，命不全济。'是人以是怖因缘故，乃至不弃一滴之油。菩萨摩诃萨亦复如是，于生死中不失念慧。以不失故，虽见五欲，心不贪着。"《大智

度论》卷十五曰："菩萨欲脱生老病死，欲度脱众生，常应精进一心不放逸，如人擎油钵行大众中。"

[29] 四仪：指行、住、坐、卧四威仪。

[30] 尸罗：梵文 Śila 的音译，正翻为清凉，旁翻为戒。身口意三业之罪恶，能使行人焚烧热恼，戒能消息其热恼，故名清凉。

[31] 四上：每日四时上殿。四时指晨朝、日午、黄昏、夜半。

[32] 四魔：魔，梵语魔罗 Māra 之略，译为能夺命、障碍、挠乱等。欲界第六天（他化自在天）之天主能害人之善事，故名为魔。四魔为：一烦恼魔，能恼害身心；二阴魔，能生种种苦恼；三死魔，能断人之命根；四他化自在天子魔，能害人善事。第四魔为魔之本法，其他三魔皆类从之。

[33] 结护：真言行者护身结界，以辟除恶魔。

[34] 十军：烦恼喻为魔军，烦恼有十种，故名"十军"，即欲、忧愁、饥渴、渴爱、睡眠、怖畏、疑、含毒、利养、自高。

[35] 法界宫：胎藏大日如来之宫殿，依处在摩醯首罗天，是古佛成菩提之处，具云广大金刚法界宫。金刚喻实相智，法界为智性（即理体），即理智妙合之处。《大日经》卷一曰："一时，薄伽梵住如来加持广大金刚法界宫。"《大日经疏》卷一曰："金刚喻实相智……法界者，广大金刚智体也。……妙住之境，心王所都，故曰宫也。此宫是古佛成菩提处，所谓摩醯首罗天宫。"

[36] 遍智之麻集：遍智，即正遍知，佛的十号之一。麻集，如胡麻一样密集。

[37] 百千陀罗尼，贯之一心；万亿曼荼罗，布之一身：空海《即身成佛义》解释"即身成佛"中"即身"之意："六大无碍常瑜

伽，四种曼荼各不离。三密加持速疾显，重重帝网名即身。"此偈正可与此处的二句相发明。此二句意为：惠果大师仗三密加持之力，开显身中本具的四类曼荼罗，已即身成佛。

[38] 若行若坐，道场即变：或行动或安坐，道场即随之改变。指肉身所寓之处，当下即是本尊的法土。

[39] 在眠在觉，观智不离：无论睡眠还是醒觉，观法之正智始终不离，指安住三昧、梦醒一如的境界。

[40] 脱屣（xǐ）：比喻看得很轻，无所顾恋，犹如脱掉鞋子。《史记·孝武本纪》："嗟乎！吾诚得如黄帝，吾视去妻子如脱屣耳。"

[41] 金刚亲教，浮杯来传：浮杯，佛教典故。南朝宋一神异僧人，不修细行，神力卓越，浪迹江湖。尝浮木杯于水上，凭之渡河，无假风棹，轻疾如飞。因此，后人用"杯渡"或"浮杯""乘杯"等来指僧人云游四方。全句意为：金刚智三藏飘洋过海，来传大教。

[42] 冒地：菩提（bodhi）的异译。

[43] 蕴珠：珠，宝珠，比喻修学者所受持的密法。修学者受密教阿阇黎灌顶，即于阿赖耶识中种下殊胜法种，于是心中就蕴藏密法的如意宝珠。

[44] 极寒：指十二月。

[45] 天返岁星：岁星，古代指木星。相传东方朔仕汉武帝十八年，天上不见岁星，东方朔死后，岁星复现。后因用为咏皇帝侍臣之典。

[46] 医王：医中之王。称赞佛譬以医王。《无量义经》："医王大医王，分别病相，晓了药性，随病授药，令众乐服。"《大般涅槃

经》卷五："成等正觉，为大医王。"

［47］建寅：正月。夏历正月建寅，故以建寅指代正月。

［48］荼蓼：荼味苦，蓼味辛，比喻痛苦酸辛。

［49］槚：即楸树，古人常用来做棺椁，或植于墓前。

［50］攀擗（pǐ）：攀，攀恋，恋恋不舍。擗，擗踊，拍胸跺脚表示哀痛。

［51］掩色：灭度，即掩隐白毫之色的意思。指佛陀的涅槃或高僧的圆寂。

［52］孔宣虽泥怪异之说：《论语·述而》："子不语怪力乱神。"

［53］妙幢说金鼓之梦：妙幢，菩萨名。妙幢菩萨梦见金鼓，遂说忏悔偈。见《金光明经·忏悔品》。

［54］生也无边，行愿莫极：众生无边，佛菩萨度众生的行愿也没有穷极。即"众生无边誓愿度"之意。

［55］丽天临水，分影万亿：一月当空（丽天），于无数江海之中，映现出万亿月影。当空之月，比喻诸佛法身。月影，比喻佛的化身。

［56］梁木摧矣：《礼记·檀弓上》："孔子蚤作，负手曳杖，逍遥于门，歌曰：'泰山其颓乎！梁木其坏乎！哲人其萎乎！'"孔子把自己的死比作栋梁的损坏，后用为对众人所敬仰的人之死的哀悼之辞。

［57］松槚封闭，何劫更开：松、槚二树常被栽植墓前，亦作墓地的代称。惠果阿阇黎的塔门已经关闭，何时才能再度开启？以此表达对恩师圆寂的悲痛和对恩师乘愿再来的祈愿。

大唐神都青龙寺东塔院灌顶国师
惠果阿阇梨行状^①

弟子吴殷纂

大师法讳惠果，俗姓马氏，京兆昭应人也。故大兴善寺大广智不空三藏之法化也。地含秀气，诞此英灵；天降奇才，辅我王室。膺贤劫^[1]之一运，开愚迷之群心。大师童稚事师，幼而勤学。晨参暮诣，不倦于心。年未鬌龀，持大佛顶，表其灵验。种种神变，凡所睹者，咸皆忆然。年及弱冠，具波罗提目叉^[2]。其护戒也，鹅珠草系^[3]；其安禅也，鸟栖树生^[4]。初秉《四分律》，后三密灌顶。登金刚顶，超须弥卢；入法界宫，开大悲藏^[5]。得一乘之妙旨，声振五天；蕴万德于心源，行超十地。三藏圣教，悉皆洞晓；五部秘法，诣极决择。百千真言，日夕讽持；万亿密印，四时修念。阳将亢也即祈，时霖涝也即止。蘖噜拏^[6]天众，呼吸从风；跋难陀^[7]龙王，所求速应。益伏爱息^[8]，得深悉地。意生法事，无不瑜伽^[9]。是故三朝师尊，四众依学，出入金殿，奉对紫极，敷演秘法，宣布妙理，四十余载矣。大师唯一心于佛事，不留意于持生。所受锡施，不贮一钱，即建立曼荼罗，愿之弘法利人。灌顶堂内，浮

---

① ［日］空海：《秘密曼荼罗教付法传》，《弘法大师全集》卷1，（东京）吉川弘文馆，1910年，第43—45页。

图塔下，内外壁上，悉图绘金刚界及大悲胎藏两部大曼荼罗及一一尊曼荼罗。众圣俨然，似华藏[10]之新开；万德辉曜，还密严[11]之旧容。一睹一礼，消罪积福。常谓门人曰："金刚界、大悲胎藏两部大教者，诸佛秘藏，即身成佛之路也。普愿流传法界，度脱有情。诃陵辩弘、新罗惠日，并授胎藏师位；剑南惟上、河北义圆，授金刚界大法。义明供奉，亦授两部大法。今有日本沙门空海来求圣教，以两部秘奥坛仪印契，汉梵无差，悉受于心，犹如泻瓶[12]。此是六人堪传吾法灯，吾愿足矣。日出月没，油尽灯灭，物之常也。菩萨不住，如来也灭，吾亦庶几，不如归真。"即以永贞元年十二月十五日五更去世。春秋六十，法夏四十。呜呼！法眼既灭，婴学何悲！大曼荼罗，失其教主，满空圣众，容为惨然。仰思教旨，无由奉诲。空增悲恨，痛不自胜。哀号哽咽，不获具题。诱接多门，万未述一。粗陈一二，悬之不朽。

元和元年正月三日

注释

[1] 贤劫：贤，梵语 bhadra（跋陀），又译作善；劫，梵语 kalpa（劫波）之略称，又译作时分。即千佛贤圣出世之时分。全称现在贤劫。谓现在之二十增减住劫中，有千佛贤圣出世化导，故称为贤劫，又称善劫、现劫。与"过去庄严劫""未来星宿劫"合称三劫。

[2] 具波罗提目叉：波罗提目叉，又作波罗提木叉，梵语 Pratimokṣa

之音译，汉译为戒。意译为别解脱戒，即别解脱律仪。佛教七众弟子，由发起出离心，经过一定仪式，誓愿受持佛所制七众戒的某一种，在心中留下深刻印象，以后遇缘对境，便有防止恶行的作用，名为别解脱戒。"木叉"义为"解脱"，有二义：一作名词解，指依戒修行所得的果。能证的圣智、所证的涅槃，皆名解脱。此戒为解脱之因，故亦名解脱。二作动词解，为离缚自在。以此戒为方便，能弃舍恶行，破坏烦恼，出离恶趣，究竟出离三界生死，不为恶行等所缚，故名解脱。"波罗提"多处译为"别"，意义甚多，如七众所受的戒各自不同、持戒所对的境各别不同等。具波罗提目叉，指受比丘具足戒。

[3] 鹅珠草系：鹅珠，《大庄严经论》卷十一载：昔有一比丘乞食至穿珠家，立于门。时彼珠师为国王穿摩尼珠。为比丘入舍取食间，鹅来含其珠。珠师还来，不见其珠，疑比丘而责之。比丘恐杀鹅取珠，说偈讽之。不听，遂缚比丘，大加棒打，耳眼口鼻尽出血。时，彼鹅来食血，珠师嗔，打杀鹅。比丘见而懊恼，说偈曰："菩萨往昔时，舍身以救鸽。我亦作此意，舍身欲代鹅。由汝杀鹅故，心愿不满足。"尔时，珠师开鹅腹视之，有珠，乃举声号哭，语比丘言："汝护鹅不惜身，使我作此非法事。"草系，佛教故事。佛在世时，有跋蹉国比丘被贼人以生草所缚，恐坏生草，不敢解缚，自待饿死。后遇国王为之解缚。《大般涅槃经》卷二十六云："宁舍生命，不毁禁戒，如草系比丘。"

[4] 鸟栖树生：释迦佛故事，佛未成道前，在尼连禅河畔修苦行，六年不起于座，头上生了小树，并有鸟来做窝。

[5] 登金刚顶，超须弥卢；入法界宫，开大悲藏：须弥卢、法界宫，毗卢遮那如来于须弥卢顶宣说《金刚顶经》降三世金刚瑜伽会，

于法界宫说《大日经》。大悲藏，指胎藏界之法。指惠果阿阇黎修持金刚界、胎藏界密法已达登峰造极之境。

[6] 蘖噜拏：梵语 Garuḍa 的音译，迦楼罗的异译，旧译金翅鸟，新译妙翅鸟、顶瘿鸟、食吐悲苦声等。居四天下之大树，取龙为食，天龙八部众之一。

[7] 跋难陀（Upananda）：龙王名，难陀龙王之弟。二龙王保护摩揭陀国，使五谷丰登，无有水旱饥荒。

[8] 益伏爱息：增益、降伏、敬爱、息灾四种密法。

[9] 意生法事，无不瑜伽：意生，起念之意。法事，指行为。瑜伽，相应之意。此句意为：无论是起心动念，还是举止行为，时时都与三密相应。一切音声，皆是陀罗尼；一切动作，皆是密印；一切起念，皆是妙观之境界。

[10] 华藏：即莲华藏世界，为诸佛报土的通称。

[11] 密严：即密严净土，为毗卢遮那自受用佛的净土。

[12] 泻瓶：谓传法无遗漏，如以此瓶之水倾入他瓶。

大唐青龙寺三朝供奉大德行状[①]

佚　名

先师讳惠果和尚，俗姓马氏，京兆府万年县[1]归明乡人也。幼年九岁，便随圣佛院故三朝国师内道场持念[2]赐紫沙门[3]讳昙贞和尚，立志习经。至年十七，为缘和尚常在内道场持念不出，乃于兴善寺三藏和上，求授大佛顶、随求等真言。年十九，三藏边教授灌顶[4]，散华得转法轮菩萨[5]。和上云："我于南天竺国散花得此尊，如今无异。于吾后，弘传总持大教，如我无异。"

又大历八年[6]三月上旬，敕于慈恩寺置方等道场[7]。圣佛院和上："奉慈恩寺敕置方等道场，微僧有二童子，年满二十，堪授具戒，未敢专擅，与出家剃头。伏乞圣慈，许臣归寺，与二童子，并授戒衣钵。"敕赐刀一口，于青龙大佛殿前，授敕与和上二童子剃头，赐袈裟、衣钵各两副。度官告住寺，天使、和上送至慈恩寺讫，却入内谢敕："臣一界微僧，谢圣慈赐与二童子出家授戒衣钵、剃刀。官告及天使送至慈恩寺道场授戒处讫，微僧不胜顶贺。"

授戒讫，年二十二，又于无畏三藏和上弟子玄超[8]和上边，求授大悲胎藏毗卢遮那大瑜伽大教，及苏悉地大瑜

---

① 《大正藏》50册，第294页下—296页上。

伽法，及诸尊瑜伽等法，一一亲垂旨授。又于大兴善寺三藏和上边，求授《金刚顶大瑜伽大教王经》法，诸尊瑜伽密印，亲承指示。先师在内所得恩赐等，尽将奉上三藏和上，充授法之恩。每于阁下，节食邀期，时念凡经[9]数遍。

年二十五，特奉恩旨，诏命入内。于长生殿，当时有敕唤，对问："师有何功效？"夹天云："微僧未有功效。"奉敕便诚当时。唤童子八人，考召加持，恩命所问，尽皆成就，转瓶合竹[10]，并得成就，帝乃大喜。

至大历十年，于当寺别敕赐东塔院一所，置毗卢遮那灌顶道场，七僧持念。

至大历十一年，加持代宗皇帝，应时便差[11]。敕赐紫衣一对，口奏不敢受，应时却进。敕云："朕已赐师紫衣，何得不受？"奏云："一界微僧，赐紫不胜顶荷，即合便受。伏缘和上先皇赐紫，弟子不合与师齐。"帝云："师大孝，是朕之错。"敕云："他宗异姓，上存遵奉孝敬之心，于此以后，堪为国师。"遂赐褐衣一对。奉敕加持花阳公主，三日得差。后于申未之间，公主忽然不语，皇帝与宫人等一向前。和上奏云："时热，望陛下与宫人等，暂向微僧加持，即令得差。"其公主便差，言词分明。皇帝大悦，赐绢一百匹、衣一对。谢敕："臣一界微僧，谢圣慈赐绢及衣，不胜顶贺。"大历年中，所有恩赐钱物一千余贯，尽修塔下功德。

大历十三年，奏请前后两度巡南台[12]，依师所奏。和上于观音台[13]持念，夜久之间，大圣观音于大月轮中，现大身相，光明由如白日，祥云皎洁，同时数百千人遥共瞻礼。大历十三年，敕长生殿内道场三朝传法灌顶殁故三藏和上，敕语惠果："三藏和上殁后，将为佛法无去时。闻师学得大法。总在缘国事□，和上所边授得念诵法门，多有废忘。他日降举问道，即是师位。"大历十三年十月十五日高品李宪诚宣。

建中年初，有诃陵国僧辨弘，从本国将铜钹一具，奉上圣佛院。螺两具，铜□瓶四□，奉上和上，充供养，求授胎藏毗卢遮那大法。

建中二年，新罗国僧惠日，将本国信物奉上和上，求授胎藏、金刚界、苏悉地等，并诸尊瑜伽三十本。已来授讫精通，后时却归本国，广弘大教。精诚绝粒持念，悉地现前，遂白日冲天。国王宫中瞻礼，求乞其法，空中□言："西大唐国有秘密法，法有青龙寺。"同年，新罗国僧悟真，授胎藏毗卢遮那及诸尊持念教法等。至贞元五年，往于中天竺国，《大毗卢遮那经》梵夹余经，吐蕃国身殁。当院弟子僧义明、义满、义澄，同时于和上求授《毗卢遮那胎藏》《苏悉地》等经三十本。

贞元五年，奉敕于当寺大佛殿□令七僧祈雨，第七日夜雨足。各赐绢一束、茶十串[14]，表谢。

奉敕于右卫龙，迎真身[15]入内。贞元六年四月□日，奉敕令僧惠果入内，于长生殿为国持念，在内七十余日。放归，每人赐绢三十匹、茶二十串，后乃分番上下。□赐四时衣物、三节料。当年，杜相公黄裳[16]、韦相公[17]亲诣受灌顶，学持念。再奏请巡台，奉敕宜依，充观音寺[18]大德。

贞元九年后，至十三年，义恒、义一、义政、义□、义操[19]、义云、智兴、义憼、行坚、圆通、义伦、义播、义润，俗弟子吴殷、开丕等，约五十人学法。

贞元十四年五月大旱，五月上旬奉敕祈雨，七日在内道场专精持念，祈雨日足。恩赐绢一束、茶十串。谢："臣僧等素无功行，天降甘雨，皇帝感化。僧等谢绢及茶，不胜顶贺。"

贞元十五年八月下旬，加持皇太子[20]，三日得差，各赐绢二十匹、吴绫五十匹、茶二十串。"臣等一界微僧，谢圣慈赐绫绢及茶，不胜顶贺。"

十六年冬十一月十六日，神威军[21]焦护军[22]请和上军宅供养，并和上写真，装饰送院。

十八年，和上得疾渐重，进状请退。恩命放归，且令寺将息。"朕意欲存终始，赞即不得。"其年八月中旬，舍衣钵，付属义明等七人授用。

贞元十九年，日本国僧空海奉敕，将摩衲[23]及国信物、五百余贯文奉上和上，尽将修饰道场供养，求授大悲胎藏、金刚界，并诸尊瑜伽教法经五十本。登时见境界，梵阿字日月轮[24]，现入口中。

贞元二十一年八月五日，改为永贞元年。十二月十五日，北首掩终。至元和元年正月十七日，弟子道俗约千余人，送葬至孟村龙原大师塔侧。厥后至宝历二年八月二十一日，义一、深达、义丹，浐川之侧表蔺村，建塔移葬。

注释

[1] 万年县：唐朝长安附郭县。始置于北周明帝二年（558），隋代隋
文帝于龙首原新建大兴城（唐代改称长安城）后，万年县原城区
被大兴城兼并，但治所仍设在大兴城内，于是成为附郭县。

[2] 内道场持念：自唐肃宗开始，内道场诏请两类僧人入内宫；一类
是给皇帝和内宫讲论佛法的僧人，称为内供奉讲论大德；一类是
在内道场为皇室持念修法的僧人，称为内供奉持念大德。后者比
前者更受重视。

[3] 赐紫沙门：被赐紫衣袈裟的僧人。赐紫是荣誉的象征。

[4] 教授灌顶：密乘最重灌顶，诸佛法流依此灌入行者身心。诸佛法
流交加众生身心，未尝或断，但为识执所蔽，昏然不觉，日与众
生气流相随逐，前六识被其牵缠，所感无非众生境界。今欲行者
把握法流，不受气流压抑，则须以法加强。法流本极微细，顶
门之路无气流相阻，灌入最为适宜，此灌顶之本旨也。执行灌顶
职务者名阿阇黎。所观之法流，视行者机缘，取所供曼荼罗中之
一尊而施之。就仪式言之，灌顶大别二类：一、心想灌顶。阿阇
黎入本尊（与行者机缘相应之尊）三摩地（定中妙境），观本尊
法流普遍十方，求灌顶者皆被笼罩。即观此法流入行者之顶，而
遍输于其身心。行者能定中接受，感应最大。此种作法，全仗心
想为之，故名，亦曰秘密灌顶。二、事相灌顶。行者未能定中密
受灌顶，阿阇黎须建立具支坛场，资其观感。具支者，具备种种
事相支分也。如以图像表示轮坛诸尊，以瓶水表示诸佛法流，以
及其他种种庄严事相皆是。行者对于事相观感所得，能增强法流

之力，获得灌顶实效，故有事相灌顶之名，亦曰具支灌顶。就实用言之，灌顶又分三类：一、结缘灌顶。学人未能发菩提心，不克受三昧耶戒，虽参加灌顶，只与本尊结一胜缘。仗此净因，将来对于密乘或有较大之倾向。其能独持本尊真言不懈者，亦许得显浅之效验。二、学法灌顶。学人发菩提心，受三昧耶戒而灌顶者，不论破执程度如何，但肯依法专心行持，总称学法灌顶，亦名受明灌顶。其灌而不持，且亦未尝开悟，虽号称发心受戒，究与结缘相类。三、传法灌顶。真正密乘行者既入最上瑜伽宗，确与金刚心相应者，则有转法轮能力，应受传法灌顶，绍阿阇黎位，利益众生。然尚须具备多种道德乃称厥职，详如《大日经》《苏悉地经》。教授灌顶，指不空三藏为惠果授予灌顶并给予教诫，此处所受应为学法灌顶。

[5] 转法轮菩萨：《仁王经》所说五大力菩萨中，金刚波罗蜜多菩萨（又曰般若菩萨）之异名。此菩萨为大日如来之正法轮身，不动明王乃其教令轮身。

[6] 大历八年：应为永泰元年（765）。参见下条"方等道场"注释。

[7] 方等道场：即大乘戒坛。方等，大乘别名。依据大乘方等教法经典而设立的戒坛，故名方等戒坛。唐代宗永泰元年，敕大兴善寺立之。《大宋僧史略》卷下："代宗永泰元年三月二十八日，敕大兴善寺，方等戒坛所须，一切官给。至四月，敕京城僧尼，临坛大德各置十人，永为常式。所言方等戒坛者，盖以坛法本出于诸律，律则小乘教也。小乘教中须一一如法，片有乖违，则令受者不得戒，临坛人犯罪，故谓之律教也。若大乘方等教，即不拘根缺缘差，并皆得受，但令发大心而领纳之耳。方等者即周遍义也。……禀顺方等之文而立戒坛，故名方等坛也。既不细拘禁

忌，广大而平等，又可谓之广平也。宣宗以会昌沙汰之后，僧尼再得出家，恐在俗中，宁无诸过，乃令先忏深罪，后得戒品。若非方等，岂容重入？取其周遍包容，故曰方等戒坛也。"

[8] 玄超：新罗人。开元间师事善无畏，得胎藏、苏悉地诸法的传授。后长住保寿寺弘法，亦入内持念。大历三年（768）向青龙寺惠果传授胎藏、苏悉地诸法。

[9] 凡经：总共经过。

[10] 转瓶合竹：金刚智三藏翻译的《佛说七俱胝佛母准提大明陀罗尼经》云："于曼荼罗四角及其中央皆各置一香水之瓶。行者于西面向东方，胡跪念诵一千八十遍，其香水瓶即便自转……若欲得知一切成就不成就事，即烧香发愿，启白圣者，愿决疑心。若右转即知成就，左即不成就。"转瓶即为所做瓶法已得到成就。合竹当与此类似。总之，转瓶合竹，指成就两种密法。

[11] 差（chài）：通"瘥"。病愈。

[12] 南台：即南五台，位于长安附近。为终南山中段之主峰，因有大台、文殊、清凉、灵感、舍身五个小台（即五座小峰）而得名。

[13] 观音台：又称大台、大顶，为终南山中段高峰之一。得名源于观音菩萨降伏火龙之说。

[14] 串：茶饼中间留一小孔，可用竹篾或皮纫串连，成为唐代饼茶的一种计量单位。

[15] 真身：指释迦牟尼佛指舍利。据《大般涅槃经后分》等记载，释迦佛之遗骨，分与诸天、龙王及人间三处供养，如帝释天及龙宫各得佛的一枚牙舍利供养，人间佛指舍利只此一枚。据佛

教经典载，古印度摩揭陀国孔雀王朝时，阿育王为弘扬佛教，敕命发掘十处佛骨塔，以神力再建八万四千新塔分送世界各地，使众生普能供养。供养这枚佛指舍利的阿育王塔（位于今陕西扶风法门寺，今称法门寺塔）即由此而来。唐代自唐太宗贞观五年（631）开启塔下地宫，供养佛指舍利以后，唐代有七位君主（高宗、则天帝、肃宗、德宗、宪宗、懿宗、僖宗）正式迎请佛骨入宫供养，其中四次迎请活动都有唐密高僧参与奉行法事。本文此处所指的迎请活动即是德宗贞元六年（790）之事，由惠果阿阇黎主持。咸通十五年（874），懿宗、僖宗二帝在智慧轮阿阇黎的指导下，以数千件绝代珍宝供养，按唐密仪轨于法门寺地宫完成了佛指供养曼荼罗。次年正月初四日，僖宗敕命地宫封门，直至1987年夏历四月八日，佛指舍利方于法门寺地宫中被发现，重放光芒。

[16] 杜相公黄裳：杜黄裳（738—808），字遵素，京兆郡万年县（今陕西西安市）人。唐朝宰相、散文家。永贞元年（805），唐宪宗以太子身份监国，杜黄裳拜相，为门下侍郎、同中书门下平章事。曾预平蜀、平夏、翦齐、灭蔡、复两河诸役，实启宪宗中兴之世。元和二年（807），以检校司空同中书门下平章事，兼为河中、晋、绛节度使，封邻国公。

[17] 韦相公：韦执谊（764—812），字宗仁，京兆杜陵（今陕西西安市）人。杜黄裳女婿，唐朝宰相，二王八司马之一。唐顺宗永贞元年（805），拜中书侍郎、同平章事，推行永贞革新，抑制宦官和藩镇势力。

[18] 观音寺：唐代长安城樊川八大寺之一，因祀奉观音菩萨而得名。相传为天池寺下院。

[19] 义操：受法于惠果，住长安青龙寺东塔院。学究三密，智达五明，化布绵亘顺宗、宪宗、穆宗三朝，人竞受其灌顶，以国师呼之。后将大悲胎藏等密法付与海云、法润、义真、深达、大遇、文范等人。著有《两部金刚名号》二卷。

[20] 皇太子：李诵（761—806），唐德宗李适长子，唐朝第十一位皇帝。建中元年（780）册立为太子。慈孝宽大，仁而善断，涉猎诸艺，擅长隶书。贞元二十一年（805）正式继位，庙号顺宗。

[21] 神威军：禁军名。唐时禁卫军分南北衙。南衙分金吾、领军等十二卫，称卫军，由宰相统摄；北衙分羽林、神威等十军，称禁军，由皇帝直接统摄。

[22] 护军：中国古代高级军事长官的官名。唐朝时置有上护军及护军，不过多为仅有名号而无职事的勋官。中叶后在神策军设护军中尉及中护军，为禁军统帅，以宦官充任。

[23] 摩衲：即磨衲，袈裟之一种。相传乃高丽所产，以极精致之织物制成。

[24] 日月轮：日轮和月轮。日轮观和月轮观为密教重要的修行方法。古印度龙猛菩萨著《金刚顶瑜伽中发阿耨多罗三藐三菩提心论》："诸佛大悲，以善巧智……令修行者于内心中观日月轮。由作此观，照见本心，湛然清净，犹如满月，光遍虚空，无所分别。"

附录一

秘密曼荼罗教付法传卷第一[①]

空　海

第一，因起感通分者。亦分为三：一叙意，二列付法阿阇梨名号及以表德，三问答决疑。

一、叙意者：

夫仁王治国，封赏有差；法帝御世，摄引不一。有差非能治之不平，不一还是所化之机别。是故一味甘露，逐器殊色[1]；一相摩尼，随色分影[2]。能说之心平等而转，所润之意千殊各解。一、三、五乘，源一派别；法、报、应化，体同用异。所谓报、应化佛者，亦名十身卢遮那、大小释迦等[3]，常途显教之主是也。此报、应化身，则上

---

① ［日］空海：《弘法大师全集》卷1，（东京）吉川弘文馆，1910年，第1—18页。

包十地满[4]，下括六趣[5]等，对种种根机，以种种方便，说种种法门。其所说教，则大、小乘所摄《华严》《法华》《般若》《宝积》《最胜》《涅槃》[6]等及四阿含[7]等一百落叉部经[8]是也。语其宗要，则菩萨四摄[9]六度[10]、声闻缘觉[11]四谛[12]、十二缘[13]、三十七菩提分[14]，及人天种种善法是也。并是随他意说，方便门也。故《楞伽经》[15]云："佛告大慧菩萨[16]：'大慧，应化佛所作应佛说施、戒、忍、精进、禅定、智慧故，阴、界、入解脱[17]故，建立识相差别行故，说诸外道无色三摩拔提[18]次第相。大慧，是名应佛所作应佛说法相。'"又云："大慧，应化佛作化众生事，异真实相说法，不说内所证法圣智境界。"所谓法佛者，常住三世净妙法身法界体性智大毗卢遮那自受用佛是也[19]，《金刚顶经》及《大日经》等说是。薄伽梵遍照如来[20]，以五智所成四种法身[21]，于本有金刚界自在大三昧耶、自觉本初大菩提心、普贤满月、不坏金刚光明心殿[22]中，与自性所成眷属[23]——金刚手等十六如来[24]及四摄行天女使[25]、金刚内外八供养金刚天女使[26]、十佛刹微尘数乃至不可说不可说微细法身秘密心地超过十地身语心金刚[27]，自受法乐故，各各说自所证圣智境界三摩地法。《楞伽》所谓"法佛说法者，离心相应体故，内证圣行境界故，大慧，是名法佛说法相"者是也。如是法身、智身[28]二种色相，平等平等，遍满一切众生界、一切非情界，常恒演说真实语、如义语[29]。曼荼罗法教，即是《楞伽》所谓真实说法者是也。《般若论》[30]"应化非真佛亦非说法"者，盖为此乎？彼曼荼罗教者，《金刚顶瑜伽》十万颂经等是也。大日如来普遍常恒，虽演说如是唯一金刚秘密最上佛乘大曼荼罗法教，而非机非时，不得听闻、信受、修行、流传。所谓"道不自弘，弘必由人"，谁能弘者？则有七个大阿阇梨耶——上自高祖法身大毗卢遮那如来，下至青龙阿阇梨，嫡嫡相续，迄今不绝，斯则如来加持力所致也。法之最上，于此见矣！生身佛所说教不如是也，自迦叶至师子，付法绝矣[31]。由是空、有等诤论，争举旗鼓，职此之由矣。

第二，列付法阿阇梨名号及表德者：

彼传法阿阇梨名号云何？第一传法阿阇梨，号曰摩诃毗卢遮那娑多他揭多[32]；第二付法祖，名曰金刚萨埵阿阇梨耶；第三祖，名曰龙猛菩萨阿阇梨耶；第四祖，名曰龙智菩萨阿阇梨耶；第五祖，金刚智阿阇梨耶；第六祖，不空金刚阿阇梨耶；第七祖，青龙寺惠果阿阇梨耶。

第一高祖法身大毗卢遮那如来，与自眷属法身如来[33]，于秘密法界心殿[34]中，自受法乐故，常恒不断演说此自内证智三摩地法[35]。具如《金刚顶经》说。

第二祖嚩曰啰（二合）萨怛嚩（二合）摩诃萨怛嚩（二合）[36]，亲对法身如来海会，受灌顶职位，则说自证三密门，以献毗卢遮那及一切如来，便请加持教敕。毗卢遮那如来言："汝等将来于无量世界为最上乘者，令得现生世出世间悉地成就。"具如经说。

第三祖者，昔释迦如来掩化之后八百年中，有一大士^[37]，名那伽阏赖树那菩提萨埵（唐言龙猛菩萨。旧云龙树，讹略也），诞迹南天，化被五印。寻本则妙云如来，现迹则位登欢喜^[38]。（和尚说，是则观自在王如来^[39]之异名。何者？所谓"云"者，平等无尽覆护之义，又降雨养物之义，即是大悲利他之三昧也；"妙"者，甚深难测之义，言此菩萨二利之行，除如来者，无人度量。又迹名龙猛者：大龙无念，云雨无边，随种种趣，所雨各异。《华严》所说娑羯罗龙王喻是也。如大龙能有如是德——生长万物，是菩萨亦复如是，能住大悲平等三摩地，随种种趣，发无缘大慈云，普洒平等一味法雨，生成群生法身之牙果，故以为名。"猛"者，勇猛精进、不怯弱之义。言此菩萨被如来甲胄，骑大精进马，放大智悲箭，能破自他之魔军，于一心法城皆得安也。）或游邪林而同尘同事^[40]，或建正幢以宣扬佛威。作千部论，摧邪显正。上游四王自在处^[41]，下入海中龙宫，诵持所有一切法门。遂则入南天铁塔中，亲受金刚萨埵灌顶，诵持此秘密最上曼荼罗教，流传世间。《楞伽经》及《摩诃摩耶经》^[42]等，释迦如来所悬记，则是其人也。彼《楞伽经》说："我乘内证智，（"我乘"者，谓如来最上秘密乘。"内证智"者，谓如来所证五智、三十七智及一百八智，乃至十佛刹微尘数不可说不可说四种法身智^[43]。具如《金刚顶经》说。）妄觉非境界。如来灭世后，谁持为我说？（"谁持为我说"者，言应化身佛不曾说此内证智。下地非境界，唯有此菩萨，如由大日如来加持，流传此教，如实宣扬法身如来之恒沙万德，非他人也。）如来灭度后，未来当有人；大慧汝谛听，有人持我法。于南大国中，有大德比丘；名龙树菩萨，能破有无见。为人说我乘，大乘无上法；证得欢喜地，往生安乐国。"（如来此记者，非为显教记。何以故？显教记者，《摩诃摩耶经》所说是也。何者？从迦叶、阿难等次第说也。此记直指龙树。又，如来明说"我乘内证智"，又云"我乘""无上法"者也。无上、最上，佛乘之名。《金刚顶经》如来明说，名此秘密佛乘。传显教者不知此意，争最上佛乘名以名自宗者，甚为诬罔也。）

《西域记》[44]云：憍萨罗国[45]"城南不远，有故伽蓝，旁有窣堵波，无忧王[46]之所建也，昔者如来曾于此处现大神通，摧伏外道。后龙树菩萨止此伽蓝。时此国王号娑多婆诃（唐言引正），珍敬龙树，周卫门庐。时提婆菩萨[47]自执师子国来求论议，谓门者曰：'幸为通谒。'时门者遂白焉。龙树雅知其名，盛满钵水，命弟子曰：'汝持是水，示彼提婆。'提婆见水，默而投针。弟子持钵，怀疑而返。龙树曰：'彼何辞乎？'对曰：'默无所说，但投针于水而已。'龙树曰：'智矣哉，若人也！知几其神，察微亚圣。盛德若此，宜速命入。'对曰：'何谓也？无言妙辩，斯之是欤？'曰：'夫水也者，随器方圆，逐物清浊，弥漫无间，澄湛莫测。满而示之，比我学之智周也。彼乃投针，遂究其极。此非常人，宜速召进。'龙树风范，懔然肃物，言谈者皆俯抑首。提婆素挹风徽，久希请益。方欲受业，先骋机神。雅惧威严，升堂避坐。谈玄永日，辞义清亮。龙树曰：'后学冠世，妙辩光前。我惟衰耄，遇斯俊彦。诚乃写瓶有寄，传灯不绝。法教弘扬，伊人是赖。幸能前席，雅谈玄奥。'提婆闻命，心独自负。将开义府，先游辩囿。提振词端，仰视质义。忽睹威颜，忘言杜口。避坐引责，遂请受业。龙树曰：'复坐。今将授子至真妙理、法王诚教。'提婆五体投地，一心归命曰：'而自今以后，敢闻命矣。'"龙树菩萨善闲药术，飡饵养生。寿年数百，志貌不衰。后因引正王太子诚愿，以干茅叶自刎其颈，若利剑断，取灭度[48]。又一说云，蝉蜕而去。其提婆菩萨者，弥勒菩萨告嗢呾罗阿罗汉[49]曰："彼提婆者，旷劫修行，贤劫之一佛也，非尔所知，宜深礼敬。"贤劫一佛，扫洒归命，受学法要。以此明知，龙树菩萨，过去如来，为法同尘。具如别传等说，不复烦说。

第四祖，号曰龙智阿阇梨耶，即龙猛菩萨付法之上足也。位登圣地，神力难思。德被五天，名熏十方。上天入地，无碍自由。或住南天竺，弘法利人；或游师子国，劝接有缘。故《玄奘三藏行状》云："南天竺磔迦国[50]庵罗林[51]中，有一长命婆罗门，年七百余岁。观其面貌，可称三十许。明《中》《百论》[52]等（云云）。是龙猛菩萨弟子。法师就停，学《中》《百论》等，及受诸经等。"（以此观之，玄奘三藏亦是龙智菩萨之弟子也。）

又，《贞元新定释教录》[53]云："龙树菩萨弟子名龙智，年七百余岁，今犹见在南天竺国，传授《金刚顶瑜伽经》及毗卢遮那总持陀罗尼法门、五部灌顶、诸佛秘密之藏及诸大乘经论等。"

又，《大辨正三藏表制集》[54]曰："昔毗卢遮那佛以瑜伽无上秘密最大乘教传于金刚萨埵。金刚萨埵数百岁，方得龙猛菩萨而传授焉。龙猛又数百岁，乃传龙智阿阇梨。龙智又数百岁，传金刚智阿阇梨（云云）。贫道大唐贞元二十二年，于长安醴泉寺，闻般若三藏[55]及牟尼室利三藏[56]、南天婆罗门等说，是龙智阿阇梨今见在南天竺国传授秘密法等（云云）。"

第五祖，《贞元释教录》云：沙门[57]跋日啰菩提（唐云金刚智），南印度摩赖耶国（此云光明国。其国近观音宫殿补陀落山）婆罗门种。诞育灵奇，幼有神异。恳请于父，求之入道。年甫十岁，于那烂陀寺，依寂静智出家，学声明论。十五学法称论。二十受具足戒[58]。六年学大、小乘律，又学《般若灯论》《百论》《十二门论》。二十八，于迦毗罗卫城，就胜贤论师学《瑜伽论》《唯识论》《辩中边论》，经三年。三十一，往南天竺[59]，于龙树菩萨弟子名龙智（年七百岁，今犹见在），经七年承事供养，受学《金刚顶瑜伽经》及毗卢遮那总持陀罗尼法门、诸大乘经典并五明论，受五部[60]灌顶，诸佛秘密之藏无不通达。兼解九十四书。尤工秘术，妙闲粉绘。每至饮食，天厨自陈，金刚萨埵常现于前。遂辞师龙智，却还中天，寻礼如来八相灵塔。

其后，南天亢旱三年，其王捺罗僧伽补多鞞摩遣使迎请和上[61]，于自宫中建灌顶道场请雨。于时，甘泽流澍，王臣欣庆。遂为和上造寺安置，经余三载。国南近海有观自在菩萨寺，寺门侧有尼拘陀树，先已枯悴。和上七日断食行道，树再滋茂。菩萨应现而作是言："汝之所学，今已成就。可往师子国瞻礼佛牙，登楞伽山礼拜佛迹，回来可往大唐国礼谒文殊师利菩萨。彼国于汝有缘，宜往传教，济度群生。"闻是语已，不胜忻慰。僧徒咸闻其语。寺众乃曰："若菩萨降临，尼拘陀树枝叶滋荣，去即枯悴。以此为候。"经三七日，却回，辞其国王，将领弟子道俗八人往师子国。至楞伽城，王臣四众[62]以诸香华礼和上。（事具载传中，此不烦述。）更却至南天竺，国王请留宫中供养一月。和上白王："贫道先发诚愿，往摩诃支那国礼文殊帅利并传法。"即日辞王，王曰："途遥绝远，大海难度，不可得到。住此教化，足获利益。"再三请住，和上宿志不移。王曰："必汝去时，差使相送，兼进方物。"遂遣将军米准那奉《大般若经》梵夹[63]、七宝绳床等及诸香药等奉进唐国。愿和上捡挍加持，得达彼国。发来之日，王臣四众香华音乐送至海滨。和上便与徒众告别，登舶入海。

去唐界二十日内，中间卒逢恶风忽发，云气斗暗，毒龙鲸鲵之属交头出没。偕行商舶三十余只随波流泛，不知所在。唯和上一舶得免斯难。略计海程十万余里，逐波沉浪，约以三年余，历异国种种艰辛，方得至大唐。

时节度使二三千人，乘小船数百只，以香华音乐海口逢迎。至开元八年，初到东都，所有事意，一一奏闻。奉敕处分，使令安置，四事供养。于是广弘秘教，建曼荼罗，依法作成，皆感灵瑞。沙门一行，钦斯秘法，数就咨询。和上一一指陈，后为立坛灌顶。一行敬受斯法，请译流通。以十一年癸亥，于资圣寺，为译《瑜伽念诵法》四卷、《七俱胝陀罗尼》一卷。至十八年庚午，于大荐福寺，译《曼殊五字心》及《观自在瑜伽要》，沙门智藏译语（此是不空三藏本讳也）。至十九年，又译《金刚顶经瑜伽修习毗卢遮那三摩地法》等四卷。二十四年，随驾西京。二十九年七月二十六日，天恩放归本国。行至东都荐福寺[64]，乃现疾，嗟有身之患，坐而迁化。弟子僧智藏等请留遗教，顷间复还，嘱付毕曰："西国涅槃，尽皆无坐法。随师返寂，右胁而眠，即《师子王经》所载也。悟身非有，蝉蜕遐举。"其年八月十五日证果。哀念伤于帝坐，悲惜感于士心。其年九月五日，敕令东京龙门安置。至天宝二年二月七日，于奉光寺西岗起塔[65]。即逸人混伦为铭曰（其序具载本传）：

峨峨法岫，滔滔智田。为道之始，则人之先。

名扬中国，业善南天。示晓示喻，三千大千。

浮图亚迹，摩腾比肩。真寂有境，生死无边。

释迦示现，迦叶求缘[66]。无来无去，何后何前？

猗欤睿哲，运谢时贤。风摧道树，浪没慈船。

层塔虚设，宝铎空悬。柏吟宵吹，松生暮烟。

人世移易，陵谷推还。唯余石谍，千年万年。

玄宗皇帝有一钟爱公主，忽沉病薨。皇帝请和上，命曰："朕有钟心少女，忽然命终。虽死生有命，惜其不幸，冀和上加持，令得苏息。"和上即唤两乳母及二童女着净衣服，加持便缚，伏地息绝。乃命左右令作"告阎罗王牒"讫，即命人于被缚死四人侧披读。则四人一时起坐，和上告曰："此文牒诵得毋惚？"答曰："得也。"即交诵不错一字。便告曰："汝等直去至阎王所，宣此文牒，将公主来。"言毕，四人俱死。从其日辰时至明日初夜，四人及公主一时得苏。公主曰："阎罗王因和上牒旨更却参。虽然，受命有限，决定难延，更不须住此国，三日之后命终。"皇帝更得相见，兼闻此言，叹伏极深。事具在大荐福寺南中门西边和上碑铭中。

又，一时亢旱连月，玄宗皇帝轸虑纳隍，即令和上祈雨。和上于大荐福寺廊下结坛，密诵真言。食顷，从坛中龙头出现。和上申手把捉龙头，须臾放却。其龙直穿廊宇腾空，雷电地震，霈然洪澍，淹日不息。皇帝恐其漂物，更令止雨。和上又坛上布置荷叶，诵真言。须臾，裹之荷叶，悬之树枝。顷，雨竭天晴。明日，敕使临房慰劳，和上答曰："贫道不曾疲倦，彼佛子等太疲劳。"中使问曰："何人也？"和上便起就树头，即解前所裹悬荷叶，即诸龙等电鸣腾空。神力难识，率如此类也。由是一人珍敬，四海称叹（具如碑上）。

又，西明寺翻经笔受、临坛赐紫[67]试鸿胪少卿圆照[68]大德云：

> 圆照自惟微贱，恨以晚生。大师殁年，始居幼学。翻译应诏，殊未识知。谨依纪铭，叙述前事。望祛情

惑，无嫌广焉。博雅宏才，幸无诮也。闻夫至道体也，无欲为先；福善之征，莫大有后。承其后者，代有高人。大兴善寺三藏，即其人矣。昔事先师，法讳智藏。承旨译语，弘阐真乘。洎肃宗临朝，弥加尊重。不斥名字，号曰不空。此取登坛散花号[69]也。代宗驭历，加号及官，位鸿胪卿，品加特进[70]，号大广智三藏不空。追赠先师，锡谥官号。永泰元年岁在乙巳十一月一日，乃颁制曰："敕不空三藏和上：金刚三藏，天资秀异，气禀冲和。识洞四生[71]，心依六度。爰自西域，杖锡[72]东来。梵行[73]周身，慈心济物。觉华外照，智炬内明。汲引群迷，证通圆寂。密传法印，示隐涅槃。衣钵空存，音徽长往。教能垂后，礼有饰终。宜旌美名，俾叶荣赠。可赠开府仪同三司，仍赠号大弘教三藏。"（开府仪同者，准官位，今正一品也。）夫俗典有母以子贵，今释氏乃师因弟荣。万古千秋，传之不朽。

又至大历三年六月十二日有敕，度僧五人，令捡挍洒扫大弘教三藏塔所。又，同日赐御札大弘教三藏塔额文，并赐千僧供，为设远忌斋。三藏修表陈谢（词具在本传）。宝应元圣文武皇帝批曰："和上释梵宗师，人天归仰。慈悲智力，拯拔生灵。广开坛场，弘宣法要。福资国土，惠洽有情。愧厚良多，烦劳申谢。"后复有敕为大弘教三藏远忌[74]设千僧斋。三藏又修表陈谢（词在本传）。皇帝批曰："大和上法留喻筏，照委传灯。久证涅槃，示存斋忌。永惟付属，深眷徽猷。薄施香茶，有烦陈谢。"

又至大历六年六月十六日，不空三藏奏："东都荐福寺大弘教三藏和上院请抽诸寺名行大德一七人。右不空先师在日，特蒙玄宗置上件塔院。年月深久，廊宇崩摧，香火阙供，无人扫洒。今请抽诸寺大德七人住持彼院，六时[75]忏念，为国进修三密瑜伽，继师资之旧业。"又奏："同寺一切有部[76]古石戒坛院请抽诸寺名行律师七人，每年为僧置立戒坛。右件戒坛院，是不空和上在日舍衣钵兴建。当不空进具之日，亦有诚愿，许同修葺。不空叨承圣泽，冀玉镜之重开；睹大师之旧规，望金轮之再转。今请置一切有部戒坛院额，及抽名行大德七人，四季为僧敷唱戒律，六时奉为国修行三密法门[77]。"以前特进试鸿胪卿大兴善寺三藏沙门大广智不空奏，前件院抽僧及置额等请，有阙续填。其府县差科及一切僧事，并请放免，不同诸寺。谨件如前。敕旨依奏。

《梵网经》[78]云："孝顺父母，师僧三宝。孝顺，至道之法。孝名为戒。"曾子曰："慎终追远，仁德归厚矣。"大弘教和上法流后嗣大广智三藏，追远慎终，奉国尽忠，精持佛戒。存没不朽，永播清徽。哀劳之精，悬诸万古矣！大弘教三藏所译经都一十一卷，并入《开元释教录》[79]及《贞元新定释教录》，见行于世。种种灵验、两国珍敬等，具载本传，不劳烦述。

注释

[1] 一味甘露，逐器殊色：甘露，为天人饮食，味甘如蜜，透明状，放在不同颜色的器皿中便会显现不同的颜色。比喻如来说法本来一味无别，但因众生根机不同而施设不同法门。

[2] 一相摩尼，随色分影：摩尼为梵文 mani 的音译，意为珠宝、离垢、如意。此宝透明无色，可随不同外境显现不同的颜色。此宝可饶益众生，随意所求皆得满足。此处也比喻佛法本体一味，因随顺众生的不同根机而施设为不同法门。

[3] 所谓报、应化佛者，亦名十身卢遮那、大小释迦等：诸佛皆具三种法身：一、自性法身，谓如来真净法界，为受用、变化诸身所依，寂然离相，绝诸戏论，具无边真常功德，是一切法平等实性。自性法身，即一切法自性全体。此种法身，本来众生与诸佛同具，但众生未经练习，不能显出，故独曰诸如来真净法界。非假曰真，非垢曰净，法界者，一切法所依体也。约不生不灭而能任运，示现生死无所滞留，则名究竟涅槃。受用身依此而建立，变化身依此而出兴。心行处灭，言语道断，故曰寂然离相，绝诸戏论。真实无量功德藏恒常具足，一切法本性莫不赅摄于是。

　　二、受用法身，此有二种。依无相之自性法身，开展为常乐我净之真实色身，示现主伴，受用无边法乐，谓之受用身。约自性并现，则称受用法身。内分二种：（一）自受用身，谓如来于无央数劫修集无量福慧资粮，所起无边真实功德，及极圆净常遍色身。湛然相续，尽未来际，恒自受用广大法乐。约渐教，如来在因地时，于无央数劫广修六度万行，为一切福慧资粮；及会得波罗蜜多，一一汇归金刚心，则成无边真实功德藏。得十方如来共同加持，则现极圆净常遍色身，是名自受用身。圆者，圆满无缺；净者，清净无垢；常者，恒常不断；遍者，普遍加持。此种色身，妙若虚空，寿命无尽；广大法乐，受用无穷。约顿教，先蒙十方如来三密加持，故金刚心中，顿显自受用身，然外迹经验未备，须依深般若波罗蜜多以大悲愿力普救一切众生也。

（二）他受用身，谓如来由平等性智示现微妙净功德身。居纯净土，为住十地诸菩萨众现大神通，转正法轮，决众疑网，令彼受用大乘法乐。自受用身，原属大圆镜智内证之境，能与感通者，唯十方诸佛。因地菩萨虽得妙平二智，未许参预也。佛为接引此类根机，依平等性智将无量功德开拓为外境。色相较详，能令当机菩萨感见之。此相名曰微妙净功德身。所衬之境，则为纯净土，十地菩萨皆得现身于此境之中。佛以大神通力加持彼身，令接受一切法平等实性。又以妙观察智取相当法轮而开示之，令各悟入法界妙用，同受大乘法乐。此法乐与自受用身不同，内外境互异故。

三、变化法身，谓诸如来由成所作智变现无量随类化身。居净秽土，为未登地诸菩萨众、二乘及凡夫，随其机宜现神通而说法，令各获得诸利乐事。他受用身之法力，唯既具妙平二智之菩萨乃能感应。无此二智者，须以变化身摄受之。此用成所作智潜力加持当机，使当前各见随类之身也。当机若为变易身，则现同类意成身在净土说法。听法者或声闻，或缘觉，或地前菩萨。当机若为分段身，则现同趣五识身在秽土说法，听法者皆为凡夫之伦。有时为摄机故，亦现神通而说，使各得利乐。曰变化法身者，亦约自性并现言之也。

在此，自性法身对应于通常所指的法身，受用法身对应于报身，变化法身对应于化身。故密教说法之主法身佛毗卢遮那实为内蕴自性法身的自受用身佛。因此下文有"所谓法佛者，常住三

世净妙法身法界体性智大毗卢遮那自受用佛是也"。所化根机为
等觉以上的自性眷属。

作为显教说法之主的报身佛、应化身佛，密教称为他受用身
佛和变化身佛。他受用身佛又名卢舍那，现十种身，分别摄受十
地菩萨，故名"十身卢舍那"。在此世界说法之应身佛即释迦牟
尼，应身佛随所化机类的不同，有千万亿种身量大小各各不同，
故曰"大小释迦"，所化机类为地前菩萨、二乘及六趣凡夫。

[4] 十地满：《华严经》等大乘经典将大乘菩萨的行证分十个阶位，
第十为法云地，成就智波罗蜜，亦断修惑，具足无边功德，如大
云覆虚空出清净之众水，故云法云地。修证至十地满心，即为等
觉菩萨，与诸佛等，亦称等觉如来，然有极细一品无明未尽，故
亦称菩萨。

[5] 六趣：众生由业因之差别而趣向之处有六所，即天、人、阿修
罗、畜生、饿鬼、地狱，又称六道。

[6] 《华严》《法华》《般若》《宝积》《最胜》《涅槃》：《华严》，即
《大方广佛华严经》，是佛成道后在菩提场等处，借普贤、文殊诸
大菩萨显示佛陀的因行果德如杂花庄严、广大圆满、无尽无碍妙
旨的一种要典。此经汉译本有三种：一、东晋佛驮跋陀罗的译
本，题名《大方广佛华严经》，六十卷；二、唐武周时实叉难陀
的译本，题名《大方广佛华严经》，八十卷；三、唐贞元中般若
的译本，也题名《大方广佛华严经》，四十卷，它的全名是《大
方广佛华严经入不思议解脱境界普贤行愿品》，简称为《普贤行
愿品》。

《法华》，即《妙法莲华经》，简称《法华经》，七卷二十八
品，后秦弘始八年（406）鸠摩罗什译。西晋太康七年（286），

竺法护译出《正法华经》十卷二十七品。隋仁寿元年（601），又有阇那崛多、达摩笈多重勘梵本，补订什译，名为《添品妙法莲华经》，七卷二十七品。以上三译，今皆并存。历代以来世所广泛流传，讲解注疏，多据什译。什译本原是七卷二十七品，且其《普门品》中无重诵偈。后人将南齐法献共达摩摩提译的《妙法莲华经·提婆达多品》第十二和北周阇那崛多译的《普门品偈》收入什译，构成七卷二十八品。其后又将玄奘译的《药王菩萨咒》编入，而成了现行流通本的内容。该经为大乘佛教要典之一，指出诸佛出世本怀在于宣说一佛乘，声闻、缘觉、菩萨三乘皆为接引相应根机众生趣入一乘的方便法门，并详细开示一乘教开、示、悟、入佛之知见的四大法门。

《般若》，即《大般若波罗蜜多经》，见《大唐东都大圣善寺故中天竺国善无畏三藏和尚碑铭并序》注[30]。

《宝积》，即《大宝积经》，凡一百二十卷，唐代菩提流志等译。系纂辑有关菩萨修行法及授记成佛等之诸经而成。宝积，即"积集法宝"之意。因其为大乘深妙之法，故谓之"宝"；聚集无量之法门，故谓之"积"。全经计收四十九会（部），内容泛论大乘佛教之各种主要法门，涉及范围甚广，每一会相当一部经，亦各有其独立之主题。

《最胜》，即《金光明最胜王经》，凡十卷三十一品，唐代义净译。此经乃《金光明经》之别译本，为《金光明经》之译本中最后出而最完备者。本经叙说金光明忏法之功德，且叙述由四天王之镇护国家和现世利益之信仰，广为我国、日本所重视。

《涅槃》，即《大般涅槃经》，凡四十卷十三品，北凉昙无谶译。系宣说如来常住、众生悉有佛性、阐提成佛等之教义。属大乘涅槃经。

［7］四阿含：即《杂阿含经》《中阿含经》《长阿含经》《增一阿含经》，属小乘经典。前面的《华严》《法华》《般若》《宝积》《最胜》《涅槃》，则属大乘经典。

［8］一百落叉部经：落叉（laksa），数量名，即十万。一百落叉部经，即一千万部经，形容经典数量多。

［9］四摄：为菩萨化度利益众生的四种方法，即布施、爱语、利行、同事。一、布施摄，谓若有众生乐财则布施财，若乐法则布施法，使因是生亲爱之心，依我受道。二、爱语摄，谓随众生根性而善言慰喻，使因是生亲爱之心，依附我受道。三、利行摄，谓起身口意善行利益众生，使由此生亲爱之心而受道。四、同事摄，谓以法眼见众生根性，随其所乐而分形示现，使同其所作沾利益，由是受道。

［10］六度：为菩萨所修自利利他的六种法门，即布施、持戒、忍辱、精进、禅定、智慧。参见《大唐故大德赠司空大辨正广智不空三藏行状》注［5］。

［11］声闻缘觉：小乘中又分声闻、缘觉二乘。二者的区别在于：声闻乘以闻佛法音而入道，缘觉乘以观因缘生法而入道；修声闻乘以苦集灭道四谛为主，缘觉乘以观十二因缘为主；其所证极果，声闻乘称阿罗汉，缘觉乘称辟支佛。

［12］四谛：谛，义为详审真实之理法，浅释则详细研究之义。四谛即苦谛、集谛、灭谛、道谛。苦谛义为世间一切就其绝对意义上来看，皆是苦的，乐只是相对而言。苦一般分为八种，即生、老、病、死、求不得、爱别离、怨憎会、五阴炽盛八苦。集谛是集起苦的原因，众生由于有见、思二惑，故其一切心行皆在藏识中种下业种，有业种就有生，有生就有死，生死具，八苦

从之而来，此为集谛之大略。吾人欲永除八苦，自应脱离生死；欲生死之脱离，应求不生；欲求不生，应去业种；业种如何能去，在断见、思二惑，是谓灭谛。灭除见、思二惑之方法为道谛，其要在修戒、定、慧三学。戒所以防非遏过，杜恶业之加增；定所以息虑静缘，止积习之冲动；慧所以破恶证真，彻烦恼之寄托。此为四谛之大略。

[13] 十二缘：一般称为十二因缘。缘觉乘以此明三世流转之理。其详为无明缘行，行缘识，识缘名色，名色缘六入，六入缘触，触缘受，受缘爱，爱缘取，取缘有，有缘生，生缘老死。无明者何？本性光明为烦恼所障也。缘行者，引起妄行也。识即神识，行缘识者，妄行摄入藏识，成为受生之种子。此种本无色相，托胎后，开发为肉身，始成为有可名言之色法，是谓识缘名色。名色处胎，由简单而渐复杂，六根从而分立，是谓名色缘六入。根以入名，明六尘所从入也。出胎之后，六根与六尘相接触，故曰六入缘触。既有所触，则情感生，故曰触缘受。有乐受便生爱欲，有爱欲便生执取，故曰受缘爱，爱缘取。由执取而造业，是谓取缘有。有者，具有妄业，又成新种子，而为受生之因。有生斯有老死，故曰有缘生，生缘老死。如是递推，生死流转，穷劫不息。

[14] 三十七菩提分：即三十七菩提分法，又名三十七道品。总为四念处、四正勤、四如意足、五根、五力、七觉支、八正道。分为支分义，以上三十七科之道行，皆能使众生趋证菩提，故名菩提分。

[15]《楞伽经》：此处指《入楞伽经》，十卷，北魏菩提留支译。楞伽为师子国（今斯里兰卡）之山名，佛入彼山所说之经，故名

《入楞伽经》。

[16] 大慧菩萨：梵名摩诃摩底，于《楞伽经》会上，为一会之上首。

[17] 阴、界、入解脱：阴，荫覆之义，指五阴，又译为五蕴，即色
蕴、受蕴、想蕴、行蕴、识蕴。蕴，执着经验所得之积习不能
舍离，犹蕴藏。经验所得，即对前六尘幻象之深刻认识。入，
十二入，又称十二处，眼耳鼻舌身意六根，色声香味触法六境，
各为法相所依之处，故合称十二处。法相之起，必有相当据点，
否则不能成相。吾人（约见性者）返顾自身法性流行，分六门
与外境交接，即眼耳鼻舌身意六根。六门依身各有部位，是名
内六处。而外境被接于自身，亦依根分呈作用，成色声香味触
法六境。此六境对内六处而名外六处。内外合成十二处，皆当
体即空。所谓空者，实无根境可得，不过借识大假定其位置也。
十八界，即眼耳鼻舌身意六识，眼耳鼻舌身意六根，色声香味
触法六尘。根境相对，若只论假定据点，则归十二处。虽内加
以观照，仅为前六识之起源，非即前六识所缘之相，实即第七
识所缘也。驰向外境，细加认识，则眼耳鼻舌身意六识缘之而
生。六境变为六识相分。此六识及所摄根境，固各有其自性，
别名曰界。三六成十八，故曰十八界。界者，体性之义。或谓
界者，差别义，所以界别异类之事理。根尘识三者固各异类，
其中又各有六种差别，故有十八界之名。阴、界、入解脱，即
证悟五阴、十二入、十八界皆空，不被其遮蔽、束缚。

[18] 外道无色三摩拔提：三摩拔提为梵文 Samāpatti 音译，又作三摩
钵底，意译为等至，禅定之一种。外道无色三摩拔提，即外道
的无色界定。

[19] 所谓法佛者，常住三世净妙法身法界体性智大毗卢遮那自受用

佛是也：由此可见，所谓法身佛，实指自受用法身佛。常住三世，是说此自受用身恒常不变；净妙法身，是说此有相之自受用身内摄无相法身；法界体性智，是说在曼荼罗中，毗卢遮那配属法界体性智，亦含有此自受用身内蕴法界体性智之意；毗卢遮那，是此自受用法身佛的名号。

[20] 薄伽梵遍照如来：薄伽梵（Bhagavat），佛的十号之一，汉译为世尊。遍照如来，即毗卢遮那如来。毗卢遮那，梵语 Vairocana 音译，意译为光明遍照，又译为大日，是法身佛的名号。

[21] 五智所成四种法身：五智即法界体性智、大圆镜智、平等性智、妙观察智、成所作智。依五智而建立四种法身：

一、自性法身——法界体性智摄

自性法身，原是大空中证明一切法性之正智所显现。此智因所证无象，只是体性，故曰法界体性智。中分本有、修生二种。本有法身，一切众生皆具，但只具性理，不能随缘起用。修生法身，从实地习练得来，一切妙用皆能转变无碍，此唯佛独"得"。

二、受用法身

（一）自受用身——大圆镜智摄

（二）他受用身

1. 福德身——平等性智摄

2. 智慧身——妙观察智摄

大圆镜智于内心能明照一切种性之微细特况。对自据点，固主伴昭彰，而由普贤性所联络之诸佛种性，亦莫不炳现当前，成立金刚界曼荼罗。曼荼罗中尊即自受用身。为依大圆镜智明照而有，故曰大圆镜智摄。

他受用身依平等性智普遍开发无量功德藏之真实法性，现作种种光明或三昧耶形，以接引地上菩萨，皆福德之表示，故曰他受用之福德身，平等性智摄。又依妙观察智随缘规定种种法轮，启发地上菩萨无量智慧，俾各获无上理趣。故曰他受用之智慧身，妙观察智摄。

三、变化法身——成所作智摄

依成所作智之羯磨事业，加增自身五根力量，以加持当机。当机得此强力增上缘，若曾种过相当因缘者，便得从六尘发见化迹功用，而隐揭发解脱种子。故曰变化法身，成所作智摄。

四、等流法身

在密教更开出等流法身一种，乃如来分位差别智平等流现之身（如观自在菩萨等），然亦可摄于受用、变化二身眷属之内。变化身包括圣凡诸相言之，密教则以佛身独摄于变化身内，菩萨以下诸身皆作等流法身，乃无数差别法性，各自随类流现，相续不断，即如来种种分位妙智也。受用、变化二身皆具有之。若不别开等流身一项，则作为前二身之附属。

此据主要言之。其实四身皆具五智。五智之中，镜等四智由修习而生，法界体性智则与之互证而已。自性法身，以法界体性智为主，若不具其余四智，不过本有而已（理即佛）。必须四智齐发，乃称究竟。自受用身，以大圆镜智为主，若不具余智，不过发现朴素月轮，不能内证微细身相也。他受用身，以妙平二智为主，若不具余智，所见不过历劫经验所得之果报，未能与十方一切世界相联络也。变化法身，以成所作智为主，若不具余智，只成相似佛身（三乘教佛相），非一乘教所谓变化身也。镜等四智发展妙相，全由修习得来，同时必须法界体性智证明本来大空。此智不自显露，仍借余四智衬出之，故曰互证。

[22] 本有金刚界自在大三昧耶、自觉本初大菩提心、普贤满月、不坏金刚光明心殿：此心殿即为金刚界毗卢遮那如来的自受用土。而前面的词都是对自受用土的描述。

[23] 自性所成眷属：即内眷属。依《大日经疏》，佛有内眷属、大眷属及外眷属。以譬喻言之，佛如国王，内眷属即为国王的后妃子女，大眷属为宰官大臣，外眷属为百姓万民。内眷属即下文所说"金刚手等十六如来及四摄行天女使、金刚内外八供养金刚天女使、十佛刹微尘数乃至不可说不可说微细法身秘密心地超过十地身语心金刚"。大眷属即普贤、文殊等大菩萨。外眷属即为声闻、二乘、人、天等。密教是法身佛对内眷属所说。

[24] 金刚手等十六如来：即十六大菩萨。（1）金刚萨埵，（2）金刚王，（3）金刚爱，（4）金刚喜，（5）金刚宝，（6）金刚光，（7）金刚幢，（8）金刚笑，（9）金刚法，（10）金刚利，（11）金刚因，（12）金刚语，（13）金刚业，（14）金刚护，（15）金刚牙，（16）金刚拳。

[25] 四摄行天女使：即四摄菩萨，金刚钩、金刚索、金刚锁、金刚铃。

[26] 金刚内外八供养金刚天女使：即内外八供养菩萨。其中金刚嬉、鬘、歌、舞等四内供养菩萨为四佛供养大日如来者，而金刚烧香、华、灯明、涂香则为大日如来供养四佛者。以上十六大菩萨为慧门之尊，现男身，故称如来。四摄菩萨及八供养菩萨，为定门之尊，现女身，故称天女使。使，使者之义。

[27] 十佛刹微尘数乃至不可说不可说微细法身秘密心地超过十地身语心金刚：此等金刚，皆为如来往昔修行时，以金刚慧转化凡夫的身口意三业而成如来的身口意三密，复以金刚慧用之，而

现有形之身，为三密之表征，各称身语心金刚。前面的定语
"十佛刹微尘数乃至不可说不可说"极言其数量之多；"微细法
身秘密心地超过十地"，言此等金刚皆是法身如来。

[28] 法身、智身：法身指所觉之真如五大，智身指能觉之五智。佛
之自受用身，是由能觉之五智与所觉之真如五大，能所周遍法
界、密合无间而成。此自受用身周遍法界，恒常演说密法。

[29] 真实语、如义语：指自受用法身佛毗卢遮那如来所宣说的真言
密教。《大日经疏》卷一曰："真言，梵曰漫怛擢，即是真语，
如语，不妄不异之音。龙树《释论》谓之秘密号，旧译云咒，
非正翻也。"

[30]《般若论》：天亲菩萨著，北魏菩提流支译，凡三卷。又作《金
刚般若经论》《金刚般若论》。本书为无著所著之《金刚般若经
论颂》的注释书，与唐代义净所译的《能断金刚般若波罗蜜多
经论释》系同本异译。

[31] 生身佛所说教不如是也，自迦叶至师子，付法绝矣：北魏吉迦
夜、昙曜译《付法藏因缘传》卷六："复有比丘名曰师子，于罽
宾国大作佛事。时彼国王名弥罗掘，邪见炽盛，心无敬信，于
罽宾国毁坏塔寺、杀害众僧。即以利剑用斩师子，顶中无血，
唯乳流出。相付法人于是便绝。"空海此说或依据上述记载而
来。但据《景德传灯录》卷二："师子尊者付婆舍斯多心法、信
衣为正嗣。"据此，师子尊者为传付释迦牟尼佛法藏（即禅宗）
之第二十四祖，婆舍斯多为第二十五祖，法脉传承不绝。空海
采《付法藏因缘传》之说，或因当时禅宗灯录尚未编纂成书，
无缘得见。

[32] 摩诃毗卢遮那娑婆多他揭多：梵语音译。摩诃（Mah），义为大；

毗卢遮那（Vairocana），义为遍照；娑多他揭多（Tathāgata），又作怛他揭多，义为如来。

[33] 自眷属法身如来：即上文之"与自性所成眷属金刚手等十六如来及四摄行天女使、金刚内外八供养金刚天女使、十佛刹微尘数乃至不可说不可说微细法身秘密心地超过十地身语心金刚"，以上皆为自受用佛之内眷属，皆为等觉以上的如来。

[34] 秘密法界心殿：即上文之"本有金刚界自在大三昧耶、自觉本初大菩提心、普贤满月、不坏金刚光明心殿"，即自受用佛之净土。

[35] 自内证智三摩地法：自内证智即佛所自证之五智。三摩地，梵语 Samdhi 音译，或略称三昧，义为等持，或正定。三摩，义为平等；地，义为持；合名平等持，略称等持。三昧，乃梵语三摩之变相，即平等性之定相也。译曰正定，拣异外道、凡夫等定也。基本三摩地，原名真如三昧。《大乘起信论》云："当知真如是三昧根本。若人修行，渐渐能生无量三昧。"又谓众生无此善根，虽勤修禅定，不免诸魔、外道、鬼神之所惑乱。自内证智三摩地法，指密法。

[36] 嚩日啰（二合）萨怛嚩（二合）摩诃萨怛嚩（二合）：梵文 Va-jra-Sattva-Mahsattva 之音译，即金刚萨埵大萨埵，通称金刚萨埵。大萨埵译为大心，大有情，即发真实大菩提心之众生，为菩萨的通称。二合，为梵语翻译术语，表示其前面的两个合读为一个字，取第一字之声母与第二字之韵母相拼，类似于反切。

[37] 大士：菩萨的通称。

[38] 位登欢喜：《华严经》等大乘经典将大乘菩萨之修证分为十个阶位，即十地。初地为欢喜地，初得圣性，破见惑，证二空理，

生大欢喜，故名欢喜地。佛在《入楞伽经》中预言，未来有龙树菩萨出世弘扬佛法，示现证得欢喜地。《入楞伽经·总品第十八之一》："如来灭度后，未来当有人；大慧汝谛听，有人持我法。于南大国中，有大德比丘；名龙树菩萨，能破有无见。为人说我法，大乘无上法；证得欢喜地，往生安乐国。"

[39] 观自在王如来：即阿弥陀如来。

[40] 游邪林而同尘同事：指龙树菩萨游行于邪见之林，和光同尘，以同事法摄受化度持邪见者。

[41] 四王自在处：即四王天，因有广目、持国、增长、多闻之四王而得名，为欲界之第一天，位于须弥山半腰。

[42] 《摩诃摩耶经》：凡二卷，北齐昙景译。又称《佛升忉利天为母说法经》《佛临般涅槃母子相见经》。略称《摩耶经》。本经前半部记述佛陀升忉利天，为其生母摩耶夫人说法，令得初果。后半部记述佛陀游化诸国，后于拘尸那揭罗之娑罗双树间入涅槃，摩诃摩耶由天上降下，悲号恸绝，时佛陀开金棺与之诀别；经末记述佛悬记关于法住法灭之情形。

[43] 五智、三十七智及一百八智，乃至十佛刹微尘数不可说不可说四种法身智：五智是从一智分出而与五佛对应之分位差别智。三十七智则是从一智分出而与三十七尊相对应之分位差别智。一百八智亦然，即从一智分出而与一百八尊相对应之分位差别智。乃至十佛刹微尘数不可说不可说四种法身智：权田雷斧《密宗纲要》中说，智自具四方，故成五智，五智各具五智，所具五智之智，又各具五智，智智无边成无量之智。云何无量之智，所证之真理，既已遍无量一切法，能证之智，自与为无量，示智智无边，解脱烦恼之结缚而圆明无碍者，乃金刚界曼荼罗。

言四种法身智者（四种法身智，即与四种法身对应之四智，实即五智，以法界体性智已摄于其中之故），此智依数量则无边，依种类则不外此四种。

[44]《西域记》：《大唐西域记》，凡十二卷。唐代玄奘述，其门人辩机奉唐太宗之敕令编集而成。本书为玄奘于十六年间，游历印度、西域等一百十余国与传闻中二十八国之见闻录。除有关佛教大小乘诸部传播之实情等记载外，举凡地理、风俗、语言、传说、产业、政治等，皆有详细之记载。其中，有关都邑、堂塔等位置之标示，对于十九世纪以来勃兴之印度、西域等地佛教遗迹之实地考证，极具指南之价值。故本书为考察当时印度、西域之重要史料。

[45] 憍萨罗国：梵文 Kosala 之音译，该国故地相当于今戈达瓦里河上游一带。

[46] 无忧王：梵名阿育王，意译无忧王。为中印度摩揭陀国孔雀王朝第三世王。公元前三世纪左右出世，统一印度，为保护佛教最有力之统治者。

[47] 提婆菩萨：又作提波，菩萨名，译作天，后以一目施神，故曰迦那提婆（Kāṇadeva），伽那者片目之义。或以一目授女子。本执师子国人，龙树之弟子，付法藏第十四祖。著有《百论》二卷、《四百论》、《广百论》、《百字论》等。

[48] 后因引正王太子诚愿，以干茅叶自刎其颈，若利剑断，取灭度：灭度，即涅槃（Nirvna），义译为灭度、寂灭、不生、安乐、解脱等。《释氏要览》卷下曰："释氏死，谓涅槃、圆寂、归真、归寂、灭度、迁化、顺世，皆一义也，随便称之，盖异俗也。"灭度即灭生死之因，度生死之瀑流之义。引正王，梵名娑多婆

诃，系古代中印度憍萨罗国之主，归依龙树，从习药术，得年貌不衰之妙术。太子欲早登大位，私忖父王之长命乃依龙树之福力而得，遂乞龙树自裁。龙树既死，王亦命终，太子遂即王位。

[49] 嗢呾罗阿罗汉：梵名 Uttara，译曰上。南印度珠利耶国人。《大唐西域记》卷十"珠利耶国"条，谓提婆尝闻师得六神通，具八解脱，往投宿。席唯一床，师乃聚落叶指使就坐。提婆频述请决，师为言屈，厚礼提婆，恭敬有加。

[50] 磔迦国（Takka）：驮那羯磔迦国之略称。为古印度国名，在今克里希那河河口两岸一带。

[51] 庵罗林：乃古印度一林地。庵罗树为芒果树之一种，林内因此种树多而得名。

[52] 《中》《百论》：《中论》凡四卷。龙树菩萨造，青目释，姚秦鸠摩罗什译。即根本中颂。又作《中观论》《正观论》。此论阐扬中道，即不偏不倚的真如实性，破除外道、小乘种种执着，为大乘佛教中观派之根本论典，亦为中国汉传佛教三论宗所据的主要经典。《百论》见《故金刚智三藏行记》注释[5]。

[53] 《贞元新定释教录》：凡三十卷。略称《贞元释教录》《贞元录》《圆照录》。唐朝圆照撰。依唐德宗之敕命而于贞元十五年（799）撰述。系编录自后汉明帝永平十年（67）至唐德宗贞元十六年，凡七百三十四年间之大小乘经律论、贤圣集传等之传译，并录出失译阙本。

[54] 《大辨正三藏表制集》：凡六卷。唐代圆照编集。又称《代宗朝赠司空大辨正广智三藏和上表制集》。内容集辑不空、严郢、县贞、飞锡、慧朗、元皎、惠晓、法高等十八人所撰之表制、谢

表、答批、祭文、碑文、遗书而成，计一百八十余篇。本书搜集唐代密教最盛时期之文献，故向为史家所重。

[55] 般若三藏（734—?）：唐代译经僧。又称般刺若。北印度迦毕试国（罽宾）人，姓乔答摩。

[56] 牟尼室利三藏（?—806）：唐代译经僧。北印度人，又称寂默。

[57] 沙门：为梵文 sramana 音译，译曰息心、净志等，原不论外道佛徒，为出家者之通称。

[58] 具足戒：为比丘、比丘尼所受持之戒，略称具戒。因与沙弥、沙弥尼所受十戒相比，戒品具足，故称具足戒。

[59] 南天竺：金刚智三藏在南印度驮那羯磔迦国一带从龙智学习金刚乘。

[60] 五部：金刚界为始觉上转之法门，转在迷之九识，成五种之果智，故分类为五部。今为便于解释，列之如次：一、莲华部，众生心中有本有净菩提心清净之理，在六道生死之泥中不染不垢，犹如莲华之由泥中出生，不染不垢，故名莲华部。二、金刚部，众生自心之理所，又有本有之智。在生死之泥中经无数劫，不朽不坏，能破烦恼，如金刚之久埋没泥中，不朽不坏，故名金刚部。三、佛部，此理智在凡位未显，入果位则理智显现，觉道圆满，故名佛部。四、宝部，佛之万德圆满中，福德无边，故名宝部。五、羯磨部，羯磨译曰作业，佛为众生而垂悲愍，成办一切之事业，名羯磨部。此中前二者，为在缠之因德，第三者为理智具足出缠之果位。是即胎藏界之三部也（其次第为佛莲金）。后二者于佛部中别开之。佛为二利圆满之称，其自证之边云宝部，其化他之边云羯磨部。如是于佛部中开二部，原为胎藏界曼荼罗之意，胎藏界曼荼罗，上中下中之通者，

总曰佛部，此中下方有虚空藏院，是宝部也，上方有释迦院，是羯磨部也。由此论之，胎金之三五，仅开合之异耳。(《秘藏记私钞》三)。五智配五佛的关系如下：

五方	北	西	南	东	中
五智	成所作智	妙观察智	平等性智	大圆镜智	法界体性智
五佛	不空成就佛	阿弥陀佛	宝生佛	阿閦佛	大日如来
五部	羯磨部	莲华部	宝部	金刚部	佛部

[61] 和上：即和尚，为梵文 Upadhyaya 之讹略音译。律家多用"上"字，其余各家用"尚"字。本为古印度俗语，即亲教师之意。

[62] 四众：比丘、比丘尼、优婆塞（近事男，即男居士）、优婆夷（近事女，即女居士）。

[63] 梵夹：又称经夹或梵箧。贝多罗叶之经卷，贝叶重叠，以板木挟其两端以绳结之，其状恰如入于箱，故云梵箧。

[64] 东都荐福寺：应为广福寺。

[65] 至天宝二年二月七日，于奉光寺西岗起塔：应为天宝二年二月二十七日，于奉先寺西岗起塔。

[66] 释迦示现，迦叶求缘：释迦示现于世，迦叶尊者求度。迦叶出家前为大富婆罗门，其妻之貌则国中无匹，并皆乐善好施，二人无心欲事，并起出离之心。迦叶遂于山中自剃其发出家，闻空中有声："释迦牟尼今已成佛，应往从学。"于是迦叶往见佛，佛说苦谛，迦叶顿证阿罗汉果。迦叶于十大弟子中为头陀第一，佛入灭后，则传佛心印，住持佛法。**佛之教法不灭，端赖大迦叶尊者。**

[67] 赐紫：紫色表尊贵。唐朝武则天时，僧法朗等九人重译《大云

经》毕，赐与紫色袈裟以示荣誉，为僧人赐紫之始。

[68] 圆照：唐代僧。京兆蓝田人，俗姓张。十岁，依西明寺景云律师出家，研钻维摩、法华、因明、唯识等诸经论，旁究儒典，特精律藏。唐开元年间，奉敕译经。大历年间，帝诏两京律师十四人，定新旧两疏之律条，师与超俦等共任笔受之职，写成《敕金定四分律疏》。世寿八十二。编有《贞元新定释教目录》三十卷、《续开元释教录》三卷、《大唐安国利涉法师传》十卷等十九种。

[69] 登坛散花号：不空三藏法名智藏，入坛投花时得密号名不空金刚。散花为密教灌顶的仪式，行者投花于曼荼罗之上，投中哪一圣尊便以其为本尊，其名号即为行者之密号。

[70] 特进：官名。汉代，凡诸侯功德优盛、为朝廷所敬异者，赐位特进，位在三公之下。隋唐时改为散官，"特进"是文散官中二十九阶荣衔的第二阶。

[71] 四生：胎生、卵生、湿生、化生。为众生出生的四种方式，此处指一切众生。

[72] 杖锡：僧人使用的禅杖，又称锡杖，以木为竿，高与肩齐，竿顶安有铁卷、铜环，摇动时"锡锡"作声，故名。锡杖除用于僧人行路、乞食、驱虫外，还表彰显圣智之意，故曰德杖。僧人游方，称飞锡、杖锡。

[73] 梵行：意译净行。即道俗二众所修之清净行为。《大智度论》卷二十："断淫欲天皆名为梵，说梵皆摄色界。以是故，断淫欲法名为梵行。"

[74] 远忌：又作远年忌、远关日。忌，指忌日，即人死亡之日。远

忌，指五十回忌以上之较远之忌日，或指五十年忌以后，每五十年举行一次者。通常行于一宗之开宗祖师、中兴祖师，及寺院之开山者。

[75] 六时：指昼夜六时。乃将一昼夜分为六时，即晨朝、日中、日没（以上为昼三时）、初夜、中夜、后夜（以上为夜三时）。在印度，时间之最小单位称刹那，一百二十刹那为一怛刹那，六十怛刹那为一腊缚，三十腊缚为一牟呼栗多，五牟呼栗多为一时，六时为一昼夜。昼夜六时勤行，为印度以来所行。

[76] 一切有部：不空三藏度僧授戒，继先师之志兴一切有部之戒律。参见《大唐故大德赠司空大辨正广智不空三藏行状》注[11]。

[77] 三密法门：三密，即身密、口密、意密，是诸佛果德之结晶品，为法身佛自证之境，非意识所能测度，故谓之密。密教行人修证之要，则在三密加持。如来密用身口意三密加持行者，令起相当之法性。其妙用为：

（一）以身密提其因，即种种手印。

（二）以口密润其根，即种种真言。

（三）以意密详其境，即种种净观。

三密齐施，行之有恒，则诸佛法流日盛于心，终则自净三业，泯除惑染，诸佛妙境自在现前，是为上品悉地境界。

[78] 《梵网经》：凡二卷。全称《梵网经卢舍那佛说菩萨心地戒品第十》。又作《梵网经菩萨心地品》《梵网戒品》。相传为后秦鸠摩罗什译。系说明菩萨修道之阶位及应受持之十重、四十八轻之戒相。盖以大梵天王之因陀罗网，重重交错无相障阂，诸佛之教门亦重重无尽，庄严法身无所障阂，一部所诠之法门重重无尽，譬如梵王之网，故称梵网经。

［79］《开元释教录》：凡二十卷。唐代智昇编于开元十八年（730）。又作《开元录》《开元目录》《智昇录》。全书分成前后两部分，前半部称"总括群经录"（卷一至卷十），相当于代录，系以时代别、译者别，依序列举自东汉明帝永平十年（67）至唐代开元十八年，凡六百六十四年间，一百七十六名译经僧所译大小乘经律论，共计二二七八部，七〇四六卷。后半部称"别分乘藏录"（卷十一至卷二十），系仿自法经录之分类整理目录，相当于标准入藏目录与现藏入藏目录。

秘密曼荼罗教付法传卷第二①

因起感通分第一之余：

第六祖者，按《贞元新定释教录》及《大辨正三藏表制集》等云，大唐特进试鸿胪卿、加开府仪同三司、封肃国公、食邑三千户、赠司空、谥大辨正广智不空三藏和上者，南天竺国人[1]也，法讳智藏，号大广智不空金刚，计当大唐神龙元年乙巳之岁而诞迹焉。初，母氏遇相者曰："尔必当生菩提萨埵也。"言已便失。数日之后，果梦佛微笑，眼光灌顶。既寤，犹觉室明如昼，因而孕焉。天假聪明，幼而慕道，远离父母，落发坏衣。

至开元六年岁在戊午，年甫十四，于阇婆国[2]见大弘教三藏金刚智而师事之。和上初试教悉昙章，令诵梵经。梵言赊切，一闻无坠。便许入坛，授发菩提心戒。年甫十五，与出家焉。随侍南溟，乘航架险，惊波鼓骇，如影随形。开元八年，方至东洛。十二年甲子，年方弱冠，于荐福寺，依一切有部石戒坛所而受近圆。律相洞闲，知而不住。欲学声明论，穷瑜伽宗，以白先师，师未之许。夜梦佛菩萨像悉皆东行，乃曰："我之所梦，法藏有付矣！"遂授以三密，谈于五智。妙达经论，言善唐梵，随师译语，

---

① ［日］空海：《弘法大师全集》卷1，（东京）吉川弘文馆，1910年，第19—49页。

稍得精通。随驾两京，应诏翻译。不离左右，请益抠衣[3]，函丈问端[4]，斯须不舍。

开元二十九年秋，先师入塔之后，有诏为请大本《金刚顶经》及大本《毗卢遮那经》等最上乘教，差和上及弟子僧含光、惠辩并俗弟子李元琮等，令赍国信，使南天竺龙智阿阇梨所。从广州发，附舶前进。遇好风便，更不停留。未逾一年，到师子国。国王郊迎，宫中七日供养。以真金器沐浴和上，肘步问安，以存梵礼。王诸眷属、宰辅大臣备尽虔敬。便令安置于佛牙寺。即奉遇龙智阿阇梨，肘行膝步，从而问津。即献大唐国信、金贝等物。龙智曰："吾所宝者心也，非此宝也。"寻即授以十八会金刚顶瑜伽十万颂经并大毗卢遮那大悲胎藏十万颂经，五部灌顶真言秘典、经论梵夹五百余部，金以为得其所传矣。金刚界及大悲胎藏两部大曼荼罗法并尊样图等悉蒙指授，不异泻瓶。他日，王作调象戏以试和上。和上结佛眼印，住慈心定，诵真言门以却之。其象颠仆，不能前进，王甚敬异。与夫指降醉象有何殊哉？既遂所愿，欲归大唐。彼国王副一小使弥陀，献方物于大唐，所谓七宝[5]、灯树、香药等也。

天宝五年岁在景戌，自师子国还。玄宗皇帝延入，建坛授灌顶，住净影寺。于时，愆亢连月，有诏令和上祈雨。和上结坛，应期油云四起，霈然洪澍[6]。遂内出宝箱，赐紫袈裟一副、绢二百匹，以旌神用。或大风拔树之灾，妖星失度之祲，和上举心默念，如影响焉。至十二载，有敕令往武威，赴节度使[7]哥舒翰请。立大道场，与梵僧含光、俗弟子开府李元琮及使幕官僚等，授五部灌顶金刚界大曼荼罗法。时道场地为之大动，有业障者，散花不下，上着于盖。并译《金刚顶真实大教王经》等一十卷。十五载，奉敕还京，住大兴善寺，令开灌顶。

洎至德中，肃宗皇帝行在灵武，和上密进秘法，并定拨乱收京之日，遂如其言，即至德二载丁酉十月二十三日也。和上明日陈表贺焉（表词及皇帝批，具在本传）。

至广德元年岁次癸卯十一月十四日，和上奏为国置灌顶道场。其词曰："大兴善寺三藏沙门不空请为国置灌顶道场。右不空闻，毗卢遮那包容万界，密印真言吞纳众经。唯其教宜有顿有渐：渐谓声闻小乘登坛学处[8]，顿谓菩萨大士灌顶法门。是诣极之夷途，为入佛之正位。顶谓头顶，表大行之尊高；灌谓灌持，明诸佛之护念。超升出离，何莫由斯？是以克己服勤，不舍昼夜。誓志钻仰，岂敢怠遑？冀每载夏中及三长斋月[9]依经建立，严净华以开觉，使有识而归真。庶边境肃清，圣躬万寿，不胜恳念之至。谨诣右银台门[10]奉状陈请以闻。天恩允许，请降墨敕。"依。

至永泰元年岁在乙巳四月二日，奉诏与京城义学沙门良贲[11]、子邻[12]、飞锡等一十七人，于大明宫南桃园翻译《仁王经》等。于承明殿灌顶道场，皇帝执旧经，对读新本。诏曰："新经旧经，理甚符顺。所译新本，文义稍圆。"斯则金口冥契于圣心，佛日再生于凤诏。翻传先后，其在兹欤？伏以三藏和上，学艺崇深，神仪秀邈。瑜伽三密，独步南天；专精一乘，共推东夏。晓二方之世论，尤善声明；达五部之真言，妙穷法印。奉诏翻译，善得其真。即于资圣、西明两寺开仁王百座会。是日，六军使陈，天龙四众、八部鬼神[13]护送新经出于大内。其经适出，庆云浮空，郁郁纷纷。洎乎己午，两寺开经，万姓欢心，祥云方隐。和上上表贺御制经序及庆云（词在传中）。宝应元圣文武皇帝批曰："和上远自莲宫，亲缄贝叶。敷演玄教，利济苍生。翻译既成，天人合会。朗三秋之霁景，开五色之祥云。阐扬真乘，符契妙理。顷因指喻，早结师资。睹此感通，弥深顶敬。"闰十月二十三日，设无遮斋[14]以成庆散。是日也，资圣寺南门外陈布道场，尽止一坊。东西街内，帟幕云布，幡花丽天。尊容焕然，光照人里。饭僧既毕，六乐争陈，百戏充衢。不空三藏赐九百匹绢帛锦彩，侍者小僧各五十匹。及赐官品号曰："敕不空三藏：莲宫[15]释种，香界[16]导师。性表真如，学精秘藏。承绀园[17]之妙旨，开示四依[18]；译金口之微言，津梁六趣。身持梵匣，远涉流沙。传灯益明，甘露溥润。散慈云于火宅[19]，扬慧日于幽途。顷者躬问胜因[20]，弘示方便，永决疑网，滋予智牙[21]。虽出尘之心齐，谢于名位；而褒崇之典式，旌于贤哲。俾应嘉命，用叶朝章。可特进试鸿胪卿，仍赐号大广智不空三藏。"十一月五日修表陈谢（词在传中）。皇帝批曰："和上道秘双林，功超正觉。远从天竺，来布真言。顷得归依，亲承付嘱。褒崇之典，礼秩攸先。俾增印绶之荣，式重师资之敬。兼申宠赠，庶表追荣也。"永泰元年六月十八日，郑国公杜冕[22]奉钱一万余贯，充给道场斋傺[23]。

　　至大历六年十月十二日，和上因代宗皇帝降诞之辰，随表进所译经等。词曰："沙门不空言：不空爰自幼年，承事先师大弘教三藏和上二十有四载，禀受瑜伽法门。后游五天，寻求所未受者，并诸经论，更重学习。凡得梵本瑜伽真言经论五百部余，奉为国家，详译圣言，广崇福佑。天宝五载，却至上都，奉玄宗皇帝恩命，于内建立道场，所赍梵经，尽许翻译。及肃宗皇帝配天继圣，特奉纶旨，于内道场建立护摩及灌顶法；又为国译经，助宣皇化。累奉二圣恩敕，先代三藏[24]所有梵夹并使搜访。其中有绦索脱落，便令修补；其有未经翻译者，续译奏闻。伏惟陛下，缵承皇运，大庇含灵。广阐福田，重明日月。恩波远被，法雨分流。四海宅心，万方欣戴。是知佛之付嘱，允在圣君。不空叨承渥泽，荣幸实深，切自思之，如何报国。奉先皇圣制，令阐微言；又奉陛下恩命，恭遵遗旨，再遣翻译，利济群生。虽复四时精勤，未酬万一。是以区区于日夕，详译真言及大乘经典，冀效涓微，上资皇道。其所译金刚顶瑜伽法门，是成佛速疾之路。其修行者，必能顿超凡境，达于彼岸。余部真言，诸佛方便，其徒不一。所译诸大乘经典，皆是上资邦国，息灭灾厄，星辰不愆，风雨顺叙，仰恃佛力，辅成国家。谨缵集前后所翻译讫者，自开元至今大历六年，凡一百一卷，七十七部，并目录一卷，及题笔受僧俗名字，缮写已讫。谨因降诞之辰，谨具进奉。庶得真言福佑，长护圣躬；大乘威力，永康国界。其未翻梵本经中，但有护持于国、福润生灵者，续译奏闻。不胜虔诚之至，谨奉表以闻。沙门不空诚惶诚恐谨言。"宝应元圣文武皇帝批曰："和上夙事先朝，弘阐妙教，演兹贝叶，广示迷津。朕嗣续丕图，恭承睿旨，和上再加详译。今卷轴续毕，永济生灵，深可嘉叹。仍宜付中外，编入《一切经目录》。"至其月二十二日，中使李宪诚奉宣敕旨："大德比翻译多劳也。不空三藏宜赐锦彩绢等共八百匹，同翻经十大德各赐彩三十匹。敬问诸大德渐寒，各得好在。"时大德等明日谢闻（词在《录》中）。至大历七年正月二十七日，有墨制，特许所译经流行天下。和上陈表奉谢（词在《录》中）。皇帝批曰："和上久证菩提，入佛知见[25]，所翻经典，皆洞精微。爰命施行，式传惠照。颁示寰宇，广济含灵。未光慈航，烦至陈谢也。"

又至其年十月十六日，和上奏京城及天下僧尼寺内各简一胜处，置大圣文殊院，及天下食堂内宾头卢上，以文殊为上座[26]。敕旨依奏（词在《录》中）。

撰《录》者云：大广智不空三藏和上，本讳智藏，号不空金刚，梵曰阿目佉跋曰罗（二合），本西域人也。昔事大弘教金刚智三藏和上，禀受真言二十四年，抠衣请益。大师殁后，还诣五天，梵本瑜伽备皆披阅。周游遍览，旋赴帝京。或化河西，或居岭表，或居关内，或处王宫，翻译真经，不遑寝食。属天宝末岁，胡马入关。至德二年，克复京洛。和上亲承圣旨，为灌顶师。妃主降阶，六宫罗拜。三朝宠遇，恒建道场。详考幽微，卷不释手。内宫译者，随意上闻，或已宣行，或留中禁。其已得者，具录如前；其未获者，一心求访耳。和上精勤不怠，多历岁时。泊大历九年，示有微疾。制使劳问，天降名医。针药相仍，晓夕继至。疾将未损，宸极不安。皇帝亲临卧房，赐以官封。其词曰：

大历九年六月十一日敕：大道之行，同合于异相；王者至理，总归于正法。方化城[27]之齐致，何儒释之殊途。故前代帝王罔不崇奉。法教弘阐，与时偕行。特进试鸿胪卿大兴善寺三藏沙门大广智不空，我之宗师，人之舟楫。超诣三觉[28]，坐离于见取[29]；修持万行，常示于化灭。执律舍缚，护戒为仪。继明善教之志，来受人王之请。朕往在先朝，早闻道要。及当付嘱，常所归依。每执经内殿，开法前席。凭几同胶序之礼，顺风比崆峒之问[30]。而妙音圆演，密行内持，待扣如说，自涯皆晤。涤除昏妄，调伏魔冤。天人洗心于度门，龙鬼受职于神印。固以气消灾厉，福致吉祥。实惟弘我之多，宁止利吾之美。尝有命秩，用申优礼。而得为师盛，味道滋深，思复强名，载明前志。夫妙界有庄严之土，内品有果地之殊。本乎尚德，敬顺时典。可开府仪同三司，仍封肃国公，食邑三千户。余如故。

至十五日，和上修表上辞。文曰：

沙门不空言：不空幼事先师，已过二纪。早承天泽，四十余年演瑜伽之法门，奉累圣之恩昒。自从陛下临御，殊私转深。赐黄阁[31]以宴居，降紫微而问道。积恩重叠，日月相继，虽复精悫，岂酬万一？而露电难驻，蒲柳[32]易衰。一从伏枕，自春徂夏。陛下深眷[33]，存问再三，中使名医，相望道路。但以膏肓之病，虽针药而难生；生灭之质，宁恋惜而能固？忽从昨夜已来，顿觉气力弥惙[34]，身非己有，瞬息掩掩，心神浸微。违谢圣朝，不任恋慕。不空今者年过中寿[35]，未为夭逝。但以往时越度南海，周游五天，寻其未闻，习其未解。所得金刚顶瑜伽十万颂、诸部真言及经论等五十余万颂，冀总翻译，少答国恩。何夙愿之未终，忽生涯之已尽！此不空所以为恨也。伏惟陛下降诸佛之慈惠，下从人之所愿。不空先进《大圣文殊佛刹经》，圣情寻许颁示中外。伏愿哀愍，念临终之一言，冀福皇家，滋吉祥之万劫，实为僧人生死荣幸。五钴金刚铃[36]、杵，先师所传，并银盘子、菩提子及水精念珠并合子，谨随表进奉。临纸涕泣，悲泪交流。永辞圣代，不胜恋慕之至。谨附监使李宪诚奉表陈辞以闻。沙门不空诚悲诚恋谨言。

皇帝批曰："和上行登十地，来自五天。敷演瑜伽，宣流梵甲。周游万里，践历三朝。光译圣言，亲承师授。当《下武》[37]之兴运，继前薪之火传，而弘菩萨心，为众生病。弥留有问，震悼增深。宜依所请也。"

尔时和上上表陈情，圣恩垂涕，墨制旋降，所请皆依。和上情意获申，一心观行，右胁累足，恬然而薨。弟子号踊无算。中使奏闻，圣上震悼殊深，废朝三日。爰降中使，诣于僧伽蓝，宣慰众徒，乃锡赙赠：绢三百匹，布二百端，白粳米五车，白面亦尔，柴十车，油七石，炭三车，并如京宣索。二十八日，敕内侍韦守宗[38]，送绢七百五十匹，充为和上造塔直。七月五日，追赠司空，及锡谥号。词曰：

敕：寂灭为乐，所以归于真；付嘱有缘，所以尊其称。循诸故事，其或强名。故开府仪同三司、特进试鸿胪卿、肃国公、大兴善寺三藏大广智不空，德盛道高，朕所师仰。心密法印，行超度门。精微有说，广大无相。一雨之润，溥洽于群生；百灯所传，遍明于正觉。傍达义趣，博通儒玄。圣人之情，合若符契。朕顺风前席，积有岁年。慈航不留，梁木其坏，徽音永隔，震悼殊深。论道之官，追严师礼，仍加谥号，用副名实。可赠司空，仍谥号大辨正广智不空三藏和上。

洎六日癸卯，陈设葬仪，迁神城南，荼毗供养。皇帝遣内给事刘仙鹤以香茶之奠，敬祭于大辨正广智三藏和上之灵。文曰："维大历九年岁次甲寅七月戊戌朔六日癸卯，皇帝遣内给事刘仙鹤以香茶之奠敬祭于故大辨正广智三藏和上之灵。惟灵智识明晤，天姿聪达。凤植梵行，生知胜因。挺秀五天，周游万里。心蕴海藏，音通华夷。贝叶传经，瑜伽演教。弘利兆庶，出入三朝。道在不言，理均无迹。涅槃常寂，至圣同归。焚香澡身，与化而尽。朕顷承了义，礼具师资。永诀之辰，攸深震恸。香茶之奠，有灵照之。"是日也，宰臣中贵、神策六军、御使大夫及京兆尹[39]、尚书仆射[40]、侍郎[41]、列卿、诸卫将军，各申奠祭，其余缁素不可具陈。七日平晨，弟子僧惠朗等修表谢（表词及批在《录》中）。同日，又奉敕语僧惠朗："专知捡校院事，兼及教授后学，一尊一契有次第者闻奏。"又奉敕语僧惠胜："和上在日，阿师子[42]偏得意旨。今闻于塔所焚香火守护。先于和上边受得普贤念诵法，与朕同尊。努力精修，三年满后，即来对朕，与商量本尊法。所请依住。"是时也，内出香木荼毗和上。火灭已后，收得遗身，皆有舍利，光相莹净，皎若瑠璃。具以上闻，圣情哀感，内宫稽首，置在道场。至十五日，又"敕语勾当京城寺观修功德使、开府仪同三司、右龙武军大将军、知军事、上柱国、凉国公李元琮，故大辨正广智不空三藏和上塔所修造，宜令且停，别择好地起修"。洎八月二十八日，又"敕语元琮，故大辨正广智不空三藏和上荼毗得舍利，令于当寺院起舍利塔"。至造塔毕，建立丰碑。其文曰：

大唐大兴善寺大辨正广智三藏国师之碑铭（并序）

银青光禄大夫御史大夫上柱国冯翊县开国公严郢撰

银青光禄大夫彭王傅上柱国会稽郡开国公徐浩书

和上讳不空，西域人也。氏族不闻于中夏，故不书。玄宗烛知至道，特见高仰。迄肃宗、代宗，三朝皆为灌顶国师，以玄言德祥，开右至尊。代宗初，以特进大鸿胪褒表之。及示病不起，又就卧内加开府仪同三司、肃国公，皆牢让不允，特赐法号曰大广智三藏。大历九年夏六月癸未，灭度于京师大兴善寺。代宗为之废朝三日，赠司空，追谥大辨正广智三藏和上。荼毗之时，诏遣中谒者斋祝父祖祭，申如在之敬。睿词深切，嘉荐令芳。礼冠群伦，誉无与比。伊年九月，诏以舍利起塔于旧居寺院。和上性聪朗，博贯前佛，万法要指，缁门独立，邈荡荡其无双。稽夫真言字义之宪度，灌顶升坛之轨迹，则时成佛之速，应声储祉之妙。天丽且弥，地普而深，固非末学所能详也。敢以概见序其大归：昔金刚萨埵亲于毗卢遮那佛前受瑜伽最上乘义，后数百岁，传于龙猛菩萨。龙猛又数百岁，传于龙智阿阇梨。龙智传金刚智阿阇梨。金刚智东来，传于和上。和上又西游天竺、师子等国，诣龙智阿阇梨，扬搉十八会法。法化相承，自毗卢遮那如来迆于和上，凡六叶矣。每斋戒留中，道迎善气，登礼皆答，福应较然，温树不言，莫可记已。西域隘巷，狂象奔突，以慈眼视之，不旋踵而象伏不起；南海半渡，天吴鼓骇，以定力对之，未移晷而海静无浪。其生也，母氏有毫光照烛之瑞；其殁也，精舍有池水竭涸之异。凡僧夏五十，享年七十。自成童至于晚暮，常饰供具，坐道场，浴兰焚香，入佛知见。五十余年，晨夜寒暑，未曾须臾有倾摇懈倦之色。过人绝远，乃如是者。后学升堂诵说，有法者非一。而沙门惠朗受次补之记，得传灯之旨，继明佛日，绍六为七[43]。至矣哉！於戏法子，永坏梁木。将纪本行，托余勒崇。昔承微言，今见几杖。光容眇漠，坛宇清怆。纂书照铭，小子何攘。

铭曰：

> 呜呼大士，有我三宗。道为帝师，秩为仪同。
>
> 昔在广成，轩后顺风。岁逾三千，复有肃公。
>
> 瑜伽上乘，真语密契。六叶授受，传灯相继。
>
> 述者牒之，烂然有第。
>
> 陆伏狂象，水息天吴。慈心制暴，慧力降愚。
>
> 寂然感通，其可测乎？
>
> 两楹梦奠，双树变色。司空宠终，辨正旌德。
>
> 天使祖祭，宸衷悽恻。
>
> 诏起宝塔，旧庭之隅。下藏舍利，上饰浮屠。
>
> 迹殊生灭，法离有无。刻石为偈，传之大都。

　　　　建中二年岁次辛酉十一月乙卯朔十五日己巳建

　　撰《录》者论曰："自古高僧硕德宠遇殊恩，生时则荣，殁则已矣。今大辨正三藏和上则不如是。生承恩渥，历事三朝，授以列卿，品加特进。及卧疾也，宸仪曲临，劳问相仍，中使名医，晨夕相继，特加开府，封肃国公。洎乎薨焉，上弥震悼，辍朝三日，锡赠增优，授以司空，谥大辨正，仍号和上，先古未闻。城外荼毗，寺中起塔，不日不月，悉成就焉。兼树丰碑，记其德行，冠绝古今，首出僧伦，亚相作文，王傅书字，斯乃万代不朽也。和上属翻经度僧及诸佛事所上表奏并皇帝答批等，总有一百四十四首，《大辨正广智三藏表制集》所载是也。所翻经都一百五十卷[44]，并盛行于世。"

第七祖，法讳惠果阿阇梨耶。俗姓马氏，京兆昭应人[45]也。故大兴善寺大广智不空三藏之付法入室也。髫龀之日，随大照禅师见三藏。三藏乍见，惊曰："此儿有密藏器。"称叹不已。窃告之曰："汝必当兴我法。"抚之育之，不异父母。即授三昧耶佛戒，许之受职灌顶位，口授大佛顶、大随求梵本，普贤行愿、文殊赞偈。和尚禀气冲和，精神爽利，均颜回之知十，同项托[46]之诘孔。龙驹之子，骥子之儿宁得比肩乎？年甫十五，稍得灵验。代宗皇帝闻之，迎入，命之曰："朕有疑滞，愿为解之。"和尚即令两三童子，依法加持，请降摩醯首罗天[47]，法力不思议故，即遍入童子。和尚白王言："法已成，随圣意请问。"皇帝下座问天，则说三世事，委告帝王历数。皇帝叹曰："龙子虽小，能起云雨；释子虽幼，法力降天。入瓶小师，于今见矣！"即锡绢彩，以旌神用。从尔已后，飞龙迎送，四事优供。年登弱冠，进之具足。四分兼学，三藏该通，金刚顶五部大曼荼罗法及大悲胎藏三密法门、真言密契悉蒙师授。即授两部大法阿阇梨位、毗卢遮那根本最极传法密印。三藏告曰："吾百年后，汝持此两部大法，护持佛法，拥护国家，利乐有情。此大法者，五天竺国太难得见。一尊一部不易得，何况两部乎？所有弟子其数虽多，或得一尊，或得一部，愍汝聪利精勤，许以两部。努力精进，报吾恩也。"是故，三藏遗言中云："吾普告四众弟子等：大教总持，浩汗深广。瑜伽秘密，谁测其源？吾自髫龀出家，依师学业，讨寻梵夹，二十余年。昼夜精勤，伏膺咨禀，方授瑜伽四千颂法。奈何积叠深重，先师寿终，栖托无依，凭何进业？是以远游天竺，涉海乘危，遍学瑜伽，亲礼圣迹，得二十万法藏，印可相传。来归帝乡，福地行化。然一朝供奉，为三代帝师。人主尽授瑜伽，密传法契。爰自今圣，弘教最深。十八会瑜伽[48]，尽皆建立；三十七圣众[49]，一一修行。每入道场，依时念诵。九重万乘，恒观五智之心；阙庭百僚，尽持三密之印。吾当代灌顶三十余年，入坛授法弟子颇多，五部琢磨，成立八个，沦亡相次，唯有六人。其谁得之？则有金阁含光、新罗惠超[50]、青龙惠果、崇福惠朗、保寿元皎[51]、觉超[52]。后学有疑，汝等开示。法灯不绝，以报吾恩。"孔宣三千，德行四人[53]。广智数万，印可八个。就中七人得金刚界一部，青龙则兼得两部师位。是故代宗、德宗及以南内[54]三代皇帝以为灌顶国师。

大历十年十一月十日，皇帝恩赐锦彩等。和尚即表谢。词曰：

沙门惠果言：伏奉今月九日中使李宪诚奉宣进止，赐微僧锦、彩各二十匹，捧对忦惧，如山压己。惠果幸逢休明，叨承圣泽。聚沙之岁[55]，则事先师，二十余年，执侍巾锡，瑜伽秘密之宗、大悲胎藏之要特蒙教诲。偏承意旨，令为国昼夜修行。微僧是以破胆竭肝，亡形殉命，斯须不间，祈誓恳诚，将酬雨露之恩，冀答殊私之造。无任抃[56]跃之至，谨附表陈谢以闻。

沙门惠果诚欢诚恐谨言。

皇帝批曰："和尚遗教，阇梨克遵，秘密之宗，流传弟子。览师精恳，表以勤劳，薄锡缣缃，以崇香火也。所谢知。"如是属诸祈雨、祈雪、攘灾、致福所上表谢、答批等不能具载。

和尚贞元二十年，于醴泉寺为弟子僧义智建立金刚界大曼荼罗，及拼布尊位。于时，般若三藏及诸大德等集会法筵。和尚拼尊位讫，则手把香炉，口说要誓云："若使我今所置尊位与法相应者，天忽降雨。"所有众德、诸弟子等代师流汗。言了，则雷雨滂沱。人皆感伏，叹未曾有。般若云："所谓阿毗跋致[57]之相，即是当之也。"

又，诃陵国僧辩弘在本国日，诵持如意轮瑜伽[58]稍得法力。忽闻大毗卢遮那大悲胎藏大曼荼罗法在南天竺，切慕受学，即向南天。路中忽遇一人问曰："公何处去?"答曰："闻道南天竺有胎藏大法，心慕受学，所以装束取路。"彼人报云："彼法者，不空金刚阿阇梨将去，传大唐国。彼弟子惠果阿阇梨今见在长安青龙寺传授。若往彼所，必合受，不然者，难得。"言毕不见，即知神人。更却向大唐。遂诣青龙寺，奉遇和尚，委陈来意，即奉献七宝灌顶瓶一口、铜钵一口及商佉[59]三口，及诸名香等。和尚为开灌顶，传授胎藏大法。彼辩弘今见住汴州，宣传秘轮。

如是神验，触途稍多，不可具载。

至永贞元年岁次乙酉十二月十五日，告以微疾，示之有终，于京都青龙寺东塔院。元和元年正月十六日，葬于城东。四众合会，悲感动天。于时，有山人逸士吴殷略修和尚行状曰：

大唐神都青龙寺东塔院灌顶
国师惠果阿阇梨行状

弟子吴殷纂

大师法讳惠果，俗姓马氏，京兆昭应人也。故大兴善寺大广智不空三藏之法化也。地含秀气，诞此英灵；天降奇才，辅我王室。膺贤劫之一运，开愚迷之群心。大师童稚事师，幼而勤学。晨参暮诣，不倦于心。年未髫龀，持大佛顶，表其灵验。种种神变，凡所睹者，咸皆仡然。年及弱冠，具波罗提目叉。其护戒也，鹅珠草系；其安禅也，鸟栖树生。初秉《四分律》，后三密灌顶。登金刚顶，超须弥卢；入法界宫，开大悲藏。得一乘之妙旨，声振五天；蕴万德于心源，行超十地。三藏圣教，悉皆洞晓；五部秘法，诣极决择。百千真言，日夕讽持；万亿密印，四时修念。阳将亢也即祈，时霖涝也即止。蘖噜拏天众，呼吸从风；跋难陀龙王，所求速应。益伏爱息，得深悉地。意生法事，无不瑜伽。是故三朝师尊，四众依学，出入金殿，奉对紫极，敷演秘法，宣布妙理，四十余载矣。大师唯一心于佛事，不留意于持生。所受锡施，不贮一钱，即建立曼荼罗，愿之弘法利人。灌顶堂内，浮图塔下，内外壁上，悉图绘金刚界及大悲胎藏两部大曼荼罗及一一尊曼荼罗。

众圣俨然，似华藏之新开；万德辉曜，还密严之旧容。一睹一礼，消罪积福。常谓门人曰："金刚界、大悲胎藏两部大教者，诸佛秘藏，即身成佛之路也。普愿流传法界，度脱有情。诃陵辩弘、新罗惠日，并授胎藏师位；剑南惟上、河北义圆，授金刚界大法。义明供奉，亦授两部大法。今有日本沙门空海来求圣教，以两部秘奥坛仪印契，汉梵无差，悉受于心，犹如泻瓶。此是六人堪传吾法灯，吾愿足矣。日出月没，油尽灯灭，物之常也。菩萨不住，如来也灭，吾亦庶几，不如归真。"即以永贞元年十二月十五日五更去世。春秋六十，法夏四十。呜呼！法眼既灭，婴学何悲！大曼茶罗，失其教主，满空圣众，容为惨然。仰思教旨，无由奉诲。空增悲恨，痛不自胜。哀号哽咽，不获具题。诱接多门，万未述一。粗陈一二，悬之不朽。

元和元年正月三日

第三，问答决疑者：

溺派子问了本师[60]曰："如来正法者，佛所悬记，传法圣者迦叶、阿难等师师相付，诚有凭据。今所谓秘密佛乘者，如汝所言：'如来灭后八百年中，龙猛菩萨入南天铁塔，受金刚萨埵。'龙猛得此法时，一人受耶，为当有同受人耶？一切经首皆列同闻众。为决如是疑滞，尔明言。"了本师答："金刚智三藏说，如来灭后，有一大德名龙猛，先持大毗卢遮那真言，毗卢遮那佛而现其身，现无量身于虚空中，说此法门及文字章句次第，令写讫即灭，即《毗卢遮那念诵法要》一卷是也。时龙猛大德持诵成就，即至南天竺大菩萨藏塔前，愿开此塔。于七日中，绕塔念诵，加持白芥子[61]，打此塔门。至第七日，塔门乃开。塔内诸金刚神一时踊怒，不令得入。唯见塔内香灯光明，一丈二丈名花宝盖满中悬列，又闻赞声。时此菩萨至心忏悔，发大誓愿。诸金刚神出来问曰：'汝有何事？'答曰：'如来灭后，邪林繁郁，大乘欲灭。闻之此塔中有三世如来一切法藏，愿受持利济群生。'金刚命入。入已，其塔寻闭。观其内，即法界宫殿毗卢遮那现证窣都波是也[62]。三世诸佛、诸大菩萨——所谓普贤、文殊等皆住其中。即蒙金刚萨埵等灌顶加持，诵持所有秘密法门，宣布人间。又如前说，《楞伽经》如来悬记，是其明证。彼经曰：'我乘内证智，妄觉非境界。如来灭世后，谁持为我说？如来灭度后，未来当有人；大慧汝谛听，有人持我法。于南大国中，有大德比丘；名龙树菩萨，能破有无见。为人说我乘，大乘无上法。'是其证也。"

又曰："虽有斯文，无同闻众，何可信受？"答："《华严经》亦是此菩萨入龙宫诵持所传，此经亦不足信受耶？又如汝言，《瑜伽论》不合信受。何者？斯论者，《西域记》云，如来灭后一千年中，有一菩萨名无著[63]，夜升天宫，于慈氏菩萨所，受《瑜伽师地论》《庄严论》[64]《中边分别论》等书，为大众讲宣妙理。又或曰：弥勒夜分，下无著室，说此论等。无著闻受时，曾无同闻人，何故举世奉行乎？"

溺派子曰："此是金刚智三藏之口说，无经论诚文，不足信受。"了本师曰："经中明鉴，前已陈讫。纵使虽无经证，何不信受传法圣者言乎？若不信三藏口说者，玄奘三藏所记《西域记》等亦不合信。何以故？玄奘三藏游天竺之日，都无从者。随自见闻，载之翰墨。缘传法者不妄语，信其事而已。然前所述事，略载《金刚顶经义诀》中。"

溺派子问曰："此铁塔狭少，法界无边，何得称此塔中即是法界？"了本师答："子所疑有道理。夫蟭螟[65]不见大鹏，螺蛄[66]何信巨鲲？然粗为子说，宜莫惊怪。诸佛威神，大士所为，汝不曾闻乎？《维摩经》[67]说：'住不思议解脱菩萨威神力者，一毛端纳四大海，小芥子藏大须弥。'又《华严》说：'一尘中有尘数刹，一一刹有难思佛。一一佛处众会中，我见恒演菩提行。普尽十方诸刹海，一一毛端三世海。'又云：'十方所有佛，尽入一毛孔。各各现神通，智眼能观见。毗卢遮那佛，愿力周法界。一切国土中，恒转无上轮。'如是难信之事，诸佛境界，非声闻、缘觉之所能知。子未脱具缚，宁得能入乎？如是深法，以信能入。思量分别，何得其底？又，人有愚智，器亦顿渐。顿机能信，渐人何得？"

又问："此塔者，为人功所造乎？为当如何？"答："此塔者，非人力所为，如来神力所造。"

又问："此塔中所有法藏者，为释迦如来所说耶？为何佛说乎？"答："非释迦所说。何以故？应化佛不说内所证法故。"

问:"若非应化佛说,为法身说?"答:"说此有二义,如《法身说法章》说。"

注释

[1] 南天竺国人:关于不空三藏的祖籍,唐代的各家记载就有分歧。空海从圆照《贞元录》之说,认为三藏是南天竺国人。严郢撰《大唐大兴善寺大辨正广智三藏国师之碑铭并序》则笼统地说:"西域人也,氏族不闻于中夏,故不书。"而赵迁《大唐故大德赠司空大辨正广智不空三藏行状》和飞锡《大唐故大德开府仪同三司试鸿胪卿肃国公大兴善寺大广智三藏和上之碑》说的一致,且比较明确。《碑文》说为北天竺婆罗门之子,"早丧所天,十岁,随舅氏至武威郡"。《行状》说"本西凉府北天竺之婆罗门族",并说其母康氏,"先门早逝,育于舅氏,便随母姓"。康氏为昭武九姓之一,原为西域大国(在今巴尔喀什湖和咸海之间),后来大都东迁,居祁连山北之昭武城(今甘肃高台县境),隶属凉州府。故严郢《碑铭》说西域人,《行状》说西凉府人。赵迁、飞锡都是不空弟子,赵迁长期随侍不空,二文又为当时之作,其说法更有权威性。而圆照之文后出,传闻附会之处难免。由此可知,不空三藏祖籍北印度,属婆罗门种姓。幼年丧亲,便随舅氏生活。十岁时随舅氏东迁河西一带。

[2] 阇婆国:即爪哇国。

[3] 抠衣:提裳而行,以示敬谨之意。

[4] 函丈问端:《礼记·曲礼上》云:"席间函丈。"函,容纳。凡与长者讲话问答,宜相对一丈之距,以示恭敬。

[5] 七宝:即七种珍宝,又称七珍,指世间七种珍贵之宝。诸经说法

不一，《阿弥陀经》、《大智度论》卷十等谓七宝即（1）金。
（2）银。（3）琉璃，又作琉璃、毗琉璃、吠琉璃等。属青玉类。
（4）颇梨，又作颇胝迦，意译作水精（晶）。指赤、白等之水晶。
（5）车渠，又作砗磲。经常与玛瑙混同，概指大蛤或白珊瑚之
类。（6）赤珠，又称赤真珠。（7）玛瑙，深绿色之玉，但异于后
世所称之玛瑙。《法华经》卷四则以金、银、琉璃、砗磲、玛瑙、
真珠、玫瑰为七宝。

[6] 霈然洪澍：霈，雨多的样子。澍，通"注"，灌注之意。

[7] 节度使：唐初于重要地区设都督，总管数州军事。后分天下州、
县归各道，置使治理所部，边境与各民族接壤之地，则授以旌
节，称节度使。

[8] 学处：即戒律。因为戒律是声闻乘人修学的根本之处，故称戒律
为学处。

[9] 三长斋月：又称三斋月。于正、五、九三月中，从月初到月末每
日持过午不食之戒。

[10] 右银台门：位于大明宫西宫墙中部，是进出大明宫的主要门户
之一。门的上部曾建有楼观，附近置有内客省、受事亭子等
衙署。

[11] 良贲（717—777）：河中虞乡（山西永济市）人，俗姓郭。识鉴
渊旷，风表峻越，学通内外。天宝八载（749）登坛受戒，未
久，住持长安青龙寺。永泰元年（765），不空译《仁王般若经》
时，担任笔受兼润文之职，并奉敕于大明宫南桃园撰新译《仁
王经疏》三卷，以所住寺之寺名，故题为《青龙疏》。翌年，并
同《陀罗尼念诵仪轨》《承明殿讲密严经对御记》一卷进上。师
尝为代宗授菩萨戒，后移安国寺，大张讲筵，官供不匮，学者

如林。大历十二年三月示寂于符阳。

[12] 子邻：俗姓范，兖州乾封大范村人。亦称志邻。唐肃宗时入名僧选，来长安住安国寺，充内供奉，赐紫衣。参加不空译场，任笔受、润文等职。

[13] 天龙四众、八部鬼神：指天龙八部等鬼神护法。一、天众（Deva），包括欲界六天、色界四禅天、无色界四空处天。二、龙众（Nāga），为畜类。三、夜叉（Yakṣa），为飞行于空中之鬼神。四、乾闼婆（Gandharva），为帝释天之乐神。五、阿修罗（Asura），为非天众，容貌丑陋。六、迦楼罗（Garuḍa），译作金翅鸟，摄龙为食。七、紧那罗（Kiṃnara），译作非人、歌神，似人而头上有角，故名非人。为帝释天之乐神，故名歌神。帝释天有二种乐神，乾闼婆奏俗乐，紧那罗奏法乐。八、摩睺罗迦（Mahoraga），译作大蟒神，为地龙。八部中天龙神验殊胜，故称天龙八部。

[14] 无遮斋：无遮，宽容平等之义。无遮斋即无遮大会，无论圣贤、道俗、贵贱、上下，一切众生平等无遮而行的财布施、法布施之法会。为古印度国俗，中国于梁武帝大通元年始行之。

[15] 莲宫：莲华藏世界也，指报身佛之净土而言。

[16] 香界：原指佛寺，此处指代佛教界。

[17] 绀园：寺之异名。绀，绀琉璃色。绀者，青而含赤，琉璃者，青色，佛之毛发及佛国等之色。故僧寺亦称为绀园。

[18] 四依：《大般涅槃经》卷六举如来使者于末世弘经，人天依止者为四类。一具烦恼性之人，二须陀洹（预流果）、斯陀含（一来果）之人，三阿那含（不还果）之人，四阿罗汉（小乘极果）

之人。此处以四依指代众生。

[19] 火宅：出自《法华经》，众生长夜轮回六道，苦轮不息，比喻为身处着火的房子。

[20] 胜因：殊胜成就之因行。

[21] 智牙：牙通"芽"，智慧的萌芽。

[22] 杜冕：京兆杜陵（今陕西西安市）人。代宗永泰元年，官特进，试太常卿、兼御史中丞。历官鄜州刺史、鄜坊防御使，封郑国公。

[23] 斋儭（chèn）：儭，布施。斋儭，布施作斋粮之用。

[24] 先代三藏：指义净、善无畏、菩提流支、宝胜等人。

[25] 入佛知见：《法华经》有开、示、悟、入佛之知见四大法门，为一乘教之纲领。诸佛出世本怀，无非以此等知见加持众生，令渐发展。世尊入虚空库三摩地，当机蒙其加持，能密运成所作智之力，起不思议之神变。开佛知见，乃植佛因；示佛知见，斯睹佛境；悟佛知见，则契佛心。心虽契佛，而身未能神变无碍，尚有微细残惑为障耳。此障非入金刚后心，无法断尽。故未究竟成佛之前，成所作智不克随意运用，但得世尊殊胜加持力，仍能转大法轮，应化无方，得称"入佛知见"真实境界。此处以入佛知见指究竟成佛。

[26] 以文殊为上座：按西天竺之制，小乘寺院以宾头卢为上座，大乘寺院以文殊为上座。中国寺院此前以憍陈如或宾头卢（十六罗汉之首）为上座，今经不空三藏奏请改之。

[27] 化城：《法华》七喻之一，以譬喻小乘之涅槃。语出于《法华经·化城喻品》。

［28］三觉：即自觉、觉他、觉行圆满。阿罗汉只具自觉，菩萨兼具自觉觉他，惟佛全具三觉。又有一说，即本觉、始觉、究竟觉。

［29］见取：为外道之邪见，即于五蕴之法妄计取着我见、边见等。

［30］顺风比崆峒之问：《庄子·在宥》云，黄帝闻广成子有至道，前往拜见，广成子南首而卧，黄帝顺下风膝行而进，再拜稽首而问道。此处表示皇帝对于不空三藏极其恭敬。

［31］黄阁：汉代丞相厅事阁及汉以后三公的官署厅门涂黄色，称黄阁。此处指寺院。

［32］蒲柳：指蒲与柳，二者均早落叶，故以此喻人之早衰。

［33］眷：顾念、爱恋。

［34］惙（chuò）：疲惫，虚弱。

［35］中寿：古人称寿命为上、中、下寿。次于上寿为中寿，一说为七十岁。

［36］五钴金刚铃：密教法器之一。为惊觉诸尊，警悟有情而振之。其体坚固称为金刚，其柄为五钴形故称为五钴铃。

［37］《下武》：《诗·大雅》篇名，是一首赞美周武王等继承先王文德的诗歌。

［38］韦守宗：任左监门卫将军、弓箭库使，为高级宦官。

［39］京兆尹：中国古代官名。唐时初为"从四品上"，后加为从三品。唐开元初，升雍州为京兆府，往往以亲王领雍州牧。而改雍州长史为京兆尹，并增置少尹，以理府事。

［40］尚书仆射：古代官位。唐代，因尚书令曾为李世民所任，其后避讳而不置，以仆射为尚书省长官，即为宰相。

[41] 侍郎：古代官名。汉代郎官的一种，本为宫廷的近侍。东汉以后，尚书的属官，初任称郎中，满一年称尚书郎，三年称侍郎。自唐以后，中书、门下二省及尚书省所属各部均以侍郎为长官之副，官位渐高。相当于现在的部长、副部长级别。

[42] 阿师子：是对僧人的称呼。此处是唐代宗对惠果阿阇黎弟子惠胜法师的称呼。

[43] 而沙门惠朗受次补之记，得传灯之旨，继明佛日，绍六为七：据《不空三藏和尚遗书》："则有金阁含光、新罗慧超、青龙惠果、崇福慧朗、保寿元皎、觉超，后学有疑，汝等开示。"则不空三藏于其遗嘱中并未突出慧朗的地位。而依惠果和尚《相承文》云："即授两部大法阿阇黎位毗卢舍那根本最极传法密印，此印广智三藏从南天归之后，唯授惠果一人。"这表明最得不空三藏心髓的正嫡弟子是惠果。那么为何有上面惠朗"绍六为七"的说法呢？不空三藏入灭后，代宗皇帝曾颁旨："语僧惠朗，专知检校院事，兼及教授后学，一尊一契有次第者闻奏。"惠朗于三藏去世后，由于较为年长资深，继任不空三藏的大兴善寺之位领导寺务，因此，才有上面的惠朗"绍六为七"的说法。实际上这种说法也只是在不空三藏去世不久的一段时间，随着时间的推移，惠果和尚愈来愈突出，很快被公认为唐密七祖。

[44] 所翻经都一百五十卷：不空三藏前后所译经共一百一十一部，一百四十卷，其中有八部八卷为其著作（此说据吕建福著《中国密教史》）。而赵迁的《行状》云"凡一百二十余卷"，飞锡《碑铭》"总八十三部，计一百二十卷"都是不完全统计。

[45] 京兆昭应人：即京兆府昭应县归明乡（今陕西西安市东）人。按《新唐书·地理志》，天宝二年（743），分新丰、万年二县，

别置会昌县。七年省新丰县，改会昌县为昭应县，治所在温泉宫之西北。惠果出生的归明乡，当在从万年县分出的昭应县境内。

[46] 项托：春秋人，传说七岁而为孔子师。

[47] 摩醯首罗天：梵文 Maheśvara 之音译，义译大自在。即大自在天，居色界之顶。

[48] 十八会瑜伽：指大本十万偈《金刚顶经》所载之十八会。全称《金刚顶经》瑜伽十八会，或称《金刚顶经》十八会。指不空三藏依《金刚顶经》十八会而建立起的金刚界十八会瑜伽修法。

[49] 三十七圣众：指金刚界曼荼罗的三十七主尊，包括五佛与属于中央大日之四波罗蜜菩萨，属于四佛之十六大菩萨，内四供养、外四供养之八供，及四摄菩萨。此中十六大菩萨为慧德，四波、八供、四摄为定德。此数自应于三十七菩提分法之数。

[50] 惠超：亦作慧超。年二十来唐。开元七年（719），金刚智等来中土，慧超乃就近师事之。后航南海，游印度，遍探圣踪，开元十五年始归安西。二十一年正式入金刚智之室，从学八年。开元二十八年，金刚智于长安荐福寺译《大乘瑜伽金刚性海曼殊室利千臂千钵大教王经》时，担任"笔受"之职。大历八年（773），随不空再次受法。建中元年（780），携其所译经典至五台山乾元菩提寺，并作《一切如来大教王经瑜伽秘密金刚三摩地三密圣教法门》，述其秘义。在唐五十四年，后不知所终。著有《慧超往五天竺国传》三卷。

[51] 元皎：宁夏灵武人。初师事含光，从受金刚界法。至德间在灵武效力肃宗，并随驾赴京。至凤翔，在开元寺检校御置药师道场，择三七僧六时行法有验，得肃宗赏识，加署内供奉。回京

后，长在长生殿内道场持念，并从不空受金刚界五部法，得灌顶阿阇梨位，为不空门下六大弟子之一。广德二年（764），不空奏请为大兴善寺大德。后来身患痀瘵，出内居保寿寺，为该寺寺主。

［52］觉超：原为灵感寺僧。宝应二年（763）师事不空，并受金刚界五部法，得灌顶阿阇梨位，为不空六大弟子之一。广德二年（764），不空奏请为大兴善寺大德。常随不空出入中禁，在长生殿内道场持念。大历十二年（777）五月二十日，提出辞表，出内道场，归保寿寺。有付法弟子契如、惠德。

［53］孔宣三千，德行四人：孔宣，指孔子，孔子被后世追封为文宣王，故称。孔子有弟子三千人。孔门四科：德行——颜回、冉伯牛、冉雍、闵子骞；政事——冉有、子路；言语——宰我、子贡；文学——子游、子夏。其中列入德行之科的只有四人。

［54］南内：指唐顺宗李诵，在位仅一百八十六天，被迫禅位于太子李纯（唐宪宗），称太上皇，居南内兴庆宫。

［55］聚沙之岁：《法华经·方便品》："乃至童子戏，聚沙为佛塔。如是诸人等，皆已成佛道。"佛教因此称儿童时代为聚沙之年。

［56］抃：鼓掌表示欢欣。

［57］阿毗跋致：梵语 Avaivapti 之音译，又作阿鞞跋致，或阿惟越致。义译为不退转，于成佛之路不复退转之位，为菩萨阶位之名。

［58］如意轮瑜伽：《观自在菩萨如意轮瑜伽》之略名，仪轨之名。

［59］商佉：即赢贝，海贝。

［60］溺派子问了本师：溺派子与了本师为空海假托的两个人名，以

溺派子代表那些对空海传至日本的密教真言宗怀有偏见的显教人士，了本师则代表空海自己。

[61] 芥子：芥为一种小草，芥子为芥的种子，极微小。芥子性坚辛，密教以真言加持之，作降伏之用。

[62] 即法界宫殿毗卢遮那现证窣都波是也：窣都波，梵语 Stūpa 音译，即塔。整句义为：塔即是法界宫殿，是毗卢遮那佛之所现证。

[63] 无著（Asaṅga）：为大乘瑜伽行派宗之祖。生于公元四、五世纪顷。北印度犍陀罗国普鲁夏普拉人。以神通往兜率天从弥勒菩萨受学大乘空观，归来如说思惟，遂达大乘空观。《婆薮槃豆传》曰："既得大乘空观，因此为名，名阿僧伽，阿僧伽译为无著。"后又数往兜率天随弥勒菩萨听闻《瑜伽师地论》等大乘深义，并集众宣说，由是大乘瑜伽行法门传至四方。后乃造大乘诸论以摄大教理。《摄大乘论》者，即摄取《瑜伽师地论》中大乘部之要领。其他尚有《显扬圣教论》《大乘集论》《杂集论》《习定论》等，皆我国所译。

[64] 《庄严论》：全称《大乘庄严经论》，凡十三卷。无著造，唐代波罗颇蜜多罗译。内容解说菩萨发心、修行以及应修习之各种法门。乃瑜伽十支论之一。全书共分二十四品。

[65] 蟭螟：古代传说中一种极小的虫。《抱朴子·刺骄》云："蟭螟屯蚊眉之中，而笑弥天之大鹏。"蟭螟极小，故见不到巨大的大鹏。

[66] 蝘蜓：蜥蜴的一种，为陆生动物，故不信海中有鲲。

[67] 《维摩经》：维摩，即维摩诘（Vimalakīrti），人名，译作"净

名"或"无垢称"。此经译本，据宋代智圆撰《维摩经略疏垂裕记》有六种：一、后汉严佛调译，一卷，名《古维摩经》；二、吴支谦译，二卷，名《维摩诘说不思议法门经》；三、西晋竺法护译，一卷，名《维摩诘所说法门经》；四、西晋竺叔兰，三卷，名《毗摩罗诘经》；五、姚秦鸠摩罗什译，三卷，名《维摩诘所说经》；六、唐玄奘译，六卷，名《佛说无垢称经》。严译本及二竺译本现已不存。据僧肇《维摩诘所说经·序》记载，后秦姚兴弘始八年（406）鸠摩罗什于长安大寺重译此经。隋唐以来，讲习此经者，大都依据罗什译本。僧肇《维摩诘所说经·序》用下面一段话概括全经内容："此经所明，统万行则以权智为主，树德本则以六度为根，济蒙惑则以慈悲为首，语宗极则以不二为门。凡此众说，皆不思议之本也。至若借座灯王，请饭香土，手接大千，室包乾象，不思议之迹也。……非本无以垂迹，非迹无以显本。本迹虽殊，而不思议一也。"

附录二

两部大法相承师资付法记上[①]

略叙《金刚界大教王经》师资相承付法次第记。

三藏金刚智云，我从南天竺国，亲于龙智阿阇梨边，传得此金刚界百千颂经[2]。龙智阿阇梨自云，从毗卢遮那如来（即释迦如来，是此约法性身为名）在世，以此金刚界最上乘法，付属普贤金刚萨埵[3]。普贤金刚萨埵付妙吉祥菩萨[4]。妙吉祥菩萨复经十二代[5]，以法付嘱龙猛菩萨（龙猛菩萨即龙树菩萨也，菩萨生时于龙树下生，故名龙树也）。龙猛菩萨又经数百年，以法付嘱龙智阿阇梨。龙智阿阇梨又经百余年（此二圣者，道果成就，皆寿数百岁），以

① 《大正藏》51册，第783页下—785页下。

法付金刚智三藏［梵云啰曰罗（二合）吉孃（二合）曩，此云金刚智］。金刚智三藏和尚蕴大小乘，宗一切有部[6]，住戒霜洁，律为堤塘。南天竺国王第三子，为弘法故，杖锡五天，来游震旦。时有中天竺国三藏，姓释迦氏，斛饭王[7]五十二代孙。因父王使命征战，遂见杀戮，残害者众，遂不乐王位，厌世出家，誓愿传法东国。与金刚智三藏，于玄宗朝同为国师。知三藏金刚智解金刚界法，遂于金刚智三藏请传金刚界五部法。时三藏金刚智知中天竺国无畏三藏解大毗卢遮那教，叹言："此法甚深，难逢难遇。昔于南天竺国闻有大毗卢遮那教名，遂游五天访求，都无解者。今至大唐，喜遇此教。"遂请无畏三藏求授大毗卢遮那大教。亘为师资，传授二本教。三藏金刚智阿阇梨又将此金刚界大教王，付大兴善寺三藏不空智阿阇梨。三藏不空智和尚又以此法，付嘱含光阿阇梨等弟子五人：一、含光阿阇梨（代宗皇帝有敕，令修北五台山，造金阁寺[8]，不暇传法），二、大兴善寺惠朗阿阇梨（传于崇福寺[9]天竺阿阇梨，天竺阿阇黎传付德美、惠谨、俗居士赵玖），三、青龙寺昙贞阿阇梨（不传弟子，每有学法者，云东塔院有惠果阿阇梨，善通教相，可于彼学），四、保寿寺[10]觉超阿阇梨（传付契如、惠德阿阇梨），五、青龙寺东塔院惠果阿阇梨。善通声论，唐梵双明。每栖心于实相之门，妙悟解于如如之理。常讽《维摩经》，又于余暇常披读《涅槃》《花严》《般若》《楞伽》《思益》[11]。复遇大兴善三藏和尚，授金刚界。乃曰："此教最上最妙。然昔日所悟大乘心地，亦为至极至妙。今遇金刚界法门，更为最上，所以云极无有上者。且显教心地，唯明理观，今此瑜伽教，通理事二门[12]。住金刚界，一念相应，便登正觉[13]，故云极无有上也。"所传金刚界法者，则有大兴善寺传灌顶教同学惠应[14]阿阇梨，惠则[15]，成都府惟尚，汴州辨弘，新罗国僧惠日，日本国僧空海，青龙寺义满、义明、义操、义照、义愍、义政、义一，俗居士吴殷（已上十四人皆传授大教，次阿阇梨位）。次青龙寺东塔院义操阿阇梨所传金刚界大法，则有当院同学僧法润、义贞、义舟、义圆，景公寺僧深达，净住寺僧海云，崇福寺僧大遇，醴泉寺僧从贺、文苑，会昌寺[16]新罗国僧均亮，当院常坚，玄法寺[17]僧智深、法全[18]，弟子僧文秘（已上一十四人授金刚界大法，皆次阿阇梨位故）。得金刚界大教，海内流行，枝叶不绝。优昙钵教，满字已圆[19]。其有得传金刚界法者，顿见菩提，入曼荼罗，得授阿阇梨灌顶，如授法轮王位。此大教王名金刚界者：金刚者，坚固义也，以表一切如来法身坚固不坏，无生无灭，无始无终，坚固常存不坏也；界者，性也，明一切如来金刚性，遍一切有想身中，本来具足圆满普贤毗卢遮那大用自性身海性功德。故修瑜伽者，又以大乐普贤金刚欲箭三摩地[20]，破彼无明住地二障种现，及二乘种[21]，摧碎无余，于一念顷，证大日毗卢遮那位。此经又名金刚顶者，如人之身，顶最为胜，此教于一切大乘法中，最为尊上[22]，故名金刚顶〔梵云缚曰嚕（二合）瑟扼（二合）沙，此云金刚顶〕。又是金刚界光明遍照如来，现等觉身[23]，示现三密五智，令一切有情证大圆镜智，成大菩提也。

此经梵本十万偈，略本四千偈，广本则有无量百千俱胝那庾多[24]微尘数偈。如《金刚顶义决》中说，南天竺国有大铁塔，中有金刚界曼荼罗，圣者形像，铁铸所成。其塔中有梵夹，广如床，广八九尺，高下五六尺，尽是《金刚界大教王广梵本经》。则知此经广本有无量百千俱胝那庾多微尘数偈，不可以凡心测量。如《法华·化城喻品》云，说是《法华经》如恒河沙偈。又《药王本事品》说，甄迦罗、频婆罗、阿閦婆[25]等偈，随根演教，广略不同。即如《花严经》三本，上本有十三千大千世界微尘数偈，四天下[26]微尘数品；中本有四天下微尘数偈；第三本十万偈（即《花严》八十卷经等是也）。即如《金刚顶经》梵夹经略本四千偈，中本十万偈，广本则有无量百千俱胝那庾多微偈。又如《华严经》说普贤修多罗，佛刹微尘数修多罗而为眷属。昔姚秦时，罗什三藏[27]将此《梵网经》云是大本《菩萨戒经》[28]，略译成两卷，云是此经中浅略行相。又至大唐开元年中，三藏金刚智，从南天竺国将得金刚界十万偈梵夹经。时大海中过大恶风，三船中所有宝物、舍利、功德尽投于海中。时十万偈梵夹经误忘，亦投于海中。三藏尔时作息灾法，遂得风止。故知十万偈经与此土缘薄，故此经王沈没大海。次至大唐天宝九载，三藏不空阿阇梨自往五天，遍求胜法。行至南天竺国，得遇长年普贤阿阇梨[29]，遂再谘求重学金刚界法，将得十万偈经（故金刚界前后所学者，有少不同）。所以大兴善寺三藏和尚，代宗皇帝灌顶之师，每与皇帝讲金刚界甚深义味，常在内道场翻译圣教。门下学徒，授持明灌顶者，数盈千万；升堂预翻译者三十余人；入室传阿阇梨灌顶者，数唯五人（如前文已叙）。金刚界毗卢遮那梵本经百千偈（即十万偈也），说经处有十八会（名目、列数、次第，如《十八会指归》说也）。四大品[30]：一、金刚界，二、降三世，三、遍调伏，四、一切义成就（此四种，皆金刚界所摄）。一切法要以四智印摄，所谓大印、三摩耶印、法智印、羯磨智印[31]。又一一曼荼罗皆具六曼荼罗：一、所谓大曼荼罗，二、三昧耶曼荼罗，三、法曼荼罗，四、羯磨曼荼罗，五、四印曼荼罗，六、一印曼荼罗[32]。唯降三世曼荼罗，具十曼，余皆具六。其经说五部：一、佛部（毗卢遮那佛以为部主，四波罗蜜菩萨[33]以为眷属），二、金刚部（阿閦佛以为部主，四大菩萨[34]以为眷属），三、宝部（宝生佛以为部主，四大菩萨[35]以为眷属），四、莲华部（阿弥陀佛以为部主，四大菩萨[36]以为眷属），五、羯磨部（不空成就佛以为部主，四大菩萨[37]以为眷属）。内外供养，及四摄[38]，成三十七。又说四种法身：一、自性身，二、受用身，三、变化身，四、等流身。四种地位：一、胜解行地，二、普贤行愿地，三、大普贤地，四、普遍照辉地。地前三贤[39]为胜解行地，从初地至十地为普贤行愿地，等觉菩萨为大普贤地，佛名普遍照耀地。四种念诵：一、声念诵，二、语念诵（亦名金刚念诵，谓舌端微动，唇齿合），三、三摩地念诵（谓住定与观智相应），四、胜义念诵（思第一义谛如久之理）。四种求愿法（谓息灾、增益、降伏、敬爱，并摄召成五），又《瑜伽经》中明四种眼[40]（如经说）、四种座法[41]（如经说）、五种大愿[42]（如经说）。又《一切如来教集瑜伽》中说一百二十种护摩炉，炉中执印标帜各异，所求迅速成办世出世间果报。诸会浩汗，内曼荼罗尊位三十七；并贤劫十六大菩萨，表贤劫中一千佛，或贤劫千佛，皆在曼荼罗四方，围绕大曼荼罗，成五十三；并外二十天，成七十三；内院地、水、火、风天，成七十七；四角有四忿怒明王[43]（或宣标帜形），成八十一圣者身。已上总名金刚界大曼荼罗王（内五十三圣者属灌顶尊，余天等皆各外金刚部，不入灌顶位[44]）。金刚界曼荼罗并外金刚部尊身，共八十一，皆是金刚界光明遍照如来之眷属，以表十方三世尽虚空遍法界持微尘刹海一切如来身，以为其体，是亦十方三世诸佛。般若波罗蜜母，悉能出生一切诸佛菩萨、金刚萨埵性所成就诸菩萨等；亦能出世甚深秘密百千万亿修多罗藏，皆是毗卢遮那如来性海功德；亦能出世花藏庄严世界海有情世间及器世间[45]，皆是毗卢遮那如来体性周遍故，一身充满一切刹。故云此教门难逢难遇，故从上传法者经数百年外，方传一人。我大兴善寺三藏和尚亲礼五天，重谘胜法，教流天下，大法盛传。所以新罗诸国经逾数万，航海忘躯，来趋我唐，至求胜法。故得金刚界累代相承。每年有敕，于大兴善寺及青龙寺、保寿、兴唐、崇福、醴泉寺，大开灌顶，传法度人，是皆我大兴善寺三藏和尚传法之孙资也。弘教枝叶，递相传持，永久无尽。苾刍海云顷因余暇，时属仲秋之月，谨依本教略集金刚界大教王师资相承传法次第。从普贤金刚萨埵至今所传，继于八叶。

敬礼金刚界自在，普贤萨埵持明王！

回此赞演施群生，普愿同生华藏界[46]。

巨唐大和八年岁在甲寅仲秋月二十日，净住寺梵字传教沙门海云集

注释

[1] 海云：姓氏乡里无考，为不空三藏的再传弟子，青龙寺义操阿阇黎的弟子。海云早年在长安侍师义操翻译、记集密典，后到五台山修习密法，以苦行著称。《付法记》上卷于唐文宗大和八年（834）八月二十日作于长安净住寺，下卷于同年十月八日于作五台山大华严寺，记录了真言密教金胎两界从印度至中国的传承及两部大法的主要内容，为研究真言宗的一份重要史料。

[2] 金刚界百千颂经：即十万颂《金刚顶经》。《金刚顶经》有三种本：广本有无量偈，中本有十万偈（即十万颂），略本有四千偈。故此处之本为中本。

[3] 普贤金刚萨埵：普贤，梵名邲输跋陀（Viśvabhadra），又作三曼多跋陀罗（Samantabhadra），或译曰普贤，或作遍吉。主一切诸佛之理德、定德、行德，与文殊之智德、证德相对。即理智一双，行证一双，三昧般若一双也。故以为释迦如来之二胁士：文殊驾狮子侍佛之左方，普贤乘白象侍佛之右方（今反智右理左之

说者，示理智融通之义，又胎藏界之次第右莲左金也）。此理智相即、行证相应、三昧与般若全者，即毗卢舍那法身佛。《华严》一经之所明，归于此一佛二菩萨之法门，故称为"华严三圣"。为一切行德之本体，故于华严之席说十大愿；又为诸法实相之理体，故于法华之席，誓于法华三昧之道场自现其身。《大日经疏》卷一："普贤菩萨者，普是遍一切处义，贤是最妙善义。谓菩提心所起愿行，及身口意，悉皆平等遍一切处，纯一妙善，备具众德，故以为名。"显教之普贤菩萨，密教谓之普贤金刚萨埵，持五股之金刚杵，密号"真如金刚"。

[4] 妙吉祥菩萨：即文殊菩萨，梵语 Mañjuśrī，音译文殊师利，新称曼殊室利，意译妙吉祥。《大日经疏》卷一："妙吉祥菩萨者，妙谓佛无上慧，犹如醍醐纯净第一。室利翻为吉祥，即是具众德义。或云妙德，亦云妙音也。"文殊早已成佛，其受用身名普见如来，国土名如愿圆满积集离尘清净世界，庄严殊胜，过于极乐世界（见《文殊师利菩萨佛刹功德庄严经》）。其应化身，或名龙种上如来（见《首楞严三昧经》卷下），或名大身如来（见《菩萨璎珞经》），或名摩尼宝积如来（见《央崛摩罗经》）。释尊住世时，则又示迹菩萨，助弘大乘。生于舍卫国多罗聚落梵德婆罗门家，出家学道。佛灭后四百五十岁，乃于本生处入灭（见《文殊师利般涅槃经》）。我国五台山，依《华严经》说，谓是文殊法身道场，随机应迹，累有瑞征。

[5] 妙吉祥菩萨复经十二代：此说不详所指。即如海云自作的金刚界《师资相承图》亦以龙树直承金刚萨埵，不列文殊菩萨。只有造玄的《胎金两界血脉图》于金刚界中，列曼殊室利于普贤与龙猛之间为三祖。

[6] 宗一切有部：约所宗之戒律而言，唐代密宗诸祖师所弘扬的戒律
皆为一切有部律。

[7] 斛饭王：即甘露饭王，见《大唐东都大圣善寺故中天竺国善无畏
三藏和尚碑铭并序》注[4]。

[8] 金阁寺：位于山西五台山南台西北。为五台山著名佛寺之一。唐
开元二十四年（736）由道义草创，不久代宗命泽州僧道环起工
事。时大兴善寺不空亦资助此举，大历二年（767）落成，代宗
敕赐予不空，作为密教弘布之道场。大历五年，始称金阁寺。以
该寺铸铜为瓦，涂金于瓦上，饰佛阁为金阁，故称金阁寺。

[9] 崇福寺：位于长安。初，唐帝室自念起自太原，为报地恩，于扬
州、荆南、太原及两京造寺五所，皆称为太原寺。武后时重修
之，改西京太原寺为魏国西寺，东京者为大福先寺，又改魏国西
寺为崇福寺。神楷法师曾于寺中大弘《摄大乘论》《俱舍论》等，
遂成唯识宗道场。后太原之太原寺亦改称崇福寺，世人乃称此寺
为西崇福寺。开元年中智昇法师居此，撰《开元释教录》，大行
于世。

[10] 保寿寺：在唐长安城翊善坊。本高力士宅，天宝九载（750）舍
为寺。

[11] 《思益》：即《思益梵天所问经》，凡四卷。后秦鸠摩罗什译。本
经系概述佛为网明菩萨与思益梵天等诸菩萨说诸法空寂之理。

[12] 且显教心地，唯明理观，今此瑜伽教，通理事二门：显教极则
之禅宗乃自般若门入，以显无相之真如理体为主；密教则自三
昧门入，以般若为基而向上，能兼显妙庄严相也。

[13] 住金刚界，一念相应，便登正觉：安住于金刚界法门修行，一

念相应，就能实证究竟佛果，登上无上正觉之位。说明金刚界法门成佛迅速、殊胜无比。密乘最高法理，以《金刚顶经》开示金刚心境界，由初心至后心，经历十六大菩萨位，而五智圆成，清净法身开发尽致，自受用身庄严具足，他受用身及应化等流诸身则随机显现，是谓究竟成佛之果相。

[14] 惠应：原奉事不空，住大兴善寺，后转从惠果受金刚界法，得传法灌顶阿阇梨位。有弟子文璨在扬州栖灵寺开坛传法。另有弟子曾渡海往新罗，途遇暴风，传说持念胎藏圣众得救，同船五十余人沉没。

[15] 惠则：原奉事不空，住大兴善寺，后转从惠果受金刚界法。有弟子缘会、文悟、元政三人，其中元政于会昌年间付法于日本天台僧圆仁。

[16] 会昌寺：位于长安金城坊，唐高祖武德元年（618）所立。

[17] 玄法寺：在长安城安邑坊街之北。宋敏求《长安志》卷八载：玄法寺"本隋礼部尚书张颖宅，开皇六年立为寺。"

[18] 法全：约生于敬宗至宣宗（824—859）时代。初时就青龙寺义操修学密乘，后进入玄法寺引领徒众。武宗会昌年间，选为长生殿持念大德，后迁于青龙寺。著有《大毗卢遮那成佛神变加持经莲华胎藏悲生曼荼罗广大成就仪轨供养方便会》二卷（即《玄法寺仪轨》）、《大毗卢遮那成佛神变加持经莲华胎藏菩提幢标帜普通真言藏广大成就瑜伽》三卷（即《青龙寺仪轨》）。日本来华之僧人，多就师受法，如宗睿、圆仁、圆载、圆珍、遍明等。

[19] 优昙钵教，满字已圆：优昙钵，优昙钵罗花的略称，即昙花，以喻此教法之难值稀有。整句意为：密教是如昙花般稀有难值

的教法，满字教（大乘教法）至此已达圆满。

[20] 大乐普贤金刚欲箭三摩地：与欲金刚相应的三摩地。欲金刚为密教金刚界曼荼罗理趣会中台五尊四金刚之一，即列于中尊金刚萨埵之前方月轮莲花上之菩萨。又此尊为五秘密菩萨之一，形像以左手持弓，右手执箭，立右膝而作射状。据《金刚顶瑜伽金刚萨埵五秘密修行念诵仪轨》载："欲金刚者，名为般若波罗蜜，能通达一切佛法，无滞无碍，犹如金刚，能出生诸佛。……持金刚弓箭，射阿赖耶识中一切有漏种子，成大圆镜智。"

[21] 无明住地二障种现，及二乘种：根本烦恼，能生枝末烦恼，故名住地。住地烦恼有五种：一、见一处住地，身见等三界之见惑，入见道时断于一处，故曰见一处。二、欲爱住地，欲界之烦恼中，除见与无明者，其中爱着之咎重，故表爱之名。三、色爱住地，色界之烦恼中除见与无明者，其中爱着之咎最重，故独表爱之名。四、有爱住地，无色界之烦恼中，除见与无明者，其中爱着之咎最重，故表爱之名。有爱之有为生死之义，无色界之爱于生死之果报，为爱着之最终者，故名有爱。五、无明住地，三界一切之无明，无明为痴暗之心体，无慧明者，是为一切烦恼之根本，故别立一住。于根本枝末中为根本无明，于我法二执中为法执，是一切烦恼之所依，为变易生死之因，故名住地。《大乘义章》卷五本曰："本为末依，名之为住。本能生末，称之为地。"《胜鬘宝窟》卷中末曰："能生名地，令所生成立名住。"二障即烦恼障、所知障。种现，种子与现行。二乘乃无漏浅行。十地菩萨于法虽得自在，然余障未尽，不能入如来位，此余障即无明住地之二障种现及二乘种。二障为极微所知障（第八识尚为根本无明所遮盖，此障既有种子又有现

行）、残余烦恼障（虽不起现行，残种犹在）。此二障种子及现行为有漏者，二乘种则为无漏之浅者，故谓之无漏浅行。欲究竟成佛，有漏者固须断舍，无漏浅行之二乘种亦须断除。修金刚界十六特性至金刚牙特性时，上文所谓无明住地之二障种现及二乘种，一一摧碎无余，至金刚拳则究竟成佛矣。

[22] 此教于一切大乘法中，最为尊上：《金刚顶经》教法之正机为十地已满的等觉菩萨，其教全于金刚心行之，由初心至于后心，经历十六大菩萨位而五智圆成，具足四种法身，令行者至于究竟成佛，故说此教于一切大乘中最为尊上。

[23] 又是金刚界光明遍照如来，现等觉身：指金刚界毗卢遮那佛所现之他受用身。他受用身，谓诸如来由平等性智示现微妙净功德身。居纯净土，为住十地诸菩萨众现大神通，转正法轮，决众疑网，令彼受用大乘法乐。五智法身具足，彰为妙相，内证则显自受用身，外表则显他受用身。自受用身，原属大圆镜智内证之境。能与感通者，唯十方诸佛。如不空译《金刚顶瑜伽三十七尊出生义》："于是发明知见，成就众生，住相应门，作诸佛事。是以由大圆镜智，厥有金刚平等现等觉身，则塔中方东阿閦如来也。由平等性智，厥有义平等现等觉身，即塔中方之南宝生如来也。由妙观察智，厥有法平等现等觉身，即塔中方之西阿弥陀如来也。由成所作智，厥有业平等现等觉身，即塔中方之北不空成就如来也。由四如来智，生出四波罗蜜菩萨焉。盖为三际一切诸圣贤生成养育之母，于是印成法界体性智自受用身，即塔之正中毗卢舍那如来也。"

[24] 俱胝那庾多：俱胝（koṭi），意译为亿，乃印度数量之名。那庾多（Nayuta），又作那由他，数目字，相等于今天的亿数。

［25］甄迦罗、频婆罗、阿閦婆：皆为古代印度数量名。甄迦罗（Ka-mkara），相当于千万亿。频婆罗（Vimvara），相当于十兆。阿閦婆（Akṣobhya），又作阿刍婆，相当于数千兆。

［26］四天下：须弥山东南西北之四大洲，东名弗婆提，西名瞿耶尼，南名阎浮提，北名郁单越。

［27］罗什三藏：鸠摩罗什（Kumarajiva）（344—413，一说 350—409），意译作童寿。东晋龟兹国（今新疆库车）人。我国四大译经家之一。东晋隆安五年（401）至长安，后秦姚兴礼为国师，居于逍遥园，与僧肇、僧严等从事译经工作。自后秦弘始五年（403）四月，罗什先后译出《中论》《百论》《十二门论》（以上合称三论）《般若》《法华》《大智度论》《阿弥陀经》《维摩经》《十诵律》等经论，有系统地介绍龙树中观学派之学说。

［28］《菩萨戒经》：鸠摩罗什最后译出《梵网经》中之《菩萨心地戒品第十》，为二卷，题曰《梵网经卢遮那佛说菩萨心地戒品第十》。后别录此下卷中偈颂已后所说之戒相为一卷，以便诵持。天台宗祖师智颇称之为《菩萨戒经》。

［29］普贤阿阇梨：即龙智菩萨。

［30］四大品：依不空三藏译《金刚顶经瑜伽十八会指归》，系《金刚顶经》初会之四大品。《十八会指归》云："《金刚顶经》瑜伽有十万偈十八会，初会名为一切如来真实摄教王，有四大品：一名金刚界，二名降三世，三名遍调伏，四名一切义成就。表四智印……"

［31］一切法要以四智印摄，所谓大印、三摩耶印、法智印、羯磨智印：一切印契、一切法要以四智印摄尽之：一、大智印，梵名摩诃岐若勿他罗（Mahā-jñāna-mudrā），五相成身之佛也。二、

三昧耶印，梵名三昧耶岐若勿他罗（Samaya-jñānā-mudrā），诸尊所持三昧耶形五钴、刀、莲花之类也。又结于诸尊手之印契也，又结于行者手之印契也。三、法智印，梵名陀罗摩岐若勿他罗（Dharma-jñāna-mudrā），本尊之种子也。又法身之三摩地，又显密一切之契经陀罗尼。四、羯磨智印，梵名羯罗摩岐若勿他罗（Karma-jñāna-mudrā），诸尊之威仪作业也。又谓四种曼荼罗。印者决定不改之义，智者决断简择之义，四曼表佛之内德，决定不改，又各守其德，决断简择，故称智印。《所藏记钞》卷三曰："问：四种曼荼罗、四智印，有何差别？答：尊者之解释不一。然依一义只是建立不同，约于轮圆具足之边，名为四曼，约于决断不改之边谓之四智印，于其法体有四曼四智差别也。"

[32] "一一曼荼罗皆具六曼荼罗"至"一印曼荼罗"：曼荼罗深义为轮圆具足，将一切法界性加以周备之排列，圆具无缺。表诸色尘，或偶像，或图画，作诸佛菩萨、诸天等大集会形式，乃浅义之一耳。

一、大曼荼罗。法界本体，恒在无住涅槃之中，无所表示。见性之人能感得多法界者，五大衬起之力也。能感之性，即本觉之灵知，各各建立自性身。初本无相，只各具一段超妙精神而已。以无量无边之自性身互相联络而排比之，名曰大曼荼罗，实即精神界排列法也。称之曰大，五大衬托所成故。与余三曼荼罗融合，则诸自性身各有庄严妙相。建立此曼荼罗，以大圆镜智为主，金刚坚固身境界。

二、三昧耶曼荼罗。以灵知之心具摄一切法界理性，加强地大能力，得入"宝性三昧"，为物质之源。更增火大能力，得入"宝光三昧"，则光明彰焉。复增水大能力，得入"宝幢三昧",则形器现焉。以无量无边之器相各为标帜而排比之,名曰三昧耶曼荼罗,实即物质界排列法也。称之曰三昧耶,赞三昧中所显福德故。建立此曼荼罗,以平等性智为主,福德庄严身境界。

三、法曼荼罗。法法相关之条理,妙义无穷无尽,无形相可见,惟以名句代表意趣而已。加强水大能力,意趣浓厚,以风大推动之,则从口部发出琅然言音,即法性之显示。一音本来顿显无量妙义,为曼荼罗全部种子真言。而分位行之,则一一法性又各呈特殊之音,成为无量诸尊种子真言。集合一切种子真言,不落空间,隐加条理,名曰法曼荼罗(若以形式表之,一一种子皆代以文字作空间排列)。建立此曼荼罗,以妙观察智为主,受用智慧身境界也。

四、羯磨曼荼罗。众生日住大曼荼罗中,内心隐受诸佛加持,迷不自觉。为救度故,诸佛加强风大能力,由外迹推动之,俾众生从六尘接受教法,所谓羯磨事业也。众生根机差别无量,应推动何种法性以感其心,自然随机而异。或现佛身,或现菩萨身,或现诸天身乃至人、非人身,皆当机之自感,佛惟于涅槃妙心中作无形运用而已。将运用种种状况隐加条理,名曰羯磨曼荼罗(若以形式表之,则代以诸佛威仪作空间排列)。建立此曼荼罗,以成所作智为主,千万亿化身境界也。四种曼荼罗皆依空大而建立,恒与法界体性并显。专论法界体性,本可建立总相曼荼罗,然离四曼别无特相可见,于带显四曼之际,证明清净法身妙趣,则称法界体性智。

五、四印曼荼罗。系以阿閦、宝生、无量寿、不空成就四佛之四智摄收一切诸尊之曼荼罗,表示"四曼不离"之义,共有十三尊。中央月轮中为大日如来,其东方为金刚萨埵,南方为虚空藏（金刚宝），西方为观音（金刚法），北方为毗首羯磨（金刚业），在萨、宝、法、业四菩萨之间作三摩耶形图，即于大圆轮之四隅顺次安置此四菩萨之三昧耶形：五钴杵、宝珠、莲花、羯磨。另外，外院四隅内亦安置嬉、鬘、歌、舞等四供养之三昧耶形：三钴杵、花鬘、箜篌、羯磨。故总计十三尊，表示大印、三摩耶印、法印、羯磨印等四智印。中央之大日一尊为四尊之总德，归让于四尊之名，故称四印曼荼罗。

六、一印曼荼罗。为示大日如来之独一法界，更合前四曼，而示大日独一法界之一智拳印者，故名一印曼荼罗。

[33] 四波罗蜜菩萨：分别为金刚波罗蜜菩萨、宝波罗蜜菩萨、法波罗蜜菩萨、羯磨波罗蜜菩萨。

[34] 四大菩萨：金刚部之四大菩萨为：金刚萨埵、金刚王、金刚爱、金刚喜。

[35] 四大菩萨：宝部之四大菩萨为：金刚宝、金刚光、金刚幢、金刚笑。

[36] 四大菩萨：莲花部之四大菩萨为：金刚法、金刚利、金刚因、金刚语。

[37] 四大菩萨：羯磨部之四大菩萨为：金刚业、金刚护、金刚牙、金刚拳。

[38] 内外供养，及四摄：内供养之四菩萨为，东南西北四佛为供养大日分别所出之金刚嬉、金刚鬘、金刚歌、金刚舞。外供养之四菩萨为，大日供养东南西北四佛所出之金刚烧香、金刚华、金刚灯明、金刚涂香。四摄菩萨为金刚钩、金刚索、金刚锁、金刚铃。摄即摄取、摄持义，亦即化他之门。以上五部二十五尊加上内外供养八尊、四摄四尊，共成金刚界三十七主尊。

［39］地前三贤：菩萨从初发心至一大阿僧祇劫满登初地之间为地前。
此中修行有十住、十行、十回向三十位，谓之三贤位。

［40］四种眼：真言法中有四种眼：一法眼，敬爱法；二炽盛眼，钩
召法；三忿怒眼，降伏法；四慈眼，息灾法。

［41］四种座法：息灾法，面北，以结萨结跏坐（谓补竖膝交脚坐，
自然盘）；增益法，面东，结跏趺坐，双盘；降伏法，面西，结
贤座而坐（并脚蹲坐，臀不着地）；阿毗遮罗，面西，以俱吒坐
（以右脚踏左脚上蹲，臀不着地）。

［42］五种大愿：即众生无边誓愿度，福智无边誓愿集，法门无边誓
愿学，如来无边誓愿事，菩提无上誓愿证，自他法界同利益。

［43］四忿怒明王：降三世明王、军荼利明王、大威德明王、金刚夜
叉明王。

［44］不入灌顶位：不能作为灌顶的本尊。

［45］花藏庄严世界海有情世间及器世间：花（华）藏庄严世界海，
为毗卢遮那佛的报土。世为迁流之义，破坏之义，覆真之义。
间为中之义。堕于世中之事物，谓之世间。又间隔之义，世之
事物，个个间隔而为界畔，谓之世间。大要有二种：一有情世
间，指一切有情众生。二器世间，指有情居住之山河大地、国
土等。

［46］华藏界：莲花藏世界之略称，为诸佛报身净土之通称，为宝莲
花所成之土，故名。

两部大法相承师资付法记下[①]

　　略叙传《大毗卢遮那成佛神变加持经》大教相承付法次第记。

　　（经题名《大毗卢遮那成佛神变加持经》。梵云摩诃，此翻云大。毗卢遮那，此云光明遍照，或云大日遍照。）正梵语应云：吠（无每反）卢左曩。（毗卢遮那者，古译也。依《金刚顶义诀》中解，此毗卢遮那义翻为无边广眼聚如来。眼者智也，言此法身如来智惠十眼无边际故。神德智惠，万德已圆，如虚空界量无边际，过数量故也。）或云《毗卢遮那成道经》，梵云吠卢左曩三母弟婆洒多素怛嚷〔（二合）此云《大日遍照尊经》〕。此经梵夹有三本：广本十万偈，若依梵本具译，可有三百余卷，已来广本在西国，不到此土；梵经略本四千偈经；更有略本，二千五百偈，中天竺国大阿阇梨集。今时所传者四千偈，释迦沙门三藏善无畏开元七年奉诏译，沙门一行笔授，即《大毗卢遮那成佛神变加持经》是也，言此经是毗卢遮那如来神通变化之所加持也。依梵本，译成六卷；又总集一部教持念次第，共成一卷；成七卷，共成一部，编入《大藏经》。时毗卢遮那如来在金刚法界宫，与普贤等诸大菩萨、十佛刹微尘数

---

① 《大正藏》51册，第785页下—787页中。

金刚手秘密主[1]等、十佛刹微尘数诸执金刚护世主天等，其数无量，不可称说，皆是毗卢遮那如来自受用身海广大法界之所加持也。经明修真言行菩萨修无上菩提心，超越一百六十种妄念心，住大菩提心，一念相应，度三僧祇劫[2]，初发心时即得阿耨多罗三藐三菩提心。此经依二种修行，菩提心为因，大悲为根，方便为究竟。次明十缘生句[3]，谓明修真言行菩萨了诸法如幻，从缘所生故。又依胜义、世俗二谛：若依胜义，修行建立法身曼荼罗，是故此经中说先枰虚空中曼荼罗，是故本尊法身远离形色，犹如虚空，住如是三摩地；若依世俗修行，依四轮以为曼荼罗。本尊圣者若黄色，住地轮曼荼罗（其形方，名金轮）；圣者若白色，住水轮曼荼罗（其形圆，名水轮）；圣者若赤色，住火轮曼荼罗（其形三角）；圣者若青色、若黑色，住风轮曼荼罗（其形如半月）。大曼荼罗，安于八叶莲华台，五佛、四菩萨[4]，安于台叶中。曼荼罗外，又三种曼荼罗：一、一切如来曼荼罗，二、释迦牟尼曼荼罗，三、文殊师利曼荼罗。总名为大悲胎藏曼荼罗。弟子受灌顶法少曼荼罗，极微细委曲，余部所不代。此中修行供养，兼存二种，事与理是也。此经中说一百二十五种护摩炉，护摩[5]火天有四十四种，就中一十二种火为最胜，其中极妙有五种智火，为初炉形。及木有乳果苦练[6]。所用不同，东西南北，所愿各殊。内外护摩，亦依五轮[7]。求四种事，速疾成就，息灾、增益、降伏、敬爱。所谓火天各各不同，寂静、熙怡、忿怒、喜怒[8]，次第应智[9]。若依广教，行相极多，今且略叙《大毗卢遮那大教王经》少分意趣。

　　其次明从上相承师资传法次第。但海云虑恐大教传持，师资断续，大法沦坠，年多废忘。三藏善无畏云：此法从毗卢遮那佛，付嘱金刚手菩萨。金刚手菩萨经数百年，传付中印度那烂陀寺达磨掬多阿阇梨。达磨掬多阿阇梨，次付中印度国三藏释迦种善无畏（梵云输婆迦罗僧诃，唐云善无畏）。三藏学究五明，教闲三藏，五天艺业，无不备能。斛饭王五十二代之孙也，舍袭王位，出家入道。开元七年，从西国将大毗卢遮那梵夹经等来至此国。玄宗皇帝礼为国师，随驾两京。翻译《大毗卢遮那》等经，为大毗卢遮那曼荼罗灌顶大阿阇梨。无畏三藏和尚复将此大毗卢遮那大教王，付天竺国三藏金刚智，三藏金刚智复将金刚界大教王授三藏善无畏，互为阿阇梨，递相传授。

　　金刚智［梵云嚩日啰（二合）吉嬢（二合）曩，此云金刚智］三藏善解大小乘，解声明论，于一切有部出家。南天竺国国王之子，亦舍王位出家，来游震旦，誓弘圣教。玄宗皇帝礼为国师，随驾两京。翻译《金刚顶大教王》等经，为金刚界曼荼罗灌顶阿阇梨。三藏金刚智复将大毗卢遮那大教王，付大兴善寺三藏不空智阿阇梨［梵云阿目佉吉嬢（二合）那，梵云不空智］。三藏和尚蕴五部五秘要，入普贤之性海之心。住瑜伽，则顿入佛乘；演真言，则天魔摧碎。三朝国师，天子稽首，自玄宗肃宗至于代宗，珍仰之心，敬之如佛，代宗皇帝请为灌顶大阿阇梨。所传大教四十余年，所翻经论凡百余部。大兴善寺三藏和尚从大和尚金刚智三藏，传授金刚界法已，复恐大教未圆，自往南天竺国，亲礼长年普贤阿阇梨，重更谘受金刚界五部百千颂法，将得十万偈经。故此二本大教王，秘密甚深，堪传者稀，经数百年方传一人。自佛法流传东夏神州，近一千余年，所有持念秘密心地教门流行，不过此二本大教王（即大毗卢遮那大教王及金刚界大教王是也），统摄一切持念教门。次有苏悉地（此云妙成就）教，广明三部[10]，亦摄论持念法。此中但明事成就，与金刚界及大毗卢遮那义味相涉，亦是至极要妙法。三藏善无畏所译兼前二部大教及苏悉地，共成三部大教，大兴善寺三藏和尚再译流传。时善无畏三藏复将此大毗卢遮那大教王传付大兴善寺沙门一行及保寿寺新罗国沙门玄超。沙门一行既传教已，造《大毗卢遮那义译》七卷[11]（或分为十四卷）、《略译》二卷、《大毗卢遮那形像图样坛仪》一卷、《标帜坛仪法》一卷、《契印法》一卷，造《金刚顶经义决》三卷（上卷有本，余两卷阙本）。大兴唐寺一行和尚博瞻天文，学通内外，唐梵经史，无不洞明。每与玄宗皇帝行座相随，论理国及预翻经，不暇传法。次沙门玄超阿阇梨，复将大毗卢遮那大教王及苏悉地教，传付青龙寺东塔院惠果阿阇梨。阿阇梨又传付成都府僧惟尚（又云惟明），汴州辨弘，新罗国僧惠日、悟真，日本国空海，当院僧义满、义明、义证、义照、义操、义愍、法润（付法传阿阇梨灌顶位者数百十二人），或有在京传持，或有外方弘教，皆多沦没。次东塔院义操阿阇梨，传付同学僧义真[12]、景公寺深达、净住寺弟子海云、崇福寺僧大遇、醴泉寺文苑（已上五人皆传教），传付次阿阇梨位。次东塔院法润阿阇梨，传付净法寺[13]僧道昇，玄法寺法全、惟谨[14]。此大毗卢遮那大教王，又名大悲胎藏毗卢遮那者，从如来大悲根本，发生大菩提心，从菩提心成菩提行，次证大菩提及涅槃。皆从方便，具足成就五智之身，即是长恶字门，故经云方便为究竟[15]，能成诸佛事。如转轮圣王将欲受生，托在圣后母腹，当知圣王不久生也。修瑜伽者，发菩提心，住阿字观，观法不生，即是住毗卢遮那胎藏。如显教大乘《仁王般若》云："伏忍圣胎三十人，十住、十行、十回向，此名地前三十心，名住圣胎也。"此约显教渐悟菩萨地前修行，经一大阿僧祇劫，始名住圣胎菩萨[16]，由名外凡夫[17]。修真言行菩萨则不如是，于一念顷具足五智身，住大毗卢遮那佛位，廓周法界为曼荼罗。体才住心，名入圣胎，观至究竟，名成佛位，是名超越三僧祇劫而证菩提。上来具明胎藏教意，谨依显密二教界略叙其由。教意深广，难穷其底。但海云忝承佛荫，得遇至教，亲承法眼，传于《大毗卢遮那》《苏悉地》，从上相承，至今七叶。粗述宗旨，随所见闻，略记次第。诸有智者，幸请指示。

稽首三际一切智[18]，普贤秘密持金刚。

回兹赞演福群生，悉愿同生安乐刹。

巨唐大和八年岁次甲寅十月上旬有八日，净住寺传教苾刍海云集记之

注释

[1] 金刚手秘密主：即金刚萨埵。于诸经中，金刚手与秘密主之名互出。金刚萨埵名秘密主，有深浅二义。若依浅略释，则秘密主为夜叉王之异名，夜叉之身口意速疾隐秘，难以了知；金刚萨埵现此夜叉王之身，手执金刚杵，常为诸佛侍卫，故称金刚手秘密主。若依深秘解之，夜叉者即如来身语意密，唯佛与佛乃能了知，而金刚萨埵执持诸佛之秘密，故称秘密主。

[2] "经明修真言行菩萨修无上菩提心"至"度三僧祇劫"：《大日经疏》卷二云："梵云劫跛，有二义：一者时分，二者妄执。若依常途解释，度三阿僧祇劫得成正觉。若秘密释，超一劫瑜祇行，即度百六十心等一重粗妄执，名一阿僧祇劫；超二劫瑜祇行，又度一百六十心等一重细妄执，名二阿僧祇劫；真言行者，复越一劫，度百六十心等一重极细妄执，得至佛慧初心。故云三阿僧祇劫成佛也。若一生度此三妄执，则一生成佛，何论时分耶？"依此，则此处之成佛乃是证得十地满心、入金刚初心，对十地以下菩萨而言成佛，所谓因地毗卢遮那佛。对究竟之佛，则言等觉。《大日经》教法为因地即身成佛，于此可知。

[3] 十缘生句：诸法如幻、阳焰、梦、影、乾达婆城、响、水月、浮泡、空花、旋火轮。一、幻，幻术师所作之种种相貌。二、阳焰，热空尘等因缘和合，于旷野之中现水相者。三、梦，睡眠中所见之种种境界。四、影，镜中之影像。五、乾达婆城，蜃气映日光于大海上现宫殿之相者。六、响，深谷等中依声而生之声。七、水月，水中所现之月影。八、浮泡，水上所现之泡沫。九、空花，眼膜于空中所见之种种花。十、旋火轮，人以火炉旋转空中则生轮像。以上十缘生句，皆为从缘生、无自性之义。真言行

人修瑜伽时，于所现之本尊海会生着相，魔即得便，是故以此十喻观无性，生而不执着。

[4] 五佛、四菩萨：即胎藏界中台九圣。五佛即中央之大日如来与东南西北之宝幢佛、开敷华王佛、阿弥陀佛、天鼓雷音佛。四菩萨则是普贤、文殊、观音、弥勒。

[5] 护摩：梵文 Homa 之音译，汉译为焚烧。密教修行方法，事相表现为设火炉，烧乳木，实际则是以智慧之火烧烦恼之薪。

[6] 乳果苦练：即乳木、果木、苦楝木，护摩时投于火中以作供物。作增、息、降、钩、敬诸法时，所用之木各各不同。息灾用甘树，增益用果木，降伏用苦楝，钩召用刺木，敬爱用花树。

[7] 内外护摩，亦依五轮：内护摩，是内心住于本不生际，以观智之火，烧毁隔历不融之迷执，一名理护摩。外护摩，是投檀木、乳木等种种供物于炉火，以供养火天，一名事护摩。五轮，即空地水火风，此五大法性之德具足圆满，故曰轮，分别对应于息降增敬钩五种法。

[8] 寂静、熙怡、忿怒、喜怒：四类火天，对应于息灾、增益、降伏、敬爱四法。火天，胎藏界曼荼罗第十二外金刚院之一众。大日如来为引摄事火梵志示现火神之形者。其形与梵天王同。《大日经》卷一曰："行者于东隅，而作火仙像，住于炽焰中，三点灰为标，身色皆深赤，心置三角印，而在圆焰中，持珠及澡瓶。"《大日经疏》卷五曰："东南隅布，列诸火天众，住火焰中，额及两臂，各有三灰画，即婆罗门用三指取灰自涂身象也。一切深赤色，当心有三角印，在焰火圆中，左手持数珠，右手持澡瓶，此是普门之一身，为引摄火祠韦陀梵志，方便开示佛围陀法，故示此大慧火坛，净修梵行之标帜也。"

［9］智：通"知"。

［10］三部：即佛部、莲花部、金刚部。

［11］《大毗卢遮那义译》七卷：似应为《大毗卢遮那义释》，即《毗
卢遮那成佛神变加持经义释》，略称《大日经义释》，十四卷。
是二十卷《大日经疏》的再治本，两本内容大同小异。

［12］义真：惠果之法孙，受法于义操。唐开成、会昌年间（836—
846），住于长安青龙寺东塔院，颇负盛名。穷究三教，博通五
部，特精胎藏。日僧圆仁至长安，于师处受胎藏大法及苏悉地
大法，又日僧圆行亦就师受大部灌顶，惠运受诸部之密印。于
当时来中国之日僧皆于师处受法，可知师道誉之盛。会昌五年
（845），武宗废佛，毁章敬、青龙、安国等三寺，师不知所终。

［13］净法寺：又称静法寺。位于唐长安城延康坊东南隅。隋开皇十
年（590），左武候大将军、陈国公窦抗所立。寺门拆抗宅綮戟
门所造。西院有木塔，系窦抗之弟璡为母成安公主所建。

［14］惟谨：住慧日寺。文宗大和八年（834），从青龙寺东塔院法润
阿阇梨受密教胎藏法。撰有《大随求即得大陀罗尼明王忏悔法》
一卷、《大毗卢遮那经阿阇梨真实智品中阿阇梨住阿字观门》一
卷，署名净影寺比绮院五部持念僧惟谨。

［15］即是长恶字门，故经云方便为究竟：长恶字，即长音恶字。唐
代善无畏讲述、一行记《大毗卢遮那成佛经疏》卷十四："若见
阿字，当知菩提心义。若见长阿字，当知修如来行。若见暗字，
当知成三菩提。若见恶字，当知证大涅槃。若见长恶字，当知
是方便力也。"

［16］经一大阿僧祇劫，始名住圣胎菩萨：凡夫修一大阿僧祇劫满，

始登初住，故始名住圣胎菩萨。

[17] 由名外凡夫："外"当为"内"。依显教，十信之位为外凡，十住、十行、十回向等地前三贤为内凡。由名内凡夫，即由此始名内凡夫。

[18] 三际一切智：三际指三世，即过去、现在、未来。一切智，一切智者之略称，即佛。

参考书目

史　部

1.（后晋）刘昫等：《旧唐书》，中华书局编辑部点校，北京：中华书局，1975年

2.（宋）欧阳修、宋祁：《新唐书》，中华书局编辑部点校，北京：中华书局，1975年

3.（晋）法显撰，章巽校注：《法显传校注》，上海：上海古籍出版社，1985年

4.（唐）玄奘撰，季羡林等校注：《大唐西域记校注》，北京：中华书局，1985年

5.（明）都穆：《金薤琳琅》，《四库全书》本

6.（清）叶封：《嵩阳石刻集记》，《四库全书》本

7.（清）刘于义等：《陕西通志》，《四库全书》本

子　部

1.（唐）智昇：《开元释教录》,《大正藏》55 册

2.（唐）智昇：《续古今译经图纪》,《大正藏》55 册

3.（唐）圆照：《贞元新定释教目录》,《大正藏》55 册

4.（唐）海云：《两部大法相承师资付法记》,《大正藏》51 册

5.（唐）义净撰,王邦维校注：《大唐西域求法高僧传校注》,北京：中华书局,1988 年

6.（宋）赞宁：《宋高僧传》,范祥雍点校,北京：中华书局,1987 年

7.（宋）祖琇：《隆兴佛教编年通论》,杨权整理,广州：广东人民出版社,2020 年

8.（元）觉岸：《释氏稽古略》,《大正藏》49 册

9.（元）念常：《佛祖历代通载》,台北：新文丰出版公司,1975 年

10.（唐）刘肃：《大唐新语》,许德楠、李鼎霞点校,北京：中华书局,1984 年

11.（唐）郑处海：《明皇杂录》,田廷柱点校,北京：中华书局,1994 年

12.（唐）段成式：《酉阳杂俎》,许逸民、许桁点校,北京：中华书局,2018 年

13.（宋）李石：《续博物志》,《四库全书》本

14.（宋）李昉等：《太平广记》，《四库全书》本

15.（宋）王应麟：《玉海》，《四库全书》本

集　部

1.（唐）不空撰，吕建福编：《不空全集》，北京：中华书局，2021 年

2.（唐）李华：《李遐叔文集》，上海：上海古籍出版社，1993 年

3.（唐）张说：《张燕公集》，上海：上海古籍出版社，1992 年

4.（唐）权德舆：《新刊权载之文集》，上海：上海古籍出版社，1994 年

日本古籍文献

1.［日］空海：《弘法大师全集》，东京：吉川弘文馆，1910 年

2.［日］最澄：《内证佛法相承血脉谱》，东京：日本国立国会图书馆藏本

3.［日］圆仁原著，白化文等修订校注：《入唐求法巡礼行记校注》，广州：花山文艺出版社，1992 年

4.大正新修大藏经刊行会：《大正新修大藏经》，东京：大藏出版株式会社，1934 年

现当代研究论著

1．汤用彤：《隋唐佛教史稿》，北京：中华书局，1982 年

2．丁福保：《佛学大辞典》，北京：文物出版社，1984 年

3．黄道立：《日本著名高僧空海》，北京：商务印书馆，1984 年

4．畅耀：《青龙寺》，西安：三秦出版社，1986 年

5．王亚荣：《大兴善寺》，西安：三秦出版社，1986 年

6．陈佳荣等：《古代南海地名汇释》，北京：中华书局，1986 年

7．谭其骧主编：《中国历史地图集》，北京：中国地图出版社，1996 年

8．吕建福：《中国密教史》，北京：中国社会科学出版社，1995 年

9．周一良：《唐代密宗》，上海：上海远东出版社，1996 年

10．魏道儒主编：《世界佛教通史》，北京：中国社会科学出版社，2015 年

11．杨廷福：《玄奘年谱》，武汉：崇文书局，2022 年

12．张曼涛主编：《中日佛教关系研究》，台北：大乘文化出版社，1978 年

13. 密教辞典编纂会：《密教大辞典》，台北：新文丰出版公司，1979 年

论　文

1. 严敦杰：《一行禅师年谱——纪念唐代天文学家张遂诞生一千三百周年》，《自然科学史研究》1984 年第 1 期

2. 陈士强：《密宗史的一则珍贵资料——关于空海和他的〈惠果和尚之碑〉》，《五台山研究》1994 年第 1 期

3. 吉田宏皙：《不空三藏与文殊信仰》，《五台山研究》1995 年第 1 期

4. 安东尼·托拉巴：《不空与五台山文殊信仰》，冀培然译，《忻州师范学院学报》2004 年第 6 期

5. 吴慧：《僧一行研究——盛唐的天文、佛教与政治》，上海交通大学博士学位论文，2009 年

6. 吕建福：《论不空的政教思想》，《世界宗教研究》2010 年第 4 期

7. 延续：《金刚智宗教实践探析》，西北大学硕士学位论文，2013 年

8. 李永斌：《不空的佛教护国思想与实践》，《五台山研究》2014 年第 1 期

9. 王舒霆：《不空三藏及其所译佛典文献研究》，东北师范大学硕士学位论文，2015 年

10. 杨增：《不空三藏研究述评：以肃、代两朝的活动

为中心》,《佛教文化研究》2016 年第 4 辑

11. 王庆卫:《西安碑林博物馆藏梵文真言陀罗尼经幢的刻立与不空三藏后事》,《文博》2019 年第 6 期

12. 何莹:《以养为医:不空与华阳公主之收养关系探析》,《世界宗教文化》2021 年第 2 期